HISTOIRE
UNIVERSELLE

PAR

AGRIPPA D'AUBIGNÉ

ÉDITION PUBLIÉE POUR LA SOCIÉTÉ DE L'HISTOIRE DE FRANCE

PAR

LE BARON ALPHONSE DE RUBLE

TOME TROISIÈME

1568-1572

A PARIS
LIBRAIRIE RENOUARD
H. LAURENS, SUCCESSEUR
LIBRAIRE DE LA SOCIÉTÉ DE L'HISTOIRE DE FRANCE
RUE DE TOURNON

M DCCC XCIII

HISTOIRE UNIVERSELLE

PAR

AGRIPPA D'AUBIGNÉ

IMPRIMERIE DAUPELEY-GOUVERNEUR

A NOGENT-LE-ROTROU.

HISTOIRE
UNIVERSELLE

PAR

AGRIPPA D'AUBIGNÉ

ÉDITION PUBLIÉE POUR LA SOCIÉTÉ DE L'HISTOIRE DE FRANCE

PAR

Le Baron Alphonse DE RUBLE

TOME TROISIÈME

1568-1572

A PARIS
LIBRAIRIE RENOUARD
H. LAURENS, SUCCESSEUR
LIBRAIRE DE LA SOCIÉTÉ DE L'HISTOIRE DE FRANCE
RUE DE TOURNON, N° 6

M DCCC LXXXIX

EXTRAIT DU RÈGLEMENT.

Art. 14. — Le Conseil désigne les ouvrages à publier, et choisit les personnes les plus capables d'en préparer et d'en suivre la publication.

Il nomme, pour chaque ouvrage à publier, un Commissaire responsable, chargé d'en surveiller l'exécution.

Le nom de l'éditeur sera placé à la tête de chaque volume.

Aucun volume ne pourra paraître sous le nom de la Société sans l'autorisation du Conseil, et s'il n'est accompagné d'une déclaration du Commissaire responsable, portant que le travail lui a paru mériter d'être publié.

Le Commissaire responsable soussigné déclare que le tome III de l'édition de l'Histoire universelle d'Agrippa d'Aubigné *préparée par* M. le Baron Alphonse de Ruble *lui a paru digne d'être publié par la* Société de l'Histoire de France.

Fait à Paris, le 15 juin 1889.

Signé : Lud. LALANNE.

Certifié :

Le Secrétaire de la Société de l'Histoire de France,

A. DE BOISLISLE.

LES HISTOIRES

DU

SIEUR D'AUBIGNÉ

LIVRE CINQUIÈME.

Chapitre I.

Amorces des troisiesmes guerres.

Tous les esprits des François estoyent en inquiétude pour le sentiment d'une guerre. Chacun cerchoit au comportement d'une part et d'autre de quoi se justifier et accuser ses adversaires. Les katholiques ne pouvoyent enduire[1] l'entreprise de Meaux, se plaignoyent de ce que Montauban, Sancerre, Albi, Millaud, Castres et plusieurs autres villes faisoyent compter les cloux de leurs portes aux garnisons qu'on leur envoyoit, de ce que les Rochelois fortifioyent leur ville, équippoyent leurs vaisseaux et achetoyent de l'artillerie[2]; ils acusoyent le prince de Condé d'avoir

---

1. *Enduire,* endurer.
2. Sur les armements des protestants en Poitou, en Saintonge et surtout à la Rochelle, on peut consulter un important mémoire ou avis d'espion, daté du 4 au 7 août 1568 (Copie du temps; f. fr.,

favorisé et fomenté l'amas fait par Coqueville en Picardie et en Caux[1], l'admiral de renouer tousjours quelque intelligence avec les estrangers.

Les Réformés au contraire se plaignoyent des inexécutions de l'édict, des bandes italiennes et suisses qu'on retenoit, des agens envoyez en Allemagne pour en retenir d'autres et desbaucher l'amitié des protestans, des confréries ausquelles on prestoit des sermens pernicieux[2], des menaces des peuples, des invectives des prescheurs, et surtout des Jésuites, de la vendition de l'ecclésiastique jusques à quinze cents mille livres de revenu[3], ceste somme vouée à l'exécution du concile de Trente; toutes ces choses ensuivant les conseils pris à Bayonne par les Maiestez, à la frontière de Picardie, et plus expressément en Lorraine à une assemblée, où plusieurs princes souverains avoyent fourni de députez. D'ailleurs le prince de Condé voyoit le régiment de l'aisné Goas[4], partie de celui de Piémont, et quatorze compagnies de gensd'armes couler vers Nohiers et vers Chastillon; les uns

---

vol. 15547, f. 395). Voyez aussi plusieurs lettres du duc de Montpensier au roi (autog. de Saint-Pétersbourg, vol. 41, f. 33 et suiv.).

1. Voyez le chapitre XXII du liv. IV.

2. Tavannes avait fondé en Bourgogne une *Confrairie du Saint-Esprit* dont les membres s'associaient contre les réformés. Le serment de la confrérie est publié dans les *Mémoires de Tavannes*, édit. Petitot, t. II, p. 452.

3. Sous le prétexte que le roi faisait vendre les biens des ecclésiastiques pour subvenir aux frais de la guerre, le parti huguenot, dit de Serres, les faisait saisir partout où il était le maître, *Mémoires de la troisième guerre civile,* 1571, p. 287.

4. Jean de Biran, seigneur de Gohas, colonel de gens de pied, mestre de camp d'infanterie, tué au siège de la Rochelle en 1573. Voyez la note des *Mémoires d'Antras,* p. 128.

pour lui, les autres pour l'admiral[1]. Mais ils eurent bien des arguments de plainctes autrement qu'en prévoyances, quand la populace, eschauffée par les prescheurs, se jetta aux massacres presque par tout le royaume, si bien qu'en trois mois les peuples, soustenus de gens notables, mirent sur le carreau plus de dix mille personnes, comme à Rouen, à Amiens, à Auxerre, à Antrain, à Bourges, à Yssoudun, à Troye, à Orléans, à Angers, à Saint-Léonard, à Blois, à Sens et à Ligni, où ils forcèrent la justice, et à Clermont[2] où le peuple en condamna plusieurs et les brusla publiquement, contrefaisans comme ils pouvoyent l'ordre et la formalité.

Telles nouvelles arrivèrent à la Rochelle sur le point que les plus gros vouloyent ouvrir les portes au mareschal de Vieilleville[3] ; mais le peuple se résolut au contraire. Ce qui fit encor penser de plus près les Réformés à leurs affaires fut que la populace, ayant achevé ou chassé le gibier le plus aisé, assistée de quelques nobles, s'attaqua à des gens de bonne maison. Le comte de Tende[4], ayant trouvé auprès de Forques[5], en Provence, une embuscade de trois cents hommes, trouva moyen de s'en démesler, ayant avec soi jusques à trente que gentilshommes qu'autres. Et pour mieux

1. C'est-à-dire *les uns contre lui, les autres contre l'amiral*.
2. La fin de cet alinéa et les trois alinéas suivants manquent à l'édition de 1616.
3. Arcère a donné des détails sur ce fait, qui fut le prélude du soulèvement de la Rochelle (*Hist. de la Rochelle*, t. I, p. 353 et suiv.).
4. René de Savoie, comte de Cypierre, fils cadet du comte de Tende.
5. Il faut lire *Fréjus* (Var).

s'asseurer se voulut jetter entre les mains de la justice de Forques; mais le peuple, l'ayant incontinent assiégé en son logis, où il se deffendoit, Arci[1], gouverneur du lieu, se faisant faire place avec grande protestation d'amitié, le receut en ses mains, puis le fit poignarder lui trentiesme, disant tout haut qu'il ne faisoit rien sans bon aveu et commandement exprès[2]. Le seigneur d'Amançai[3] tué à sa porte, tenant sa petite fille entre ses bras. Je renvoye les curieux aux livres faits exprès[4] pour la description de ces misères, afin qu'il paroisse en moi plustost de la réticence que de l'affectation.

Sur ces doléances le Prince et l'admiral, ayant essayé d'amollir la volonté du Roi par l'envoi et négociations de Telligni[5], et puis de la marquise de Rotelin[6], comme

---

1. Gaspard de Villeneuve, baron des Arcs.
2. René de Savoie, comte de Cypierre, fut assassiné à Fréjus le 30 juin 1568. Ses biens furent confisqués par arrêt du parlement de Toulouse du 18 mars 1569, et accordés aux héritiers des catholiques massacrés à Nimes le 30 septembre 1567 (Pérussiis dans les *Pièces fug.* du marquis d'Aubais, t. I, p. 270).
3. Le s. d'Amanzay, lieutenant de la compagnie de d'Andelot, fut assassiné aux portes de son château d'Amanzay, non loin de la Clayette (Saône-et-Loire), au mois de juillet 1568. Les détails donnés par d'Aubigné sont confirmés dans une lettre de Coligny au roi du 30 juillet (Delaborde, *G. de Coligny*, t. III, p. 38).
4. D'Aubigné désigne ici les *Mémoires de la troisième guerre civile et les derniers troubles de France*, Genève, 1571, sans nom d'auteur (par Jean de Serres), ouvrage auquel, dans le courant de ce livre, il a fait de fréquents emprunts.
5. Charles de Téligny fut envoyé à la cour le 6 juillet 1568 (Lettre de Coligny de cette date au maréchal de Montmorency; f. fr., vol. 3155, f. 39). Les instructions qui lui furent données sont analysées par Jean de Serres, p. 39.
6. Jacqueline de Rohan, marquise de Rothelin, était la mère de Françoise d'Orléans de Longueville, qui avait épousé, au mois

aussi par l'intercession de la duchesse de Savoye[1], faillirent à mettre trop de droict de leur costé ; car desjà s'avançoit Tavanes[2] pour mettre en besongne les compagnies préparées, et avoyent esté surpris quelques soldats recognoissans le fossé de Noyers[3]. Quelques négociateurs, feignans traicter du payement des reistres, s'estoyent descouverts, en pensant descouvrir l'estat du Prince, et, plus certainement que tout cela, les advis des confidents de la cour ne donnoyent plus de terme, quand l'admiral, retiré à Tanlay[4], y résolut avec le Prince le partement de l'un et de l'autre, ayant premièrement escrit au Roi une

de novembre 1565, le prince de Condé. La marquise de Rothelin était partie de Noyers pour la cour le 21 août 1568 (Delaborde, *Coligny*, t. III, p. 41).

1. Marguerite de France, duchesse de Savoie (t. I, p. 127).

2. Gaspard de Saulx-Tavannes, gouverneur de Bourgogne. A la date du 20 août, il n'avait pas encore reçu l'ordre de surprendre les chefs de la réforme à Noyers, car il n'y fait aucune allusion dans une lettre au roi datée de ce jour (Orig., f. fr., vol. 15547, f. 311). Mais il le reçut peut-être le lendemain, car le prince de Condé, dans une lettre du 21, annonce à ses partisans la surprise dont il est menacé de la part de Tavannes (Orig., coll. Dupuy, vol. 569, f. 12). S'il faut en croire Tavannes, ce guetapens ne lui convenant pas, il prit des mesures pour que le prince de Condé et Coligny pussent y échapper (*Mémoires*, chap. xxi); mais il pilla le château et sa femme se para à la cour des robes volées à la princesse de Condé (voy. Brantôme, t. V, p. 117).

3. Condé, qui était à Valéry, s'était retiré, au mois de juin, à Noyers en Bourgogne, petite ville forte qu'il possédait du chef de sa femme (duc d'Aumale, *Hist. des princes de Condé*, t. II, p. 367).

4. Après la paix de Longjumeau, l'amiral s'était retiré à Chastillon. Vers la fin de juin 1568, il se réfugia à Tanlay (Yonne), dans le voisinage de Noyers (Serres, p. 27). Il y était arrivé le 6 juillet (Lettre de Coligny de cette date; f. fr., vol. 3155, f. 39).

longue lettre[1] en laquelle, pour apologie de leur desmarche, ils narroyent les accidents que nous avons touchez, notant expressément que tous les Réformés, qui avoyent des charges en plusieurs endroits du royaume, particulièrement en Picardie, avoient esté refusez et privez de leurs fonctions, de quoi ils jettoyent le tort sur la maison de Guise avec quelques doléances de la Roine mère, mais parlant avec toutes sortes d'humilitez et soubmissions de la personne du Roi, comme de leur prince naturel. En achevant de signer, le Prince part de Noyers[2] avec la Princesse enceincte, six enfans en maillot et en berceau appartenans au Prince et à l'admiral. La dame d'Andelot[3] y en apporta un de deux ans. Plusieurs dames et damoiselles se joignirent en pareil équippage. Tout cela, gardé de quatre vingts gens d'armes à la haste et d'autant d'arquebusiers à cheval, vint passer Loire au port Sainct Thibaut près Sancerre, et envoya passer les enfans à Boni[4].

Chapitre II.

Commencement de la guerre en divers endroits.

A ceste poursuite s'avancèrent des premiers le

---

1. Cette lettre, datée du 23 août 1568 et de Noyers, a été publiée par J. de Serres, p. 144 à 148.
2. Coligny et Condé partirent de Noyers le 23 août 1568, dans la direction de la Rochelle. M. Pingaud, dans les *Saulx Tavannes*, p. 79, a donné un intéressant récit de la fuite des deux chefs protestants.
3. Anne de Salm, de Lorraine, seconde femme de d'Andelot.
4. Bonny-sur-Loire (Loiret), au-dessus de Gien.

comte Martinengue et le capitaine Claban[1]. Mais, ne croyant pas avoir à faire à si peu de gens, ils y marchèrent tenans bride, donnans par là loisir aux principaux de passer. Et, pource que le capitaine Bois estoit retourné arrière pour tendre la main à cent cinquante arquebusiers qui se rendoyent de divers endroits de la Bourgogne à Boni, ce fut là où Martinengue passa sa colère, en enlevant ce logis, d'où pourtant la pluspart se sauvèrent. Et le lendemain, vis à vis de Sainct Gondon[2], les quatorze compagnies arrivèrent, desquelles nous parlions, et emportoyent facilement la bande misérable que nous avons descrite, si une prompte et inespérée creue de la rivière ne leur eust coupé chemin; de quoi, à la veue de quelques uns et de leurs coureurs, tout ce peuple, les genoux sur la grève, rendit action de graces comme d'un miracle. Le chant du pseaume CXIIII avec le cri des enfans anima ces chefs en divers façons. Et ainsi fortifiez de Genlis, Boucart et Blosset, ils gaignèrent à grand's journées vers le Blanc[3], qu'ils laissèrent à droicte. Là ils receurent Chouppes[4], par l'advis duquel

---

1. La Popelinière l'appelle Gaban (liv. XIV, f. 62).

2. Saint-Gondon (Loiret).

3. Une lettre de Claude de la Chastre au roi, datée de Bourges et du 28 août, rend compte du passage des fugitifs à travers le Berry (f. fr., vol. 15547, f. 367). Darbezieux, dans une lettre de même date, Lago, dans deux lettres du 29 et du 30 août, donnent de nouveaux détails (Ibid., f. 363, 380 et 383).

4. Pierre de Chouppes, seigneur de Chouppes et Availles, né en 1531, fit la guerre en Poitou pendant les règnes de Charles IX et de Henri III. Il commandait à Lusignan en 1574 (*Journal de Le Riche*, p. 182). Il mourut en 1603 (*Dict. des fam. du Poitou*, t. I, v° CHOUPPES). Le *Bulletin de la Soc. des Antiq. de l'Ouest* a publié

ils vindrent par la Marche pour se joindre à Vertœil au comte de la Rochefoucaut, ayant avec lui Soubize, Sainct Cire[1], Languillier, Pluviaud[2] et plusieurs autres compagnies demi-faictes ; à l'union desquelles Montluc[3], qui s'estoit avancé avec pareil mandement que Tavanes, fut contrainct de se retirer. Et ainsi furent les femmes et enfans[4] conduits à la Rochelle[5].

Le mareschal de Cossé fut en mesme temps dépesché vers la Picardie, et en autres endroits pareils commissaires pour destruire les querelles générales de la cause, promettant des paix particulières, sur tout à la noblesse[6], laquelle en divers endroits, et

(1844-46) une vie inédite de ce capitaine écrite au commencement du xviie siècle.

1. Tanneguy du Bouchet, seigneur de Puygreffier, dit Saint-Cyr, ancien prévôt d'Orléans sous le gouvernement du prince de Condé, fut tué à la bataille de Moncontour (De Thou, liv. XLVI, 1740, t. IV, p. 228).

2. Christophe Claveau, seigneur de Puyviaud-Claveau, gentilhomme poitevin, capitaine protestant, plusieurs fois cité dans la chronique du Langon (*Chron. fontenaisiennes*, p. 111 et suiv.), fut tué à la Saint-Barthélemy (*Journal de Généroux*, p. 90).

3. D'Aubigné se trompe à la suite de de Thou. Monluc était malade et n'avait pas bougé. Voir les *Commentaires*, t. III, p. 171.

4. Var. de l'édit. de 1616 : « ... *à la Rochelle*, où ils arrivèrent à la mi-septembre. Le prince aiant peu séjourné veint assiéger et prendre d'effroi Saint-Jean et Congnac. »

5. La Popelinière fixe au 18 septembre, Arcère au 19, la date de l'arrivée de Condé et de Coligny à la Rochelle (*Hist. de France*, liv. XIV, f. 18; *Hist. de la Rochelle*, t. I, p. 368). Ils y étaient arrivés avant le 14 (duc d'Aumale, *Hist. des princes de Condé*, t. II, p. 369), et, ce qui le prouve, c'est que l'amiral et Condé écrivirent de cette ville à la reine d'Angleterre chacun une lettre datée, l'une du 14, l'autre du 15 septembre (Coll. Moreau, vol. 718, f. 101 et 102).

6. C'est le contraire qui est la vérité. Le roi rendit, le 25 septembre 1568, un édit qui proscrivait la réforme, expulsait les

selon les incommoditez, receut telle ruse à la mesure de la crainte; si bien qu'on obtint d'eux force promesses et signatures pour la demeure d'un chacun en sa maison. Et pour ce que le chancelier de l'Hospital ne pouvoit travailler de cœur en mesme temps aux violentes despesches de Tavanes, de Montluc et autres, et aux douceurs du mareschal de Cossé, il ne falut qu'un soupir de probité pour lui faire oster les seaux; ce que fit la Roine en le reléguant en sa maison près Estampes jusques à la fin de ses jours[1].

En Xaintonge, à mesme point, les Réformés prindrent les armes de toutes parts; ceux de Xainctes saisissent les portes de leur ville, où ils admettent Mirambeau[2] avec huict cents arquebusiers [conduits] à par Asnière[3] et Soubran[4]. Le sire de Ponts garentit sa

ministres et excluait les hérétiques de la magistrature et de l'université (Fontanon, t. IV, p. 292 et 294).

1. Michel de l'Hospital avait quitté ses fonctions au commencement de 1568 et s'était retiré au Vignay (canton de Milly, Seine-et-Oise). Des lettres de décharge lui furent accordées par le roi le 6 février 1568 et enregistrées le 11 mars. Le 24 mai, le roi confia les sceaux à Jean de Morvilliers, qui ne voulut les accepter qu'à titre provisoire. En se retirant, L'Hospital adressa au roi et à son successeur des mémoires qui ont été publiés par M. Taillandier (*Rech. hist. sur le chancelier de l'Hospital*, 1861, p. 198).

2. Jacques de Pons, baron de Mirambeau, fils puîné de François Ier, sire de Pons, dont nous avons parlé, t. I, p. 260.

3. Duch d'Asnières, dit le capitaine Asnières, capitaine huguenot saintongeois, devint colonel d'un régiment dans lequel d'Aubigné fit ses premières armes. Il vivait encore sous le règne de Henri IV et avait été nommé gentilhomme de la chambre du roi (Haag). Voyez sur la maison d'Asnières la note des *Chroniques fontenaisiennes*, p. 133.

4. Pierre de Soubiran, capitaine protestant originaire du Castrais, devint, en 1584, gentilhomme ordinaire de la chambre du roi de Navarre, et mourut dans un âge très avancé vers 1615 (Haag).

ville par renfort de Combaudière, Pérignac et l'abbé de Sablanceaux, qui lui menèrent de trois à quatre cents hommes ; et puis Jussas, Todias et Banchereaux, que Masbrun y envoya de son régiment, compagnies bien complettes de chascune deux cents hommes. Taillebourg[1] fut déclaré par Rommegou[2], qui y avoit tousjours eu un pied depuis la paix ; il avoit pris ceste place avec dix-huict hommes, et hazardeusement, car, n'ayant peu fournir d'eschelle assez longue, les premiers montèrent avec l'aide de quelques poignards et aidèrent d'une corde à ceux qui les suivoyent.

Cela se fit comme on passoit pour aller joindre à Archiac[3] la roine de Navarre, qui amenoit le prince son fils avec elle[4], assistée des régiments de Pilles, Sainct Maigrin[5] et Montaumar[6] ; le premier de vingt-

1. Taillebourg (Charente-Inférieure).
2. Bourdet le jeune, dit Romegoux, capitaine huguenot d'origine saintongeoise, cité par Brantôme (t. V, p. 407 et 410). Il s'était emparé de Taillebourg pendant la guerre précédente et avait toujours refusé de s'en dessaisir (De Thou, liv. XLIV). M. d'Aussy a écrit la vie de ce capitaine (in-8°, 1879, Saint-Jean-d'Angély).
3. Archiac (Charente-Inférieure). Jeanne d'Albret y arriva à la fin du mois de septembre, et, le 28, elle entra à la Rochelle (Arcère, *Hist. de la Rochelle*, t. I, p. 370).
4. Jeanne d'Albret partit de Nérac le 6 septembre 1568 et passa la Garonne le 8 « à trois doits du nés de Monluc » (Olhagaray, p. 575) qui avait reçu, suivant Palma Cayet, l'ordre de s'assurer de sa personne et de celle de son fils (coll. Michaud, 1re partie, p. 166). Le 16 septembre, elle était à Bergerac (Bordenave, *Hist. de Foix et Béarn*, p. 157). Monluc glisse légèrement sur cet événement qui ne fait pas honneur à sa vigilance (*Commentaires*, t. III, p. 175).
5. Saint-Megrin, capitaine protestant, accompagnait Jeanne d'Albret avec neuf enseignes de gens de pied (*Journal de Généroux*, p. 28). Il mourut en 1569 à la Rochelle (De Thou, liv. XLIV).
6. Bernard d'Astarac, baron de Montamat, frère du seigneur

trois compagnies, les autres deux de chacun dix, tout cela faisant quatre mil hommes et plus. Elle n'avoit pour cavallerie que les compagnies de Fontenaille[1], la Mothe-Pujaut[2], Saincte-Terre[3] et Brignac[4], assez mal équippez. A ceste conjonction furent nouvelles lettres despeschées au Roi, à la Roine, aux Princes et aux plus notables de la Cour. La roine de Navarre n'oublia pas les assistances qu'on avoit demandées à elle et

de Fonterailles, que d'Aubigné cite plus loin, lieutenant général de Jeanne d'Albret en Béarn, fit la guerre, en 1569, avec Mongonmery, prit et reprit la ville de Tarbes et la détruisit de fond en comble. En 1572, il vint à Paris et fut tué à la Saint-Barthélemy. M. Communay, dans les *Huguenots en Béarn et Navarre,* a publié six lettres de ce capitaine.

1. Michel d'Astarac, baron de Fonterailles, sénéchal d'Armagnac, capitaine d'ordonnance, gouverneur de Lectoure, avait fait ses premières armes en Italie. A la bataille de Jarnac, un coup de canon lui enleva une jambe. Gouverneur de l'Armagnac et de la Bigorre, et plus tard lieutenant général en Guyenne, il servit fidèlement Henri IV jusqu'à sa mort, en 1606.

2. Jean de Fargues, dit La Mothe-Pujols, capitaine huguenot, s'illustra à la défense de Saint-Jean-d'Angely, en 1569 (Communay, *les Huguenots en Béarn et Navarre,* p. 97), et à celle de Caussade, en 1573 (D'Aubigné, liv. VI, chap. xii). Il fut tué vers 1572 par accident (Haag).

3. Le mot *Saincte Terre* désigne évidemment *Senectaire*. Mais d'Aubigné se trompe. La maison de Senectaire appartenait au parti catholique. L'un de ses membres, François, était lieutenant du maréchal de Vieilleville (montre du 15 novembre 1560; f. fr., vol. 21525). L'autre, Jehan, était sénéchal de Beaucaire et de Nîmes (montre du 7 juin 1562; f. fr., vol. 25800, n° 48). Il s'agit ici de David Bouchard, vicomte d'Aubeterre, neveu par alliance de Brantôme, alors protestant, plus tard grand ligueur. Il est cité par La Popelinière comme un des capitaines qui accompagnaient la reine de Navarre en 1568 (liv. XIV, f. 62 v°).

4. Probablement René de Brilhac, seigneur d'Argy, époux d'une des filles de la reine Élisabeth d'Autriche, Mlle de Sourdis. La Popelinière l'appelle Brillaud (liv. XVII, f. 101).

aux siens contre la maison de Guise, quelque mot du défit qui paroissoit en la Roine mère de commettre tous les princes et nobles de France ensemble, et puis couronna son escrit de hardies protestations et résolutions[1].

Mais les deux frères, le cardinal et d'Andelot, n'estoyent pas en pays de seurté; le premier, ayant à dos deux compagnies de cavallerie, se jetta dans le grand Vey de Cotantin et receut un batteau bien à propos à Saincte Marie du Mont pour passer en Angleterre[2], où il ne fut pas inutile; l'autre estoit à Vitré en Bretagne[3] qui, sur la première nouvelle, appella à soi le vidame de Chartres[4], un de Rambouillers[5], Chaumont[6]

---

1. Cette pièce, composée au mois d'octobre 1568, est imprimée avec des lettres de la reine de Navarre au roi, à la reine, au duc d'Anjou, au cardinal de Bourbon et à la reine d'Angleterre, dans l'*Histoire de nostre temps,* 1570, in-12, p. 157 et suiv.

2. Au moment de l'ouverture des hostilités, le cardinal de Chastillon était à Bresle, en Beauvoisis. Il s'enfuit dans la nuit du 2 au 3 septembre 1568, s'arrêta quelques jours à Senarpont (Lettres du 5 septembre, V^c de Colbert, vol. 24, f. 181 et 182), fréta un bateau à Sainte-Marie-du-Mont et arriva en Angleterre avant le 14 (Lettre du 14; La Ferrière, *le XVIe siècle et les Valois*, p. 217).

3. D'Andelot partit de Vitré et arriva à Laval avant le 4 septembre (Testament de cette date; Bouchet, *Maison de Coligny*, p. 1115), passa le 11 à Beaufort et, le 16, traversa la Loire (*Mémoires de La Noue,* chap. xix).

4. Jean de Ferrières, vidame de Chartres, seigneur de Maligny, neveu de François de Vendôme, vidame de Chartres. M. de Bastard a écrit sa vie (in-8º, 1858).

5. François d'Angennes de Rambouillet, souche des marquis de Montlouet, serviteur fidèle de Henri IV, souvent cité dans les *Mémoires de Sully.*

6. Robert de Baffon, s. de Chamond, capitaine protestant, peut-être originaire du Dauphiné. Sa signature figure à côté de celle

et Barbesieux[1], d'une part; d'autre, le comte de Montgommeri, La Noue, Lavardin[2], Montejean, Congniers, Le Brossai Sainct Gravé[3], Bressaut, La Loue, Rabodange[4], La Mothe Tibergeau[5] et quatorze petites compagnies d'arquebusiers qui s'estoyent ramassées avec eux. Il en eust mis beaucoup plus ensemble sans les édicts et déclarations par lesquelles le Roi, comme nous avons dit, prenoit en sa protection tous ceux qui voudroyent demeurer en leurs maisons avec paix et liberté. Cela bien tost suivi d'autres édicts avec leurs exécutions contraires aux premières entièrement.

Toutes ces troupes eurent rendé-vous à Beaufort en Valée[6], où Andelot[7] laissa le vidame de Chartres pour recueillir les plus paresseux. Lui prend le logis

des autres principaux chefs protestants sur l'acte de serment signé après la paix de Saint-Germain (Bibl. nat., coll. Harlay, vol. 373, f. 358).

1. Probablement Charles de la Rochefoucauld, seigneur de Barbezieux, signalé comme un des capitaines du parti réformé par La Popelinière (liv. XIV, f. 62 v°). Il revint bientôt au parti du roi et fut nommé lieutenant du duc de Guise, en Champagne (P. Ans.).

2. Charles de Beaumanoir de Lavardin.

3. Brossay de Saint-Gravé, capitaine protestant, cité par La Popelinière. C'est à tort que l'édition de 1626 en fait deux personnages.

4. Rabodanges, capitaine huguenot, originaire de la Normandie.

5. La Motte-Tibergeau, capitaine huguenot, originaire du Maine, défenseur de Vire, en Normandie, colonel au service du roi de Navarre, vivait encore en 1590 (Haag).

6. Beaufort (Maine-et-Loire).

7. D'Andelot avait alors, suivant le rapport de Chavigny et de Monterud, qui avaient été chargés de reconnaitre ses forces, 1,500 chevaux et vingt enseignes de gens de pied (Lettre du duc de Montpensier au roi du 14 septembre; autogr. de Saint-Pétersbourg, vol. 41, f. 25).

de Sainct Maturin, loge La Noue en forme d'avant-garde aux Rosiers, comme ayant quelque dessein, mais fort incertain, sur Saumur. Quelques uns lui conseilloyent de forcer le Pont-de-Say, mais lui ne se voulut attaquer à rien, n'ayant pas les crochets qu'il faloit, tendus seulement à passer la Loire; qui n'estoit pas petite difficulté, tant pour la grandeur de la rivière et les sables movans ausquels elle est subjette, comme aussi pour voir desjà le duc de Montpensier[1], que Monsieur avoit fait jetter dans Saumur bien accompagné, et desjà le plus fort en cavallerie et infanterie. D'ailleurs Andelot sentoit à dos un ennemi qu'il cognoissoit trop pour le mespriser, c'estoit Martigues[2], l'un des hazardeux et résolus capitaines du royaume; lequel eust sans doute donné tant de camisades et de charges aux compagnies naissantes en Bretaigne qu'il les eust dissipées, sans la frayeur que les Nantois prindrent de leur ville, ayans amusé à leur garde par grandes importunitez ce chef, qui les eust mieux gardez en s'avançant vers ceux qu'on craignoit pour leur donner sur les doigts.

Chapitre III.

Le combat de la Levée.

Martigues, ayant veu les Réformés tourner l'eschine

1. Le roi avait envoyé le duc de Montpensier et son fils sur les bords de la Loire avec la charge d'empêcher à tout prix le passage de d'Andelot (Lettre du roi au s. de Ferrals du 20 sept. 1568; minute; f. fr., vol. 15548, f. 61).

2. Sébastien de Luxembourg, s. de Martigues.

à la Bretagne, pressé par lettres de Monsieur[1], et de recharges du duc de Montpensier, passe l'Otion à Sorgues[2], ne pensant à rien qu'à se jetter dans Saumur. Il sçavoit bien que le vidame estoit à Beaufort[3], et jugeoit avec apparente raison que toutes les bandes estoyent de mesme costé; ne pouvant pas estimer que de bons capitaines eussent coupé leurs forces par un tel fossé, car l'Otion fera parler de lui ci-après. Sur le poinct que d'Andelot, n'ayant fait que desbrider à Sainct Mathurin, remontoit à cheval pour voir son assiete et son passage, il fut aresté court, pource que Boisvert[4], mareschal de camp, allant voir à l'œil, selon son devoir, le logis de la Dagueniere[5], où il avoit donné département à Montejan et Bressaut, trois cents pas plus avant que La Chappelle, apprit par des fourrageurs que l'ennemi marchoit en gros sur la levée. Ce fut l'advis qu'il donna à tout hazard à son chef qui, le recevant froidement, commanda quelques barricades à La Chappelle, plus par mestier que par besoin.

1. D'Aubigné a oublié de dire que Monsieur, frère du roi, avait été nommé lieutenant général du royaume par lettres du 12 novembre 1567.
2. Authion, rivière qui passe à Sorges.
3. D'Andelot était à Beaufort le 14 septembre avec toutes ses forces (Lettre du duc de Montpensier au roi de cette date; autogr. de Saint-Pétersbourg, vol. 41, f. 25; copies de la Bibl. nat.).
4. Boisverd, maréchal de camp dans l'armée huguenote, fut tué peu après (chap. III). On trouve un capitaine du même nom dans les compagnies catholiques du Poitou, en 1569 (*Arch. hist. du Poitou*, t. XII, p. 229, 244 et 248). Tous deux appartenaient à la famille Roigné, de Poitiers (Liberge, *le Siège de Poitiers*, 1846, passim).
5. La Daguenière (Maine-et-Loire).

Les coureurs de l'autre costé prennent et envoyent un soldat à Martigues, qui lui apprit quels voisins il avoit. Ce fut à regretter le passage; mais ce dont l'esprit se tourmentoit, le cœur le changea bien tost en résolution. Il ne demanda advis à aucun de ses capitaines, comme n'en estant pas temps, mais trie vingt-cinq salades qu'il donne à Sourches[1] pour coureurs, fait mettre pied à terre à deux cents arquebusiers, qu'on lui avoit choisi dans le régiment des gardes et envoyez pour une entreprise, met à leur teste cinquante qui portoyent sa livrée; lui renforce sa trouppe jusques à cent cinquante chevaux, se faict suivre de huict cornettes et en laisse deux destachées pour tourner au commandement de Puy-Gaillard[2] faisant la retraicte. Ceste queue n'estoit pas desgarnie d'un homme de guerre, non plus que la teste. Ce dernier, ayant dix compagnies de gens de pied et les deux que nous avons dictes, fit sa dernière troupe de cent picques bien triées et de deux cents arquebusiers. De ses picquiers il fit un gros, serré sur son milieu de vingt de front et d'une demie file, des arquebusiers quatre pelotons de chacun cinquante, pour, dans le penchant de la levée, favoriser par rafraichissements

1. Il y a doute sur l'identité de ce personnage. D'Aubigné désigne François du Bouchet, seigneur de Sourches, sous-lieutenant de la compagnie d'ordonnance du duc de Montpensier (montre du 6 novembre 1569; f. fr., vol. 21530). De Thou imprime *Lourches* et désigne un capitaine, lieutenant de Martigues, qui, d'après La Popelinière, aurait été tué par Saint-Bonnet, écuyer de d'Andelot (*Journal de Généroux*, p. 29). La suite du récit donne raison à de Thou. Voyez plus loin, p. 18.

2. Jean de Léomont, seigneur de Puygaillard, vivait encore en 1575 et commandait une compagnie de reitres qu'il mena au camp du roi (*Arch. hist. du Poitou*, t. XIV, p. 39).

les flancs de leurs corselets. Outre cela, il jetta encore quelques files par le bas de la levée pour remplir, quand besoin seroit, et prendre toutes les faveurs des hayes. Le reste des dix compagnies, qui estoit encor de mil hommes, marchoit en foule, horsmis dix capitaines à la teste, qui avoyent chacun trente hommes obligez pour partir de la main au commandement.

Telle fut l'industrie du chef de retraite, sans attendre l'ordre de son général, lequel, n'ayant autre pensée que de percer, n'eut loisir que de recommander à ses compagnons les bras et les jambes. Ce moumon[1] fut incontinent présenté à Boisvert qui, n'ayant peu achever sa barricade, voulut couvrir sa povreté d'une gayeté de cœur, jettant au devant de soi quatre vingts arquebusiers pour faire fumée sur le haut de la levée, et à ceste couverture achever le retranchement et employer ceux qu'Andelot lui envoyoit par le bas de la levée. Cela eust valu quelque chose contre un homme qui eust marchandé, et mesmes quelques capitaines firent l'honneur de la maison d'assez bonne grâce. Mais ceux qui venoyent à pièces descousues, nouveaux soldats, furent aisément enfoncez par Martigues et ses gardes, avec perte du capitaine La Plaine[2], qui leur commandoit pour lors. En mesme temps, Sourches fait fendre et passe d'effroi sur le ventre à tout ce qui estoit de plus avancé, tue deux capitaines, prend Minguetière, de qui premièrement Martigues creut à bon escient avoir Andelot si près. Ce fut lors qu'il cria tout haut aux coureurs : « Perdez-vous dans

---

1. *Moumon,* amas, masse.
2. Le capitaine Plan, chef de la compagnie des gardes de Martigues.

la bourgade, je rendrai bon compte de vous. » Il donne et trouve Andelot demi armé avec huict gentilshommes qui sortoyent, les uns d'une ruette, les autres d'un portail. Ils se meslent et remeslent; Sourches accula Andelot contre la muraille de son logis et le pressoit de se rendre, quand Boisvert lui défonça la teste d'un coup de pistolet. Sur la cheute de Sourches, Boisvert congne les plus avancez jusques vers l'entrée du village, et, dans la pente de main droite, en sortant, un des gardes, qui n'avoit guères perdu l'estrier des coureurs, lui donne une si grande arquebuzade dans le visage que le casque de Boisvert alla en deux piéces et sa vie après. Andelot rompit à coups d'espée la presse qui naissoit tousjours sur la levée pour gaigner le vallon le plus eslongné de la rivière. Là ils se r'allient, mais un peu tard, comme n'ayant point eu de trompette au commencement, quelques trente chevaux.

Les katholiques, au nez de ceste petite troupe, gaignent une lieue de levée, où ils rencontrent deux cents hommes envoyez par La Noue à l'allarme. Ceux qui les menoyent demandèrent aux premiers que c'estoit, et qu'il faloit faire. Ceux là qui le sçavoyent bien, respondirent en chargeant. Les autres gagnent les vallées. Un peu plus loin, La Noue, qui avoit pris place dans le champ de sa droicte, fait attaquer la teste de Martigues par ses arquebusiers. En mesme temps Puy-Gaillard, qui estoit tasté par tous ceux qui se r'allioyent, envoye demander secours à son chef. La response fut qu'il ne s'amusat à rien, et qu'il faloit payer de la queue pour desgager le corps et la teste. En disant cela, Martigues fait descendre la moitié de son arquebuserie à sa gauche, jusques à gaigner les rangées d'ormeaux et de vignes qui sont en ce quartier. Cela amuse et incommode La Noue, qui ne les pouvoit charger dans tel avantage. A la fumée de telle arquebuserie, les troupes, qui vouloyent passer, se servirent de leur résolution et de l'effroi qu'apporta la nouveauté. Et ainsi percèrent le logement des ennemis durant trois lieues et demie. Et encores falut, pour couronner la besogne, qu'ils emportassent le drapeau d'une compagnie logée à trois lieues de Saumur. Et si faut dire que d'Andelot, ayant fait son r'alliement et regagné la chaussée, vit ceste infanterie que Martigues avoit fait donner à gauche; laquelle, empeschée par La Noue de regagner son gros, se résolut à essayer le chemin de Sorgues par les vallées. Il pensa que ce fust Martigues qui voulust retourner sur ses pas. Cela lui fit prendre le contr'ongle et quitter le droict de sa chasse; et encores eut le desplaisir que le tiers de ceste troupe se sauvast par l'avantage des lieux[1].

La Noue, ayant pris autant de temps pour r'allier qu'il en falut à Martigues pour passer avec sa cavallerie, et estant venu pour faire payer Puy-Gaillard, cestui-ci, en un estroit de maisons, fit arrester le bagage, au travers duquel il despestra sa trouppe de retraicte, mesmes en tuant quelques chevaux après lui. Cest embarassement lui fermant le derrière, les

---

1. Ce combat eut lieu le 15 septembre 1568 et d'Andelot passa la Loire le 16 (Jean de Serres, *Mémoires de la troisième guerre civile*, p. 197). D'Aubigné le raconte tout à l'honneur de d'Andelot, cependant Martigues écrivit au roi, le 17, une lettre dans laquelle il prétend avoir mis d'Andelot en déroute (Delaborde, *Coligny*, t. III, p. 63).

maisons et les hayes, le costé, il aima mieux payer de ce bagage que des hommes. Et ainsi toute ceste troupe sortit des logements, et n'ayans plus ennemis que d'un costé, n'eurent pas fort rudes ceux qu'ils avoyent percez[1].

Marquent les gens de guerre une grande créance des soldats à leur chef, grande facilité à prendre les commandements, et de faire passer parole parmi tant de confusions. Il faut dire que le danger apporta l'obéyssance, et que la résolution maistrisa la confusion.

Chapitre IV.

Passage de Loire par Andelot; union au Prince; progrès en Poictou, Angoumois et Xainctonge, jusques au siege de Ponts.

Sur cest accident, Andelot print occasion de chastier la paresse des siens, et tint conseil de ce qui estoit de faire, où il y eut de grandes contradictions. Les uns vouloyent advertir le prince de Condé qu'il leur vint ouvrir le passage à coups de canon, les autres, qui voyoyent la longueur périlleuse, vouloyent tourner visage; mais les rivières du Loir, Sarte et Meine, et les difficultez de l'Otion, que nous représenterons en quelque lieu à propos, pressoyent les délibérans. Sur cela Andelot, ayant assermenté les principaux chefs, prit résolution de gaigner le logis de Bourgeuil, là disposer tous les siens au combat, et puis feindre une retraicte avec espouvantement : « Il

---

1. Voyez le récit de La Noue (*Mémoires,* chap. xix).

est certain, disoit-il, que nous aurons bien tost le duc de Montpensier et ses forces sur les bras. Fermons-nous à venir au combat comme il faut. Martigue ne faudra point d'entamer le gasteau. Nous lairrons à une de nos mains deux troupes gaillardes, une de cavallerie pour lui chatouiller les costez quand nous chargerons la teste, l'autre d'infanterie, où seront tous nos longs-bois[1], et celle-là fera deux testes pour couper la file des forces qui suivroyent et le retour aux coureurs; Dieu sçait si ce pays couvert y est propre. Ces premiers battus, l'estonnement du reste et nostre victoire nous donnera passe-partout jusques à la teste des rivières. » Les braves suivoyent cest advis par résolution, les autres par compagnie, quand le comte de Montgommeri, qui avoit recogneu un passage, apporta la bonne nouvelle. Et lors avec une grande allégresse toutes ces troupes se mirent en l'eau, la cavallerie à gauche pour rompre le fil, les plus petits soldats dans le milieu des rangs. Mais il s'en fust perdu la pluspart sans un heur nompareil. Ce fut que, la rivière s'estant diminuée d'un pied et demi durant le passage de quatre heures, se r'enfla sur la fin. Nous dirions avec crainte ces courtoisies de Loire, si nous n'avions tous ceux qui ont escrit pour garents.

Le duc de Montpensier s'avançoit pour charger les ennemis. Mais ses coureurs que La Noue, faisant la retraicte, r'amena un peu viste, le firent tourner à Saumur, où depuis fortifié des compagnies de la Chastre[2],

1. Les piquiers.
2. Claude de la Chastre, baron de la Maisonfort, gouverneur du Berry, ambassadeur en Angleterre, d'abord attaché au parti du duc d'Anjou, puis à celui de la Ligue, maréchal de France, mort

Matignon[1] et Vassay[2], et huict jours après du duc de Guise et du comte de Brissac, il fit corps d'armée pour s'avancer vers Chastellerault.

Andelot, ayant pris à Oyron[3] le sieur du lieu[4] et Parthenay[5] en son chemin, se rendit par les advis d'une part et d'autre à Nyort[6], où l'admiral se trouva avec trois pièces de la Rochelle, à la veue desquelles la ville se rendit. Mais Magné[7], qui n'est qu'une tour, où se retira le capitaine Louys, voulut faire mieux, ou pource que ceux qui estoyent dedans ignoroyent le mestier, ou pource qu'ils n'esperoyent point de pardon de quelque massacre de sang froid, et sur les malades, où ils avoyent trempé. Donc ayant voulu

le 13 décembre 1614, auteur de *Mémoires sur la campagne de* 1587, petit in-8°.

1. Jacques de Goyon, s. de Matignon, gentilhomme breton, fit ses premières armes sous Henri II, reçut le gouvernement de la Normandie en 1559, le bâton de maréchal de France en 1579 et le gouvernement de la Guyenne en 1584. Il mourut au château de Lesparre en 1597. J. de Callières a écrit sa vie, 1691, in-fol.

2. Jean de Grognet, s. de Vassé, gouverneur du Maine, fils d'Antoine Grognet, seigneur de Vassé, qui s'était illustré en Italie.

3. Oiron fut pris par le capitaine La Coulombière, gentilhomme normand de la suite de d'Andelot, le 19 septembre 1568. Une lettre du s. de Dampierre, gentilhomme de la suite du duc de Roannez, à la duchesse, donne un récit détaillé de cette surprise. Imprimée à Lyon en 1568, elle a été réimprimée dans les *Archives curieuses*, t. VI, p. 357.

4. Claude de Gouffier, seigneur d'Oiron, marquis de Boissy, duc de Roannez, grand écuyer de France.

5. Parthenay était défendu par le capitaine Malo et fut pris au commencement d'octobre. Malo fut pendu (Ledain, *Hist. de Parthenay*, 1858, p. 278).

6. La ville de Niort, défendue par le capitaine La Marcousse, fut assiégée le 24 septembre et prise le 28 par l'armée réformée (*Journal de Généroux*, 1865, p. 32).

7. Maillé (Deux-Sèvres).

voir le canon, ils n'eurent capitulation qu'à discrétion, laquelle fut d'en pendre la pluspart. Ceste povre tour n'estoit pas digne de l'histoire, non plus que du canon, sans l'honneur que lui ont fait quelques uns de nos historiens, qui se sont servis de ce siège pour donner la première cause à toutes les capitulations faussées en France. Le laborieux Popelinière, qui a escrit que la foi fut faussée[1], s'en souvint encore à Mirebeau pour effacer ce qui s'y passa, ayant fort bien spécifié le traicté à discrétion. J'attribuoye ceste faute à l'ignorance des termes. Mais lui, m'ayant visité et souffert ma correction, respondit ainsi : « Je sçavoye bien que la livrée des discrétions estoit la corde ; mais ayant promis par nécessité de chercher quelque foi rompue par mes partisans, je ne trouvai en mon chemin que cela. Mais voyez que j'ai spécifié le terme de discrétion et marqué plusieurs perfidies passées : celle du duc de Nemours pour la première[2], voulant que mon lecteur me condamnast. » Là dessus il se teut, la larme à l'œil, laissant bien juger que sa plume estoit vendue[3].

1. D'Aubigné hasarde ici contre La Popelinière une accusation dont nous ne pouvons vérifier la justesse. D'après notre auteur, La Popelinière aurait insisté sur la mauvaise foi dont les huguenots se seraient rendus coupables à la prise de Maillé (liv. XIV, f. 67, chiffré par erreur 60) pour excuser la mauvaise foi des catholiques à la prise de Mirebeau (ibid., liv. XV, f. 74 v°). — De Thou, qui mérite d'être pris pour juge, constate que, à la prise de Maillé (qu'on appelle Melle dans la traduction in-4°) et à la prise de Mirebeau, les deux partis se conduisirent avec la même férocité les uns que les autres (liv. XLIV, 1740, t. IV, p. 148).

2. Allusion à la conduite du duc de Nemours, au moment de l'arrestation de Castelnau, lors de la conjuration d'Amboise. Voy. t. I, p. 269, note 2.

3. La plume de La Popelinière aurait donc été vendue à Guy de Daillon, comte du Lude, le vainqueur de Mirebeau?

Sainct Maixant et Fontenay[1], ayans suivi l'exemple de Nyort, le Prince retourne vers Xaintes, où en une revue générale il fit publier les loix militaires[2] et prester un serment solennel. C'estoit pour s'acheminer droit au siège d'Angoulesme avec trois canons et deux bastardes. La première batterie se fit contre le parc à un meschant mur auquel on fit une petite bresche, les piéces ayans le nez levé et tirans de mille pas. Le commandement fut donné par[3] une recognoissance, mais elle se changea en un assaut par l'ambition des jeunes gens, sur tous de Genissac[4], qui y mourut; à l'envi duquel Corbouzon donna avec son régiment. Là, pour chose nouvelle, advint que quatorze ou quinze soldats ayans passé le haut de la brèche sans résistance que d'arquebuserie, nous vismes dans le parc huict hayes de lanciers flanquez d'infanterie. Quelques uns, en nous retirant, demandoyent des gabions et des pipes pour se loger sur la ruine ; mais telles armées n'estoyent point garnies pour succéder à tant d'avantages. Il falut changer la batterie par le conseil d'un qui avoit esté capitaine du chasteau. A la seconde brèche non raisonnable, ceux du dedans s'estonnèrent pour deux bastardes, qui estoyent au haut de Sainct-

---

1. Saint-Maixent (Deux-Sèvres). — Fontenay-le-Comte (Vendée). — Fontenay était défendu par le capitaine Hautecombe et fut pris par le capitaine Puyviault. Hautecombe fut mis à mort peu de jours après à la Rochelle (De Thou).

2. Ce règlement sur la discipline de l'armée est généralement attribué à Coligny. De Serres l'a publié dans ses *Mémoires de la troisième guerre civile*, p. 158, et M. le comte Delaborde l'a réimprimé (*Coligny*, t. III, p. 522).

3. *Par*, pour.

4. Pierre de Buffière, seigneur de Genissac.

Ozani[1]; si bien que l'armée estant en bataille pour aller à l'assaut, et Andelot à la teste, résolu d'y monter, les causeries d'Argence[2] et de Grinaud[3] donnèrent lieu à l'estonnement[4] de Mezières[5] et en suite à la capitulation; par laquelle ils sortirent, les seigneurs avec tout leur bagage; aux gentilshommes fut permis un courtaut, et aux soldats l'espée[6]. Sainct Mesme[7] y demeura pour commander. On a remarqué à ceste reddition la patience de Puiviaut qui, en favorisant quelque butin des siens, souffrit que l'admiral le poussast d'un baston. Les courages courtisans lui conseillans la vengeance, il respondit : « Je souffre tout de mon maistre, rien de mes ennemis; je moustre aux miens ce qu'ils me doivent[8]. » Les gens de guerre ont admiré ce trait par dessus les faits valeureux de Puyviaut.

L'armée vint attaquer Pons[9], garni, comme nous

1. A l'abbaye de Sainte-Claire, au village de Sainte-Ausone, près d'Angoulême.
2. Cibar Tison d'Argence, capitaine catholique, s'empara du prince de Condé à la bataille de Jarnac et fit de vains efforts pour sauver la vie de son prisonnier. Voyez Brantôme, t. IV, p. 346.
3. Nous pensons qu'il faut lire *Grignols*.
4. « Les *causeries* d'Argence donnèrent lieu à l'*estonnement* de Mézières. » Cette phrase est incompréhensible pour qui ne sait pas que d'Argence avait été chargé de négocier la capitulation depuis les premiers jours du siège (De Thou, liv. XLIV; 1740, t. IV, p. 149).
5. Nicolas d'Anjou, marquis de Mézières.
6. Prise d'Angoulême par l'amiral, 15 octobre 1568 (*Journal de Généroux*, 1865, p. 34).
7. René de l'Hospital, seigneur de Sainte-Mesmes, capitaine huguenot.
8. Ce trait est cité par La Popelinière, liv. XIV, f. 68.
9. La ville de Pons fut prise par les princes après une courte

avons dit, et de plus des meilleurs soldats de Sainct Jean d'Angeli, que Chastaignerais[1] avoit quitté d'effroi; joint aussi qu'ils pensoyent gaigner Blaye, qui, de ce temps, changea de parti par les menées de Segur. Ainsi Pons, qui ne valoit rien en ce temps-là, quoi qu'on en ait escrit autrement, mais garnie de douze cens hommes de pied et de quatre vingts gentils-hommes, se résolut à l'extrémité[2].

Chapitre V.

Levée de Languedoc et d'autour; acheminement des troupes; deffaicte de Mouvans et prise de Pons.

Le siège de Pons nous donnera loisir de faire marcher les forces de Provence, Dauphiné et Languedoc, sollicitées par Vérac[3], qui n'eut pas beaucoup de peine à persuader ces esprits zélez, endurans de long temps les meurtres que nous avons dit en gros, et ne pouvans oublier celui du comte de Tende. Le partement de Noyers, sçeu par eux, les avoit desjà armez. Ils se résolurent donc à quitter maisons, femmes et

batterie vers le milieu d'octobre (Serres, *Mémoires de la troisième guerre civile*, 1571, p. 241).

1. Charles de Vivonne, seigneur de la Chasteigneraye, capitaine catholique, conseiller du roi et chevalier des ordres, sénéchal de Saintonge.

2. Pons était défendu par Antoine de Pons, seigneur de Pons et comte de Marennes.

3. Joachim de Saint-Georges, seigneur de Verac et baron de Couhé, capitaine protestant, « grand brûleur d'églises et tueur de prêtres, » prit Parthenay le 24 novembre 1568. Voyez la note du *Journal de Généroux*, p. 39.

enfans, et pour ce faire, enrolèrent sous Acier[1], leur chef trois cornettes de cavalleries, sept régiments de gens de pied de septante cinq compagnies commandées par Montbrun[2], Anconne[3], Sainct Romain[4], Mirabel[5], Blascon, Virieu[6] et le Challar[7], ausquels se joignirent quatre compagnies d'Oroze[8], levées en Provence et pays d'alentour ; incontinent après dix enseignes sous Mouvans, la cornette de Vala-

1. Jacques de Crussol, seigneur d'Acier.
2. Louis du Puy, seigneur de Montbrun.
3. Antoine de Pracontal, seigneur d'Anconne, capitaine protestant, dont Brantôme fait l'éloge (t. V, p. 431), mort en 1581 (*Biographie du Dauphiné*, t. II, p. 295, d'après d'Hozier).
4. Jean de Saint-Chamond, élu archevêque d'Aix en 1551, abandonna le catholicisme et épousa, vers 1561, Claude de Fay, dame de Saint-Romain. Chef du parti réformé en Languedoc, il commanda en 1568 un régiment huguenot, et fit la guerre en Saintonge et surtout en Languedoc jusqu'à sa mort (25 juin 1578).
5. Claude de Mirabel, seigneur dudit lieu, près Crest, gentilhomme du Valentinois, capitaine protestant, avait pris les armes dès le commencement du règne de Charles IX. Voyez le récit de sa mort extraordinaire pendant le siège de Livron, en 1574, dans *Album du Dauphiné*, t. II, p. 18.
6. Jean de Fay, baron de Malleval, seigneur de Virieu du chef de sa femme, Louise de Varey, capitaine protestant, fut sauvé au massacre de la Saint-Barthélemy par Claussac et embrassa alors le catholicisme. Il vivait encore en 1592 (*Mémoires de Gamon*, dans la collection Petitot, t. XXXIV, *passim*). Voyez sur ce capitaine la note du marquis d'Aubais (*Journal de Perussiis*, dans le t. I des *Pièces fugitives*, p. 273).
7. Pierre Sauvain, seigneur du Cheylard, près Eygluy (Drôme), capitaine protestant, originaire du Dauphiné, avait été le compagnon d'armes du baron des Adrets au commencement de la guerre. Après la campagne de 1569, il revint en Dauphiné et mourut en août 1575 (*Journal de Perussiis*, dans le t. I des *Pièces fugitives* du marquis d'Aubais).
8. Le capitaine Crose, d'après le *Journal de Généroux*, 1865, p. 35. Peut-être est-ce le s. d'Urfé, s. d'Orose.

voise[1] et les arquebusiers à cheval de Pasquier[2]. De Languedoc marchèrent les quatre régiments de Baudiné[3], asçavoir le sien, celui de son frère, Bouillargues[4] et Ambres[5], la cornette de Spondillan[6] avec trois d'arquebusiers à cheval; de Vivarais et Rouergue deux régiments, le vicomte de Pana[7] et Peregourde[8], et puis cent bonnes salades commandées par Thoras[9].

1. Scipion de Valavoire, frère d'un capitaine du même nom, qui servait dans les armées catholiques, et d'un autre capitaine qui fut assassiné à la Saint-Barthélemy. Scipion vivait encore en 1591 (Haag).
2. Charles Allemand de Pasquier, dit le cadet de Pasquier, capitaine protestant, lieutenant au gouvernement de Gap (1588), tué au siège de Grenoble en 1590.
3. Galiot de Crussol, seigneur de Beaudiné, sixième et dernier fils de Charles de Crussol, colonel d'un régiment d'infanterie protestante, tué à la Saint-Barthélemy.
4. Pierre Suau, dit le capitaine Bouillarques (Menard, *Hist. de Nîmes*, liv. XVI, chap. XVIII).
5. Jean de Voisins, s. d'Ambres, fils de Maffre de Voisins et de Jeanne de Crussol, colonel des bandes du Languedoc, lieutenant de la compagnie de Crussol. Les autres membres de sa famille appartenaient au parti catholique (Aubais, *Mémoires d'Ambres*, dans le t. III des *Pièces fugitives*, p. 51).
6. Guillaume de Bermond du Caylar, seigneur d'Espondeillan et de Casillac, capitaine d'une compagnie dite d'*Espondeillan-le-prince*, parce que Condé l'avait attachée à sa garde. En 1576, Espondeillan était gouverneur, au nom du parti huguenot, des diocèses de Narbonne et de Béziers (*Mémoires de Gaches*, p. 78).
7. Jean de Castelpers, vicomte de Panat, capitaine protestant, originaire du Lauragais, avait pris les armes depuis le commencement de la guerre et est souvent cité dans les *Mémoires de Gaches*. Il fut tué d'une arquebusade au siège de Valence (Tarn) en 1574 (*Ibid.*, p. 467).
8. François de Barjac, seigneur de Pierre-Gourde, capitaine protestant, cité dans les *Mémoires de Gaches*, p. 78. Voy. Brantôme, t. V, p. 38, 426, 428, 429.
9. François de Bermond de Saint-Bonnet, seigneur de Toiras,

Gordes[1], lieutenant du Roi en Dauphiné, munit les passages du Rhône, mit en divers lieux batteaux armez et gens de guerre. Mais la prise de Peraut[2], le logement de Bai-sur-Bais[3] et le fort que Mouvans fit au bord du Rhosne leur ayant donné passage, tout s'achemina, c'est à dire ceux qui prirent résolution de se despayser.

Une partie des Sevenots[4] ne peurent supporter l'abandon de leurs familles, et se résolurent à mourir plustost que de tout quitter, refirent leurs portes desjà bruslées et se rendirent imitateurs d'Anduze à remaçonner ou réparer leurs murailles. La besongne de Sauves[5] fut menée chaudement. Ceux du lieu bientost après entreprirent sur le chasteau de Sainct-Geniers, et l'ayans surpris, fut le lieu où se trama l'entreprise de Nismes, de laquelle nous parlerons en son lieu. La résolution de garder le pays estant sçeue, plusieurs se desrobbèrent des bandes d'Acier. En ces quartiers, Servas[6], receveur des tailles, fut le premier esleu général du pays, après lui Monvaillant, puis Mandagout[7], mais avec plus d'authorité Sainct Romain.

gentilhomme protestant, commandait une compagnie de 100 salades (*Mémoires de Gaches*, p. 78).

1. Bertrand de Simiane de Gordes.
2. Château de Peraut, en Vivarais, au-dessous de Vienne.
3. D'Aubigné a emprunté ce récit à La Popelinière (liv. XV, f. 70) et s'est trompé avec lui. Baix (Ardèche) n'est point sur une rivière de ce nom.
4. *Sévenots,* cévenols.
5. La seigneurie de Sauves est dans le Gard.
6. François Pavée, s. de Servas, receveur des tailles et des finances à Nîmes, se fit capitaine et devint chef des religionnaires dans le bas Languedoc (*Hist. du Languedoc*, t. V, p. 298).
7. Mandagot, capitaine huguenot, d'une ancienne famille lan-

Les Princes, ayans sçeu la résolution du pays, approuvèrent ce qu'ils ne pouvoyent empescher, et envoyèrent la Mousse[1] avec lettres de créance et charge d'exhorter chacun à la fortification des places tenables ; mais l'infidele emprunta sur sa créance tout le contraire, et, pour ceste fausseté descouverte, il fut puni de mort à Montpelier.

Il a falu dire ces choses pour monstrer comment ce pays subsista.

Ce qui marcha à la grand'armée en cinq journées gaigna Millaud de Rouergue, où ils pensoyent joindre les vicomtes ; mais ils les trouvèrent trop jaloux de leurs pays. Là ils firent monstre[2] de vingt cinq mil hommes, en contant ceux qui suivoyent sans armes, compris en ce nombre quatre mil cinq cents chevaux.

Montluc, qui avoit r'allié Terride, Gondrin[3], La Vallette et puis Biron avec quatre compagnies de gens d'armes, fort peu d'infanterie, fit un project de charger cest amas sur le passage de la Dordogne. Mais d'un costé le nombre l'estonnoit, et puis Monsalez, l'estant venu haster de la part de Monsieur, lui donna

---

guedocienne, qui a donné des évêques à Marseille et un archevêque à Embrun (Albanès, *Armorial des évêques de Marseille*).

1. Antoine de Vaisserie, seigneur de la Meausse, capitaine protestant, originaire du Quercy.

2. Var. de l'édit. de 1616 : « ... *ils firent montre* ensemble de 153 enseignes de gens de pied, huit compagnies de cavalerie mal équipées, hormis celle de Thoras ; tout cela faisant 1,600 hommes de pied, 450 chevaux et 300 arquebusiers à cheval... »

3. Antoine de Pardaillan, seigneur de Gondrin et de Montespan, mort en 1572, ou son fils, Hector de Pardaillan-Gondrin, mort en 1611. Tous deux prirent une part importante aux guerres civiles de la Guyenne et servirent avec éclat dans les armées catholiques.

couverture pour laisser gaigner aux ennemis la Dordogne[1] et l'Isle[2], et aller recevoir à Sainct Chastier et à Monsignac[3] une ferrade[4] du duc de Montpensier, que nous avions laissé formant son armée à l'ombre de Chastellerault et des rivières. Ce duc, se voyant en bon estat, marchoit pour le secours d'Angoulesme et en sçeut en mesme temps la reddition et l'avancement des Provençaux au pays. Sur l'advis, il fait surprendre en passant Confollant[5] par le comte de Brissac, envoya à Périgueux son bagage et ce qu'il avoit de moins leste, puis partagea ses forces en deux. L'une de ces pars alla pour lever le logis de Sainct Chastier. La cavallerie, qui avoit passé un gué, l'attaqua par le plus facile. Mais ils trouvèrent les réformés sur leurs armes, si bien que la cavallerie d'Acier, à l'ombre de quelques gens de pied, fit rudement repasser l'eau aux katholiques, et Baudiné deslogea du bout du pont les gens de pieds. Mais la peine et les hommes que perdirent en cest endroit les katholiques servirent d'empescher Acier qui, sans telle diversion, eust secouru Mouvans, alors bien empesché de couvrir le moumon de mille lances et quinze cents arquebuziers, que l'autre moitié de l'armée avoit découplez, poussant encores ces lances avec un bataillon de picques.

Les chefs réformés ayans eu loisir de communiquer,

---

1. Passage de la Dordogne par l'armée protestante, 14 oct. 1568.
2. L'Isle, rivière qui se jette dans la Dordogne.
3. Saint-Astier et Mensignac, arrondissement de Périgueux.
4. *Ferrade*, au propre, marque de fer rouge ; au figuré, leçon.
5. Le duc de Montpensier était arrivé le 4 octobre 1568 à Châtellerault (*Journal de Généroux*, p. 33) et prit Confolens vers le milieu du mois. Cette campagne est racontée par Coustureau, *Vie du duc de Montpensier*, p. 30 et suiv.

Acier leur manda qu'ils gardassent l'avantage du logis sans sortir, ce que fit Mouvans pour un temps. Mais, la cavallerie katholique s'estant retirée, les jeunes soldats, qui pensoyent avoir fait quelque chose de bon et qu'il n'y allast que d'une escarmouche, se mirent à esjamber les palissades et les fossez du village, et leurs compagnons eschauffèrent tellement la teste des capitaines et les capitaines de leurs chefs qu'ils résolurent de sortir en deux troupes pour gaigner le rendévous général à Riberac, distant de deux lieues. Il y avoit une petite pleine à passer avant que gaigner une forest, où ils avoyent leur dévotion. Pour donner là, Mouvans n'eut pas si tost fait un bataillon de parade, je parle ainsi pour ce qu'il estoit sans picques, qu'il se void sur les bras le comte de Brissac soustenu de six cents lances. Ce comte, qui ne trouvoit rien trop chaud, donna à sa mode et sans marchander. Et pourtant pour ceste fois fut très bien soustenu, comme ayant à faire à Mouvans. Peregourde, qui se pensoit franc du combat, couppe de sa teste cinq cents arquebusiers, laisse le reste aux enseignes pour venir faire une aisle de Mouvans. Les chefs catholiques ne pardonnèrent pas ceste chaleur de foye, envoyans quatre cents lances sur les enseignes de Peregourde, que les capitaines de la retraicte voulurent sauver dans leurs barricades; et de fait plusieurs les gaignèrent, mais les ennemis avec eux. Peregourde cria à Mouvans qu'il se faloit jetter à eux. Les voilà en advis divers, et de là en irrésolutions. Le comte de Brissac, qui avoit pris haleine de la première attaque, rechargea, et crie que tout le suive; ce que font toutes les forces qui mettent en pièces sur le champ mille ou douze cents hommes, entre ceux-là Mouvans et son compagnon. Il s'en sauva quelques huict cents qu'Acier r'allia et remit en troupe. Et, le lendemain, prenant la faveur de la rivière, prit le logis à Aubeterre[1].

Les Princes, ayant sçeu au siége de Pons la deffaicte des deux régiments, non sans quelque estonnement aux réformés, laissent Boucard au gros de l'armée pour achever, puis, ayans recueilli Acier à Challais[2], se mettent avec telle diligence aux trousses du duc de Montpensier que l'admiral qui menoit l'avant-garde le contraignit à laisser quelques arquebusiers à Chauvigné[3], pensant payer d'eux ; mais leur monnoye fut si bonne, et leur contenance, qu'ils capitulèrent à la vie sauve, et donnèrent loisir au reste de se retrancher dans les fauxbourgs de Chastellerault.

Boucard cependant avoit changé de batterie, fait bresche raisonnable, que les assiégez remparèrent de bois pour y mettre le feu, comme ils firent, quand ils virent venir l'assaut, laissans l'honneur de la deffense à cest artifice et peu de soldats, desquels il en mourut deux fort signalément. Le feu n'arresta point les assaillans, mais y meslèrent si brusquement les fuyards dans les rues qu'il en fut mis sur le pavé plus de quatre cents ; le reste, qui s'estoit jetté en foule dans le chasteau mal fortifié, fut aussi tost rendu par une capitulation mal faite, mal entendue et mal tenue, si bien qu'il fut encor passé au fil de l'espée plus de quatre cents autres soldats, entre ceux-là Bancherau,

---

1. Combat de Mensignac, 26 octobre 1568 (*Journal de Généroux*, p. 35). Voy. Brantôme, t. III, V et VI.
2. Jonction de d'Acier et des princes, 1ᵉʳ novembre 1568.
3. Chavigny, sur la Vienne.

jetté dans un puis¹. Cela fait, Boucard, ayant joint Piles, s'en alla trouver les Princes, laissant dans la place Berneüil², frère de Mirambeau³.

Chapitre VI.

Monsieur à l'armée. L'escarmouche de Jazeneüil. Charge aux Ances. Sièges et prises de Saint-Florent et de Mirebeau. Veuë des armées à Loudun.

Monsieur, bien acompagné de noblesse volontaire et de Suisses, servi de la plus belle artillerie qui fust dans l'arcenal, s'en vint en son armée⁴, qui estoit desjà de quatorze mil hommes de pied et de quatre mille lances. Les Princes, d'autre costé, après la deffaicte et les grandes maladies des Provençaux, avoyent encor vingt-sept mille fantaçins et deux mil cinq cents chevaux, si bien que les chefs estimèrent d'une part et d'autre leurs forces assez gaillardes pour prester le collet, résolution qui sembloit la plus nécessaire aux réformés, pource que difficilement pouvoyent-ils maintenir une telle troupe sans solde et sans magazins reiglez.

1. D'Aubigné dit dans ses *Mémoires* que Banchereaux avait voulu violer une de ses tantes et qu'il la vengea (Édit. Réaume et Caussade, p. 14).
2. Le seigneur de Verneuil en Angoumois, de la maison de Pons.
3. La ville de Pons fut reprise par le roi le 30 octobre 1569 (*Journal de Généroux*, p. 62).
4. Le duc d'Anjou, avec une foule de seigneurs et seize pièces de canon de gros calibre, arriva à Châtellerault le 31 octobre 1568 et à Poitiers le 11 novembre (*Journal de Généroux*, p. 36 et 37).

Il arriva que Monsieur, ayant dit en passant à Poictiers qu'il alloit toucher en la main des ennemis en leur pays de conqueste, prit son rendé-vous à Pampron[1], où ses mareschaux de camp rencontrèrent ceux des réformés un peu mieux accompagnez. La bourgade fut disputée, tant pour la commodité que pour l'honneur des armées. L'admiral, qui avoit voulu faire ce logis le cul sur la selle, l'emporta, et puis se trouva un peu engagé aux petites charges qu'il falut faire sur ceste dispute, et sur tout en voulant démesler les arquebusiers qu'il avoit advancez. Les katholiques furent renforcez de Martigues avec huict cents chevaux, et l'admiral, n'en ayant que cinq cents, fit en capitaine : prenant sur une croupe de montagne place de bataille, après avoir logé par les pentes son arquebuserie, si esloignée que Martigues, ne pouvant recognoistre ses flancs ni son derrière, jugea avoir l'armée sur les bras. Elle arriva quelque heure après pour user de mesme froideur envers les katholiques; car, encor qu'ils eussent logé leur queuë dans les genets de Roüillé, tout marcha si froidement que La Vallette eut loisir de faire ceste retraicte avec honneur. Et puis sur le soir Martigues fit semer les hayes de mesches allumées et battre les tambours françois à la suisse, si bien que les vedettes donnèrent d'une part et d'autre faux advis, c'est-à-dire aussi que chacune des armées, mal servies d'espions, perdit une belle occasion à son rang.

Le lendemain celle des réformés marche, résolüe d'aller combattre l'autre dans son logis, résolution

---

1. Pampron, à cinq lieues au-dessous de Poitiers.

prise sur le despit de la faute passée, mais les guides, ayans esté trompez d'une route pour l'autre, esgarèrent l'admiral, qui se trouva destourné avec toute l'avantgarde à Sansai. Il advint que les troupes qui estoyent logées furent emportées sans peine; trois cornettes qui marchoyent dans le chemin de Poictiers chargées et deffaites sur le bord de la rivière. Tous les logements de ce quartier estoient perdus, quand l'admiral, ayant ouy l'artillerie de sa bataille, fit ferme pour tourner teste vers Jazeneüil, où le prince de Condé avoit trouvé Monsieur retranché; dont advint que, marchant le premier, et cognoissant l'erreur de son avantgarde, quoi qu'il n'eust que la moitié de son armée, paya la faute de courage, fit commencer, par les gardes d'Acier et puis par les files qu'il tiroit des régiments, une grande et furieuse escarmouche, bien reçeuë par les enfans perdus de Monsieur et par la teste du régiment des gardes, que commandoit ce jour-là Saincte-Souline. L'infanterie des katholiques, à la veuë d'un si grand prince, vint au combat avec un grand ordre pour les rafraichissements qui se faisoyent de régiments entiers. Mais cela ne put empescher que ces pédescaux[1], plusieurs fois repoussez, ne donnassent en fin du front au canon et ne recognussent le retranchement de Jazeneüil; de plus marchandoyent de le franchir sans les fausses charges que Monsalez leur présentoit. Cestui-là, poussé par le comte de Montgommeri, fut soustenu par La Valette, qui, dans un vallon de main gauche, rompit le comte et passa sur le ventre à deux cents des plus advan-

---

1. *Pedescaux,* pieds-nus, va-nu-pieds, terme de mépris.

cez. Ce fut lors que le canon joüa et que par lui l'admiral fut adverti.

Bien que la nuict ne sépara l'escarmouche[1], à la fin de laquelle sera dit pour rire que, le bagage des réformés ayant perdu la routte, les valets, après avoir mangé le soupper de leurs maistres, les voulurent aussi contrefaire en choses meilleures, car ils firent une forme de campement à la veuë de l'armée royale, leur sottise servant de confidance et de si bonne contenance que Martigues et La Vallette, ayant pris jugement, non de ce que c'estoit, mais de ce qui devoit estre, et se souvenans qu'ils avoyent veu des mauvais garçons ce jour-là, ne les osèrent recognoistre ni charger. Il y eut bien plus : c'est qu'avant le point du jour Monsieur fit sa retraicte à Poictiers, ayant payé du bagage de l'avantgarde. En ceste mesme poursuite, l'admiral apprit de quelques prisonniers que le comte de Brissac estoit logé aux Ances[2], lui bailla une strette et deffaisoit tout le régiment, si la pluspart ne se fust retirée dans le chasteau. Le mesme jour, Chouppes, avec la compagnie du duc d'Anguien[3], chargea et rompit La Rivière Puitaillé[4] et le mena battant jusques

1. Combat de Jazeneuil, 17 novembre 1568 (*Journal de Généroux*, p. 36). La Noue a raconté ce fait d'armes (*Mémoires*, chap. XXI).

2. Auzances, seigneurie du Poitou, qui appartenait à un capitaine de ce nom, Jacques de Montberon, gouverneur de Metz.

3. Les deux éditions portent *duc d'Anguien*, mais l'indication est fautive, attendu qu'il n'existait pas de duc d'Enghien à cette date. Le récit de La Popelinière (liv. XV) ni celui de de Thou (liv. XLIV) ne mentionnent ce nom et ne nous aident à rectifier cette erreur. Le prince de Béarn tenait du chef de son père la seigneurie d'Enghien en Hainaut, mais il n'en portait pas le titre.

4. Hardouin de Villiers, seigneur de la Rivière-Puytaillé, capi-

au-dessous de Mirebeau, qui fut rendu audit Chouppes à l'effroi de ceste charge[1].

Voilà les réformés maistres de la campagne, résolus d'attaquer Saumur, selon leur perpétuel désir d'un passage sur Loire; mais Monsieur, fortifié des troupes du Languedoc, conduites par Joyeuse, quitte Poictiers, fait sommer Loudun et assiège Mirebeau. Le comte du Lude, en ayant le commandement, ne trouve dans la ville que quarante Provençaux, qui quittent d'effroi et se retirent au chasteau, où La Borde avoit en tout quelques deux cents hommes. Chouppes s'y enferma avec trente gentilshommes. Le canon, qui avoit commencé à battre la ville, fait une bresche au chasteau, où il y eut un assaut présenté, qui ne fut proprement qu'une recognoissance. Mais, à une seconde batterie, mise par le dehors, le comte receut à capitulation de la vie les assiégez, puis en fit tuer la pluspart, et sur tous La Borde[2] et son frère. Chouppes fut sauvé par ses amis. C'est ici que mal à propos on attribue les représailles de Magné[3], car la vie estoit portée expressément par la capitulation, qui fut cause

taine des gardes de Monsieur et de chevaux-légers, tué d'un coup d'arquebuse, vers la même époque, près de Saintes (Liberge, *Le Siège de Poitiers*, 1846, p. 261). Il avait un frère cadet avec lequel les historiens du temps le confondent souvent; voyez les notes du chap. xxv.

1. La ville de Mirebeau fut prise par Chouppes peu de jours avant le 9 décembre 1568, et reprise par les comtes du Lude et de Brissac peu de jours après. (Lettre du duc d'Anjou du 9 décembre 1568; *Arch. hist. du Poitou*, t. XII, p. 224.)

2. Jean de la Borde, capitaine auxerrois, auteur du massacre de Maillé.

3. Voilà le fait que La Popelinière aurait pallié pour plaire au comte du Lude. Voyez ci-dessus, p. 23, note 1.

que l'admiral, qui en mesme temps avoit assiégé Saint-Florent[1], refusa toute condition de vie aux katholiques, leur fit respondre qu'ils se deffendissent bien, les prit par assaut et les fit mettre en pièces.

La diversion de Loudun fit quitter le dessein de Loire et donna occasion aux deux armées de se voir là, n'y ayant estrangers que les Suisses du Roi. On tient que les deux partis faisoyent septante cinq mil hommes. Il se passa quelques escarmouches fort légères. Les deux frères de Montferrant[2] vindrent aux paroles comme Arminius et Flavius, et puis aux mains. Ceste petite escarmouche, où le verglas en porta plus par terre que les coups, donna authorité à un chemin creux de faire le holà des armées. Après quelques coups de canon, celle de Monsieur se retira la première par Chinon, et l'autre demeura en ses garnisons. Ce reste d'hyver fut employé par les chefs des réformés, qui se rendirent à Nyort avec la roine de Navarre, à reigler leurs troupes, travailler aux finances par la vente des biens ecclésiastiques, practiquer la roine d'Angleterre[3], remédier par despesches aux édicts, qui, tantost par leur douceur retenoyent la noblesse et gens de guerre en leurs maisons, et puis

1. Saint-Florent, abbaye près de Saumur, défendue par le capitaine de la Haye, fut prise par d'Andelot.
2. Charles de Monferrand, capitaine catholique, et Guy de Monferrand, dit *Langoiran*, capitaine protestant.
3. Le 15 octobre, de la Rochelle, la reine de Navarre écrivit à la reine d'Angleterre et lui envoya le capitaine Chastelier-Portaut avec un manifeste et des déclarations contre le parti catholique. Ces pièces ont été imprimées pour la première fois dans l'*Histoire de nostre temps*, 1570, in-12, p. 169 et suiv. Les lettres de Condé et de Coligny à la reine Élisabeth, de même date, sont conservées dans la coll. Moreau, vol. 718, f. 101 et suiv.

par leur rudesse en révoltoyent plusieurs qui ne pouvoyent joindre les armées. Monsieur travailloit à croistre la siene de toutes parts.

Chapitre VII.

Siège et combats de Sancerre. Entreprise sur Dieppes et sur Escilles. Charges de Montgommeri et de Bressaut. Petis combats en s'acheminant à Jarnac.

La Chastre, assisté de Martinengues, assiégea de ce temps Sancerre[1], où, après la batterie et bresche faicte à la porte de Bourges, l'assaut donné, premièrement par les François[2] et puis par Martinengues, tout cela repoussé, il falut dresser une autre batterie du costé de Sainct-Satur[3], de cest endroit la bresche estant de trente toises, beaucoup plus raisonnable que la première. Neubourg[4] eut la poincte[5], et l'assaut, rafraichi par quatre fois, fut soustenu, n'y ayant dedans que cent quarante arquebusiers, une douzaine de hallebardes et six vingts autres qui n'avoyent armes que fondes. Et pource que Avantigni[6], avec quelques gen-

---

1. Le siège de Sancerre commença à la mi-décembre 1568 d'après d'Aubigné (voyez plus loin), le 20 d'après La Popelinière (liv. XV, f. 76). Le récit de La Popelinière a été suivi par de Thou et par d'Aubigné.
2. *Les François,* par opposition au régiment de Martinengo, qui était italien.
3. Saint-Satur (Cher).
4. Vieuxpont, seigneur d'Aigreville, fils du baron de Neubourg, capitaine catholique, tué peu de jours après.
5. ... *eut la pointe,* c'est-à-dire marcha le premier à l'assaut.
6. Louis d'Avantigny, seigneur de la Brenallerie et de Montbernard, capitaine protestant, originaire du Berry.

tilshommes du pays et Le Grenetier[1], qui estoit homme de moyens, les avoit quittés, quoi qu'ils eussent auparavant fait leur devoir à conserver la ville depuis l'édict de Chartres[2], l'advocat Joanneau[3] fut esleu chef. Le mesme soir de ces assauts, ceux de la ville, sortis par la bresche, enfilent les tranchées, tuent tout ce qui fait teste, enclouent les cinq canons, et depuis harassèrent de tant d'attaques ceste armée de quatre mil hommes qu'ils la contraignirent, le dernier de janvier, de lever le siège, qui avoit commencé à la mi-décembre mil cinq cents soixante huict, et tuèrent sur le décampement plus de quatre cents hommes.

Ceste entreprise cousta aux chefs, et entr'autres à Antragues[4], qui y contribuoit fort, une grande despense, perte de seize cents hommes; entre ceux-là Neubourg, qui estoit de quelque réputation. Bientost après, ces eschauffez furent bien frottez au port Saint-Thibaud[5], attirez par un batteau plein de soldats cachez. La cavallerie, embusquée avant jour, leur tua quarante hommes, et despeschoit le reste sans l'avantage des vignes.

1. Le Grenetier, bourgeois de la ville, qui s'était fait capitaine. La Popelinière raconte que, peu avant le siège, il avait été envoyé en ambassade au roi (1581, liv. XV, f. 75 v°).

2. La paix de Longjumeau.

3. Joaneau, bourgeois et bailli de la ville, capitaine de circonstance. La Popelinière vante son courage (Ibid., f. 76).

4. François de Balsac, seigneur d'Entragues, chevalier des ordres du roi en 1578 et gouverneur d'Orléans. Il épousa en secondes noces Marie Touchet, l'ancienne maitresse de Charles IX, et en eut la célèbre Henriette de Balsac, marquise de Verneuil, maîtresse de Henri IV.

5. Saint-Thibaud, village sur la Loire, au-dessous de Sancerre.

Les Princes séjournans à Nyort[1] apprenoyent ces choses et autres divers accidents de tous costez, comme l'entreprise de Cateville[2] sur Dieppe, qui ne servit qu'à faire trancher la teste à Lignebœuf[3] et à lui. Mesme accident aux entrepreneurs du Havre de Grâce[4]; quoi que pour ruse non commune ils eussent la nuict contrefermé les portes et logis des principaux capitaines de la garnison, et mesmes des meilleurs soldats, appliquans des morillons et cadenats jusques aux boutiques et fenestres basses pour les empescher de courir à l'alarme. Ceste entreprise se perdit par trop de finesse et trop peu de résolution, et comme si les constellations de ce temps eussent esté ennemies des entrepreneurs.

Colombel[5] de Grenoble, quelques mois après, ayant pris Essilles[6], frontière du Daulphiné, fut aussi tost investi, trop tost rendu à composition bien escrite, mais violée entièrement; car lui mis entre les mains de la duchesse de Savoye[7], tous ses gens furent tuez de sang froid.

1. Le prince de Condé arriva à Niort le 20 janvier 1569 (*Chron. fontenaisiennes*, p. 123).

2. Le s. de Catteville-Malderé, gentilhomme normand, capitaine huguenot, condamné à mort par le parlement de Rouen et supplicié en 1569.

3. Lignebeuf ou Linebeuf, bourgeois de Dieppe.

4. De Thou raconte cette entreprise (liv. XLV).

5. Nicolas Colombin, capitaine protestant, né à Grenoble en 1540, fait prisonnier à la fin d'avril. Relâché sur parole, il reprit les armes et fut condamné à mort (*Mémoires de Piémond*, p. 8).

6. Prise d'Exiles par Colombin, 13 avril 1569 (*Mémoires de Piémond*, p. 540). D'Aubais a savamment discuté le récit qu'en a fait Chorier, dans les notes ajoutées à l'*Histoire des guerres* de Pérussiis (*Pièces fugit.*, t. I, p. 280).

7. De Thou dit que Colombin se retira à Genève (liv. XLV).

En revenant à nostre principale guerre, l'entreprise du comte de Brissac contre celui de Mongommeri à la Mothe-Saint-Herai[1] ne fut guères plus heureuse que les autres, car le chasteau ayant donné loisir, à son ombre, d'allumer la mesche, le comte, avec la fleur de l'armée, fut contraint de se retirer avec perte de bons hommes, ayant pourtant pris Corminville[2], frère du comte, qu'il laissa prisonnier à Lusignan. En traitant de sa rançon, les réformez mesnagèrent une entreprise heureuse comme les autres. L'exécution en fut empeschée, pource que, tout estant pris horsmis le donjon, Guron[3] s'y retira, ne s'estonna pas du bruit, attendit le secours qui regagna la place[4].

Il n'y eut de ce temps rien d'exécuté que sur Bressaut[5], près de Thouars, sa compagnie deffaite et lui sauvé en valet[6]. Les forces que les princes avoyent amené pour leur seureté nettoyèrent le pays de quelque bicocque, entre autres de l'abbaye Sainct-Michel[7], où le moine Castel-Pers[8] et le peuple d'alentour s'opiniastrèrent, se fiant sur la difficulté de leur mener le

---

1. La Mothe-Saint-Heraye (Deux-Sèvres).
2. Louis de Lorges, seigneur de Cormainville dans le pays chartrain, abbé de Cormery en Touraine, frère de Gabriel de Mongonmery, est cité dans les historiens du temps sous ces deux noms.
3. Gabriel de Rechignevoisin, seigneur de Guron et des Loges, capitaine catholique.
4. Ce coup de main eut lieu le 17 février 1569.
5. René de la Rouvraye, s. de Bressault.
6. Cette escarmouche eut lieu, d'après La Popelinière, le 3 février 1569 (liv. XV, f. 80).
7. Saint-Michel-en-l'Herm, abbaye sur les bords de la mer, en Poitou, arrondissement de Luçon.
8. Castelpers, moine d'origine gasconne, vicaire de Jacques de Billy de Prunay, abbé de Saint-Michel.

canon, à cause du pays marescageux, sur ce qu'ils avoyent repoussé deux petits sièges où il n'y avoit que des bastardes, et sur une prophétie superstitieuse, asçavoir que saint Michel venoit en personne deffendre la place. Ces pauvres gens furent pris par assaut et mis en pièces. Qui en voudra voir le discours tout au long, lise Popelinière[1], car il en parle comme de son village.

Je n'ai pas eu le loisir de vous dire que Piles avoit esté despesché encores une fois en Gascongne, pour attirer et accompagner les vicomtes de Bourniquel, Monclar, Paulin et Gourdon[2], ces quatre s'estans excusez sur la garde de Montauban et autres places du pays et payé des mesmes raisons qu'avoyent receues d'eux Acier. Auparavant Piles s'en revint avec fort peu de troupes, lesquelles ne laissèrent pas cependant de faire avancer Monsieur vers Angoulême, pour empescher ces Gascons de joindre le prince. Lui aussi coula le long de la Charante pour les favoriser, ce qui fut cause de la rencontre des armées, bien qu'elles eussent divers projects.

Les réformés, voyant leurs forces diminuées par la mortalité des Provençaux, desquels une maladie de camp avoit emporté près de quatre mille dans Lou-

---

1. Le récit de La Popelinière (liv. XV, f. 76 v°) est en effet fort détaillé et a été suivi par de Thou (liv. XLV). La prise de Saint-Michel eut lieu en janvier 1569.

2. Le vicomte de Gordon ou de Gourdon en Quercy, gentilhomme protestant, est signalé en 1565 comme capitaine de gens de pied dans le régiment de d'Andelot (Coll. Clairambault, vol. LXVII, f. 5958). A la fin du règne de Charles IX, il est qualifié de général du haut Quercy (*Hist. du Languedoc*, t. V, p. 323).

dun; seulement en comprenant sous ce nom, comme on faisoit en ce temps-là, tous ceux qui reconnoissoyent les Parlements de Thoulouze, Aix et Grenoble; et mesme, voyans ceste maladie continuer entre ces gens pour l'insolence du froid, ce parti-là, di-je, ne pensoit qu'à esquiver le combat, faire une diligence vers Loire pour y surprendre quelque place mal pourveuë, et là recevoir les reistres que leur amenoit le duc des Deux-Ponts[1], desjà lors en forme d'armée; de la naissance et avancement de laquelle nous traicterons après avoir parlé des katholiques, de leur dessein et de ce qui en arriva.

C'est que se voyant renforcez par les bandes de Provence, que le nouveau comte de Tende[2] avoit amenées, par le Reingraff et Bassompierre[3], suivis de deux mil deux cents reistres, comme aussi par plusieurs moindres troupes de toutes les parts de la France, sachant d'autre part la diminution de leurs ennemis, ils vouloyent donner bataille à quelque prix que ce fust. Avant Piles arrivé, ils congneurent que la rivière de Charante servoit de marreau-coulis[4] aux Réformés qui, en ayant les ponts à leur commandement, se couvroyent de ce fossé à leur plaisir. Monsieur, pour accourcir leur pourmenoir, envoya la

---

1. Wolfgang de Bavière, duc de Deux-Ponts, né le 26 décembre 1526, mort le 11 juin 1569.
2. Honorat de Savoie, comte de Tende, connu du vivant de son père sous le nom de comte de Sommerive.
3. Christophe, baron de Bassompierre, seigneur d'Harouel et de Baudricourt, colonel de reîtres au service du roi en 1570, fougueux ligueur en 1585, mort en 1596.
4. *Marreau-coulis*, ligne de défense; proprement, marais inondé.

Rivière-Puitaillé se saisir de Jarnac, et comme il[1] estoit homme sans repos, il en donna si peu à l'armée ennemie qu'elle tourna son dessein vers lui. L'admiral le fit attaquer par Briquemaut, faisant pour couvrir ce siège[2] une grande cavalcade de tout ce qu'il put mettre à cheval, jusques dans les logis de l'armée royale. Là, après avoir levé cinq ou six bourgades et mis l'armée aux armes, Puiviaut, avec soixante lances de coureurs, estant à veuë d'Anville[3], logis de Monsieur, vit sortir quatre-vingts cavaliers, qui estoyent les galans de la cour, comme ceux de Guise, Brissac, Pompadour[4], Fervaques[5], Lanssac[6], Jerssai[7], Fontaine[8] et autres. Puiviaud, cognoissant quels gens c'estoyent, à tant d'espées dorées, disposa les siens à attendre le combat de pied ferme, et n'eut guères loisir de s'ennuyer qu'il ne fust meslé et remeslé de ceste troupe, à l'envi les uns des autres; mais nul des

---

1. *Il* désigne La Rivière-Puytaillé.
2. Le siège de Jarnac.
3. Anville, village de la Charente, non loin de Jarnac.
4. Jean, vicomte de Pompadour, tué au siège de Mucidan, fils aîné de Geoffroy de Pompadour, gouverneur du haut et bas Limousin depuis 1567.
5. Guillaume de Hautemer, seigneur de Fervaques, né en 1538, s'attacha plus tard au roi de Navarre, qu'il accompagna dans sa fuite, puis au duc d'Alençon, revint à Henri IV et fut fait maréchal de France en 1595. Il mourut en 1613. D'Aubigné prétend que Fervaques avait voulu l'assassiner en 1575 (*Mémoires*, édit. Lalanne, p. 33).
6. Guy de Saint-Gelais, s. de Lansac.
7. Le seigneur de Jarzay, près de Parthenay, capitaine catholique, tué par la chute d'un pont-levis en novembre 1570 (*Journal de Généroux*, p. 77).
8. Fontaine, capitaine catholique, fut fait prisonnier au combat de la Roche-Abeille.

casacques blanches ne quitta la place. Un d'eux pourtant estant porté par terre, quelqu'un des katoliques, qui prenoit haleine à cinquante pas de la meslée, s'avança pour donner à celui qui estoit tombé. Vachonnière se mit au devant, disant : à moi qui suis debout. Toutes les deux troupes se revindrent coudre ensemble, et ceste seconde meslée s'opiniastroit à bon escient, quand, par la veue d'Andelot, qui amenoit douze cornettes, où par la fermeté de Pluviaud, la place lui demeura. Les courtisans remportèrent deux de leurs morts et plusieurs blessez, et voulurent savoir des autres qui n'en avoyent pas eu meilleur marché à quels gens ils avoyent eu affaire. La Curée-Jersaut, qui, avec Clermond[1], la Barbée et autres cercheurs de coups de pistolets, tenoit à gloire de suivre ce capitaine aux occasions seulement, en lieu de nommer ces galans, respondit que c'estoit la compagnie de Pluviaud; et Lanssac ayant répliqué : « Comment, les sires de Lodun? » Comme la pluspart estoyent de ce lieu et de cette qualité, le duc de Guise cria : « Laissons ce discours, ils sont tous bien gentilshommes. »

Or, durant ces esbats, Briquemaud forçoit la rivière dans Jarnac, avoit mis le feu dans un donjon, où quelques uns, et entre autres le capitaine Lespinette[2], se voulant jetter par le machicoulis, se trouvèrent engagez et serrez par leurs cuirasses entre les corbe-

---

1. Henri, comte de Clermont et de Tonnerre, gouverneur de Bourbonnais et d'Auvergne, portait, à la bataille de Moncontour, la cornette du duc d'Anjou. Nommé duc et pair le 1ᵉʳ mars 1571, il fut tué au siège de la Rochelle, le 7 avril 1573 (*Journal de Généroux,* p. 99).

2. L'Épinette en Poitou.

lets, si bien que le feu des fenestres de dessous les brusla dans leurs armes. Et quelques uns remarquoyent, de celui que j'ai nommé, le bruslement de quelques femmes et enfans dans une maison, comme voulant que ce fust une juste punition.

Monsieur prit après Chasteauneuf à composition[1], et puis alla attaquer une escarmouche à la veue de Congnac, pour oster aux réformez le soupçon du passage, mais cela ne put abuser l'admiral. Au contraire, quittant Jarnac au prince de Condé pour logis de la bataille, il print place de l'avant-garde à Bassac[2], loge à Triac sa cavallerie légère, partageant la garde du pont de Chasteauneuf au comte de Montgommeri, à Soubize et à la Loue.

Chapitre VIII.

Bataille de Jarnac[3].

Ces chevaux légers, harassez dans un païs ruiné, sans solde et sans commissaires de vivres, se dispensèrent un peu légèrement de leur garde, surtout à la faction de la Loue, qui plaça son corps de garde fort foible, trop loin du passage; cependant que Biron, premier mareschal de camp, soupçonné de favoriser

---

1. Prise de Châteauneuf par le duc d'Anjou, 10 mars 1569 (La Popelinière, liv. XV, f. 83).
2. Bassac, abbaye de Saint-Benoist, sur la rive droite de la Charente, près de Jarnac. — Triac, village près de Bassac.
3. Le beau récit de la bataille de Jarnac qu'on va lire est inspiré par celui de La Popelinière (liv. XV, f. 82) qui lui-même a suivi Jean de Serres (*Mémoires de la troisième guerre civile*, 1571, p. 315). La bataille se livra le 13 mars 1569.

les réformez, voulut, par un tour de maistre et extrême diligence, lever les soupçons et reproches, en accomplissant la promesse faite à Monsieur, de le mettre aux mains. Le lendemain il accompagna la promptitude et l'industrie du pont d'un ordre excellent, pour faire passer l'armée sans confusion. Les deux tiers des forces royales ayant pris place dans les prés d'outre l'eau avant soleil levé, la première chose que vid la Louë[1], fut un gros de six cornettes, parmi elles le grand estendart bleu, et Martigues[2], à la teste, venant au galop pour obliger l'armée par engagement des chevaux légers, qui, ne s'estans pas fait beaucoup prier pour faire place, se retirèrent vers un petit ruisseau, où ils trouvent Pluviaud avec ses six compagnies de pied. Lui et elles se perdoyent sans la troupe de l'admiral, et en mesme temps la Nouë, lequel, ayant renvoyé le plus gros trouver leur chef, prit les gardes d'Acier et, avec la Louë, fit une charge à ceux qui passoyent une vieille chaussée d'estang. Pluviaud les favorise d'un salve, et ne demeura guères à voir quatre cornettes qui, ayant passé par la queue de l'estang, vindrent sans marchander terrasser ces deux capitaines et rompre leurs compagnies. Alors il prent quelque petite haye pour avantage, se battant en retraicte par petites troupes. Martigues, pour l'enfoncer, donne à toute bride dans le village de Triac et en chasse deux cornettes, mais emplit tout le village. Andelot y donne avec six vingts salades, et, pour faict

1. La Loue, capitaine huguenot, originaire de Vendôme, assista aux batailles de Jarnac et de Moncontour, et fut tué le 1er avril 1570 près de Montpellier (Haag).
2. Sébastien de Luxembourg, s. de Martigues.

remarquable, ayant dit à ceux qui le suivoient : « Faictes comme moi, » allant au pas à la charge, donna du poing qui tenoit la bride sous la visière d'un qui l'affrontoit; et, l'ayant levée, lui planta un coup de pistolet dans la teste; quelques uns ont voulu que ce coup soit arrivé à Monsalez[1].

A cet exemple, la charge fut si rudement eschauffée par l'admiral qu'ils menèrent Martigues battant assez loin hors du village. Mais Brissac, avec douze cents arquebusiers, fit si beau feu qu'il mit tout dehors, et, l'ayant regagné, s'y barricada. Martigues prit place à droicte à sa faveur. Tout cela donna loisir au duc de Montpensier de placer son avant-garde, à Pluviaud de gagner un peu de pays, et à l'admiral d'envoyer un dangereux avis au prince : asçavoir de démesler son avant-garde par le combat de la bataille ; et ce qu'ils appelloyent bataille n'estoit que sept compagnies, pour ce que tout le reste estoit dans les logis à la main gauche de l'armée. Le conseil receu fut promptement suivi par ce prince, trop peu paresseux, qui appelle Soubize, Languilliers et Chouppes, leur dit qu'il les choisissoit pour lui servir de miroir, les avance à costé de Triac. Ceux-ci, ayans commandement par Chastelier-Portal, se perdent et lui avec eux dans le gros du duc de Montpensier, laissans à leur costé gauche trois cents chevaux ennemis qui les serrèrent. Après, Pluviaud, voulant estre de toute feste, favorisa encore ceste charge de deux cents des siens, avec lesquels il faisoit la retraite.

Cependant Monsieur arrive avec le gros. Et pour ce

---

1. Jacques de Balaguier, s. de Montsalez.

qu'il trouva au dessous de Triac un estang, il envoye 400 à la queue, présente à la chaussée un bataillon d'infanterie, duquel ayant parti le front en trois, les deux dernières files ayans pris leur place, reforme son bataillon à l'autre bout de la chaussée, laissans un bon espace pour ce qui suivoit. Ce fut un régiment de reistres, qui alla au trot menacer le flanc du gros à la teste duquel estoit le prince de Condé.

Il arriva que ce prince, mettant son casque, un coursier du comte de la Rochefoucaut lui met l'os de la jambe en pièces, qui perçoit la botte. Il monstre ce spectacle aux plus proches, et leur ayant dit : « Voici, noblesse vrayement françoise, ce que nous avons tant désiré. Allons achever ce que les premières charges ont commencé, et vous souvenez en quel estat Louis de Bourbon entre au combat pour Christ et sa patrie. » Respondant à la devise de sa cornette, qui animoit un Curse romain[1] de ces mots : « Doux le péril pour Christ et le pays. » Achevant ces paroles, il baisse la teste et donne à huict cents lances, dans lesquelles sa troupe parut peu ; d'ailleurs, aussi tost enveloppée des reistres que nous avons marquez, son cheval tué sous lui, ses plus proches tuez ou emportez, il donne le gantelet gauche à Argence, assisté de Saint-Jean des Roches.

Ce fut à la cheute de ce Prince que se fit un combat le plus aspre et plus opiniastré qu'on croid avoir esté aux guerres civiles ; entre les autres nous avons remarqué un vieillard nommé la Vergne[2], qui com-

---

1. C'est-à-dire la devise qui donnait l'âme à une image d'un Curtius romain.
2. La Vergne, capitaine catholique, commandait une compa-

battit ce jour là au milieu de vingt cinq nepveux, et se perdit avec quinze, tous en un monceau ; les autres dix presque tous prisonniers. Mais en fin ce que peurent deux cents cinquante gentilshommes, arrestez de deux mille en teste, enveloppez de deux mil cinq cents reistres à la droicte et de huict cens lances à la gauche, ce fut de mourir les deux tiers sur la place.

Du costé des huict cents lances survint encores Pluviaud pour jouer son jeu, avec lequel il donna moyen de se sauver à plusieurs, mais surtout à ceux qui estans démontez se jettèrent sur lui.

Dedans ceste multitude arriva Montesquiou [1], capitaine des gardes de Monsieur, et partant d'auprès de sa personne, qui vint au derrière du prince de Condé, et le tua d'un coup de pistolet entre ses deux garents. De là en avant, ceste grosse troupe print parti vers le haut chemin de Jarnac, l'autre fondit sur Pluviaud. Mais ce capitaine, ayant la rivière à sa gauche, se servit si à propos des buissons qui costoyoient et partageoyent les prez, qu'il garentit presque tousjours au pas sa troupe une lieue et demie. Et là il n'en pouvoit plus, quand les premiers des siens rencontrèrent six mille arquebusiers envoyez par Acier. Avec ceux-là s'estans jettez dans Jarnac, ils passèrent la rivière et rompirent le pont.

La perte des Réformés en ceste journée fut principalement du prince de Condé, de cent quarante gen-

gnie de cent arquebusiers (Chronique du Langon dans les *Chron. fonten.*, p. 82).

1. Joseph François, baron de Montesquiou, sénéchal du Béarn (Brantôme, t. IV, p. 347).

tilshommes morts sur la place; entre ceux-là Montejan[1], Chandenier[2], et puis Chastelier-Portal[3] et Stuart[4]. Le premier de ces deux tué de sang-froid par les amis de Charri, en souvenance du Pont-Saint-Michel; le dernier poignardé par un capitaine du connestable en achevant de parler à Monsieur, qui en ouyt les coups et quelque cri entre les portes de sa chambre; le tiers des morts, Poitevins.

Les principaux prisonniers furent la Noue, la Loue, Languillier, Soubize, qui se sauva par la dextérité de Fonlebon, et Courbouson[5], qui depuis quitta le parti, pour ce qu'on avoit employé Sessac[6], prisonnier, à retirer La Noue plustost que lui. De l'autre costé se perdirent Monsalez, le comte de la Mirande[7], les deux

---

1. François d'Acigné, seigneur de Montejan, neveu du maréchal de Montejan. Le Laboureur a donné sa généalogie dans les *Mémoires de Castelnau*, t. II, p. 627.

2. Christophe de Rochechouart, s. de Chandenier. Sa généalogie a été donnée par Le Laboureur dans le t. III des *Mémoires de Castelnau*.

3. Chastelier-Portaut avait assassiné Charry dans une petite rue de la Cité, près du pont Saint-Michel. Voyez le chap. III du livre IV, t. II, p. 207.

4. Robert Stuart était accusé d'avoir tué le connétable de Montmorency à la bataille de Saint-Denis. Brantôme a raconté sa mort, t. III, p. 329.

5. Jacques de Lorges, seigneur de Courbouzon, frère cadet de Gabriel de Mongonmery.

6. François de Casillac de Cessac, capitaine catholique, gentilhomme gascon. Voyez sur ce personnage les *Mémoires de de Thou*, ann. 1589.

7. Hippolyte Pic de la Mirandole, lieutenant, en 1565, de la compagnie du prince de Mantoue (montre du 5 oct. 1565; f. fr., vol. 21526), ou bien Louis Pic de la Mirandole, capitaine en 1575 (montre du 26 août 1575; f. fr., vol. 21535).

barons d'Ingrande[1], Linières[2], Prunai[3] et Moncavray[4] avec environ quarante gentilshommes. Les drappeaux furent envoyez à Rome, non sans quelque augmentation, car il est certain que de cent vingt huict cornettes qui estoyent lors en l'armée, il n'y en eut que quinze qui vissent le combat; et de plus, de deux cents enseignes de gens de pied, il n'y eut que les six de Pluviaud qui en approchassent d'une lieue.

Le corps du Prince fut porté sur une asnesse et exposé à la veue de tous sur une pierre contre un pilier de la galerie de Jarnac, où Monsieur prit son logis.

La poursuite dura jusques à cinq heures du soir, et, à la chaussée du grand estang, où plusieurs compagnies, qui n'avoyent point veu la bataille, firent ferme et un corps de garde bien avant dans la nuict; là aussi les plus avancez des poursuivans, après quelques coups de pistolet, firent leur dernière poincte, que nous arrestasmes, sans les poursuivre hors nostre avantage.

1. Guy du Parc, baron d'Ingrande, et son fils, enseigne de la compagnie de gens de pied de Guillaume le Roy, s. de la Grange (montre du 14 février 1569; f. fr., vol. 21529). Le Laboureur lui a consacré une notice (*Mémoires de Castelnau*, t. II, p. 638).

2. Antoine de Lignères, ancien gouverneur de Chartres.

3. Claude de Billy, seigneur de Prunay-le-Gilon, chevalier de l'ordre et capitaine de 50 hommes d'armes (*Mémoires de Castelnau*, 1731, t. II, p. 639).

4. Pierre de Monchi, seigneur de Moncavrel, fils de François de Monchi et de Jeanne de Vaux d'Hocquincourt (*Mémoires de Castelnau*, t. II, p. 640).

Chapitre IX.

Des r'alliemens et suite de la bataille.

Toute la nuict les compagnies arrivoyent de divers endroits comme par nécessité des chemins. Au pont Saint-Sulpice, l'admiral, ayant recueilli et mis à part ce qu'il voulut, laissa couler vers Xainctes, où estoyent les jeunes princes, la plus grande route, et lui, avec dix compagnies de cavallerie, met la ville en bon estat, couvre les forces qui avoyent pris ce quartier de la Boutonne, et puis s'en vint à Xainctes. Quant aux régiments qui se rencontrèrent par commodité dans Congnac jusques à cent et dix enseignes, cela ne se fit point au commencement par dessein, comme l'on a pensé. Les maistres de camp provençaux, et principalement ceux ausquels nous avons joint Pluviaud au passage de Jarnac, bien catéchisez et r'affermis par ce capitaine, se convièrent et résolurent d'arrester le fruict de la bataille; de quoi l'admiral se servit très bien, car deux jours après, Monsieur, ayant receu une glorieuse response par le héraud qui avoit sommé Congnac, marcha avec toute son armée et artillerie au siège. Il trouva aux premières maisons Pluviaud, qui se faisoit marcher sur les talons, avant lascher le pied devant les régiments de Brissac et de Goas. Et puis la foule de l'infanterie l'ayant congné jusques au petit parc, il trouve là dedans douze mille hommes de pied qui agrandissoyent les brèches de la muraille pour faire des sorties en plus grosse foule et plus à leur aise. Là, au lieu [1] d'escarmouches, ausquelles les catholiques s'attendoient, ce n'estoient que combats de mille par chasque rafraîchissements. Ces pédescaux, avec leurs arquebuses nouées d'aiguillettes, donnent si follement dans le premier bataillon qu'ils emportent deux drappeaux. Cest entretien fut si rude jusques au soir, et leur haleine si puante, que Monsieur fut conseillé d'aller taster deux entreprises qu'il avoit sur Saint-Jean et sur Angoulesme; et puis, n'ayant rien fait ni à l'un ni à l'autre, sans avoir rien hazardé, on le mena passer par Aubeterre [2] et assiéger Mussidan.

Les advis furent bien différents à Xainctes sur ce que devoit devenir l'armée des Réformés après leur grand' perte. Les uns vouloient jetter les princes dans Angoulesme ou dans la Rochelle, envoyer toute l'infanterie dans les isles de Maillezay et la cavallerie à Marans, disans qu'outre la secreté du logis, ils avoyent marreau-coulis [3] en Poictou, Xaintonge et Aunis, accès à la Rochelle et à la mer. Les derniers, qui furent mieux escoutez, dirent que le premier advis seroit bon pour quelque armée plus endommagée, et qui n'auroit que quatre ou cinq mille hommes de reste, qu'il valoit mieux garder la réputation du parti et l'honneur de la campagne par la faveur des ponts de Charante, veu qu'ils avoyent de quoi combattre les katholiques

---

1. L'édition de 1616 porte *au lieu;* l'édition de 1626 porte *au milieu,* ce qui n'a pas de sens.

2. Le duc d'Anjou leva le siège d'Angoulême le 12 avril 1569 et marcha en Périgord (Serres, *Mémoires sur la troisième guerre civile,* 1571, p. 331). Le château d'Aubeterre fut pris le 19 avril (Reg. mun. de Périgueux; Bibl. nat., coll. du Périgord, vol. 50).

3. Voyez la note 4 de la page 45.

séparés. Ainsi cette armée se garentit sous le passeport des rivières. Pour Angoulesme, fut despesché le comte de Montgommeri avec sept cornettes ; desquelles trois furent chargées à Segonsac[1] par le comte de Brissac, deux des trois perdues, et Chaumont, qui en commandoit une, pris. Ce qui eschappa se sauva dans Congnac, pressez jusques dans le tappe-cul. Ce fut à ceste poursuite que fut tué le comte Morette, et non à la bataille comme on a dit. Piles, sur le désordre, vint trouver les chefs réformés à Xainctes, bien receu, encor qu'il n'amenast pas grand secours.

Un des plus grands profits de la bataille fut que Bouillé[2], gouverneur du Nantois, et Puy-Gaillard, qui avoient bloqué Tiffauges et assiégé Montaigu, estans près de lever le siège, firent sçavoir aux assiégez leur désavantage, sur lequel ils se rendirent par composition.

L'eslongnement de Monsieur permit à l'admiral une reveue de toutes ses forces près de Tonnay-Charante[3], où se trouva la roine de Navarre avec le Prince son fils, qu'elle présenta au gros de la cavallerie à part, et puis à celui de l'infanterie. Et là, après avoir presté

1. Segonzac, sur la rive droite de la Charente.
2. René de Bouillé, gouverneur de Nantes, capitaine catholique, issu d'une ancienne famille de l'Auvergne. Il prit une part importante à la guerre civile sous le règne de Charles IX. Une partie de sa correspondance est conservée à la Bibliothèque nationale dans les vol. 3216, 3408, 15542, 15544, 15545, 15546, 15547, 15548, 15549, 15552, 15556, 15557, 15641, 15871, 15882 du fonds français, 8 et 27 des V^c de Colbert, 3 et suiv. de la coll. de Bretagne.
3. Cette revue est racontée avec plus de détails par Jean de Serres (*Mémoires de la troisième guerre civile*, 1571, p. 326).

un serment notable sur son âme, honneur et vie, de n'abandonner jamais la cause[1], en receut un réciproque; et quand et quand fut proclamé chef avec cris et exultation; les cœurs estant merveilleusement esmeus par une harangue de la Roine, qui mesla d'une belle grace les pleurs et les souspirs avec les résolutions [2].

Ceste Princesse ayant, par les tressauts de courage, effacé les termes des regrets, l'armée, après un grand salve, se sépara. Andelot, despesché par toutes les garnisons, fit faire le mesme serment au reste de l'infanterie, et puis s'achemina avec trois régiments et quelque cavallerie en bas Poictou pour recouvrer les places perdues. A quoi rien ne lui ayant succédé, il vint mourir à Xainctes d'une fièvre chaude, dans l'agonie de laquelle il s'assit pour dire : « La France aura beaucoup de maux avec vous et puis sans vous, mais en fin tout tombera sur l'Espagnol. » L'admiral l'ayant repris, comme d'une resverie : « Je ne resve point, dit-il, mon frère, l'homme de Dieu me l'a dit. » Sur ces propos il rendit l'esprit[3] non sans apparence de poi-

---

1. Le serment du prince de Béarn, comme général en chef de l'armée confédérée, et celui du prince de Condé sont imprimés dans l'*Histoire de nostre temps,* 1570, p. 279.

2. Deux jours après la bataille de Jarnac, le 15 mars, le prince de Béarn était reconnu comme général en chef et rendait une ordonnance de police militaire qui confirmait une précédente ordonnance du prince de Condé. Ces deux pièces sont imprimées dans l'*Histoire de nostre temps,* p. 267 et 276.

3. François de Coligny, seigneur d'Andelot, frère de l'amiral, mourut le 7 mai 1569 (Serres, p. 333). Cette date, qui a souvent été mal indiquée, est fixée par un acte publié dans les *Preuves de l'Hist. de la maison de Coligny,* p. 1118.

son[1]. Les armées l'avoient nommé le Chevalier sans Peur. Bouquard, maistre de l'artillerie, lui fit compagnie[2]. Acier[3] succéda aux charges du premier, et Yvoi[4] (de qui le frère mourut de ce temps à Strasbourg[5]), à l'office du second. Nous l'appellerons ci après Jenlis.

En mesme temps que ces deux compagnons de tant de travaux le furent de la mort, à Mussidan[6], Brissac et Pompadour, amis comme frères et sans haine, rivaux de la gloire, moururent de deux arquebusades, l'un en gagnant la ville bruslée et quittée par les habitans[7], l'autre en recognoissant la brèche du chas-

---

1. Cette accusation n'a aucun fondement. Cependant le cardinal de Chastillon écrit, le 1er juin 1569, à Frédéric le Pieux, que « Andelot, par la machination des papistes, voire des plus grands, « a esté empoisonné, comme il est apparent, tant par l'anatomye « qui a esté faite de son corps que par le propos d'un Italien... » (*Lettres de Frédéric le Pieux*, 1868. Munich, t. III, p. 334).

2. Jacques de Boucart mourut à Saintes au mois de mai 1569 (Serres, p. 334).

3. Jacques de Crussol, seigneur d'Acier.

4. Jean de Hangest, s. d'Yvoi, gendre de Boucart.

5. François de Hangest, s. de Genlis, s'était mis en campagne le 30 septembre 1568 en Picardie et avait rejoint le prince d'Orange, le 21 octobre, en Lorraine, au delà de la Meuse. Il mourut de maladie vers le 14 février 1569, à Bergzabern, château appartenant au duc de Deux-Ponts (Notes du marquis d'Aubais, à la suite de Pérussiis, dans le tome I des *Pièces fugit.*, p. 276).

6. Commencement du siège de Mucidan par François d'Escars, un des capitaines du duc d'Anjou, 23 avril 1569 (Livre noir de Périgueux ; coll. du Périgord, vol. 50).

7. Mort de Timoléon de Cossé-Brissac sous les murs de Mucidan, 28 avril 1569 (Livre noir de Périgueux ; coll. du Périgord, vol. 50). Brantôme dit qu'il fut tué par un arquebusier périgourdin appelé Charbonnières (t. VI, p. 134).

teau¹; où peu de soldats avec les habitans se battirent à coups d'espée sur la bresche, et puis receurent capitulation entièrement violée par les soldats, qui ne pouvoyent enduire² la perte de leur Brissac, que l'amour des siens, le nom desjà effroyable aux ennemis et le cœur insatiable d'honneur préparoyent à tout ce que l'on peut espérer³.

Cela fait, Monsieur, adverti par le roi comment l'armée du duc des Deux-Ponts estoit en France⁴, prit son chemin vers le Limousin, et Piles le temps de son esloignement pour entreprendre un siège sur Bourg⁵, mauvaise place mais bien deffendue, sans cesse rafraîchie par la mer. Et mesmes les vaisseaux favorisans à coups de canon la deffense des trois parts de la ville, si bien qu'après plusieurs sorties, où Vallefrenières⁶, meslé avec les ennemis, fut tué par les siens faute de marque, il falut lever le siège avec la

1. Mort de Pompadour, 27 avril 1569 (ibid.). Voyez le récit de La Popelinière, liv. XV, f. 87 v°.

2. *Enduire,* endurer.

3. La ville de Mucidan fut prise le 29 avril par le duc d'Anjou et le château le 1ᵉʳ mai 1569 (Livre noir; coll. du Périgord, vol. 50). Le duc de Montpensier, dans une lettre au roi du 1ᵉʳ mai, donne quelques détails sur ce fait d'armes (Orig., Vᶜ de Colbert, vol. 24, f. 200).

4. Wolfgang de Bavière, duc de Deux-Ponts, accompagné du prince d'Orange et de Louis de Nassau, avait franchi le Rhin le 20 février 1569 et marchait au secours des Huguenots.

5. Piles assiégea Bourg en Bordelais à la fin de mai 1569, et fut repoussé par Monluc. Voyez le beau récit des *Commentaires,* t. III, p. 216 et suiv.

6. Dominique de Provanes, seigneur de Valfenières, lieutenant de d'Andelot, lui avait succédé comme colonel de l'infanterie huguenote (Serres, p. 336). Il fut tué le 20 février 1569 (Pérussiis dans les *Pièces fugit.* du marquis d'Aubais, p. 277).

mesme couverture qu'avoit prise la grande armée; ceux-là pour empescher, ceux-ci pour s'unir aux Princes qui alloyent favoriser les estrangers.

Chapitre X.

De la venue des estrangers; leur desmarche; empeschement; rencontres et prise de la Charité.

A ce mot il faut faire raison au cardinal de Chastillon, qui se plaint en Angleterre[1] de ce que nous l'oublions. Il nous excusera si les plus curieuses affaires nous ont emporté. Il faut premièrement recognoistre de lui l'envoi de cent mille Angelots, prestez par la roine d'Angleterre, et de mesme main six canons avec ce qu'il faloit pour leur donner à manger. Et puis, Renti, lui estant renvoyé, trouva qu'il avoit desjà esmeu le prince d'Orange à passer en Picardie pour réveiller la noblesse, trompée du repos à eux promis par le mareschal de Cossé. Ce fut aussi de son labeur que Blandi-Fumée[2], dépesché à Vienne pour empes-

---

1. Le cardinal de Chastillon avait obtenu de la reine d'Angleterre la promesse d'un prêt de vingt mille livres (16 décembre 1568). Voyez sur cette négociation les lettres du cardinal de Chastillon du 1er juin 1569 (*Lettres de Frédéric le Pieux*, t. III, p. 334), du prince de Condé, du 5 juin, de Henri de Béarn et de Coligny, du 6 (Coll. Moreau, vol. 718, f. 163, 164 et 165). Enfin, le 12 juin, on dressa l'inventaire des bijoux de la reine de Navarre qui devaient être envoyés en gage (coll. Moreau, vol. 718, f. 169), et, le 28 juillet, Élisabeth fit remettre au cardinal de Chastillon la somme de vingt mille livres.
2. Antoine Fumée, seigneur de Blandy, maître des requêtes (t. I, p. 233), fut envoyé à Vienne au mois de septembre, et eut sa première audience de l'empereur le 18 octobre 1569 (De Thou, liv. XLIV).

cher les levées des protestans, n'emporta de l'Électeur[1] que froides et sages responses; du duc de Saxe[2], que remonstrances; et menaces de l'un et de l'autre, faisans sentir que le roi avoit beaucoup moins de prétexte d'accuser son peuple d'élévations après la paix violée qu'aux premières guerres, qui n'avoit pas encor traicté avec eux. Pourtant Blandi s'en retourna, ayant acheminé la levée que faisoit et conduisoit pour le roi le marquis de Bade[3]. Et puis, lors que Chastelier-Portal partit de la Rochelle en octobre de l'an passé, avec son armée de neuf vaisseaux, eut emmené ses prises de Flamans, Bretons et Normans à Plemue[4], il fut receu là comme à la Rochelle. Et depuis encore, ayant caché dans les ports d'Angleterre un galion et quatre navires espagnols, ce fut le mesme cardinal qui deffendit cest affaire, comme nous dirons au chapitre de la liaison, mettant en mauvaise intelligence les Espagnols avec les Anglois, et les François réformez en meilleure qu'ils n'estoyent à cause du Havre. Le mesme mit à fin la levée du duc des Deux-Ponts; mais, afin que la France ne lui cédast rien en dextérité de négociations, le cardinal de Lorraine, antagoniste de cestui-là, dissipa les levées du prince d'Orange par Gaspard Schomberg, et le contraignit au point que nous dirons en son lieu.

Voilà donc l'armée du duc des Deux-Ponts, où se

1. Frédéric III, de la maison de Simmeren, électeur palatin.
2. Auguste, électeur et duc de Saxe.
3. Philibert de Bade, marquis de Bade, colonel d'un régiment de reîtres au service du roi. Le Laboureur lui a consacré une notice (*Mémoires de Castelnau*, t. II, p. 724). Il fut tué à la bataille de Moncontour, à l'âge de trente-trois ans.
4. Plimouth.

jette la personne du prince d'Orange[1], le comte Ludovic son frère, et quelques pièces de leur armée ; comme aussi devers Genève et Dauphiné les bandes qui n'avoyent sceu passer au fort de Mouvans ; entr'autres la Coche, Dauphinois, qui, ayant fait en son pays un régiment de quinze belles compagnies, fut contraint de retourner vers Grenoble, où, tout estant contre lui, on lui leva tant de logis et eut tant de combats en cheminant que, de quinze compagnies, il n'en put sauver que six vers Strasbourg. Là il eut sur les bras les forces du duc d'Aumale, qui s'amassoyent pour s'opposer à l'armée estrangère. Son chemin de retraicte lui fut couppé par une grande multitude de peuples, et, retranché de plusieurs arbres abbatus, ayant une fois esquivé ce passage, et de l'autre, trouvant toutes les forces en teste, il fut contraint de retourner forcer le retranchement. Et puis, se voyant engagé sans apparence, il eut soin de sauver le jeune Clervant[2] et quelques gens de bonne maison, leur monstrant ce qu'ils pouvoyent faire ; cependant que lui, avec cent cinquante choisis, se perdit dans un combat désespéré, où il fit mourir trois cents des ennemis. Après ceste charité, qui a peu d'exemple, il

---

1. Le 13 janvier 1568, le prince d'Orange avait traversé la Moselle et s'était retiré en Allemagne (Gachard, *la Bibl. nat. à Paris*, t. II, p. 275, 278, 280). Le 6 avril 1569, il rejoignit le duc de Deux-Ponts à Jussy avec ses deux frères, Louis et Henri de Nassau (Lettres publiées par le duc d'Aumale, *Hist. des Condé*, t. II, p. 406).

2. Nicolas de Vienne, s. de Clervant, frère cadet de Claude-Antoine de Vienne dont nous avons parlé au tome II, et que d'Aubigné nomme plus loin. Il mourut à Châtellerault le 23 mai 1569.

fut pris, accablé de coups et mené prisonnier à Mets, où il commençoit à se guérir quand on le mena pourmener hors de la ville pour le tuer [1].

Au rendé-vous général que donna le duc des Deux-Ponts en Hainaut, il se trouva force practiques pour en faire autant qu'au prince d'Orange; mais lui, le comte son frère, la violence de Clervant et de son frère aussi, les harangues de Francourt [2], et mieux que tout cela l'entière résolution du comte Palatin, qui mettoit le tout pour le tout et faisoit valoir par sa respontion [3] les seings et obligations des Princes, tout cela r'asseura la levée, si bien que le duc des Deux-Ponts, après avoir fait grandes protestations par un manifeste escrit au roi [4], marcha vers la France à la fin de février [5]; au mesme temps que le duc d'Aumale, fortifié du duc de Nemours et du baron des Adrets, mit en corps d'armée quatorze vieilles compagnies d'ordonnance, dix-huict cornettes nouvelles, cinquante-deux enseignes de gens de pied, six canons de batterie, neuf couleuvrines que bastardes, et avec cest

---

1. Pierre de Theys, seigneur d'Hercules, dit La Coche, battu par Goas près de Neubourg (Alsace) le 5 novembre 1568, fut fait prisonnier, conduit à Metz et tué le 5 janvier 1569 (Notes de d'Aubais sur Pérussiis, *Pièces fugit.*, t. I, p. 275).

2. Gervais Barbier de Francourt.

3. *Respontion*, réponse; *responsio*.

4. Ce manifeste, daté du 19 février 1569, est imprimé dans l'*Histoire de nostre temps*, 1570, p. 439. La Popelinière, contre son habitude, n'en donne qu'une analyse (liv. XVI, f. 92). Le roi, dans une lettre au duc de Nemours, le traite de « escript vilain « et infame d'estre présenté à ung prince tel que je suis. » (Lettre du 22 avril 1569; orig., f. fr., vol. 3227, f. 1.)

5. Le duc de Deux-Ponts franchit le Rhin le 20 février 1569, arriva le 27 à Hochfeld et y séjourna jusqu'au 15 mars.

équipage se présenta à Saint-Jean, près de Saverne.

Le duc des Deux-Ponts avoit trente cornettes, qui faisoyent sept mil cinq cents reistres, et, pour François, Morvilliers, le marquis de Renel[1], Clervant, Malleroy[2], Mouy, Fequières, Esternai et autres de moindre nom. Quant à Jenlis, en mourant de desplaisir à Strasbourg[3], il avoit enjoinct à tous les siens de n'abandonner l'armée, si bien que tout cela y adjoustoit huict cents chevaux françois. L'infanterie estoit de vingt-six enseignes, faisant six mille lanskenets bien armez, n'y ayant de François que six ou sept cents en très mauvais équippage ; leur artillerie estoit de six courtaux, deux couleuvrines et deux moyennes.

A ce bourg de Saint-Jean, où ils marchèrent, le duc d'Aumale[4] fit contenance de donner bataille, mais, voyant que les autres cerchoyent cela mesme, après quelque légère escarmouche, il fit filer du derrière, et là apprit la première leçon de deux armées qui s'affrontent, asçavoir laquelle des deux a besoin des avantages ; comme de là en avant, Aumale les recercha tousjours, ce qui parut à Silli[5], où il se campa à

---

1. Antoine de Clermont, marquis de Renel, frère utérin du prince de Porcien, tué à la Saint-Barthélemy par Louis de Clermont de Bussy d'Amboise, son parent, avec lequel il était en procès.
2. Robert de Heu, seigneur de Maleroy, beau-frère de Clervant, fut successivement au service du prince de Condé, du duc de Guise et du roi de Navarre. Voyez les *Mémoires de La Huguerye*.
3. Genlis était mort à Bergzabern. Voyez plus haut p. 59, note 5.
4. Le duc d'Aumale et le duc de Nemours avaient charge du roi d'empêcher à tout prix la marche en avant du duc de Deux-Ponts (Lettre du 22 avril 1559 ; orig., f. fr., vol. 3227, f. 1. — Lettre du 29 avril ; minute, f. fr., vol. 15549, f. 202).
5. Gilly-sur-Loire (Saône-et-Loire).

la faveur d'un bois fort espais à sa gauche et d'une petite rivière à sa droicte.

L'armée allemande, ayant fait recognoistre ce bois plein d'infanterie, qui favorisoit huict cornettes, présenta de ce costé trois mille lanskenets en gros et tous leurs arquebusiers françois à divers ailerons. Là ne fut rien enfoncé, seulement quelque infanterie du bois, voyant qu'on n'y donnoit pas en gros, convertit le passe-temps en escarmouche, où le dommage fut partagé. Mais Mouy, voyant à sa gauche et à la droicte des autres sept compagnies mal couvertes de ce petit ruisseau, et s'estant asseuré que Schomberg le suivroit, passe l'eau gaillardement et mesle ceste grosse troupe; ce qu'il falut desmesler et repasser en désordre avec perte d'un drapeau et de vingt salades, pource que les sept compagnies furent aussi tost soustenues et la charge renforcée par dix d'ordonnance. Cela chastia un peu les chaleurs de foye des réformés, qui, depuis ce coup, s'amusèrent plus à cercher leurs chemins que les occasions de combattre. Ils deffirent pourtant en passant la compagnie du duc de Savoie à Selonge[1], et donnèrent sur les doigts au baron des Adrets, de qui ils emportèrent quatre drapeaux, et firent sauver le reste de ses troupes à fuite. Le duc d'Aumale, ayant presque tous les jours marché à veue et agacé les Allemans jusques à Beaune[2], là fut d'avis de gaigner Loire à Géan[3], pour, sur le passage de la rivière, prendre nouvelles occasions.

---

1. Selongey (Côte-d'Or).
2. Les Allemands passèrent le 25 mars 1569 à Beaune, et, le 26 avril, sous les murs de Dijon.
3. *Gean,* Gien (Loiret).

Veselay, qu'on menaçoit encor de siège, ayant rafraîchi l'armée de plusieurs choses qu'ils ne trouvoyent pas à la campagne, il falut ouvrir à coups de canon un passage. Pour cela fut résolu d'assiéger la Charité, ville de grandeur et de force moyenne, commandée d'un costau de vignes, où ils logèrent quelques pièces pour battre en courtine à la porte de Nevers[1]. Mais, comme ils eurent passé l'eau pour bien assiéger, batterie faicte et l'assaut préparé, ceux de la ville ayans quitté la bresche, on y donna; et ceux qui estoyent logez au bout du pont, passèrent sur les gardes-fous. Et ainsi fut prise la Charité[2] et pillée par les lanskenets. D'Ulli[3] mourut dedans, et Fequières, excellent mareschal de camp, quelques jours après la prise.

Ce passage apporta aux réformez grandes commoditez et aux autres de l'estonnement. Pour à quoi remédier la roine mère s'advança jusques au Blanc en Berri, où elle tint un conseil général composé de princes, conseillers d'Estat et de signalez capitaines[4]. Après plusieurs altercations, le résultat fut de faire

---

1. Le siège de la Charité commença le 10 mai 1569 (La Popelinière, liv. XVI, f. 95 v°).

2. Prise de la Charité par le duc de Deux-Ponts, 20 mai 1569, après quatre jours de siège (Serres, p. 343). On trouve quelques détails sur ce fait d'armes dans une lettre du duc d'Anjou au roi, du 23 mai 1569 (Autog. de Saint-Pétersbourg, vol. 22, f. 23), et surtout dans les lettres du duc d'Aumale et du duc de Clèves au duc de Nemours (Orig., f. fr., vol. 3227, f. 18, 26 et 29).

3. Le s. du Chastelet de Dueilly, gendre du maréchal de Vieilleville, gentilhomme lorrain.

4. Ce conseil fut tenu vers le 24 mai 1569, car ce jour-là le duc d'Anjou était venu au Blanc pour y assister (Lettre de cette date au roi; autog. de Saint-Pétersbourg, vol. 22, f. 24).

de grandes et nouvelles levées dedans et dehors le royaume ; cependant amuser et adoucir les ennemis par un traicté de paix, et pour le présent employer tout ce qu'il y avoit de forces sur pied pour empescher les armées de se joindre.

Chapitre XI.

Conjonction des armées. Despesche en Béarn. Rencontre de Roche-L'Abeille.

De ces armées, l'estrangère, ayant laissé son artillerie pesante et Guerchi[1] dans la Charité, marche à grandes journées[2] dans le Limosin. Mouy, qui portoit tousjours le premier leurs nouvelles, ayant sçeu que Autricourt[3] avoit pris un chasteau sur le bort de Vienne, et y avoit laissé quelques hommes, print le chemin pour cercher des commoditez. Il trouva le chasteau assiégé par huict cents hommes, desquels la moitié voulurent disputer le gué de la rivière, mais il se jetta à l'eau dans la fumée de leurs arquebusades, tailla en pièces ce qui estoit sur la grève et quelques-uns de ceux qui estoyent demeurez aux barricades. De là en avant, le duc des Deux-Ponts marcha sans

1. François de Marraffin, s. de Guerchi.
2. Sur le passage de l'armée du duc de Deux-Ponts dans la Marche, voyez un mémoire de M. Louis Duval, archiviste de la Creuse, *le Camp de Lignaux*, in-8°, 1869.
3. Le s. d'Autricourt, capitaine protestant, d'origine picarde, avait pris les armes avec le prince d'Orange et avait rejoint l'armée allemande en Lorraine. Il commandait une compagnie de cent chevau-légers (Serres, p. 425). Il fut tué à la bataille de Moncontour.

destourbier¹ jusques aux Cars, où il mourut², pensant faire guérir une fièvre quarte par excès un jour devant la conjonction des armées, laissant par son élection le comte de Mansfeld³ pour commander à ses troupes.

L'autre armée, qui avoit pris par force Nontron⁴, tué ce qui portoit armes et y demeuroit logée, despescha de là le comte de Montgommeri⁵, demandé par les quatre vicomtes pour les commander, empescher leurs divisions et les progrès que Terride faisoit en Béarn. Après ceste despesche, marcha à Challus⁶, où, l'onziesme de may⁷, les armées se joignirent, non sans

1. *Destourbier*, empêchement.
2. Le duc de Deux-Ponts mourut le 11 juin 1569 d'excès de table ou de boisson au château des Cars, près de Nexon (Haute-Vienne). L'*Histoire de nostre temps*, 1570, p. 458 et suiv., contient une suite de poésies et d'épitaphes sur ce prince. On n'y trouve pas celle-ci, qui est la meilleure : *Pons superavit aquas, superarunt pocula Pontem.*
3. Wolrad de Mansfeld, lieutenant du duc de Deux-Ponts et son successeur. A la bataille de Moncontour, il sauva les restes de la cavalerie allemande par une retraite prudente et rentra peu après en Allemagne. Il mourut le 30 décembre 1578 (Niemann, *Geschichte der Grafen von Mansfeld*, 1834, in-8°).
4. Nontron (Dordogne) fut pris par le capitaine Chaumont le 7 juin 1569 (La Popelinière, liv. XVI, f. 97 v°). La ville appartenait à la reine de Navarre (Serres, p. 345).
5. Voyez, au chapitre XIV, le récit de la mémorable expédition de Mongommery en Béarn.
6. Chalus (Haute-Vienne). L'armée des princes y arriva le 9 juin 1569 (La Popelinière, liv. XVI, f. 97 v°).
7. D'Aubigné se trompe de date. La jonction des deux armées se fit au château des Cars où était le duc de Deux-Ponts, le 10 juin, la veille de sa mort (De Serres, p. 346, et La Popelinière, liv. XVI, f. 97 v°). De Thou dit qu'elle se fit quatre jours après sa mort (liv. XLV). Il est facile d'accorder les trois historiens, puisque cette jonction ne put s'opérer en un seul jour.

festins et présents de la roine de Navarre aux principaux.

Le lendemain de la resjouïssance, Rouvray[1], estant logé dans Aisse[2], à deux lieuës de Limoges, et n'ayant aucun loisir de se retrancher, fut brusquement attaqué par Martigues, qui, ayant gaigné la première barricade d'emblée et la seconde avec beaucoup de combat, fit résoudre à Rouvray la retraicte avant la venue d'un gros d'infanterie, n'ayant eu encor à faire qu'aux arquebusiers à cheval. Ceste retraicte fut assez friande, pource qu'ils avoyent sur les bras la fleur de l'armée qui leur faisoyent des charges, mesmes dans les chemins creux, si bien qu'il falut que l'avantgarde des réformés allast desmesler ceste fuzée. Et de là en avant les deux armées se costoyèrent jusques à la Rochabeille, où Monsieur[3] receut le neveu du Pape[4] avec douze cents lances et quatre mille fantassins italiens[5]. Les autres gaignèrent Sainct-Yrier-la-Perche, toute l'avantgarde campée dans les forests, où ils vescurent la pluspart sept jours d'espics de seigle qui ne faisoyent que fleurir et quelques pourceaux qu'ils

1. Rouvray, capitaine huguenot, d'origine normande, commandait le régiment de Valfenière, assista aux combats de la Roche-Abeille et de Moncontour, et fut tué au siège de Mons en 1572 (*Mémoires de La Huguerye*, t. I, p. 134).

2. Aixe, sur la Vienne, près Limoges. Cette escarmouche eut lieu le 11 et le 12 juin 1569 (Serres, p. 349).

3. Le duc d'Anjou campa le 23 juin à la Roche-Abeille (Serres, p. 350).

4. Fabian di Monte, fils de Baudouin di Monte, frère de Jules III.

5. Ce secours, commandé par Mario Sforce de Santa Fior, était arrivé quelques jours auparavant au camp du duc d'Anjou à Saint-Jean-de-Livron.

tuoyent par les bois, sans pain et sans sel, ce qu'ils payèrent bien puis après.

Monsieur estoit campé sur un petit ruisseau, dans lequel un estang faisoit sa cheute. Entre les deux se présentoit une place comme toute retranchée, si favorable qu'il en voulut faire la teste de son logement, y faisant camper les régiments de la Barte[1] et de Goas avec quatre cornettes italiennes. Ceux-là adjoustèrent tant de labeur au naturel que cela sentoit mieux la garnison que l'armée; encor le logis de l'artillerie gardé par les Suisses flanquoit les deux costes et battoit en eschine le devant de ce corps de garde. Pour un autre grand advantage, l'avantgarde avoit une grande halle où tenir les mèches allumées en un temps fort pluvieux.

Le vingt-troisiesme de juin, le prince d'Orange et l'admiral firent attaquer une escarmouche de cavallerie seulement, en laquelle un reistre qu'on vouloit faire retourner, pource qu'il estoit en pourpoint, dit « qu'il alloit quérir des armes, » et de fait donna un coup de pistolet par la teste à un Italien et apporta l'homme et les armes jusques au derrière de la troupe. J'ai voulu marquer en passant cest effect de courage et de force ensemble.

Ceste escarmouche n'estoit à autre dessein que de donner aux deux chefs moyen de recognoistre, ce qu'ayans fait et donné l'ordre à chacun dès le soir, les troupes marchèrent ainsi : Briquemaut, le fils[2],

1. Le capitaine La Barthe, neveu du maréchal de Thermes, était maitre de camp d'un régiment des vieilles bandes de gens de pied (Coustureau, *Vie de Montpensier*, p. 29).
2. Jean de Briquemault, fils ainé de François de Beauvais,

plus vieil capitaine de France (vivant encore quand j'escrivois), menoit la teste de l'armée ; Piles le soustenoit, Rouvrai cestui-là ; les arquebusiers démontez de Poüillé et puis Beaudiné avec cinq mille hommes, cela encor soustenu d'un gros bataillon de lanskenets, qui poussoit devant soi huict pièces de campagne. Le régiment de cavallerie de Mouy filoit par la main gauche, selon les commoditez. A la droicte, là où il y avoit un peu plus de large, marchoit le reste de la cavallerie de l'avantgarde, assavoir : les régiments de Briquemaut le père, Soubize, Beauvois[1] et Teligni. Je ne vous ennuyerai point de l'ordre de la bataille, pource qu'à peine vid-elle le combat, qui fut tel.

Les katoliques, à la veuë non attendue des ennemis, qui tous estoyent couverts de chemises, allument les mèches, jettent un sergeant avec trente arquebusiers dans un petit champ quarré devant celui du corps de garde, ce champ palissé de grands bois de chastagnier couchez entre des fourchons à la mode du pays. Le lieutenant de la colonnelle[2] de Briquemaut, avec environ autant, saute de son costé dans le mesme champ. Le sergent, de qui Goas avoit tiré promesse de ne tirer que le bourre[3] n'entrast et de rompre croce

seigneur de Briquemault, ou Jacques de Briquemault, frère cadet du premier.

1. Louis de Goulard, seigneur de Beauvais, gouverneur du prince de Navarre, le secrétaire favori de Jeanne d'Albret. En 1572, dit d'Aubigné, il contribua à attirer les chefs du parti à Paris (liv. VI, chap. III). A la Saint-Barthélemy il fut tué, suivant d'Aubigné, au Louvre, suivant les *Mémoires de l'estat de France*, « dans son lit où il estoit assailly des gouttes » (t. I, f. 291).

2. Sous-entendu *de l'enseigne...*

3. *Que le bourre n'entrast*, c'est-à-dire, au figuré, à bout portant.

sur cap[1], passe plus de la moitié du champ. Les deux troupes s'abordent; peu d'arquebusades prirent, moins de celle des réformés, qui ne venoyent pas d'une halle. La pluspart tirent le canon appuyé, et, ce qui fut le plus galand, fut que, comme les uns levèrent la croce en haut, les autres, qui n'avoyent pas estudié ceste leçon, furent leurs singes.

Ce gentil combat, qui s'eschauffoit à coups d'espée, fut débauché par six cents arquebusiers de Piles, donnant à la gauche du champ, à presque pareille troupe que les régiments avoyent avancez. Ces enfans perdus, repoussez par La Barte jusques au gros de Piles, sont aussi tost redressez par leur chef, qui, ayant tourné le visage à ses capitaines, leur cria : « Vous me voulez donc laisser perdre. » Et sans marchander se précipita dans tout ce qui estoit avancé, l'emporta, et en faisoit autant du logement, sans Strosse[2], nouveau colonel en la place de Brissac, avec lui la fleur de l'infanterie du roi. Cela donna très furieusement. Ceste bande, presque toute en deuil[3], fut la première à qui nous avons veu tirer le pied joint. Eux donc, favorisez d'une rude charge faite par la cavalerie italienne, renversoyent non seulement Piles et Briquemaut, mais toute l'infanterie de Monsieur, faisoyent quitter place à l'autre, et au régiment de Mouy dans un pré à leur droicte. L'admiral, avancé à ce besoin, remit en besongne Rouvrai et Pouillé. A la veue de ce

---

1. *Rompre croce sur cap,* c'est-à-dire briser les crosses de leurs arquebuses sur la tête de leurs ennemis.

2. Philippe Strozzi.

3. Les compagnies de gens de pied portaient le deuil de leur colonel, Timoléon de Cossé-Brissac, tué peu de temps auparavant.

maistre, la Mothe-Pujaut, Saincte-Terre[1] et Brillac, honteux d'avoir lasché le pied, se rejettèrent dans le pré au devant de Mouy, font une charge à propos. Sous cette faveur Piles, criant encor aux siens, se rejette parmi les capitaines de Strosse. La Ramière[2], son sergent major, donne par le derrière à ce grand corps de garde, Congners[3] et Rembouillet dans le ruisseau. Il y eut là grand combat à coups d'espée et armes d'ast[4]; les pluyes d'une sepmaine, renforcées ce jour-là, rendans la valeur subjecte à l'ancienne vertu. Strosse pris, Sainct Loup, son lieutenant, et trente deux chefs des vieilles bandes demeurent sur la place, et auprès d'eux de sept à huict cens hommes, desquels il n'y en avoit pas vingt qui ne fussent tuez de coups de main[5].

On vid ce jour-là les réformés, ayans fait quitter les tentes et l'artillerie de l'avant-garde, combattre d'une main, et de l'autre porter à la bouche le pain qu'ils avoyent amassé dans les logis. Enfin, après quelques canonnades de la bataille de Monsieur et de

---

1. D'Aubigné veut dire *Senectaire*, mais il s'agit de David Bouchard, s. d'Aubeterre. Voyez la note 3 de la p. 11.
2. Le capitaine La Ramière fut tué au siège de Saint-Jean-d'Angely (La Popelinière, liv. XX, f. 150 v°).
3. Joachim le Vasseur, s. de Cogners, haut justicier de l'abbaye de Saint-Calais, seigneur huguenot, nommé gouverneur de Vendôme par Jeanne d'Albret.
4. On appelait *armes d'hast (hasta)* les armes offensives emmanchées d'un long bois, les piques, les lances, les hallebardes, les pertuisanes, etc.
5. Le combat de la Roche-Abeille fut livré le 25 juin 1569. M. Charles d'Henin a publié dans le tome IV du *Bulletin de la Soc. archéol. et hist. du Limousin* une étude particulière sur cette rencontre.

l'avant-garde des autres, la pluye fit le holà, et, les Italiens voulans gaigner quelque honneur sur la retraicte faite par Mouy, ils[1] tournent teste, et, à son ombre[2], les gardes d'Acier, qui n'estoyent que trente l'espée à la main et l'arquebuse au fourreau, en rompirent quatre cornettes[3]. Les réformés n'ayans, en tous ces combats, perdu que quarante soldats et pas un homme de marque.

J'ay descrit ceste rencontre expressément pour ce qu'elle le mérite, et que je sors des loix de l'abrégé.

Chapitre XII.

Siège de Nyort[4] *secouru par Pluviaut; prise de Chasteleraud, de plusieurs bicocques et de Lusignan.*

Durant que ces armées estoyent ainsi approchées, le comte du Lude avoit pris le temps pour assiéger Nyort, commençant le vingtiesme de juin[5] par Magné[6],

---

1. *Ils*, les réformés.
2. *A son ombre*, à l'ombre de d'Acier.
3. *Quatre cornettes* d'Italiens.
4. D'Aubigné a suivi, en racontant le siège de Niort, un récit du temps, dédié au s. de Bressaut, qui, après avoir été imprimé sous forme de plaquette, a été reproduit dans l'*Histoire de nostre temps*, petit in-8°, 1570, p. 577 et suiv.
5. Jean de Serres dit que le comte du Lude mit le siège devant Niort le 12 juin (p. 355). La Popelinière (liv. XVII, f. 102) et de Thou (liv. XLV), et la pièce citée dans la note précédente, confirment la date donnée par d'Aubigné, 20 juin 1569.
6. Magné (Deux-Sèvres) ne doit pas être confondu avec le château de Maillé dont d'Aubigné a parlé peu avant. Maillé appartenait au comte du Lude, Magné à Saint-Gelais de Lansac (La Popelinière, liv. XVII, f. 102).

où il fit capituler Surimeau[1]. Et depuis tuèrent tout, en se mocquant de la promesse. Ce qui se fit de plus notable en ce siège fut la résolution de Pluviaut pour entrer dans la ville assiégée, non sans l'advis de la Noue, duquel s'estant départi auprès de Mozé[2], il gagna sur le soir Frontenai-l'Abbatu[3], où, après avoir disposé le cœur de ses gens comme à chose difficile, déclaré son dessein, il marche la nuict avec huict cents arquebusiers et septante salades pour percer une armée de sept mil hommes de pied, et entre ceux-là Puygaillard et Onoux, des meilleurs hommes de siège qui fussent en France, de plus en leur chemin douze cents lances, logées serré pour la doute de ce qui advint.

Les guides du secours s'estant perdues la nuict, les vedettes des assiégeans virent, à trois quarts de lieues du siège, le soleil desjà levé, les six enseignes et la cornette de Pluviaut, qui, ayant fait jusques là porter les tambours sur l'espaule, se voyant descouvert, les fait bander et battre aux champs. Il jette la Roche-Lorie[4] à la gauche de ses gens de pied et prit loisir de dire à ses soldats, en leur monstrant les deux clochers de Nyort : « Compagnons, voilà vos drapeaux ; qui veut gagner de l'honneur et sa vie, le chemin des deux est là. » Il n'eut pas dit cela qu'il vit naistre les

1. Le seigneur de Surimeau, gentilhomme poitevin, du parti réformé. On trouve une lettre de lui dans l'*Histoire de nostre temps*, 1570, p. 584, relative au siège de Niort.

2. Mauzé (Deux-Sèvres).

3. Frontenay-l'Abattu, aujourd'hui appelé *Frontenay-Rohan* (Deux-Sèvres), appartenait à la maison de Rohan.

4. Le capitaine La Roche-Lourie, huguenot poitevin, est nommé par de Thou *La Roche du Gué*.

compagnies de Ruffec et de Mortemar[1], et cinq autres dans le champ de droicte. A ceste veue il adjousta : « Marchez compagnons, je vais parler à ces gens-là, et vous me trouverez à vostre teste[2]. » Ce qu'il fit, ayant rejoint sa troupe ; car il estonna tellement cette grosse multitude de sa charge qu'il en emporta un drapeau. Et voyant de mesme temps trois cornettes donner la lance baissée dans ses gens de pied, il se jette à terre, et appelant dans le combat à soi, comme il voyoit à propos, ses capitaines, la teste où il estoit, commençant à estre favorisée de la courtine, se mit en quelque seureté. Mais, voyant le reste mêlé de compagnies qui arrivoyent sans cesse, il retourne avec les premiers avancez pour participer au péril des derniers ; et ainsi ceste troupe entra dans la ville avec perte de six vints hommes et d'une enseigne en revanche de la cornette[3]. Celui qui la portoit entra dans la ville par la ruine[4], ayant un coutelas au travers du corps, et mourut ayant passé la muraille[5].

Telle entrée rendit pour ce jour inutile la bresche

1. René de Rochechouart, baron de Mortemar et de Montpipeau, né en 1528, prit part aux guerres du règne de Henri II et de Charles IX, épousa la fille du maréchal de Saulx-Tavannes et mourut le 17 avril 1587.
2. Ce discours se retrouve en substance dans le récit de l'*Histoire de nostre temps*, p. 593.
3. Pluviaut, d'après de Serres, entra dans Niort le soir même de l'investissement (p. 355).
4. *Par la ruine*, c'est-à-dire par la brèche.
5. L'entrée de Pluviaut à Niort est célébrée dans l'*Hist. de nostre temps* comme un fait d'armes incomparable, p. 587 et suiv. Jeanne d'Albret, les princes de Béarn et de Condé adressèrent à ce capitaine de chaudes lettres de félicitations qui sont imprimées, *ibid.*, p. 617 et suiv.

qui estoit preste. Depuis le comte, tournant sa batterie, en fit une plus raisonnable à la tour de l'Espingalle[1], favorisée de cinq coulevrines du fauxbourg qui battoyent en courtine de bas en haut. Là se donna un assaut assez opiniastré, et en mesme temps l'escallade par deux endroits; tout cela repoussé, mais avec plusieurs des assiégez morts ou blessez. Entre ceux-là Pluviaut estropié d'un esclat de canon, et la Brosse, gouverneur, d'une arquebusade, et pource qu'au parlement et causerie des soldats on recognoissoit de l'estonnement aux assiégés, mesme de la haine et des blasphèmes contre Pluviaut, pource que demi-mort il empeschoit la reddition, le comte se résolut à un plus grand assaut, plusieurs fois rafraîchi et bien débattu. Ceux de dedans avoyent fait enfler l'eau par le moyen des moulins, ayant mis toutes les pales et puis les ayans ouvertes deux heures avant le coup. Pourtant les enseignes se précipitèrent dedans sans taster. Celui qui portoit la colonelle, fort avancé et mal soustenu, fut tué, et les capitaines retournez de la première poincte, tellement baffouez par la comtesse du Lude[2], présente à l'assaut, qui, entre autres butins, promettoit les belles filles à discrétion, qu'ils retournèrent comme désespérez. Peu de soldats et quelques femmes parmi eux, et Pluviaut qui, condamné par les chirurgiens, s'y fit porter, sauvèrent ceste bresche, à laquelle furent tuez plusieurs des défendants par les habitans logez dans les maisons percées à l'entour; et a on

1. La tour de l'Espingale était commandée par le capitaine Gargouillaud.
2. Jacqueline de la Fayette, dame de Pongibaud, comtesse du Lude.

trouvé qu'une partie de ceux-là qui tiroyent estoyent ceux qui avoyent practiqué la reddition. Les capitaines Flojac, Courbon[1] et la Rade[2] y moururent.

Puygaillard, ayant fait rebattre en mesme lieu, voulut réparer ceste honte deux jours après. Il trouva les habitans mieux unis et advertis du secours que leur amenoit d'une part Teligny, et de l'autre la Noue, lequel, estant parti de la Rochelle avec trois cents chevaux et le régiment de Sainct Magrin, avoit deffait à Frontenai les compagnies de Landreau et Richelieu. C'est ce qui fit desloger le comte[3], lequel, ayant jetté Onoux avec deux canons et deux bastardes dans Sainct Maixant, Paillerie[4], avec quatre enseignes et six canons dans Lusignan, prit sa place à Poictiers et fit mettre ordre à Mirebeau par Puygaillard.

C'estoit l'admiral[5] qui avoit dépesché Teligny[6], et

1. Corbon, capitaine de gens de pied catholiques, du régiment du s. d'Aunoux ou de celui du s. du Lude, fut tué au siège de Niort le 1ᵉʳ juillet 1569 (*Journal de Généroux*, p. 50).

2. La Rade, capitaine catholique, commandait la compagnie colonelle du régiment de Timoléon de Brissac (*Arch. hist. du Poitou*, t. XII, p. 248). Il fut blessé au siège de Poitiers (Liberge, 1846, p. 132).

3. D'après de Serres (p. 356), le comte du Lude leva le siège de Niort le 22 juin 1569; d'après La Popelinière, le samedi 2 juillet (liv. XVII, f. 105 v°). Nous croyons que La Popelinière a raison.

4. Guillaume Pelletier, dit Paillerie, capitaine catholique, originaire de Saint-Maixant, tué près de Marans le 27 août 1574. Un autre capitaine du même nom avait été tué le 15 juillet 1567 à la prise de Lusignan par Coligny (*Journal de Généroux*).

5. Ce fut vers ce temps que, suivant quelques historiens, l'amiral aurait écrit son testament. Cette pièce, datée d'Archiac, du 5 juin 1569, est d'une authenticité contestée. Elle a été publiée dans le t. I du *Bull. de la Soc. de l'hist. du protest. franç.*, p. 263.

6. Teligny avait été envoyé « avec bonnes forces » pour obli-

en mesme temps la Loue avec son régiment de chevaux légers, et quelques arquebusiers à cheval, pour se saisir de Chastelleraut[1]; ce qu'il exécuta par les intelligences qu'il avoit dans la ville.

Le duc de Nemours cependant, ayant essayé de lever quelque logis avec tous les Italiens, fut bien repoussé sur le point que les armées s'esloignèrent l'une de l'autre. La Royale ayant besoin de se rafraîchir, Monsieur se résolut de la distribuer par garnisons et d'obliger la noblesse, qui prenoit congé, de se trouver au rendé-vous tel qu'il leur donneroit au commencement de septembre. Au contraire, les autres, pour ne donner loisir à leurs Allemans de se mutiner, voulurent leur faire gaigner leur solde. Donc, prenant occasion du repos des ennemis, ils se jettent dans le Périgord, où la populace, très opiniastre en ce pays, s'amassa dans les forests jusques au nombre de quatre à cinq mille, guettant tous les passages, si bien qu'elle assomma premièrement les goujats, puis les malades, puis attaqua une compagnie de reistres, desquels il en demeura plus de quarante sur la place; tellement que la compagnie de Verac et une autre furent despeschées pour deffaire ces misérables, où il y eut grand carnage, et les prestres, qui la plupart estoyent leurs capitaines, n'y furent pas espargnez.

L'armée donc vint prendre Tiviers, Brantosme la Chappelle par assaut, avec meurtre de deux cents

---

ger le comte du Lude à lever le siège de Niort (Lettre de Coligny à la reine de Navarre, du 2 juillet 1569; catal. de la coll. Morrisson, p. 224).

1. L'amiral se saisit de Châtellerault le 12 juillet 1569 (La Popelinière, liv. XVII, f. 106).

hommes, et puis Chabanay[1], de mesme façon s'estant la Planche, qui y commandoit, deffendu à toute extrémité, sur la promesse du secours de Montluc. Les siens tuez, le gouverneur fut libéré sur la promesse de racheter de prison Pierre Viret[2], ministre prisonnier en Béarn. Rien n'amusa ces forces entre là et Lusignan, la ville estant prise d'emblée[3]. Guron, qui y commandoit, se sauva dans le chasteau avec ce qu'il avoit de meilleur, comme aussi la pluspart de ceux de Poictiers avoyent mis leurs richesses dedans, se confians en la bonne mine et réputation de la place. Mais ils apprirent qu'il faisoit mauvais se fier aux pierres sans hommes, n'y ayant point cent hommes de guerre aux quatre compagnies ordonnées pour y tenir garnison. Le Breuil[4] fut tué à la reconnoissance d'un commencement de bresche par la ruine qu'un canonnier des siens mesme fit tomber sur lui, avant que ceste bresche fust raisonnable. Sur le point que Paillerie, commandant les quatre compagnies, fut emporté d'une

---

1. Chabanais (Charente) était une principauté qui avait longtemps été en litige entre le vidame de Chartres et Joachim de Monluc. Elle l'était encore entre Jean de Ferrières, héritier du vidame, et Blaise de Monluc, frère de Joachim. Le château fut brûlé, après avoir été pris, le 6 juillet 1569 (Serres, p. 358).

2. Pierre Viret, ministre protestant, né en 1511, exerça son ministère en Suisse, en Languedoc, à Lyon, en Béarn, et mourut au commencement de 1571. Il a laissé de nombreux écrits de polémique religieuse et de théologie qui sont énumérés par Haag. M. Jacquemot a écrit sa vie, Strasbourg, 1836.

3. Le château de Lusignan fut assiégé le 15 juillet 1569 par l'amiral Coligny et pris le 20. La Popelinière a longuement raconté ce fait d'armes (liv. XVII, f. 106).

4. Probablement le Breuil de Mirabalais, capitaine de chevau-légers, nommé dans le *Journal de Généroux*, p. 57.

canonnade, Guron et Cluzeau[1], son frère, vindrent aux discours, et de là à la capitulation, observée de point en point. Dans la place fut laissé Mirambeau pour gouverner et le Chaillou pour commander les gens de pied.

Chapitre XIII.

De ce qui se faisoit au loin des grandes armées sur le point du siège de Poictiers.

Tous les réformés ne peuvent estre assez diligens ni assez instruits que le dessein général de la cour estoit à leur ruine, pour avoir passé Loire avec ceux qui partirent de Tenlai ou avec Andelot, si bien qu'au nom de la dernière paix ou sur les promesses particulières qu'ils recevoient des lieutenans de roi, ils aimoyent mieux blasmer l'impatience de leurs chefs et cercher quelque retraicte de tolérance, comme entre autres celle de Montargis. Mais depuis, voyant à clair qu'il n'y avoit point de paix pour eux qu'en renonçant leur religion, quelques-uns se couvrirent de mauvaises petites places, ni basties, ni équippées en guerre. Cela donna occasion au siège de Chasteau-Renard[2], d'où on faisoit quelque course[3]. Ceux-là se

1. François Bonnin, seigneur du Cluzeau, beau-frère du s. de Guron.
2. Château-Renard appartenait à l'amiral de Coligny (De Thou).
3. Le château était occupé par un capitaine, nommé Frétini, qui, depuis le commencement de la guerre, pillait et volait impunément sur le chemin de Lyon (De Thou, liv. XLV).

rendirent à Rostin[1], qui les avoit assiégez. De mesmes au siège de Chastillon sur Loin[2], attaqué par Martinengue, à lui rendu par capitulation, portant que les meubles de l'admiral seroyent mis entre les mains de ses proches, promesse qui fut faussée[3]. Celui de Regen[4], près Auxerre, saisi par Blosset[5], investi sans loisir de s'accommoder. Le chef ayant percé les assiégeans, lui dixiesme, le reste fut mis en pièces par le peuple avec des insolences nompareilles, notamment sur un soldat nommé Cœur-de-Roi, lequel estant coupé à petits morceaux, son cœur fut vendu au plus offrant dans la place d'Auxerre, là mis sur les charbons et mangé par ceux qui ne vouloyent point, comme ils disoyent, sentir le fagot[6]. Devers le Maine et le Perche, mesmes choses arrivèrent de Lassai[7] et de la Ferté[8], assiégez par Matignon et à lui rendues par composition. Le premier cousta cher par la résolution de la Fontaine-Guillon[9]; l'autre fut peu débattu.

1. Tristan de Rostaing, ancien page du duc de Guise.
2. Chastillon-sur-Loing appartenait à Coligny qui en portait le nom.
3. D'après de Thou, les meubles de Chastillon furent portés à Paris et vendus à l'encan (liv. XLV).
4. Les Regennes (Yonne), château appartenant à l'évêque d'Auxerre (De Thou, liv. XLV).
5. Louis de Blosset, dit le Bègue.
6. D'Aubigné a pris ce récit à de Thou (liv. XLV).
7. Lassai, dans le Maine.
8. La Ferté-au-Vidame, dans le Perche.
9. D'après La Popelinière, contrairement au récit de d'Aubigné, le château de Lassai, qui appartenait à Beauvoir la Nocle, fut à peine défendu par le capitaine La Roche (liv. XVII, f. 107 v°). De Thou confirme en tout point le récit de La Popelinière, sauf qu'il dit que Lassai appartenait à Jean de Ferrières,

Après ces petits sièges, il falut venir à quelque chose de plus remarquable. C'est que Sansac[1], ayant mis ensemble jusques à sept mil hommes, tant de nouvelles compagnies que de garnisons amassées, attaqua la Charité[2], premièrement par la porte de Paris, ayant donné ce qui estoit delà l'eau en charge à Antragues. Guerci, gouverneur, avoit de bonne heure levé quelque espaule à l'endroit de la première batterie, ce qui la fit changer vers la porte de Bourges. Mais Ranti, ayant fait travailler jour et nuict en ce quartier, il falut prendre un troisiesme dessein à la porte de Nevers. Il y eut assaut général bien attaqué, bien repoussé. Comme les foules des soldats passoyent, pour le rafraîchissement, contre le parc des pouldres, le feu s'y mit si furieusement que les esclats des caques allèrent tuer des hommes outre la rivière. Ces compagnies ramassées conceurent telle frayeur et sans raison de cest accident, que, sur un bruit de secours envoyé par l'admiral, ils mirent la peur en mutinerie, se desrobent, et contraignent Sansac de lever le siège sans ordre.

Tost après le bègue Blosset et quelques troupes ralliées, au sortir de Regen, se joignirent à Guerci, et eux ensemble attaquèrent Donzi[3], le prirent ; et, con-

---

vidame de Chartres (liv. XLV). Aucun des deux ne nomme le capitaine La Fontaine-Guillon.

1. Louis Prévôt de Sansac, vieux capitaine qui datait du règne de François Ier, servit en Champagne sous les ordres du duc de Guise, fut blessé à la bataille de Saint-Denis et mourut après 1574 (Brantôme, t. III, p. 397). De Lurbe a écrit sa vie et le fait par erreur mourir en 1566 (*De illus. Aquitaniæ viris*, 1591, p. 123).

2. Sansac entama le siège de la Charité le 6 juillet 1569.

3. Donzy (Nièvre).

tinuant l'estonnement du païs, qui ne pouvoit croire que ces gens osassent assiéger sans renfort de l'armée, ils emportèrent Sainct-Léonard, Pouilli et Antroin, parez à assiéger davantage sans la seconde armée que Sansac mit sur piedz pour venir attaquer Veselay.

Mais, pour ce qu'elle n'est pas preste, nous parlerons d'Orillac en Auvergne, qui fut pris par le moyen de trois quintaux de poudre, passée par un trou, entre deux poternes; lesquelles elle n'envoya pas seulement, mais mit en bresche tout le dessus de la muraille; cela de l'invention des capitaines Bessonnière [1] et la Roche [2]. Si ces deux furent subtils à l'entreprise, ils ne se trouvèrent pas moins résolus à repousser Sainct Geran, lieutenant de roi en Auvergne, qui, d'une extrême diligence, les bloqua deux jours après la prise, estimant avec apparence qu'ils n'auroyent rien de prest pour se deffendre d'un siège. Mais ayant trouvé autrement, et son amas n'ayant rien porté pour subsister, il lui falut lever le siège.

De ceste volée se présente l'accident d'Orléans, où le prévost de la ville, ayant ordonné que tous les réformés, soit pour leur seureté ou pour celle de la ville, eussent à se loger dans les prisons; eux obéïssans se mirent partie en la tour de Martinville, et le

---

1. La Bessonnière, capitaine protestant, avait assisté, en 1567, à la bataille de Cognat (*Mémoires de Gaches*, p. 66). La Popelinière et de Thou l'appellent *Mossonnière*.

2. La ville d'Aurillac fut prise par les réformés le 10 sept. 1569. Le récit de d'Aubigné est emprunté à celui de Jean de Serres (p. 392). On conserve dans le vol. 15875 du fonds français, f. 241, une requête sans date des habitants d'Aurillac au roi, dans laquelle ils se plaignent des violences dont ils ont été victimes de la part des capitaines huguenots.

reste aux quatre coins[1]. Peu de temps après, le peuple, esmeu par les prescheurs, accourut à la tour, et là, un à un, firent mourir tout ce qui estoit dedans sans esgard de sexe ni d'aage. Ceux qui avoyent couru aux quatre coins n'en peurent rompre la porte. Ils y mirent le feu, où tout le voisinage porta grand' quantité de bois. Une grand' partie se laissa brusler dans ce feu. Les autres, qui jettoyent leurs enfans par dessus les murailles, ou aux parents qui les guettoient, dans des manteaux, ou, faute de parents, à qui que ce fust, après les avoir veu recevoir dans les piques ou achevez à coups d'hallebardes, se jettèrent aussi pour en recevoir autant; le meurtre de ces deux endroicts se montant à deux cents huictante personnes[2]. Cela fut cause que des villes et villages du plat pays tout s'enfuit à Montargis, où plusieurs avoyent esté conservés dès les premières guerres sous la faveur de la duchesse[3], laquelle, estant du sang royal, apparentée de ceux de Guise[4], avoit eu un privilège particulier[5]. Elle et ses ministres blasmoyent ceux qui portoyent les armes, en termes qui les rendirent ennemis, elle et le prince

---

1. C'est-à-dire, d'après de Thou, dans une maison dite *des quatre coins* (liv. XLV).

2. Ce massacre eut lieu le 21 août 1569.

3. Renée de France, fille de Louis XII, duchesse de Ferrare, habitait Montargis depuis sa retraite en France.

4. Anne d'Este, fille de Renée de France, veuve du duc de Guise, alors duchesse de Nemours.

5. Renée de France pratiquait la réforme et était en querelle avec les lieutenants de roi. Voir la notice biographique du P. Griffet (Daniel, *Histoire de France*, t. IX, p. 909), un mémoire de Dulaure (*Mémoires de la Soc. des antiquaires de France*, 2ᵉ série, t. II, p. 319), et surtout une étude de M. Jarry (*Renée de France à Montargis*, in-8°, 1868).

de Condé ; et ceste querelle donnoit couverture au respect qu'on lui portoit.

Mais ce dernier amas esmeut les prescheurs de Paris, et eux le Roi, à la contraindre de chasser quatre cents soixante personnes, les deux tiers de femmes et d'enfants portez au col[1]. Ceste princesse, fondant en larmes, dit à Malicorne[2], qui lui avoit apporté ceste rude nouvelle, que, si elle avoit au menton ce que lui portoit, elle le feroit mourir de ses mains, comme

---

1. Var. de l'édit. de 1616 : « ... *portés au col*. Cette bande misérable, sans dessein ni support, fuit vers la rivière de Loire et la passa comme elle put pour mettre cet obstacle au-devant de ceux qui venoient de Gastinois à leur poursuite. C'estoit le capitaine Cartier avec quatre-vingts chevaux légers, la trouppe d'Antragues qu'on lui avoit presté pour cela, et une autre cornette d'arquebusiers à cheval. Ceux-ci donc, aïant sçeu que leur gibier avoit passé l'eau, se destournent pour la passer aussi, et les empoignèrent sur Chastillon-sur-Loire. Ce pauvre peuple les voïant se jette à genoux. Leurs ministres les encourageoient à mourir doucement, quand ils virent naistre d'entre deux costaux deux cornettes, qui faisoient quelques six vingts chevaux, que ces prosternez estimèrent devoir commencer leur carnage. Ces derniers veus arrivèrent les premiers auprès du troupeau, d'entre lequel les coureurs cognurent quelques damoiselles et autres parentes. Donc aïant veu leur condition et en même temps cette troupe qui abordoit les espées à la main, jettent les manteaux qui couvroient leurs casaques, changeans la désolation des uns en espérance et la fureur des autres en fuitte, tuent de ces tueurs jusques à 80, emportent deux drapeaux, mais laissèrent sauver ce qui ne combattit point, à cause de leur lassitude ; car c'estoit Bourri, le capitaine Teil et autres, qui avoient rallié en leurs amas ceux de devers Loire, et percer le Berri pour venir gagner la Charité, où ils menèrent la trouppe délivrée. »

2. Jean de Chourses, seigneur de Malicorne, gentilhomme ordinaire du roi, lieutenant de roi. Partie de sa correspondance, pendant les années 1568 et 1569, est conservée dans le vol. 15550 du fonds français.

messager de mort. Elle fournit ce peuple de cent cinquante grandes charrettes, huict coches, et d'un grand nombre de chevaux[1]. Malicorne, irrité des menaces de la princesse, fit advertir les capitaines Villebœuf, Cartier et le lieutenant d'Antragues, qui se vindrent embusquer dans le bois de La Bussière, avant jour, pour attendre la troupe à passer. Mais, comme quelques coureurs le rapportèrent que ces misérables avoyent pris un chemin qui s'eslongnoit du bois, ils sortirent de l'embuscade pour les aller mettre en pièces au chemin de Briare. A la veue des massacreurs qui accouroyent les coustelas à la main, Beaumont[2], ministre de l'église d'Orléans, à la teste de la troupe agenouillée et préparé à la mort, dit ainsi :

« C'est assez[3], mes frères, de nous destourner du chemin, et vouloir esquiver le passage du ciel où Dieu nous appelle. Il n'y a aucun de nous de qui les jambes et les pieds ne soyent las et nos ames honteuses de nos fuites. La mort guérira les esprits et les corps lassez des voyes du monde, encores plus de ses chemins. Que feront les mains de ces bourreaux, sinon nous délivrer de leurs mains. Où courions-nous ! à l'exil, à la faim, aux opprobres et encore à la mort. Où nous

---

1. L'appui prêté par la duchesse de Ferrare à ces malheureux fut incriminé par le Parlement de Paris. Le roi enjoignit par trois fois à la cour de cesser les poursuites (Lettres du roi et de la reine au premier président de Thou, du 20 sept. et du 2 octobre 1569; orig., coll. Dupuy, vol. 801, f. 31, 35 et 89). Malgré ces ordres, le 18 mars 1570, le Parlement rendit un arrêt contre la princesse et confisqua ses biens (Coll. Dupuy, vol. 322, f. 158).

2. Beaumont, ministre protestant, cité sans détails par Haag (t. II, p. 100).

3. La fin de ce chapitre manque à l'édition de 1616.

mettront ces ennemis? à nostre espérance, à nos désirs, à nostre Canaan tant cerchée, au pain des anges, à la gloire éternelle, à la face de Dieu et à ce qui peut s'appeller la vie seulement. Ne fuyons plus ceste vie, tendons la main à la mort et baisons celle que Dieu nous tend. Mourons en agneaux pour l'agneau qui est mort pour nous. Voici les ennemis qui se hastent à nostre délivrance. Dieu veut nous recevoir par leurs armes. Hastons-nous de nous présenter devant sa face et de chanter :

> Mon âme en tes mains je viens rendre,
> Car tu m'as racheté [1]. »

Comme ils poursuivoyent ce verset du pseaume trente-huitiesme, les ennemis, ayant fait douze ou quinze cents pas durant le propos susdit, et n'en ayant plus que six vingts pour les mesler, survint un accident inespéré. C'est que sur ce point venoyent de la grande armée, ou selon quelques-uns devers la Normandie, Bourriglès, Essars et autres capitaines, avec quelques septante chevaux. La troupe qui les vit naistre inopinément les prit pour une autre bande de tueurs et ploya le col devant eux, quand d'entre les coureurs un gentilhomme connut une damoiselle sa parente. Ceux-ci haussent le manteau qui couvroit la casaque blanche, et en mesme temps apprenant l'estat des misérables et voyans à la droicte les galans l'espée haute accourans à un combat sans péril, Bourri prend la charge, passe sur le ventre à ce qu'il trouve en la campagne. Villebœuf, qui menoit les arquebusiers, s'estant jetté dans le taillis de Ribonde, fut enfoncé

---

1. Début du psaume 38; trad. de Marot.

sans marchander. Cartier, qui estoit des derniers, se sauva à Gien et tient-on en ce pays-là qu'il ne s'en sauva que lui et un qui se cacha dans un chesne creux[1].

Marque le lecteur trois grands troubles d'esprit des condamnez, des secourans et des massacreurs qui la pluspart estoyent de Gien. Guerchi, gouverneur de la Charité, avoit bien envoyé le capitaine George avec ses chevaux légers pour aller à l'escorte de cette multitude; mais tout fut fait avant son arrivée.

Je ne puis laisser que durant ceste deffaicte accoucha dans la charette une femme d'Orléans, très délicate et qui avoit donné beaucoup de peine dans tous ses accouchements, lors qu'elle estoit pleine de commoditez; et quand il fallut passer la rivière dans des petits batteaux liez deux à deux, elle porta son enfant et chemina à pied d'une estrange gayeté.

Bourri, ayant joint le capitaine George, attaqua le chasteau de Briare[2] et le prit avec perte de quatre soldats de la garde des siens. La vengeance de ceux de Gien fut sur la dame Chartiers qu'ils trainèrent en la rivière, aimant mieux mourir que changer[3].

Chapitre XIV.

Du voyage de Montgommeri.

Montgommeri, qui estoit parti de l'armée[4], non avec

1. La Popelinière, qui raconte ces faits avec détails, les place à la fin de septembre 1569 (liv. XVIII, f. 124 v°).
2. Prise de Briare par Bourry, fin septembre 1569.
3. La fuite des réformés de Montargis a été racontée en beaux vers dans le poème des Tragiques (édit. elzév., p. 223).
4. Gabriel de Lorges, comte de Mongonmery, fut expédié de

deux cents chevaux, comme on a escrit, mais avec onze maistres seulement, se faisant conduire par les garnisons[1], arrive à Castres[2]. Et là auprès, de mesmes temps, viennent les troupes des vicomtes, et en outre tout ce qui peut sortir des compagnies payées dans Castelnaud'Arry, Gaillac, Rabastins, Sainct-Anthonin, Montauban et du pays de Foix; qui fut peu, à cause que le chasteau qu'avoit pris au commencement de la guerre Caumont, estoit de naguères remis entre les mains des katoliques par les menées du capitaine Mallet. Le comte donc, ayant receu Montaumar[3], qui commandoit en Béarn avec cent chevaux tels quels, s'achemine[4] vers Pui-Laurens[5], ramassant tousjours ce qu'il pouvoit. Négrepelisse[6], avec ce qu'il pût mettre ensemble de Rouergue et de Querci, attaqua un logis avancé et assez rudement; mais il eust aussi tost sur les bras un secours qui lui fit quitter la partie[7].

Nontron en Béarn le 8 juin 1569 (Serres, p. 345; La Popelinière, liv. XVI, f° 97 v°).

1. Une lettre de Monluc à Damville, du 24 juin 1569, signale comme un fait récent le passage de Mongonmery à Montauban avec « toutes leurs forces » (*Commentaires*, t. V, p. 168).

2. Mongonmery arriva à Castres le 21 juin avec des pleins pouvoirs pour préparer son expédition en Béarn (Détails dans les *Mémoires de Gaches*, p. 90).

3. Montamat rejoignit Mongonmery à Castres avant le 27 juillet 1569 (Lettre de cette date à la reine de Navarre; Communay, *les Huguenots dans le Béarn et la Navarre*, p. 44).

4. Mongonmery et Montamat se mirent en campagne le 27 juillet 1569 (*Mémoires de Gaches*, p. 93). Le même jour ils avaient adressé deux lettres à la reine de Navarre sur leurs opérations militaires (Communay, *les Huguenots dans le Béarn et la Navarre*, p. 43).

5. Puylaurens (Tarn).

6. Louis de Carmain, s. de Négrepelisse.

7. Le 28 juillet au soir, Mongonmery arriva à Mazères, dans

Auprès de Sainct-Gaudens[1], les r'alliez voulurent cognoistre leurs forces, où ils trouvèrent cinq cents chevaux et dix huict cents arquebusiers, aussi tost costoyez par le mareschal d'Anville, Montluc, Bellegarde et tous les autres chefs du pays, forts de quatre mil fantassins et de huict cents chevaux. Montgommeri, qui du temps avoit fait profession de diligence, en tira ceste fois une grande utilité, car fondant sur quelques compagnies qui s'amassoyent à Tarbes, il eut bon marché d'eux comme de gens qui se voyoyent entre la grosse armée du siège de Navarrins et celle du mareschal, où ils estoyent prests de se joindre. Il y eut pourtant quelques parties de Tarbes (comme elle a sept villes et sept chasteaux) qui s'opiniastra sur l'espérance de secours. Mais enfin tout emporté par la fureur de ces nouvelles bandes. Cest esclat porta dans le Béarn leurs nouvelles ensemble et l'estonnement[2].

L'estat du pays estoit tel : la royne de Navarre l'ayant desgarni de soldats pour son voyage de Xainctonge, Monsieur y avoit envoyé Terrides[3] avec les compagnies de Gascongne et quelques autres, tant

le comté de Foix, après avoir livré combat à Négrepelisse (*Hist. du Languedoc*, t. V, p. 295). Une lettre de Montmorency-Damville au roi, du 10 juillet, constate que Négrepelisse était déjà très affaibli (Autog. de Saint-Pétersbourg, vol. 104, f. 54; copies de la Bibl. nat.)

1. Mongonmery passa la Garonne à Saint-Gaudens le 2 août 1569.

2. Mongonmery mit la ville de Tarbes à feu et à sang, et détruisit de fond en comble tous les monuments religieux. Voy. les curieux documents publiés par M. Durier, *les Huguenots en Bigorre*, 1884, p. 34, 125, 182 et suiv.

3. Antoine de Lomagne, s. de Terride.

pour conquérir ce petit payz souverain en son nom, que pour faire une diversion notable par ses parties les plus sensibles à ceste princesse[1]. Ce chef, ayant pris Oleron, Pau[2], Ortcz et Lescart, n'avoit plus à digérer que Navarrins, ville fortifiée à la moderne, sur le bord du Gave, et dans des sables qui la désavantagent. Le capitaine Basillon[3] commandoit dedans[4] avec quatre cents hommes pour le plus[5]. L'armée[6] estoit composée de quatre mille Gascons en six régiments, où commandoit comme colonnel Saincte-Colombe[7]. Lusses[8]

1. La mission de conquérir le Béarn avait d'abord été confiée au baron Charles de Luxe par lettres du 18 octobre 1568, puis retirée à ce capitaine et donnée à Terride par le duc d'Anjou le 4 mars 1569 (Olhagaray, *Hist. des comtes de Foix et Béarn*, p. 578 et 587). Un mémoire de Jean de Monluc, évêque de Valence, au roi, sans date (juillet 1569), énumère les approvisionnements qu'il lui a expédiés sous les murs de Navarrens (Copie du temps; f. fr., vol. 15558, f. 293).

2. Terride entama la campagne par la prise d'Oloron. Il parut à Bizanos et, n'osant pas attaquer Pau, il se replia sur Lescar. Poeydavant a raconté sa marche en partie d'après les archives locales (*Hist. des troubles du Béarn*, t. I, p. 320 et suiv.).

3. Bertrand de Bassillon, abbé laïque de Gabaston, marié à Jeanne de Cauna (Bordenave, *Hist. de Béarn et de Navarre*, p. 172).

4. La première sommation de Terride à la ville de Navarrens est du 27 avril 1569 (Bordenave, p. 243).

5. Bordenave énumère les principaux défenseurs de Navarrens (p. 243).

6. Sous-entendu *assiégeante*.

7. Antoine de Lomagne, dit d'Aydie, seigneur de Sainte-Colomme, capitaine catholique, avait été disgracié par la reine de Navarre. Il accompagna Terride en Béarn et fut égorgé à Pau le 21 août 1569. Voyez sur ce capitaine une note des *Commentaires de Monluc*, t. III, p. 178.

8. Charles, baron et comte de Luxe en Biscaye, capitaine catholique, un des plus hauts seigneurs de la Basse-Navarre, était colonel de l'infanterie dans l'armée de Terride. Il sut échap-

y avoit amené au moins au commencement près de six mille Basques en quarante compagnies, sans ordre de régiments. Les Béarnois katoliques y contribuoyent un peu plus de deux mil hommes ; pour cavallerie, ils avoyent dix huict compagnies, que vieilles que nouvelles.

Les fuyars de Tarbes ayans porté l'alarme à Terrides, qui mesuroit les forces des réformez à la grandeur de celles qui leur avoyent fait place, il voulut taster les survenans par trois cents chevaux et par là sçavoir à qui il avoit à faire. Ceste troupe rencontre à soleil levant[1] la teste du comte, qui avoit campé la nuict dans les villages près de Pau. Bellefontaine, qui menoit quarante coureurs, charge à tout sans marchander. Il arrive que le cheval d'un cornette ayant passé une jambe entre les bois d'un mauvais petit pont, les uns se jettèrent en l'eau, les autres voulurent courir à un combat mal résolu. Cela fut cause que, les coureurs des autres estans bien suivis, tout arriva à Terrides avec tel effroi que, comme il vouloit battre aux champs, le comte ne desmesla ceux qu'il poursuivoit que dans les rangs de leurs gens de pied.

Toute ceste armée n'essaya qu'à gaigner Ortez, quelques-uns la ville, les principaux le chasteau[2]. Les

---

per à Mongonmery et continua la guerre en son propre nom. Après la paix de 1571, il implora le pardon de la reine de Navarre. Sa correspondance à ce sujet est conservée dans le vol. 15553 du fonds français.

1. Cette rencontre eut lieu près de Nay. Voyez le récit de Bordenave, p. 259.

2. Un peu avant l'arrivée de Mongonmery, le 6 et le 7 août,

Gascons barricadèrent au commencement du fauxbourg, mais à besongne demie-faicte le régiment de Senegas¹ leur vint aider. Les soldats, tirans la langue, sans attendre les capitaines, et maugré le maistre de camp, donnèrent si brusquement que, qui voulut faire teste paya l'hoste. Les premières barricades versées, la cavallerie se mesle dans les rues, ce qui fut cause de plus de meurtre, pource que peu gaignèrent la ville. Les plus dispos des Basques, qui sautoyent la muraille pour gaigner les montagnes, apprirent à leurs ennemis à la franchir aussi; ce qui se fit par le moyen des eschelles et rasteliers de chevaux trouvez dans le fauxbourg. La peine des attaquans fut double; l'une qu'il faloit, à cause des rochers, aller passer la rivière fort loin à gué; et puis l'autre se faisant entre le Sainct-Pé et le Gave², et qu'il se faloit jetter là du corridour en bas, dont le premier armé qui se jetta se rompit la cuisse; ce que quelques capitaines de dedans³ ayans reconnu, et voyants n'avoir à faire qu'à des gens en pourpoint ou estourdis du saut, vindrent au combat et en tuèrent quelques-uns. A la

Terride leva le siège de Navarrens et décampa en désordre. Voyez le récit de Bordenave, p. 259.

1. Charles Durand, baron de Sénégas, gouverneur de Puylaurens, colonel de gens de pied.

2. Ce passage demande quelques explications. Terride s'était retiré à Orthez. La ville fut prise d'emblée et le château, séparé de la ville, fut cerné. Les protestants, qui assiégeaient le château, étaient obligés ou d'aller chercher le gué de la rivière, ou de passer entre le faubourg de Saint-Pé et le Gave, et de se jeter du haut du *corridor* (chemin couvert du bastion) pour arriver au pied du château.

3. *Capitaines de dedans* désigne les capitaines assiégeants (*de dedans* la ville).

veue de cela, il se jetta une telle foule [1] du mur en bas, qu'ils emportèrent tout [2].

Voilà Terrides, Saincte-Colombe, six chevaliers de l'Ordre, et trente capitaines de gens d'armes et genz de pied, tous hommes de marques, renfermez dans un mauvais chasteau, qui, ayant laissé leur artillerie, ne pouvoyent douter que leur ennemi n'en eust. Ils ne sont pas plustost priez de parlementer [3] par Sérignac, frère de Terrides, qu'ils reçoivent dès la nuict une capitulation [4], de laquelle on a parlé diversement. Plusieurs ont soustenu que la reddition se fit avec asseurance de la vie. La vérité est que Saincte-Colombe tenoit tousjours ce langage; mais, comme ceux qui capitulent à la haste et sans escrit font mal leurs affaires, l'esprit estant bien tost blessé quand le courage l'est, comme ils estoyent sur les termes du bon plaisir de la roine [5], le feu se prit dans les logis de la cour, dont, croissant le bruit et l'estonnement, il eschappa à ceux qui parloyent au comte de consentir à ce bon plaisir, tant y a que ceux-ci, gardez prison-

---

1. *Une telle foule* désigne les assiégeants du château, déjà maîtres de la ville.

2. La retraite de Terride dans Orthez est racontée à la reine de Navarre dans deux lettres, l'une de Mongonmery du 9 août, l'autre de Bassillon du 11 août (Communay, p. 45 et 46).

3. Le 13 août, d'après Olhagaray.

4. D'Aubigné cherche à jeter du doute sur les termes et même sur l'existence de la capitulation. Cet acte, daté du 15 août 1569, est conservé dans la coll. Baluze, vol. 151, f. 19. Ce n'est qu'une copie, mais elle est d'autant plus authentique que cet exemplaire est celui même qui fut envoyé par Mongonmery à la reine de Navarre (Lettre du 16 août; ibid., f. 11). Elle est publiée par M. Communay, f. 49.

5. De la reine de Navarre.

niers¹, furent poignardez² sur le mandement de la roine³, asçavoir Saincte-Colombe, Pourdiac⁴, Fabas⁵ et Goas⁶. De quoi on leur rendit cette raison qu'estans subjects et mesmes obligez domestiques de leur maistresse⁷, ils avoyent sauté sus à l'affligé. Les autres capi-

1. Les prisonniers furent conduits à Navarrens (Lettre de Monluc du 30 août; *Commentaires*, t. V, p. 230. — Pièce du temps, f. fr., vol. 15550, f. 89).

2. L'assassinat des capitaines pris à Orthez eut lieu le 21 août. Presque tous les historiens portent à huit le nombre des victimes. M. Communay a prouvé qu'il devait être réduit à six (*les Huguenots en Béarn et Navarre*, p. 69).

3. Jeanne d'Albret n'avait pu être informée de la victoire de ses gens à Orthez et n'avait pu par conséquent ordonner ce crime. Voyez Communay, *les Huguenots en Béarn et Navarre*, p. 69. Une pièce du temps raconte que, le duc d'Anjou ayant demandé à la reine de Navarre la grâce de Sainte-Colomme, la princesse répondit de Saint-Maixent, le 21 sept., que Sainte-Colomme et Goas étaient morts « pour la faulte d'avoir voulu se « sauver des prisons où ils étoient en ce lieu de Navarreins, « ayant esté tués à coups d'arquebouzades par les soldats de la « ville estant sur la teste d'une maison qu'ils avoient ja gaignée » (Pièce du temps; f. fr., vol. 15550, f. 89). Blaise de Monluc, dans une lettre du 30 août, repousse ce prétexte odieux (*Commentaires*, t. V, p. 230).

4. Bernard de Leaumont, baron de Pardiac, gentilhomme gascon.

5. Probablement Pierre de Fabas, enseigne, au commencement du règne de Charles IX, de la compagnie de gens de pied de Pierre de Cadillac (montre du 2 janvier 1562; f. fr., vol. 25800, n° 65).

6. Il est juste de reconnaître que le massacre des capitaines catholiques ne paraît pas avoir été prémédité. Mongonmery, dans sa lettre du 16 août à la reine de Navarre, ne parle pas de les mettre à mort (Communay, p. 48). Fénario, maître des requêtes, conseille seulement de les juger (ibid., p. 53; lettre du 17). Montamat écrit le 21, le jour même du crime, à la reine, que les prisonniers ne seront pas mis en liberté avant la réception de ses ordres (ibid., p. 55).

7. Cet argument est présenté par tous les historiens protes-

taines furent traictez en gens de guerre ; le meurtre fut en tout d'un peu moins de trois mil hommes[1], le gain de vingt-deux canons de batterie et de quelqu'autre pièce[2].

Le comte ayant laissé Sérignac, frère de Terrides, à Navarrins[3], marche vers Pau[4], où le gouverneur Perai[5] ne voulut pas attendre[6], tant pour la foiblesse du lieu, que pour quelques cruautez qu'on lui mettoit sus[7].

Montluc, qui s'estoit avancé jusques à Sainct-Sevé[8], voyant la besongne faicte à son nez, accusa le mareschal d'Anville[9]. Et pource qu'eux deux s'estoient tous-

---

tants. Il avait cours, avant le crime même, dans l'armée de Mongonmery. Voyez la lettre de Fénario à la reine de Navarre, en date du 17 août 1569, et d'Orthez, publiée par M. Communay.

1. Mongonmery, dans sa lettre à la reine de Navarre du 16 août, n'évalue le nombre des morts du côté des vaincus qu'à 7 à 800 (Communay, p. 48).

2. Mongonmery, dans la lettre précitée, ne parle que de 4 canons, 4 couleuvrines et 3 moyennes (ibid.).

3. Mongonmery ne laissa pas Sérignac à Navarrens ; il l'amena avec lui à Pau (Lettre de ce capitaine à la reine datée de Pau et du 23 août ; Communay, p. 60). Ce ne fut qu'après la mort de Bassillon que Sérignac prit le gouvernement de Navarrens.

4. Mongonmery était à Pau le 22 août (Bordenave, p. 280).

5. Henri de Navailles, seigneur de Peyre et d'Arbus, marié à Michelle de Corcelles.

6. Peyre s'enfuit secrètement de Pau le 19 août. Détails dans Bordenave, p. 277.

7. Sur les cruautés de de Peyre à Pau, voyez Bordenave, p. 271.

8. Monluc était à Saint-Séver le 12 août. C'est là qu'il apprit le désastre de Terride (*Commentaires*, t. V, p. 210).

9. La rivalité de Damville et de Monluc fut certainement une des causes de la déroute de Terride. Sur l'origine de cette rivalité, voyez les *Commentaires*, t. III, p. 254 et suiv.

jours piccotez[1], jettans les fautes des retardements l'un sur l'autre, ils se séparèrent de tout point, sous couverture que les Thoulousans redemandoyent leur chef, afin de succéder à l'eslongnement des vicomtes, espérans nettoyer leur pays de quelque place. Montluc, fortifié de dix compagnies de Languedoc, qui voulurent demeurer avec lui, se mit à travailler lui-mesme, et, ayant sceu quelque mescontentement du capitaine Bassillon, le suborna pour vendre Navarrins[2]. Cela estant sceu, il fut aussi tué par la Mothe-Pujaut et traîné par les rues[3]. Ce coup failli, nostre chef gascon, ayant le feu à la teste, attrempa[4] la joye des réformés par la prise du Mont-de-Marssan. Ce fut une attaque heureuse et hardie outre mesure, car, à la faveur d'une escopeterie à travers la rivière, il fit passer les meilleurs soldats dedans l'eau, où la muraille estoit petite, et mesmes fit donner à quelques endroicts, où il n'y avoit que des barriques. La témérité des attaquans estonna tellement ceste mauvaise garnison que la ville fut emportée, et bien tost après le chasteau en

---

1. Voyez les *Commentaires*, t. III, p. 281. — Damville, de son côté, avait sans doute projeté d'écrire sa défense, car il avait formé un dossier particulier des lettres écrites par Blaise de Monluc pendant cette campagne. Ce dossier est passé dans le cabinet de Béthune et forme aujourd'hui le vol. 3242 du f. fr. Nous avons publié toutes les lettres de Monluc à la suite des *Commentaires*.

2. Monluc ne parle pas de cette négociation, mais Bordenave énumère les soupçons que le parti huguenot fit peser sur Bassillon (p. 287 et suiv.). D'Aubigné a pris son récit à La Popelinière (liv. XVIII, f. 114). Voyez une déclaration de Sponde dans Communay, p. 72.

3. Voyez le récit d'Olhagaray, p. 620.

4. *Attrempa*, tempéra.

parlementant[1] : où fut pris Favas[2] d'auprès de Sainct Maquaire.

Le mareschal d'Anville arrivé en Languedoc, se préparant pour le siège de Mazères[3], envoya de ses troupes pour reprendre l'abbaye de Bonne-Foi[4], où la capitulation n'eut pas nom ainsi, pour ce que, contre la foi promise et signée, tout y fut tué, horsmis le capitaine Tieret qui y commandoit. Nous laissons le mareschal en ce point, et Mongommeri, après avoir rendu tout le Béarn paisible à sa maistresse, s'en revenant par Eause[5] et Florence[6], pour regagner la grande armée.

Chapitre XV.

Siège de Poictiers[7].

Poictiers nous appelloit, qui voyoit desjà Coué

---

1. Prise de Mont-de-Marsan, 13 septembre 1569. Voyez le beau récit des *Commentaires de Monluc*, t. III, p. 316.

2. Jean de Favas, capitaine protestant, souvent cité par Dupleix pour sa bravoure et sa férocité, mort en 1612. Il ne doit pas être confondu avec Pierre de Fabas ou de Favas, dont nous avons parlé plus haut (p. 97, note 5).

3. Damville mit le siège devant Mazères le 5 octobre et prit la ville le 18 (*Hist. du Languedoc*, t. V, p. 296).

4. Bonnefoy, dans le Haut-Vivarais. La Popelinière a raconté ce fait d'armes (liv. XVIII, f. 119 v°).

5. Mongonmery traversa Eauze le 22 octobre 1570 (Communay, p. 176).

6. Fleurance (Gers).

7. Tous les grands mémoires du temps parlent du siège de Poitiers. Nous citerons en outre : *Ample discours de ce qui s'est fait au siège de Poitiers* (par Marin Liberge), 1569, réimprimé en 1846 par M. Beauchet-Filleau. — *Discours des affaires passées*

assiégé et brulé par accident[1], non par désespoir et vengeance, comme on a escrit, encore qu'un tiers de la garnison soit péri, enveloppé dans ce feu. Il void d'ailleurs l'armée des princes quitter là Sainct-Maixan, tous les petis chasteaux, comme Montreuil-Bonin, Dissai, Sençai et autres, rendus depuis à la fumée de Coué. En fin toutes choses disposées au siège, le duc de Guise et son frère[2], que Monsieur avoit despesché sur le siège de Lusignan avec quatre cents Italiens, trois cents reistres, cinq compagnies de gens d'armes et quelques volontaires, se jetta dans ceste grand' ville[3], où il trouva le comte du Lude et Ruffec bien empeschez à résoudre la garnison et les habitans aux extrémitez du siège. Ceux du dedans, estonnez par la foiblesse mesme qui convioit les ennemis à leur dessein, on leur fit naistre le cœur par les yeux, en leur faisant compter en une monstre générale six mil hommes de pied, où il n'y avoit de la ville que six cents hommes, quatorze cents lances choisies, commandées par les plus gentils capitaines de l'armée.

au siège de Poitiers, 1569. — *Mémoires de Jean d'Antras,* publiés avec une critique savante par MM. de Carsalade et Tamizey de Larroque, in-8°, 1880.

1. Généroux donne des détails sur la prise de Couhé (Vienne) : « En ces jours (vers le 22 juillet 1569), un caporal catholique se « voyant assiégé et pressé d'ennemis, sans espoir de secours, « dedans Couhé, pour ne tomber ès mains des Huguenots, lui et « les siens, qui estoient en lad. ville, mirent le feu au chasteau, « se jetèrent dedans avec leurs biens, comme firent ceux de « Numance en Espagne du temps des Romains. » (*Journal,* p. 52.)

2. Henri de Lorraine, duc de Guise, alors âgé de dix-huit ans, et son frère cadet, Charles de Lorraine, duc de Mayenne.

3. Le duc de Guise s'enferma dans Poitiers le 12 juillet 1569 (Liberge, 1846, p. 27). La Mothe-Messemé, dans son poème des *Honnestes loisirs,* a célébré ce fait d'armes.

Ces deux princes frères, accompagnez de Monpesat, Mortemar, le jeune Clermont[1], le comte du Lude, avec trois de ses frères[2], Fervaques, Cessac, Clervaus, les Roches-Baritaud, Argence, Rouet et Bois-Seguin[3]. Encore dirai-je que la plupart de ces capitaines de marque embarquèrent leurs femmes avec eux, qui ne fut pas petite amorce aux courages. Tout cela remonstré par le lieutenant la Haye[4], gentilhomme puissant de la plume et de l'espée, fit qu'il ne resta plus qu'une difficulté, si on ne devoit renvoyer les deux frères de Guise pour ne les hazarder point à l'opprobre de leurs ennemis particuliers. Mais ces jeunes princes fermèrent la bouche si rudement à ceux qui vouloyent espargner leurs vies au prix de leur honneur que de là en avant on ne fit plus de difficulté de faire assiéger une armée médiocre par une plus grande; nonobstant que n'y en

1. D'après le récit de Liberge, il y avait au siège de Poitiers un Clermont d'Amboise et un Clermont de Tallard (Liberge, *Hist. du siège de Poitiers,* 1846, *passim*).

2. René, abbé des Chateliers ; François de Sautray et François de Briançon. Le dernier fut tué pendant le siège, le 21 août 1569 (Liberge, p. 76).

3. Guillaume de Hautemer, s. de Fervaques. — François de Casillac de Cessac, lieutenant de la compagnie du duc de Guise. — Paul Chabot, s. de Clairvaux. — Philippe de Châteaubriand, s. des Roches-Baritaut. — César Tison, s. d'Argence. — La Beraudière, s. du Rouet, lieutenant de la compagnie de La Trémoille. — Jean le Jay, s. de Boisséguin, gouverneur de Poitiers.

4. Jean de la Haye, seigneur de la Haye et de Jarzé, baron des Couteaulx, avocat général du roi à la cour des monnaies, puis lieutenant général en la sénéchaussée du Poitou, auteur des *Mémoires et recherches de France et de la Gaule aquitanique*, in-8°, 1581. C'est par erreur que de Thou lui attribue le récit du siège de Poitiers paru sous le nom de Liberge et que nous avons cité. M. de Chergé a publié dans les *Mémoires de la Soc. des antiq. de l'Ouest*, 1841, une notice biographique sur de la Haye.

ayant point trop pour la deffendre, il y en avoit beaucoup pour les vivres.

Il est certain que l'assiette de la ville est meurtrière, comme estant une longue croupe environnée par son plus bas et par les deux costez de hauts rochers. De ces trois parties, elle est au danger des coups de traict, mais il est très difficile d'y venir aux mains, pource qu'elle est gardée d'une rivière profonde et d'un étang grand et boueux; et de plus, vous avez en cest avantage et le corps de la ville, partout des places de retranchement et de combat, avec faveur de nature, pource que vous allez montant de rideaux en rideaux, aisez à escarper, jusques aux maisons de la ville. Il n'y a que les rues qui donnent aux portes qui vous contraindroyent de partager dans la ruine des maisons. Tel est le plan par tout, horsmis deux cents brasses ou environ, desquelles ceste ville fait teste vers la porte de la tranchée, qui est son plus haut et son plus estroit.

L'admiral ne mesprisoit pas ceste place comme le vulgaire, mais craignoit ce qui en advint; et avoit pour but de nettoyer le Poictou jusques à Loire, puis s'opiniastrer et à la prise et à la garde de Saumur, passage duquel nous avons depuis essayé les émoluments. Mais, pressé par les intérests et murmures des Poictevins, il sentit en cest endroit une des incommoditez qui se trouve au parti de plusieurs testes. Sa prudence donc cédant à sa nécessité, l'armée parut devant la ville le vingt-quatriesme de juillet aux fauxbourgs de la Cœuille, que ceux de la ville eussent bien voulu garder, tant pour la commodité des sorties que pour oster ce ruineux cavalier aux ennemis.

Le moine Bois-vert[1] en avoit la charge avec quatre cens arquebusiers qui fit très bien où il se trouva ; mais estant attaqué par tous les costez, et mesmes devers la ville, il fut emporté et deffait.

Là, le duc de Guise fit son premier essai, tenant ferme entre la Roche et la rivière, tant que ceux qui avoyent charge de brusler les maisons joinctes à la porte Sainct-Ladre en fussent venus à bout.

Ce soir, l'admiral coucha à Montreuil, où il appella les principaux capitaines, et sur tous les Poictevins, pour essayer encore de ne s'engager point d'avantage au siège, mais la pluspart respondirent qu'ils s'y tenoyent pour attachez. Et ainsi ne pouvant rompre l'opiniastreté, le lendemain vint faire ses logements et premièrement placer les lanskenets au moulin Parent qui est au dessous de l'hostel-Dieu, leur enjoignant la maneuvre et la garde d'un pont de cordes, par lequel ils avoyent communication aux Gascons et Provençaux campez sur les costaux de la rivière et jusques vers Sainct-Ladre et Pierre-Levée, où s'estendirent les régiments de la bataille. L'admiral prend sa place à Sainct-Benoist, et le reste de la cavallerie remplissoit jusques à Croustelles. Le mois s'acheva en légères escarmouches, pour attendre nostre nouveau Jenlis, maistre de l'artillerie. Cestui-là, quelque diligence qu'il fist, ne put rien mettre en batterie qu'au premier d'aoust[2]. Son équipage estoit de quatorze grosses pièces, huict de campagne et tous les faucon-

---

[1]. D'Aubigné est le seul historien qui dise que Boisvert était ou avait été moine. Davila l'appelle *le colonel Vertbois*.

[2]. Commencement du bombardement de Poitiers, 1ᵉʳ août 1569. Détails dans Liberge, p. 47.

neaux qu'ils avoyent peu amasser ès places nouvellement prises, desquelles ils garnirent plusieurs rochers d'alentour et sur tout ceux du Pont à Joubert. A la vérité, ceste musique apporta dommage et beaucoup plus d'estonnement aux assiégez.

La première sortie de marque[1] se fit par Cessac, lieutenant du duc de Guise, accompagné de Guitinière, Bajourdan et Jean Urssin[2]. Ceux-là, avancez jusques à Marne[3], osèrent mettre pied à terre dans les maisons, y tuèrent les plus paresseux, et au retour, trouvant en teste Briquemaut avec cent cinquante François et la compagnie de Bouc[4] avec deux cents reistres, Cessac leur passa sur le ventre, laissant mort sur la place le lieutenant de Bouc[5]. Cela fut cause que l'admiral fit loger et retrancher Blacons avec son régiment ès maisons rompues devant la porte de la tranchée; et pourtant ne put empescher Onoux, qui avoit quitté Sainct-Mexan et jetté les canons dans un puit, de trier six cents des siens, envoyer le reste à Partenai, par le capitaine Alard[6], et avec sa troupe choisie

1. Cette sortie eut lieu le vendredi 12 août 1569 (Liberge, p. 62 et notes, p. 238).
2. Le s. de Guitinière, d'une branche cadette de la maison d'Aydie, vicomte de Ribérac. La Mothe-Messemé a fait son éloge dans son poème des *Honnestes loisirs*. — Simon de Boisjourdan, lieutenant de la compagnie du s. de Martigues (montre datée de 1565; f. fr., vol. 21526). — Jean des Ursins, comte de Petigliano, colonel italien.
3. Marnes (Deux-Sèvres).
4. Hans Boock, colonel allemand, plusieurs fois cité dans les *Mémoires de La Huguerye*. Il fit partie des armées d'invasion de 1576 et de 1587.
5. Il se nommait Mandolf.
6. Allard, capitaine d'ordonnance, gouverneur de Parthenay,

se démesler des compagnies logées dans Jaseneuil, faire neuf lieues en six heures, fausser les gardes de Blacons et gaigner les portes de la tranchée où Jarie[1], qui y commandoit, lui donna la main bien à propos[2].

Bien faire une retraicte et entrer dans une ville de près assiégée sont deux chefs d'œuvre du mestier de la guerre. Cestui-ci fit le sien avec beaucoup de péril, sur tout à la fin, pour ce qu'il lui fallut passer en lieu estroit en affrontant un gros de piques et de mousquets au principal corps de garde de Blacons, et faisant au frais de ceux-là couler une autre troupe qui, ayant passé à cinquante pas le retranchement, fit ferme pour desmesler les premières.

Une course des assiégeans alla deffaire à Ligueuil Bonnivet[3] avec deux troupes de Picards. Et cependant ces jeunes princes assiégez s'employent à donner des coups d'espée par tous les endroits où ils peuvent sortir, notamment au Pont-Achar, au village de Biar[4], où les compagnies de Mirambeau et la Caze, commandées par Sainct-Surin[5], estoyent bien guéries du péché de

---

un des plus braves défenseurs de Poitiers, blessé à la bataille du Moncontour (Ledain, *Hist. de Parthenay,* passim).

1. La Jarrie ou Jairye était, d'après un mémoire du comte de Lude au roi, capitaine de gens de pied catholiques (*Arch. hist. du Poitou,* 1882, p. 248).

2. D'Aubigné ne s'accorde pas avec Liberge sur la date de l'entrée du s. d'Aunoux. D'après lui, d'Aunoux força le camp des assiégeants avant le 30 juillet (Liberge, p. 43).

3. Ce capitaine n'appartenait pas à la maison de Gouffier de laquelle descendait l'amiral Bonnivet. Il était, dit de Serres, fils du s. de Crèvecœur, et fut fait prisonnier, le 10 août, par les gens de Châtellerault (p. 389).

4. Pont-Achard et Biar, villages aux portes de Poitiers.

5. Claude de la Mothe, écuyer, seigneur de Saint-Surin.

paresse. Lors on commença à presser d'avantage la ville quand les pièces logées à Sainct-Cyprian eurent battu quelques tours et fait bresche vers le pré l'Abbesse[1]. Ceux de dehors se préparèrent à un assaut avec dessein d'incommoder les assiégez par quelques avantages sur le bord du pré, où ils logeoyent une foule d'arquebuserie, pour ruiner tout ce qui eust pris place de bataille à leur portée et par ainsi leur faire souffrir grande perte, ou quitter la défense. Là-dessus fut suivi le bon advis du comte de Lude : asçavoir de soustenir l'assaut par quatre gros de cavallerie, qui pouvoyent se tenir loin et venir à diverses charges rompre les attaquants, au pris qu'ils eussent passé le pont, qui fut trouvé foible au besoin, et depuis rompu par une sortie que Fervaques conduisoit.

Les assiégeants se contentèrent de faire un logement fort avancé pour favoriser une nouvelle batterie. Onoux donna résolument pour rompre cest avantage, mais il fut repoussé et y perdit la vie[2]. Bidolière[3] destruisit ce labeur par artifice; car ayant bien fait asseoir un bastardeau dans le cours de la rivière, tout le travail des assiégeans fut tout noyé. Ce fut pourquoi ils tournèrent leur dessein au fauxbourg de Rochereuil, par où on leur promettoit d'ouvrir la rivière et donner un autre cours à l'eau. Ce fut là qu'après une petite bresche faicte à la muraille du fauxbourg, qui

---

1. La première brèche contre la muraille du Pré-l'Abbesse fut ouverte le 19 août, la seconde le 20 (Liberge, p. 70).

2. Mort du s. d'Aunoux, 21 août 1569 (Liberge, p. 77).

3. Maixent-Poitevin, seigneur de la Bidollière, maire de Poitiers en 1566, échevin en 1569, capitaine d'une compagnie bourgeoise (Liberge, p. 237).

fermoit du rocher jusques dans la rivière, Piles, qui eut la poincte d'un assaut, fut rudement receu, repoussé et blessé; Briquemaut, qui le rafraichissoit, et les lanskenets qui le soustenoyent si rudement traictez que l'artillerie et escoupetterie du chasteau qui flanquoit ceste bresche parfaictement, que l'admiral y courut en pourpoint pour faire retirer les assaillans. Et emportèrent Piles devant ses yeux. De l'autre costé fut tué le capitaine Passac[1], ayant eu l'honneur de la deffense[2].

Les katholiques, sur la joye d'avoir bien fait, montent en haut du rocher, emportent à force ouverte une gabionnade par laquelle le chemin de leur chasteau au fauxbourg, bien que couvert, se faisoit toujours très périlleux. Sur telles actions, la peur quitta la ville, mais la faim commença de l'affliger, les moulins estant rompus; ce qui fit distribuer le pain bien chichement et ne penser guères qu'à la police, en attendant le secours que Monsieur promettoit par messages redoublez. Il falut pourtant se préparer à se battre, quand les pièces de Sainct-Sornin recommencèrent une si furieuse batterie que les deux bresches, qui avoyent esté commencées auparavant, furent prestes pour un assaut entre trois et quatre heures après midi; la ruine bien reconnue dedans et dehors par un capitaine, Domingue[3],

---

1. Passac, capitaine catholique plusieurs fois cité dans le *Journal de Généroux* et l'*Hist. du siège de Poitiers,* de Liberge, avait été forcé de rendre, l'année précédente, le château de Chauvigny et de se retirer à Poitiers (Liberge, p. 256). Il fut tué pendant le siège (ibid., p. 134). Son épitaphe est dans le même ouvrage (p. 152).

2. Cet assaut eut lieu le 3 septembre.

3. De Thou donne quelques détails sur ce personnage. Il avait

condamné à cest honneur pour avoir tiré le poignard dans le logis de l'admiral. L'autre prise fut laissée sur le rapport de la profondeur du fossé. Ils eussent trouvé à l'une des bresches les ducs de Guise et du Maine, à l'autre le comte du Lude ; les Italiens partagez, eux et toute la noblesse eschauffez à bien faire, outre leur salut et honneur, par la veue d'une notable haye de cavallerie ; c'estoient soixante et quinze dames montées sur bons chevaux, tous bien empanachez, qui prirent leur place de bataille assez près du combat pour estre fidelles et dangereux tesmoins des valeurs et laschetez[1].

Chapitre XVI.

Lèvement du siège de Chastelleraud et de Poictiers, et quelques autres accidents.

Durant ce siège, Monsieur avoit fait toutes diligences d'approcher une armée de douze mille hommes de pied et six mille chevaux pour emporter Chastelleraud par siège. Sur ceste nouvelle, l'admiral despescha la Noue avec quinze cents chevaux, pour lui rendre à bon escient conte si c'estoit l'armée ou quelques troupes de moindre considération. Cependant, il fait force projects vers le Pont-à-Joubert, comme d'un assaut par la cavallerie. Et, pour ce que l'histoire ne

---

menacé l'amiral de son poignard. Condamné à mort, l'amiral lui fit grâce à la condition qu'il irait reconnaître la brèche (liv. XLV).

1. Sur le rôle des dames pendant le siège de Poitiers et au moment de l'assaut, voyez Liberge, p. 86 et 248, et les poésies de La Mothe-Messemé dans les *Honnestes loisirs*.

doit rendre compte que de fort peu de desseins et qu'il ne se fit rien qui mérite autre nom, nous leverons le siège de Poictiers, d'autant que, la Noue ayant asseuré ce chef qu'il auroit affaire à l'armée, il se résolut à cela[1]. Il mourut dedans cinquante gentilshommes de marque, et près de quatre cents bons soldats, devant deux mille cinq cents et peu de gentilshommes, mais les principaux chefs de l'armée malades ou eslongnez du camp. L'admiral mesme ayant failli d'y laisser la vie par une dissenterie, il estoit encor affoibli de douze cents hommes, que Téligni avoit amenez à une entreprise sur Nantes, où il y eut de notable que l'entrepreneur, ayant trouvé au matin une bague qui avoit perdu son esmeraude, r'envoya les exécuteurs, et n'y eut moyen de lui redonner espérance perdue avec le verd de son esmeraude[2].

Monsieur, arrivé en foule à Chastelleraud, infanterie, artillerie et cavallerie ensemble, loge le cinquiesme de septembre. Le sixième commence quelque batterie[3]. Et ayant afaire à des murailles plus propres à des jardins qu'à une ville, il eut, le septiesme, à deux heures après midi, bresche de septante pas, bien esplanée

---

1. L'amiral leva le siège de Poitiers le 7 septembre pour marcher au secours de Châtellerault. Le duc de Guise quitta Poitiers le 9 et se retira à Tours auprès du roi (*Journal de Généroux*, p. 55). La Popelinière confirme ces dates (liv. XVIII, f. 124).

2. La Popelinière raconte plus clairement cette aventure singulière. L'*entrepreneur* était un s. Pomenic qui avait promis à l'amiral de lui ouvrir les portes de la ville. Le jour de l'exécution, Pomenic rompit par hasard sa bague. Il considéra cet accident comme un présage funeste et refusa de donner suite à ses premiers projets (La Popelinière, liv. XVIII, f. 125).

3. D'Aubigné a suivi le récit de de Serres, p. 403.

sans rempart, et un si mauvais fossé qu'un cheval y pouvoit aller. La Noue, qui y commandoit, prit une résolution bonne pour les sièges pressez et non pour ceux où les assiégeans ne craignent rien : c'est qu'ayant retranché les venelles[1] qui tendoyent à la rue, ruiné les trois maisons qui estoyent en front, percé et barriqué celle des deux costez, il attendit l'assaut, duquel les Italiens avoyent débattu et obtenu la poincte contre les François, sur ce qu'ils estoyent au pape et la querelle sur le fait de la religion. Le quarré du retranchement fut bien tost plein de ces braves estrangers; là, caressez de la teste et des costez, sans qu'aucun eust pouvoir de percer, horsmis un enseigne, nommé Justinian Bentio[2], qui franchit la barricade de la ruette entre les espées qui la deffendoyent, car il n'y avoit point d'armes d'ast, n'estant que cavallerie. Ce jeune homme, percé de coups, s'ensevelit de son enseigne dans la grande rue. Ses compagnons endurèrent longtemps, faisans ferme dans le péril et sans tirer arrière; la retraicte se trouvant encore difficile pour ce que les François qui les devoyent soustenir avoyent à leur dos rempli toute la bresche d'où, soit par gloire, soit qu'ils [se] sentissent picquez de l'honneur fait aux Italiens, ils ne se voulurent remuer pour le premier commandement des mareschaux de camp, qui furent contraints d'aller prendre les enseignes par le poing. Ce qui les hasta sur le point de leur esbranlement fut que la Loue, Valavoire, Brosse et la Mothe-Pujaud, avec cent gentilshommes

1. *Venelle,* petite rue.
2. Justinian Benci. D'Aubigné a pris à de Thou le récit de cette mort héroïque (liv. XLV).

bien armez, avoyent deffaict les barricades et vindrent mesler à coups d'espée tout ce gros desjà estonné jusques dans les ruines de la bresche. Là moururent Octavian de Monte Alto, Fabian de Monte, neveu du pape Jules troisiesme, Calochio de Savèze[1], huict capitaines en chef, plus de trois cents bons hommes, avec cinq drapeaux perdus[2].

Durant l'assaut, on retiroit l'artillerie et l'armée commençoit de filer au port de Piles, où Monsieur, ayant cheminé jour et nuict, passa l'eau[3], laissant dans le village qui estoit de côté de Chastelleraud quatre mil arquebusiers et vingt cornettes de cavallerie; tout cela bientost retranché, flanqué à travers la rivière du reste de l'armée et mesmes de l'artillerie, et par ainsi n'ayant que le devant sans faveur. Soubize, qui menoit les coureurs de l'admiral, soustenu du régiment de Briquemaut, après avoir par le chemin mis en pièces quelques petites troupes esgarées, vint passer sur le ventre à huict vingts arquebusiers, qui vouloyent faire la bien venue. A ceste charge, le lieutenant de Briquemaut, emporté par un cheval fort en bouche, fit opiniastrer un combat à six pas des barricades, où Soubize perdit plusieurs bons hommes. Le lendemain, les réformés, ayant trouvé un gué entre la haye et le port, passèrent pour essayer à desplacer Monsieur qui avoit ses forces séparées. Mais il les avoit retirées

---

1. Octavio Montaldo, Fabiano di Monte et Callocio de Sienne (De Thou).

2. Le siège de Châtellerault est raconté dans une lettre originale du roi au duc de Nevers, en date du 8 septembre 1569 (f. fr., vol. 3159, f. 195).

3. Passage de Port-de-Piles (Vienne) par le duc d'Anjou, 10 septembre 1569 (Serres, p. 406).

la nuict et tint ferme dans son logis, pour, sur la retraicte des ennemis, s'avancer à Sèmes[1] où il receut nouvelles forces de tous costez, comme vingt-cinq enseignes de gens de pied, huict cents chevaux italiens et les arrière bans de France, et puis alla prendre haleine à Chinon avec le dessein que vous entendrez[2].

L'admiral, qui avoit encore plus de besoin de repos, s'alla rafraichir à Faye la Vineuse[3], d'où partit le prince d'Orange[4] desguisé, avec quarante chevaux, perçant de là à la Charité, et puis gagna Montbéliard pour marchander nouvelle levée d'Allemans et pourvoir aux afaires de Flandres. A ce mesme séjour fut exécuté Dominique d'Albe, gagné par les gens de Monsieur pour tuer ou empoisonner l'admiral, son maistre[5]; sur la teste duquel, comme aussi sur celle du vidame de Chartres, comte de Montgommeri et autres, il y avoit promesse de la somme de cinquante mille escus pour l'admiral et moindres sommes pour les moindres; et, pour asseurer la récompense et justification des assassins, cela estoit exprimé par un arrest prononcé

---

1. Celles-sur-Belle (Deux-Sèvres). L'armée du duc d'Anjou y resta jusqu'au 15 septembre.
2. Le duc d'Anjou resta onze jours à Chinon (La Popelinière, liv. XIX, f. 128).
3. Faye-la-Vineuse (Indre-et-Loire). Coligny y arriva vers le 13 septembre (Serres, p. 407; La Popelinière, liv. XIX, f. 128).
4. Le prince d'Orange partit de Faye-la-Vineuse vers le 21 septembre (ibid.).
5. Jean de Serres (p. 408) et La Popelinière (liv. XIX, p. 128) donnent de grands détails sur la trahison de Dominique d'Albe. Il fut condamné à mort le 20 septembre et exécuté le 21. Serres a publié l'arrêt rendu contre lui (p. 411).

en la cour du Parlement et imprimé en latin, allemand, italien, espagnol, anglois et françois[1].

Telles aigreurs, avec la continue des peines que supportoyent tant les chefs que soldats de l'armée réformée, sans paye, sans bonnes retraites, sans moyen de retenir leurs estrangers desquels ils oyoyent les menaces tous les jours; le désir qu'avoit la noblesse d'achever leurs courses ou leurs vies et recevoir un tombeau ou leurs maisons; toutes ces choses faisoyent bander sur le traict contre les conseils de l'admiral, qui, voyant son armée descousue par un long siège, attendoit le comte de Montgommeri et les vicomtes en vain, pressoit sans cesse par lettre la noblesse de Poictou et de Xaintonge, dont les uns s'estoyent amusez aux nopces de Sainct-Gelais[2], les autres à gaigner ou deffendre quelques bicocques. Par ces espérances, il s'excusoit d'aller si tost livrer bataille à Monsieur, et mesmes de delà Vienne, comme ils vouloyent.

Et pour ce que j'ai parlé des amusements de Xaintonge, je vous conterai pour un comment le baron de Savignac[3], ayant fait quelques quatre vingts chevaux,

---

1. Le 13 septembre 1569, sur la requête de Gilles Bourdin, procureur général au Parlement de Paris, la tête de Coligny fut mise à prix de 50 mille écus d'or. Le 28 du même mois, l'arrêt fut renouvelé avec cette aggravation que l'assassin obtiendrait sa grâce, de quelque crime qu'il fût coupable. Des arrêts analogues furent rendus contre Jean de Ferrières, vidame de Chartres, et contre Gabriel de Lorges, comte de Mongonmery. L'arrêt rendu contre Coligny est imprimé dans les *Mém. de Condé*, t. I, p. 207.

2. Mariage de Guy de Saint-Gelais, s. de Lansac, avec Antoinette Raffin, fille de François Raffin, seigneur d'Azai-le-Rideau, capitaine des gardes du roi (*Mémoires de Castelnau*, 1731, t. III, p. 639).

3. Jacques de Savignac, capitaine catholique, ancien guidon

que Casenauve, la Chappelle et Aubigné[1] lui menèrent, fit une course vers Libourne, où il deffit en Fronsadois deux compagnies qui se levoyent pour le régiment de Masbrun, puis fut chargé la nuict dans un village nommé le Soldat[2], tant par ce régiment et garnison du pays que par les compagnies de gens d'armes de Lozun et Vaillac[3]. De ces quatre vingts ne se sauvèrent que cinq, sçavoir : trois des capitaines que nous avons nommez, un soldat et leur chef; les trois pour s'estre mis en faction, n'ayant peu tirer ce devoir de la lassitude de leurs gens. Savignac estoit tellement paralitique depuis les cuisses en bas, qu'il n'avoit touché du pied à terre il y avoit dix ans. La frayeur le fit sauver de vitesse, et son cœur le portoit de cercher à cheval en tel estat toutes les occasions de combattre. Et c'est ce que nous avons senti plus digne de l'histoire que la grandeur du combat.

De ce rang, je mettrai un dessein de Romegou pour ce qu'il approche de la témérité; c'est qu'il entreprit avec une petite patache et trente cinq hommes d'aller piller les Chartreux de Bourdeaux, ce qu'il exécuta. Et, comme il achevoit de charger, receut dans son gouvernail un coup de canon tiré du chasteau Trompette[4].

de la compagnie d'ordonnance du s. de Jarnac (montre du 2 mars 1564; f. fr., vol. 21526).

1. Il s'agit de l'auteur même de l'*Histoire universelle*. Voyez ses *Mémoires*, édit. Caussade et Réaume, p. 14.

2. Probablement Soudet, commune de Casseuil, arrondissement de la Réole (Gironde).

3. Jehan de Genoilhac, s. de Vaillac, gentilhomme ordinaire de la chambre du roi, gouverneur du château Trompette de Bordeaux (Coll. Clairambault, vol. 285, f. 117).

4. Gauffreteau dit quelques mots de l'expédition de Romegoux, et la place à l'année 1570 (*Chronique bordeloise*, 1877, t. I, p. 153).

Le mesme, bien que ce fust quelques mois après, et quand Xainctes fut quitté par l'effroi de la bataille, où nous entrons, fit un dessein de reprendre la ville, donne rendé-vous comme il estimoit à quelques six cents hommes, mais, n'en trouvant sur le lieu que vingt-cinq, peu de gens voulans coudre la besongne que ceste chaude teste entreprenoit, il se mit à pleurer chaudement et dit tout désespéré que, si on le vouloit suivre, il feroit repentir ceux qui lui avoyent manqué. Flojac respondit pour tous qu'il ne sçauroit mettre le pied en feu où ils ne l'eussent aussi tost. Ils se touchent à la main et avec deux eschelles et deux haches s'en vont à Xainctes. Il les plante auprès de la porte Aiguière, se cachant pour laisser passer une ronde. Romegou entré met dix de ses hommes à deux quantons pour sa retraicte, passe au milieu de la ville, oit les tambours et les cloches et le cri des armes par tout, enfonce le logis du gouverneur Combaudière[1], le fait apporter, ne pouvant le faire cheminer, et, pensant le descendre par les eschelles, trouva que ceux qui avoyent des haches avoyent coupé les barres des portes, rompu les serrures et abbatu les ponts. Et puis ils s'arrestent au bout du fauxbourg pour faire prendre au gouverneur ses habillements qu'ils lui avoyent apportez ; le nom m'a fait avancer la chose pour n'y retourner pas.

Monsieur, qui marche en désir de donner la bataille[2], nous appelle pour dire comment le mareschal de Cossé[3] et ceux de son advis lui en ostoyent le

---

1. François de Gombaud, s. de la Gombaudière.
2. Le duc d'Anjou leva le camp de Chinon et se mit en campagne le 26 septembre 1569 (Serres, p. 416).
3. Artus de Cossé, s. de Gonnor, frère du maréchal de Brissac,

dessein en remonstrant qu'il pouvoit vaincre ses ennemis par leurs propres nécessitez. D'ailleurs les estrangers pressoyent pour le combat ou la retraicte. Tavanes, de l'autre costé, remonstroit que le grand siège avoit ruiné l'effort des protestans, qu'ils mesnageoyent une seconde levée en Allemagne, que le comte de Montgommeri les venoit fortifier. Tous les plus vieux capitaines de l'armée soubscrivoyent au mareschal de Cossé. Mais Monsieur, qui prenoit conseil en maistre, rendit, suivant les exhortations qu'il recevoit de la cour, toute l'armée disposée à cercher la bataille et à marcher vers Montcontour, où ils espéroyent trouver les ennemis.

Leur première entrevue fut à Sainct-Cler[1] le dernier de septembre[2], où le duc de Montpensier, qui menoit l'avant-garde, adverti par ses coureurs et quelques prisonniers, comment la bataille des princes avoit desjà passé le ruisseau et qu'il n'avoit à faire qu'à l'avantgarde, fit commander par Martigues à ses chevaux légers d'engager la queue, où ils trouvèrent Mouy et deux cents arquebusiers, qui arrestèrent la charge au commencement. Mais Martigues, qui soustenoit, redonna et passa sur le ventre aux arquebusiers et en fit demeurer la moitié. Mouy sauva le reste par une bonne et longue charge bien opiniastrée, encores qu'il n'eust que deux cents chevaux contre douze cents. Aussi y perdit-il Dodancourt[3], son lieutenant, et

connu sous le nom de maréchal de Cossé ou de Secondigny, avait été donné au duc d'Anjou comme conseiller.

1. Saint-Clair, à une lieue de Moncontour (Vienne).
2. L'armée protestante arriva à Parthenay le 29 septembre 1569 et campa, le 30, au matin, à Saint-Clair (Serres, p. 416).
3. D'Audencourt, capitaine protestant, était, suivant La Pope-

quatorze gentilshommes des meilleurs qu'il eust. Sous ce combat et ceste perte, les réformés passèrent les eaux. L'admiral, qui vit la froideur de ses ennemis, sans laquelle il estoit deffait, jugea, avec le mauvais rapport de ses espions, n'avoir sur les bras qu'une petite partie de l'armée. Il appelle ses principaux capitaines, les eschauffe de paroles et de contenance, et à ceste fois exigea d'eux promesse d'estre bien suivi. Il joint la troupe d'Acier à la sienne, donne le premier dans un chemin creux sans ordre, si vertement qu'il emporte toute la teste de ceux qui le poursuivoyent avec deux cornettes et trente des plus avancez demeurez sur la place. A ce combat se signala Clermont d'Amboise [1] avec la fièvre et en pourpoint. Là dessus les réformés, ayant toutes les forces sur les bras, furent ramenez battus jusques entre les deux bataillons de leur avantgarde [2].

Biron, mareschal de camp, ayant fait trotter l'artillerie haut le pied, donna tant de volées dans les bataillons que l'admiral avoit affrontés au ruisseau, et encor plus dans le gros des reistres plus esloignez de la colline, qu'il leur eust fait lascher le pied et partant les

---

linière, d'origine picarde (liv. XIX, f. 130 v°). La seigneurie d'Audencourt était dans le Cambrésis.

1. Jacques de Clermont-d'Amboise, seigneur de Bussy, capitaine protestant, un des premiers compagnons d'armes du prince de Condé, cité par le chanoine Bruslard dans les *Mémoires de Condé*, t. I, p. 78; ou peut-être Louis de Clermont-d'Amboise, seigneur de Bussy, le héros de la cour dans les premières années du règne de Henri III. Il avait fait ses premières armes, en 1568, à la tête d'une compagnie de gens de pied. Voyez la vie de ce capitaine par M. André Joubert, in-8°, 1885.

2. La Popelinière raconte ce combat avec plus de détails et en confirme la date, 30 septembre 1569.

eust combattus en désordre si la nuict n'eust arresté la victoire de Monsieur. Là moururent sept vingts hommes des réformés et quarante des autres.

A minuict, Monsieur estant campé sur la place du combat pour signe de victoire, deux gentilshommes de son armée, prenans à costé, appellèrent à fiance les vedettes des autres, les priant d'advertir l'admiral qu'il deslogeast la nuict, tant pour les forces excessives de ses ennemis que pour la résolution générale de l'armée[1], en laquelle il y avoit huict mille Suisses, neuf vieux régiments de gens de pied, huict de nouveaux qui faisoyent plus de vingt mille hommes, près de quatre mille Italiens, près de sept mille reistres, plus de six mille lances françoises, quinze canons de grosse batterie et dix couleuvrines bastardes. Tels advis nullement mesprisez par l'admiral furent estouffez par la crierie des impatients. Et d'ailleurs estant survenue une mutinerie entre les lansquenets et les François par les habiles négociateurs du parti contraire, l'admiral ne put partir de nuict comme il désiroit, estant haute heure avant de pouvoir apaiser ceux qui demandoyent de l'argent sur le point de se battre.

Chapitre XVII.

Bataille de Montcontour.

Pour gaigner Ervaut[2], l'admiral fit le plustost qu'il

1. D'Aubigné a emprunté le récit de ce fait singulier à La Noue (*Mémoires,* chap. xxvi).
2. Airvault, arrondissement de Parthenay (Deux-Sèvres).

pût avancer le comte Ludovic[1] avec la bataille composée d'un peu plus de la moitié des reistres et des lauskenets, avec les régiments de Baudiné, Montbrun, Blacons, Mirabel, quelques compagnies de Virieux; tout cela sans armes d'ast, sinon quelques halebardes et javelines aux mains des capitaines et sergents. Aux deux costez de ceste infanterie marchoyent quatre cornettes des plus mal équipées de l'armée. L'admiral avec son avant garde avoit pris la gauche, pour couvrir la bataille et le bagage, en espoir de se desmesler par quelque léger combat. Il envoyoit encor de ceste bande trois canons et une couleuvrine. Il avoit près de lui les régiments de Sainct-Cire, la Noue et Téligni, devant lui Mouy, à sa main droicte le comte de Mansfeld, avec le reste des reistres, Granviler[2] entre la bataille et son chemin et devant eux deux canons et deux couleuvrines.

Les lanskenets, ayant baisé la terre[3] à leur mode, firent promesse de mourir en gens d'honneur, et pour ce que ce gros estoit ordonné pour couvrir les ralliements, il fut fortifié de deux mille arquebusiers triez par files de toute l'armée. Et encores furent armez ces estrangers de Piles et de Rouvray à droicte et à gauche de Briquemaut; Ambres et Challar à la gauche du comte de Mansfeld. De plus, il fit un corps de la cor-

---

1. Ludovic de Nassau, frère de Guillaume le Taciturne.

2. Le colonel Grandvilliers, du comté de Ferrette, était cousin de Gaspard de Saulx-Tavannes. Il commandait un régiment de lansquenets huguenots et fut tué à la bataille de Moncontour (*Mémoires de Tavannes,* édit. Buchon, p. 377).

3. La coutume de baiser la terre au moment de charger l'ennemi paraît avoir été spéciale aux Suisses et aux Allemands (*Mémoires de Carloix,* liv. I, chap. VI; Brantôme, VI, 221, 502).

nette blanche de l'admiral, de sa compagnie de gens-d'armes, et des gardes d'Acier.

En tel estat marchoit l'armée réformée quand Monsieur, qui avoit fait battre aux champs dès le point du jour et pris la source de la Dive à la Grimaudière[1], commença de paroistre. Premièrement son avantgarde en l'ordre qui s'ensuit : après la cavallerie légère marchoit Martigues et son régiment, suivi de celui du prince, daulphin[2], couvert à sa main droicte de toute la cavallerie italienne. Le duc de Montpensier fermoit l'avantgarde, garnie à gauche des Rhingraves et des bandes de Hesse, lesquelles de gros en gros avançoyent leurs testes jusques à l'endroit du prince-daulphin. A sa droicte il avoit les comtes de Vastambourg[3] et Schomberg[4] ; tous ces Allemands en nombre de dix-sept cornettes. Voilà pour la cavallerie de l'avantgarde, soustenue d'un grand bataillon de Suisses, où commandoit Cléri[5], dont le régiment seul estoit payé pour six mil hommes.

A la droicte des compères[6], prenoyent place en

1. La Grimaudière (Deux-Sèvres).
2. François de Bourbon, fils du duc de Montpensier.
3. Le comte de Westerburg, de la maison de Ninkel, originaire du voisinage de l'électorat de Trèves.
4. Gaspard de Schomberg, capitaine allemand, avait embrassé le parti du roi dès la seconde guerre civile. Naturalisé en 1570, il devint lieutenant de roi dans la haute et basse Marche, et reçut diverses missions à l'étranger. Il mourut en 1599 (*Mém. de Castelnau*, t. II, p. 751).
5. Péterman Cléry, chancelier de Fribourg, vieux capitaine suisse qui avait été au service de Henri II et avait assisté à la bataille de Renti. Il mourut le 19 octobre 1569 des blessures qu'il avait reçues à Moncontour (Zurlauben, *Hist. milit. des Suisses*, t. IV, p. 417 et *passim*).
6. Nom d'amitié que les rois donnaient aux confédérés suisses.

marchant les régiments de Sarlabous, la Barte, les deux des Isles et le reste d'Onoux. A gauche estoyent commandez de se tenir le duc de Guise et la Valette[1], pour prendre les occasions. A la bataille menée par Monsieur estoyent les régiments de Longueville, Aumale, le nouveau admiral de Villars[2], Tavanes, Toré[3], la Fayette et toutes les compagnies des seigneurs de marque, qui n'estoyent point en régiment, ce qui faisoit trois mil cinq cents chevaux; et encor dans ce gros estoyent mille Allemands d'Ernest de Mansfeld à une main, et mille du marquis de Bade à l'autre. Ce marquis couvroit l'aile droicte de Monsieur, qui, à un de ses estriers, avoit un bataillon de lanskenets, à l'autre main le bataillon des Suisses commandé par Fifer[4]; et puis de mesme front qu'eux marchoyent les régiments des Espagnols et Vallons. Derrière les Suisses, sept gros canons, gardez par les régiments de Cossins[5], Goas, Montluc[6] et les légion-

1. Jean Nogaret de la Valette.
2. Honorat de Savoie, marquis de Villars, frère puiné de Claude de Savoie, comte de Tende, avait été pourvu des fonctions d'amiral de France depuis la condamnation de Coligny. Il devint lieutenant général en Guyenne après la retraite de Blaise de Monluc (*Mémoires de Castelnau*, t. II, p. 747).
3. Guillaume de Montmorency, s. de Thoré, fils du connétable.
4. Louis Pfiffer, né à Lucerne en 1530, d'abord enseigne, puis capitaine, fut nommé colonel au service du roi de France après la bataille de Dreux (Zurlauben, *Hist. milit. des Suisses*, t. IV, p. 325). Sa vie a été écrite par David Herrliberger, Bâle, 1748, in-4°, en allemand.
5. Jean de Monlezun, seigneur de Caussens, ancien page de la Mothe-Gondrin, capitaine, puis colonel de gens, mestre de camp des gardes du roi en 1572, l'un des principaux assassins de Coligny, fut tué en 1573 au siège de la Rochelle (Brantôme, t. VI, p. 68 et suiv.).
6. Fabian de Monluc, fils de l'auteur des *Commentaires*.

naires de Rance; à la mesure desquels s'avançoit le mareschal de Cossé avec les bandes des Cars, la Vauguion, Villecler[1], Vesins[2], Mailli[3] et Vatan[4]. Devant la personne de Monsieur estoit planté Carnavalet avec cinquante cavalliers choisis, montez tous de coursiers bardez, pour rompre le choc devant son maistre. Biron et les mareschaux de camp faisoyent la troupe de réserve.

Durant que les armées s'affrontoyent, ces mareschaux et Tavanes montez sur un tuquet[5], qui s'appelle la Mothe-Pui-taillé, virent la contenance des ennemis. Et comme les princes, que l'admiral avoit fait avancer de Partenay pour venir encourager les compagnons, se retiroyent de l'armée, non sans larmes et regrets, et encores avec plus de dommage à leur armée, car il se trouva tant de gens qui se convièrent pour leur escorte

1. René de Villequier devint l'un des favoris de Henri III et le suivit en Pologne. Au retour, il fut nommé gouverneur de Paris et de l'Ile-de-France (*Mémoires de Castelnau*, t. II, p. 756).

2. François de Voisins, seigneur d'Ambre, capitaine catholique, lieutenant de la compagnie de gens de pied de Louis d'Amboise (montre du 30 mai 1569; f. fr., vol. 21530), et plus tard de la compagnie d'ordonnance du marquis de Villars, célèbre par la générosité dont il usa vis-à-vis du s. de Reniez, son rival et son ennemi, à la journée de la Saint-Barthélemy. Il fut tué, quelques années après, en défendant Cahors contre le roi de Navarre (De Thou, liv. LII).

3. René, baron de Mailly, capitaine d'ordonnance, gouverneur de Montreuil, avait pris part à la défense de Metz et aux batailles de Cérisoles, de Dreux, de Saint-Denis. Il fut blessé à Moncontour (*Mémoires de Castelnau*, t. II, p. 760).

4. Le capitaine Puy-Vatan avait été tenu précédemment en observation par le duc d'Anjou sur les bords de la Loire (Lettre du duc d'Anjou au roi du 23 mai 1569; autog. de Saint-Pétersbourg, vol. XXII, f. 23).

5. *Tuquet*, monticule.

qu'elle en fut affoiblie, ceste grosse troupe et de gens de bonne mine, reconnus par ces mareschaux de camp, leur fit juger de l'effroi, et sur ces gages asseurèrent Monsieur de la victoire.

En ceste gaieté, Monsieur fit larguer à gauche les bataillons, tant pour cercher plus de plaine que pour esquiver les coups de canon des réformés, qui jouoyent cependant que tout prenoit place. Devant l'une et l'autre armée estoyent force seigneurs et gentilshommes volontaires, pour faire le çà çà[1] galant homme ou demander à causer à son parent ou son ami; mais ces honnestetez furent rompues par les enfants perdus de Monsieur, qui allèrent la teste baissée enfoncer ceux des ennemis que la Ramière avoit accomodez dans le village de la vallée. Soit dit en passant que le champ où estoit placé Monsieur s'est appelé de tout temps champ Papaut, et celui des autres champ Pié-gris. Au cul des enfans perdus marchoit la cavallerie de Martigues, qui fit tout besoin à déplacer les autres du village. Et, d'autant que l'artillerie des réformés, moindre mais mieux logée, faisoit plus de mal que l'autre, et d'ailleurs que l'admiral avoit fait large à droicte quand Monsieur l'avoit fait à gauche, tant pour fournir à tout que pour se parer vers Ervaut, Tavanes, qui recogneut ces choses, pressa Monsieur de faire donner le duc de Montpensier.

Tel commandement receu, le duc fait semblant de suivre la poincte qu'avoit fait Martigues aux enfans perdus, puis tout à coup tourne sur Mouy, aussi tost abandonné de ses reistres et rompu. Les Italiens se

---

1. C'est-à-dire *çà et là*.

joignent de la partie, reçoivent le marquis de Renel et Autricourt. Ce dernier les perce et fut tué d'un coup de lance. Le duc de Guise et la Valette donnent leur rang à cette charge. L'admiral demande au comte Ludovic ses reistres. Le comte, au lieu de les envoyer, les ameine. C'estoit au point que les compagnies qui estoyent devant l'admiral eurent sur les bras les reistres qu'elles receurent et rompirent. Pour réparer, les rhingraves s'avancent à la teste de l'admiral. L'aisné des deux comtes[1], trente pas devant son gros, et l'admiral autant devant le sien, se rencontrent. Le Rhingrave porte son pistolet dans les dents de ce chef, l'autre le tue du contre coup du sien. L'admiral blessé voulut couvrir son accident, mais, le sang l'estouffant, il lui fut force de se laisser emmener. Et là dessus, toutes les forces qui estoyent devant Monsieur s'esbranlèrent sur ceux qui avoyent combattu bien à propos; car le comte de Mansfeld, à la charge duquel les drapeaux des katoliques se mirent en route, poursuivoit la poincte; les réformés espérans et crians victoire, à la poursuite de laquelle ils faisoyent un ralliement au lieu des charges. Mais Monsieur sur ce point fit marcher ses Suisses et tout ce qu'il avoit à costé et derrière. Le duc d'Aumale avec le marquis de Bade alla à la charge sur la bataille des réformés, hormis le mareschal de Cossé. Tout cela fut si bien receu et trouva de si mauvais garçons que, bien que les plus grands seigneurs de France fussent à ceste presse,

---

1. Philippe de Salm, comte Rhingrave, né en 1545, capitaine au service du roi de France, époux de Diane de Dompmartin. Son frère cadet, Frédéric de Salm, comte Rhingrave après la mort de son aîné, servait aussi dans les rangs de l'armée royale.

leurs drapeaux tournèrent arrière. Là, on dit que le cheval de Monsieur fut blessé, autres que ceste blessure fut par la prudence et invention de Carnavalet.

L'armée katolique faisoit aussi mauvaise mine que ses drapeaux, quand le mareschal de Cossé releva leur fuite. Encores le comte Ludovic, par une dernière charge d'hommes r'alliez lui faisoit perdre ceste gloire sans l'avancement des Suisses, flanquez des autres estrangers et des quatre régiments françois que nous avons dit. A l'ombre de ceste forest de piques, les mareschaux de camp avancèrent leurs régiments frais et monstrèrent la partie si inesgale que l'avant garde et bataille de leurs ennemis se r'allia en confusion pour ne pouvoir plus rien faire que la retraicte. Et encores les drapeaux qui avoyent fuy vindrent se r'allier à Monsieur, tout prests à donner une bataille nouvelle. Voilà les lansquenets abandonnez à la teste des Suisses, leurs anciens ennemis, et, qui pis est, desjà rompus par les reistres qui avoyent fait la dernière charge. Par ceste ouverture, quelques Suisses entrent ; le reste se r'allie aux coins ; mais le milieu estant perdu, ils eurent recours à jeter les armes et à crier merci, à quoi les Suisses furent sourds.

Un colonnel, nommé Tarcé, cause de la mutinerie dont nous avons parlé, fit dès le commencement lever les picques à son régiment, protestant ne vouloir combatre par faute de payement ; il fit aussi mettre quelques mouchoirs au bout des picques pour monstrer qu'il estoit rendu. Mais ils n'eurent pas meilleur marché. Quelques trois mille arquebusiers du Languedoc et Daulphiné s'estoyent r'alliez à eux, courans mesme fortune, et y en eust bientost le tiers de morts ;

entre ceux-là un enseigne nommé Mehier[1], de qui le nom doit estre ici, pour ce que, ses compagnons rendans leurs drapeaux, il fit une escharpe du sien et se fit mettre en pièce dedans. Ce fut là où Monsieur fit crier : « Sauvez les François. » La cavallerie, qui aida à ceste deffaite, en sauva quelques uns. Entre autres il me souvient du capitaine Sainct-Livrade[2] qui, faisant desjà le mort, choisit un jeune cavalier, qui avoit armes dorées. Il se relève et lui présente son espée en disant : « De vostre main, Monsieur, et non pas de ces gens-là. »

L'estonnement des réformés ne fut point tel que, r'alliez en grosses troupes, ils ne fissent souvent des charges à ceux qui les pressoyent, bien qu'ils eussent aux fesses les compagnies des mareschaux de camp qui n'avoyent point combattu. Et, de ces charges, la principale gloire est aux reistres, pourveu qu'ils permettent à Sainct-Cire Pui-Greffier d'en avoir sa part. Ce vieillard, ayant rallié trois cornettes au bois de Mairé, et reconu que par une charge il povoit sauver la vie à mil hommes, son ministre, qui lui avoit aidé à prendre ceste résolution, l'advertit de faire un mot de harangue. A gens de bien courte harangue, dit le bon homme : « Frères et compagnons, voici comment il faut faire. » Là dessus, couvert à la vieille françoise d'armes argentées jusques aux grèves et sollerets[3], le visage descouvert et la barbe blanche comme neige, aagé de quatre-vingts et cinq ans, il donne vingt pas devant

---

1. Probablement *Meslier*. Gaches, dans ses *Mémoires,* mentionne plusieurs capitaines de ce nom (p. 84, 123, etc.).
2. Le capitaine Sainte-Livrade, huguenot agenais.
3. *Grèves,* jambières ; *sollerets,* chaussures ; pièces d'armures.

sa troupe, mena battant tous les mareschaux de camp et sauva plusieurs vies par sa mort.

Chapitre XVIII.

Poursuite et fruicts de la victoire de Monsieur.

Monsieur poursuivit la victoire une lieue et demie vers Sainct-Generoux[1]. La perte de ceste bataille fut de deux mil cinq cents fantassins françois, deux cent cinquante de la cavallerie, près de quatre mil lanskenets; pour hommes de marque, Sainct-Cire, Autricourt, l'un des Birons[2] et Sainct-Bonnet[3]; prisonniers, Acier et la Noue. Du costé des vainqueurs ne se perdirent pas deux cents hommes de pied, mais de la cavallerie plus de quatre cents; et entre ceux-là l'aisné Reingraff, le marquis de Bade, Clermond[4] de Daulphiné, le comte de Saxatelle, Francisque Pérusin et Scipion Picolomini[5]; ces trois principaux chefs italiens. Monsieur passa sa soirée à despescher au roi le

---

1. Saint-Généroux (Deux-Sèvres).
2. Foucault de Gontaut, seigneur de Puybeton, capitaine protestant, connu sous le nom de baron de Biron, frère cadet du maréchal de Biron (*Mém. de Castelnau*, t. II, p. 732).
3. Léonard de Peyrusse d'Escars, seigneur de Saint-Bonnet, proche parent de La Vauguyon, époux de la dame Catherine de Joignac, enseigne de la compagnie de Coligny, fut tué à la bataille de Moncontour (*Mémoires de Castelnau*, t. II, p. 732).
4. Claude de Clermont, fils aîné d'Antoine de Clermont-Tallart, ancien lieutenant du roi en Dauphiné, et de Françoise de Saint-Vallier, sœur de Diane de Poitiers (*Mém. de Castelnau*, t. II, p. 725).
5. François Saffatello; Franciosino de Pérouse et Scipion Piccolomini, lieutenant du comte de Montoro.

comte de Rets[1], recommander à ses amis particuliers l'eslévation de son heur et à recommander le chant du *Te Deum* par toute la France; ce qui s'entendit bien tost en Espagne et en Italie comme l'entière deffaicte des ennemis du siège romain.

Tous les chefs de l'autre parti se trouvèrent à Partenay[2], d'où mesmes ils despeschèrent en Angleterre, Escosse, Dannemarc, Allemagne et aux Suisses pour amoindrir le malheur passé, leur faire sentir la conjonction de cause, continuation de courage et besoin de secours. Ces dépesches faites toutes la nuict, les Princes, en ce lieu qui avoyent attendu le succès, partent deux heures avant jour pour prendre le chemin de Nyort[3], où ils trouvèrent arrivez d'Angleterre Champernon[4] avec cent gentilshommes choisis par la roine Élizabeth. Là, ils laissent Mouy pour attendre le siège; font demeurer Piles dans Sainct-Jean d'Angeli, où desjà il estoit arrivé, lui envoyent la Mothe-Pujaud, qui avoit encor quarante cinq bons hommes de sa cornette, renforcent Angoulesme de Blascon et de ce

---

1. Albert de Gondi, né à Florence en 1522, favori de Catherine de Médicis, le plus mauvais conseiller de Charles IX, successivement ambassadeur en Angleterre, maréchal de France et gouverneur de Provence, devint baron de Retz du chef de sa femme, Catherine de Clermont, veuve du baron de Retz, fut créé duc et pair en 1581 et mourut en 1602.

2. Les chefs de l'armée vaincue se retirèrent à Parthenay, sans être poursuivis, le soir même de la bataille (Serres, p. 426).

3. Les princes s'étaient retirés à Niort dès le 4 octobre et y avaient tenu conseil avec la reine de Navarre (Serres, p. 427).

4. Henri Chapernon, capitaine anglais, conduisit aux réformés à Niort un secours de cent chevaux anglais (Pérussiis dans le tome I des *Pièces fugit.*, p. 111). Il arriva à Niort le 5 octobre 1569 (Serres, p. 429).

qu'ils purent recueillir de Provençaux, et eux se rangent à la Rochelle.

L'admiral, se voyant sur la teste, comme il advient aux capitaines des peuples, le blasme des accidents, le silence de ses mérites, un reste d'armée qui entière se désespéroit auparavant le dernier désastre, deux princes jeunes; desquels les mercenaires rengregeoyent et deschiroyent la pauvre condition, leur aprenant premièrement à blasmer ceux qui manioyent les affaires pour les conduire eux-mesmes; les autres à désirer et méditer un changement; de plus des villes foibles, des garnisons estonnées, des estrangers sans bagages, lui sans argent, des ennemis très puissants et sans pitié pour tous, et sur tout sur lui; abandonné de tous les grands, hormis d'une femme[1] qui, n'en ayant que le nom, s'estoit avancé à Nyort pour tendre la main aux affligez et aux affaires; ce vieillard, pressé avec la fièvre, enduisoit tous ces points et plusieurs autres qui lui venoyent au ronge, plus cuisans que sa fascheuse playe. Comme on le portoit en une litière, l'Estrange, vieil gentilhomme, et de ses principaux conseilliers, cheminant en mesme équipage et blessé, fit en un chemin large avancer sa litière au front de l'autre; et puis passant la teste à la portière, regarda fixement son chef, se sépara la larme à l'œil, avec ces paroles : « Si que Dieu est très doux[2]. » Là dessus ils se dirent adieu, bien unis de pensées sans pouvoir dire davantage.

Ce grand capitaine a confessé à ses privez que ce petit mot d'ami l'avoit relevé et remis au chemin des

1. Jeanne d'Albret.
2. Début du psaume 72 : « Quam bonus Israel Deus. »

bonnes pensées et fermes résolutions pour l'advenir. Ce fut de tirer ces jeunes princes de la Rochelle, afin de les rendre capables et instruits par les labeurs, pour, de leur présence, conforter l'armée et de leurs noms ses commandements. Il laisse donc dans la Rochelle la roine de Navarre [1], près d'elle le comte de la Rochefoucaut, et s'achemine avec ses restes par Xainctes [2], prend le costé d'Angoumois et de Périgort, assez fort de cavallerie, mais n'ayant que trois mille hommes de pied, que Rouvray commandoit. Il falut passer la Dordogne ; la Louë, fortifié par Chouppes, despesché pour cela. L'arrivée non attendue de ces gens estonna [3]. Et prit par estonnement une petite villette nommée Bors [4], qui a un pont de pierre sur la rivière. La Louë s'en saisit et envoye Chouppes loger à un autre, nommé le Pont Sainct Thomas.

Sainct Heran [5], ayant sceu la perte de la bataille et le cours de l'armée, mit ensemble ce qu'il peut trouver de prest, pour en arracher des pièces. Chouppes, plus par mestier que pour penser avoir si tost des forces

1. Le soir du 5 octobre, Jeanne d'Albret retourna à la Rochelle (Serres, p. 429).

2. Le 6 octobre 1569, de bonne heure, l'amiral quitta Niort avec l'armée (Serres, p. 429). Le 9, il partit de Saint-Jean-d'Angély pour Saintes (p. 434).

3. L'amiral fit massacrer en masse tous les paysans qu'il rencontra en Périgord en représaille des vengeances qu'ils avaient exercées sur ses trainards. Brantôme a donné des détails sur cette exécution (t. VI, p. 18 et suiv.).

4. Bort, sur la Dordogne, près d'Argentat, où les princes arrivèrent le 25 octobre 1569.

5. Montmorin Saint-Herem avait dû recevoir, quelques jours auparavant, une lettre du duc d'Anjou qui lui commandait de se mettre en armes et de rejoindre l'armée (Autog. de Saint-Pétersbourg, vol. 22, f. 40; cop. de la Bibl. nat.).

sur les bras, fit sa garde dans un petit renclos de pierre seiche, devant lequel se rendoyent deux chemins venans des montagnes, et encores poussa devant lui quarante arquebusiers et trente hommes de cheval en un village nommé la Sagne,[1] à mille pas dans le principal chemin. Sur la minuict, Charlus[2] et Murrat, le premier avec cent sallades et l'autre avec deux cents arquebusiers, donnent sur la garde de la Sagne. Au bruit des arquebusades Chouppes accourt, et, chargeant sans marchander, renvoye tout cela cercher Sainct Heran. Et ainsi fut aux princes le passage de Dordongne asseuré[3].

Nous les avons poussez jusques là, pour voir plus à nostre aise cueillir à Monsieur les fruits de sa victoire. Il ne trouve personne dans Partenai; tout ce qui estoit à sa droicte devers Thoüars en quelques bicocques, et mesmes ceux qui estoyent envoyez pour garder les passages du Thoüé[4], ayant pris le chemin de Fontenay, où estoit Pluviaut encor blessé, ne voulurent s'y arrester aux prières du malade; mais encores espouvantans tout ce qu'ils trouvèrent à la ville, le contraignirent de quitter en espoir de mieux faire à Marans. A la gauche de l'armée, il y avoit derrière Chastelleraud et autres places, desquelles les garnisons nous emmèneront à la fin de l'année, pour vous rendre

1. Lassagne (Dordogne).
2. Le sieur de Carlus, capitaine catholique, originaire du Languedoc.
3. L'armée des princes passa la Dordogne à Argentat (Corrèze), peu après le 22 octobre 1569 (Lettre de Coligny de cette date; Communay, *les Huguenots dans le Béarn*, p. 97).
4. Le Toué, rivière qui passe à Thouars et qui se jette dans la Loire.

compte du Berri. En avant, à la mesme main, estoit Lusignan, Coüé et quelques autres maisons. La première, Coüé, et le reste ayant quitté d'effroi, se sentit d'avoir donné ses poudres au siège de Poictiers, de ce que l'admiral, se retirant, n'eut loisir d'y pourvoir, et puis du larcin d'un des principaux capitaines aux magasins. Nonobstant, le baron de Mirambeau, encores blessé du combat du vendredi, s'y alla jetter selon son devoir, attendit le siège, soustint une bresche à la ville, en laissa faire une au chasteau, et n'ayant pas de poudre pour la deffendre, tel espoir de secours qu'on pût espérer, capitula avec son cousin de Lanssac[1]. Quelques-uns en ont parlé et mesme escrit licentieusement, qui n'ont jamais bien cognu ni la place ni que c'est d'estre le premier obstacle à une armée victorieuse.

Monsieur marche à Nyort. Mouy[2], qu'on y avoit laissé, voulut, cependant qu'on y travailloit, faire donner à ses gens quelques coups d'espée au loin de la place pour relever les courages fort abaissez. Ayant chargé quelques coureurs vers Cherveux[3], et après mis pied à terre dans un jardin pour ses nécessitez, Maurevel[4], à qui il faisoit part de son lict, de sa table et de sa bourse, lui servant, comme lui-mesme disoit, de père, donna à son bienfaicteur un coup de pistolet

---

1. C'est-à-dire *capitula entre les mains* du jeune *Lansac*.
2. Louis ou Claude ou Arthur de Vaudray, s. de Mouy, le premier lieutenant de l'amiral.
3. Cherveux (Deux-Sèvres).
4. Charles de Louviers, dit *Maurevel*, *Maurevert* ou *Montravel*, aventurier, surnommé *le tueur du roi*, est l'auteur de la tentative d'assassinat sur Coligny qui précéda la Saint-Barthélemy. Il fut tué en duel par le fils du s. de Mouy, en 1583.

dans les reins¹, et, sautant sur un cheval qu'il avoit eu de lui, se sauva dans Chandenier², où il y avoit desjà des katholiques logez. C'estoit un assassin, despesché pour l'admiral, qui, n'ayant peu choisir son temps avec seureté, paya pour le moins de ce coup ceux qui l'avoyent employé ; nous parlerons de lui ailleurs. Mouy, emporté à Nyort, se voulut faire penser aux fortifications³ ; mais ses serviteurs, maugré lui, le mirent dans un bateau et ainsi à la Rochelle, où mourut ce capitaine, preud'homme, laborieux, hazardeux sur tout son siècle. La Brosse, gouverneur, emmena ses hommes après leur cœur de Nyort⁴, où Monsieur receut la roine sa mère et le cardinal de Lorraine, avancez pour avancer leurs afaires et la ruine de leurs ennemis.

1. Assassinat de Mouy, 7 octobre 1569 (Serres, p. 432).

2. Champdeniers (Deux-Sèvres), où était le camp du duc d'Anjou. La Popelinière dit que Monsieur n'approuva pas l'assassinat de Mouy (liv. XX, p. 144) ; cependant le roi, par une lettre du 10 octobre, fit donner à Maurevel le collier de l'Ordre. Cette lettre, trouvée à la fin du siècle dernier, est devenue une arme politique (voir l'*Histoire de France* de H. Martin, t. IX, p. 260). Elle est actuellement conservée dans le f. fr., vol. 10191, f. 37.

3. Le 7 octobre le corps de Mouy fut porté à Saint-Julien, près Saint-Jean-d'Angély, puis à Niort, puis à la Rochelle (La Popelinière, liv. XX, f. 144).

4. Les soldats de Mouy, conduits par La Brosse, l'abandonnèrent vers le 8 octobre, sans laisser à Niort ni garnison ni gouverneur. Touchant le désordre de leur fuite, voyez une lettre de Pastureau, ancien maire de Niort, datée du 9 octobre 1569 (F. fr., vol. 15550, f. 108). C'est cet acte de lâcheté que d'Aubigné stigmatise par cette expression : *après leur cœur de Nyort*.

Chapitre XIX[1].

Siège de Sainct-Jean-d'Angeli[2].

Après divers advis, desquels les uns tendoyent à ne s'amuser aux places, mais percer tout à la poursuite des restes, sans leur donner loisir de mettre pied à terre[3], il fut conclu de ne laisser rien de fort en arrière. Et partant, falut assiéger Sainct-Jean-d'Angeli, ville de moyenne grandeur, assise sur la Boutonne, laquelle, naissant en Poitou, entre dans la Charente à trois lieues de la mer. Et partant, il estoit bon de prendre ce passage, quoi que la ville fust de réputation plus que d'effect, comme n'ayant point de rempars, commandée tout de son long de divers rideaux de terre, assez avantageux, et trop près un fossé profond, mais estroit, et n'y ayant de deffense que quelques meschans esperons faits de fumier et de fagots, que Piles faisoit avancer tant qu'il pouvoit. Il avoit pour soustenir le siège la Mothe-Pujaud, la Ramière, son sergent-major, la Personne[4], les capi-

---

1. Le numéro et l'en-tête du chapitre manquent à l'édition de 1616.

2. Le beau récit que l'on va lire est imité du *Discours au vray de ce qui s'est passé au siège de Saint-Jean-d'Angeli,* composé par les ministres de la ville et dédié à Armand de Clermont de Piles, le héros de la défense. Cette importante pièce a été imprimée dans l'*Histoire de nostre temps,* 1571, p. 626 et suiv.

3. D'Aubigné a emprunté ce fait à La Noue, qui fait ressortir la faute du duc d'Anjou de s'être « amusé » au siège de Saint-Jean-d'Angély au lieu de poursuivre l'armée défaite à Moncontour (*Mémoires*, ch. xxvii).

4. François de la Personne, capitaine huguenot, devint grand

taines Serido[1], les Essars[2], la Garde-Montaut[3], de Vatan[4] et Parasolle[5], venus de nouveau, Larjail[6] et d'Oriou[7], qui estoient entretenus auparavant, ce qui faisoit en tout peu moins de six cents arquebusiers et soixante cuirasses[8].

Les fauxbourgs furent longtemps opiniastrez pour retirer des facines dans la ville. La Mothe-Pujaud, venant d'estre forcé en celui d'Aunix, quand et quand et avant qu'estre entré dans la ville, les renforça avec avantage, et cinq jours après y retourna avec deux cents hommes; prit partie du fauxbourg et en rapporta deux drapeaux.

maître de l'artillerie du parti réformé pendant la guerre civile de 1575 et gouverneur de la Fère au nom du prince de Condé. La Huguerye parle souvent de lui dans le tome I de ses *Mémoires* et le représente comme un intrigant.

1. Le capitaine Palluel, surnommé Fravo-Serido, d'après de Thou.
2. Le seigneur des Essarts, des environs de Dompierre-sur-Boutonne, capitaine protestant (Notes de M. Beauchet-Filleau à la suite du récit de Liberge, p. 302).
3. Probablement La Garde-Montlieu.
4. Nous avons rencontré au chap. XVII un s. de Puy-Vatan qui appartenait à l'armée catholique. La seigneurie de Vatan est dans l'Indre.
5. Parasol, capitaine huguenot, originaire du Quercy, fut tué le cinquième jour du siège, dans une sortie de La Mothe-Pujols (La Popelinière, liv. XX, f. 150 v°).
6. Jean Larrial était un des chefs protestants qui, en 1562, avaient saccagé l'abbaye de Saint-Jean-d'Angély (Notes sur Liberge, p. 302).
7. Le s. d'Oriol, gentilhomme saintongeois, était précédemment gouverneur de Saint-Jean-d'Angély et, pendant le siège, se contenta de donner ordre à la police de la ville (Serres, p. 434).
8. Le 12 octobre 1569, Armand de Gontaut-Biron fit la première sommation à la ville de Saint-Jean-d'Angély et, le 16, les compagnies de gens de pied s'emparèrent des faubourgs de Taille-

Le roi, en poste et par Loire, vint à Tours, et de là, conduit par quelques compagnies, fit toute diligence pour estre du siège; soit pour cueillir sa part de l'honneur, dont il disoit que son frère avoit trop et à trop bon marché[1], ou pource qu'en plusieurs parlements, comme on reprochoit aux réformez qu'ils faisoyent la guerre à leur roi, quelques-uns avoyent respondu : « Si nous voyons sa personne, nous sçavons bien ce que nous lui devons. »

A l'arrivée de Sa Majesté[2], fut la ville sommée[3], avec response que le prince de Navarre, gouverneur d'Aquitaine, les avoit mis là dedans pour lui en rendre conte. La première batterie fut entre la porte de Nyort et celle d'Aunix au coin[4]. Les assaillans ne voyans pas la ruine suffisante, bien que très grande, et ayans remis la partie au lendemain, trouvèrent qu'en la nuit, par la diligence de la Ramière (lequel, y estant blessé, s'y fit mourir de travail), les assiégez avoyent levé une espaule à leur droicte et desrobé un flanc au-dessous de la porte d'Aunix, d'où les attaquans

---

bourg (La Popelinière, liv. XX, f. 150). De Serres n'est pas absolument d'accord avec La Popelinière pour ces dates (p. 440 et suiv.).

1. Une partie de la correspondance du duc d'Anjou pendant le siège de Saint-Jean-d'Angély est conservée dans les vol. 24 des Vᶜ de Colbert et 22 des Autog. de Saint-Pétersbourg.

2. Le roi arriva le 26 octobre au camp de Saint-Jean-d'Angély et établit le maréchal de Vieilleville comme son lieutenant général sous le commandement du duc d'Anjou. Voyez le récit de Carloix, secrétaire du maréchal (*Mémoires de Carloix*, liv. IX, chap. XLIV et suiv.).

3. Le texte de cette sommation, faite au nom du roi, est conservé dans la coll. Dupuy, vol. 755, f. 140.

4. Le duc d'Anjou avait fait les approches de la ville le 17 octobre (Lettre de cette date au roi; Vᶜ de Colbert, vol. 24, f. 215).

receurent grand dommage le lendemain ; car, ayans voulu au commencement faire une reconnoissance de bresche sans drapeaux, les premiers, ayant veu la chose facile, la firent changer en un assaut redoublé avec toute la chaleur que la présence du roi y pouvoit apporter ; si bien qu'il y perdit près de trois cents bons hommes. Dedans fut tué le capitaine Ariail avec dix bons soldats, la pluspart à coups de main.

Piles, estimant estre emporté par cest assaut, avoit fait faire une bresche vers le fauxbourg de Taillebourg, pour, durant le pillage, percer l'armée et emmener ce qu'il pourroit de ses hommes en combattant. Quelques fugitifs de la ville portèrent ces nouvelles à Biron, lequel en prit occasion pour entrer en parlement avec Piles, sourd à tous les propos de capitulation pour la place. Mais, ayant ouy eschapper le mot de paix, il ouvrit les oreilles ; et la chose en vint là, que, Guitinières mis en ostage [1], la Personne sortit pour aller trouver le roi à Landes [2], et en ce mesme temps les mareschaux de camp délivrèrent un prisonnier nommé la Taillée [3], qu'ils trouvoyent gentilhomme de probité, pour esmouvoir la Personne à ce bon commencement. Lui aussi s'y eschauffa, bien que son chef se monstrast froid à tout ce qui touchoit Sainct-Jean particulièrement, mais non pas à l'accord général,

---

1. Le s. de Guttinières, capitaine catholique, avait déjà été employé dans une négociation avec les défenseurs de Saint-Jean-d'Angély le 24 octobre (Serres, p. 447). Il y fut renvoyé le 4 novembre (Pièce dans l'*Hist. de nostre temps,* 1571, p. 641).

2. La requête du s. de la Personne au roi est datée du 21 novembre 1569 ; la réponse du roi, du 24 novembre. Ces deux pièces sont conservées dans la coll. Moreau, vol. 741, f. 74.

3. Jean Gascougnoles, seigneur de la Taillée, près Niort.

auquel il fut premièrement employé avec Chemeraud[1].

Or faloit-il, pour aller trouver les princes et leur ouvrir ce propos, passer par Angoulesme, grande commodité pour mesnager quelque secours aux assiégez, d'autant que devant partir ils avoyent fait tresve pour dix jours à Sainct-Jean[2]. Ceste clause adjoustée, qu'ils se rendroyent à ce terme si, dans les dix jours, il n'entroit point de secours dans la ville; pour rompre ce traicté partit d'Angoulesme Saint-Surin[3], avec quarante salades, ayant le secours et les assiégez, l'heure et le lieu bien establi par les menaces et hasardeuses sorties et entrées de Fombedouëre[4]. Lui-mesme servant de guide, Sainct-Surin perça les gardes qui estoyent au-dessous du fauxbourg de Matha, trouve la contrescarpe garnie pour les recevoir. Les dix jours ne servant donc plus pour la reddition, le roi fit redoubler la batterie vers le chasteau, où Martigues, couché sur le flasque[5] d'un canon pour contreroller le pointeur,

---

1. Mery de Barbezières, seigneur de Chemeraut, capitaine, négociateur fort employé par le roi auprès du roi de Navarre et réciproquement. Il devint grand maréchal du roi Henri IV et mourut en 1609.

2. Les pourparlers avaient commencé le 4 novembre 1569 et la trêve le 6 du mois (La Popelinière, liv. XX, f. 151).

3. Ferdinand de Saint-Severin, prince de Salerne, capitaine protestant, allié par sa femme à Jacques Pape de Saint-Auban. Brantôme a écrit sa vie (t. II, p. 20). Il entra à Saint-Jean-d'Angély le 18 novembre 1569 (Serres, p. 468). Il ne faut pas confondre ce capitaine avec Bernard de Saint-Severin, duc de Somma, capitaine catholique, dont il est question à la page suivante.

4. Le récit imprimé dans l'*Histoire de nostre temps* (p. 644) dit que Fombedouère était l'âme du secours envoyé d'Angoulême. Il fut fait prisonnier quelques jours plus tard (p. 554). Le nom de Fombedouère paraît estropié. Peut-être faut-il lire *Fombedeau*.

5. « *Flasque*, en termes d'artillerie, se dit de deux gros madriers

sans fronteau, une balle d'arquebuse bricola sur la pièce, et lui perça la teste; dont mourut promptement celui qui entamoit tous les combats difficiles, à qui rien n'estoit dur ni hazardeux, qui en tous les exploits de son temps avoit fait les coups de partie[1]. Grand fut le regret de ce chef de guerre, et non sans raison; son gouvernement de Bretagne donné au duc de Montpensier.

Le lendemain Sainct-Surin et la Mothe, l'un avec soixante salades, l'autre avec deux cents arquebusiers, assistez de Serido et des Essars, entreprirent de sortir; tirent au sort pour la primauté. Et pource qu'il y avoit tousjours quelque canon et arquebuserie qui embouchoyent les portes, ils trouvèrent moyen de devaller dedans le fossé et de remonter par le moyen d'un pont large à passer trois chevaux de front garni de lattes, pour empescher de couler cest artifice. Gagnant assez doucement du bas jusques à la contrescarpe, ils font premièrement monter la moitié de leur infanterie, qui, en s'estendant, se couchoit du ventre sur la bordure pour n'estre point veus. Comme la cavalerie montoit, ces gens de pied enfilent les tranchées, et Sainct-Surin, avec sa troupe, ayant seulement porté l'effroi en faveur des siens, prend pour sa part la cavalerie italienne, en garde sous le duc de Somme[2],

---

assemblés par des entretoises qui composent l'affût d'un canon. » (*Dictionnaire de Trévoux*.)

1. Sébastien de Luxembourg, vicomte de Martigues, fut tué le 19 novembre (La Popelinière, liv. XX, f. 153).

2. Bernard de Saint-Severin, duc de Somma, capitaine d'origine napolitaine, avait suivi l'armée française après la campagne de 1557. Sous Charles IX, il devint colonel général de l'infante-

la rencontre ayant desjà pris la charge pour venir aux trenchées. Tout cela est renversé, quoi qu'ils fussent deux cents lances, et poursuivis avec tel effroi, que l'artillerie et les poudres abandonnées furent longtemps en la possession de la Mothe-Pujaud. Mais n'ayant point porté de quoi enclouer, pour n'avoir pas espéré tel heur, les sortis furent repoussez comme ils commençoyent leur trainée pour la poudre, et leur action belle avec peu de fruict.

La batterie rechauffée entre la porte d'Aunix et le chasteau, il y eut cinq canons logez dans les trous de la contrescarpe; ce qui fit que de si près, le ravelin, qui n'estoit que moitié fassine et moitié fumier, ne pût couvrir ceux qui le deffendoyent, pource que les balles perçoyent vingt-deux pieds de parapet. Plus servit aux assiégez un petit logis pour deux arquebusiers à la fois, que la Mothe avoit fait au bas de la contrescarpe, ayant pris sa ligne de deffense à fleur de la ruine. Et ainsi l'expérience et la nécessité leur faisant faire grossièrement dès lors ce que nos plus subtils ingénieux d'aujourd'hui appellent flancs-fichez, grande fut la ruine de tout le chasteau, et la tuerie d'hommes et de femmes qui essayoyent à relever le rempart.

Sur ce point, et sur la nouvelle receuë par Fombedouëre qu'un secours de Poictevins s'en estoit retourné dans la forest de Chizé, un autre repoussé au pont Sainct-Julien, et Sainct-Auban[1], qui le menoit, pris, la composition fut achevée par la Mothe[2] :

---

rie italienne et mourut au château de Langeais, le 25 mai 1570, à l'âge de soixante-quatre ans.

1. Gaspard Pape de Saint-Auban (t. I, p. 283).
2. Les pourparlers de la capitulation commencèrent le 18 no-

que[1] les gens de guerre s'en iroyent avec chevaux, armes et enseignes ployées[2], conduits pour leur seureté par Biron et Cossins, à charge que de quatre mois ils ne porteroyent les armes pour leur cause[3]. Le lendemain troisiesme décembre, cinq cents hommes de pied et quatre vints chevaux, qui sortoyent de la ville, furent dévalisez, et grand nombre tuez dans le fauxbourg de Matha, quelque diligence que le duc d'Aumale fist au contraire, en criant et remonstrant qu'une perfidie à la veuë du roi ne s'effaceroit jamais. Ici faut faire distinction en tels accidents, des capitulations qui se faussent avec le gré des chefs, ou seulement par la mutinerie des gens de guerre, ce que nous appellons en tel cas eschapper[4]. Piles, estant à Angoulesme[5], en demanda la punition, ce que ne pouvant lui estre accordé[6], il déclara par un trompette exprès sa condition des quatre mois nulle ; et dès lors avec les siens

---

vembre et donnèrent lieu à des péripéties que raconte La Popelinière avec détails. Enfin elle fut signée le 2 décembre 1569 (La Popelinière, liv. XX, f. 152 et suiv.).

1. Sous-entendu *il fut arrêté que...*
2. Le sauf-conduit donné par le roi aux défenseurs de Saint-Jean-d'Angély, daté du 3 décembre 1569, est imprimé dans l'*Histoire de nostre temps*, p. 660.
3. Les conditions de la capitulation sont très clairement exposées par Vincent Carloix, secrétaire du maréchal de Vieilleville (*Mémoires de Carloix*, liv. IX, chap. XLVI).
4. C'est-à-dire lorsque les gens de guerre *échappent* à l'autorité de leurs chefs.
5. Piles arriva à Angoulême le 4 décembre 1569 (*Hist. de nostre temps*, 1571, p. 662).
6. Piles, La Motte et Cigognac écrivirent, le 5 décembre, au duc d'Aumale. Le duc leur répondit le 13 et Biron le 15. Ces trois pièces sont imprimées dans *Histoire de nostre temps*, 1571, p. 662 et suiv.

alla [1] trouver les Princes delà la Dordongne, quoi qu'il eust sur les bras quatre compagnies menées par la Vauguion. Durant le siège moururent cent quatre-vingts que soldats qu'habitans, et bien autant à la reddition. Ceux de dehors laissèrent, que de coups, que de maladies, plus de six mil hommes [2], aux entours de Sainct-Jean, où Guittenière demeura gouverneur avec huict enseignes de garnison [3].

Le roi, ayant tasté avec quelles duretés il pouvoit guerroyer le parti contraire, affectionna le traicté de la paix, jusqu'à envoyer le mareschal de Cossé à la Rochelle vers la roine de Navarre [4]. Elle respondit que, puisque la paix ne se faisoit que par les armes, que tous les deux estoyent en mesmes mains; partant elle renvoya l'affaire aux princes, vers lesquels il falut despescher comme nous verrons. Mais pour dire de la Xainctonge, il faut voir comment Taillebourg et Blaye, sommez, refusèrent tout à plat [5]; Xainctes, sur l'effroi de la première capitulation de Sainct-Jean, ayant quitté; Cognac plus foible, mais mieux garni, car

---

1. Piles partit le 15 décembre 1569 (La Popelinière, liv. XX, f. 154).

2. Jean de Serres n'évalue les pertes de l'armée catholique qu'à 2,000 hommes (p. 475).

3. Jean d'Antras, qui donne de grands détails sur le siège de Saint-Jean-d'Angély, dit que Guttinières y avait été fort blessé (*Mémoires*, in-8°, 1880, p. 33).

4. La négociation s'engagea sur une lettre du s. de la Personne au roi du 21 novembre (voyez ci-dessus, p. 138, note 2). Les princes écrivirent au roi le 14 décembre et lui envoyèrent Téligny (F. fr., vol. 6619, f. 119). Cossé ne fut envoyé à la Rochelle qu'en janvier (Arcère, t. I, p. 389).

5. Les tentatives de l'armée royale sur Taillebourg et sur Blaye ne réussirent point. La seconde est du 3 novembre 1569.

Tors[1] y commandoit, qui ne fit pas de mesme. Les deux compagnies d'Asnières s'y jettèrent les premières, quelques quarante gentilshommes et autant de capitaines provençaux, qui, ayant leurs compagnies deffaites, avoient esleu pour leur chef Ferrier de Menerbes[2]. Ceux-là estoyent sans repos dans l'armée du roi, peu souvent sans avoir joué de l'espée. Entr'autres coups deffirent un soir à Neuvi[3] la compagnie de gens-d'armes de Bateresse[4] et les gardes de Martigues, perçans au retour le prince daulphin, logé à Beauvais, avec cinq cornettes et huict autres compagnies, logées dans leur chemin, qui furent quand et quand à cheval. Le héraut du roi estant venu trouver Tors et lui ayant présenté une lettre de Sa Majesté, le vieillard la baise et la rend, protestant de ne sçavoir ni lire ni escrire, et que ses compagnons avoyent cœur et mains et point d'oreilles. Cela fit avancer les régiments de la Valette et de la Vauguion et deux régimens de gens de pied au pont de Javersac, qui s'entretindrent quelques jours en gaillardes escarmouches avec les réformés, aussi avantageuses d'un costé que d'autre.

Il y avoit dans Angoulesme de cinq à six mil hommes, ausquels on ne pouvoit persuader d'espouser Cognac.

1. Charles Poussard de Fors, époux de Marguerite Girard de Bazoche, gouverneur de Cognac (Arcère, t. I, p. 388).

2. Étienne Ferrier, né à Bojoux dans le Comtat, coseigneur de Menerbe, fut un des lieutenants du baron des Adrets et du capitaine Saint-Auban. En 1575, il signa la protestation des huguenots dauphinois contre l'exécution de Montbrun. Il vivait encore en 1578 et se trouvait à Gap avec Lesdiguières (Communication de M. Roman).

3. Neufvy (Oise).

4. Louis de Neucheze, s. de Batresse, lieutenant de la compagnie du maréchal Damville (Montre du 8 juin 1567; f. fr., vol. 21527).

On les y amena avec une ruse notable : on ferme les portes de bonne heure, on feint une entreprise, les eschelles chargées il y eut presse à qui en seroit. La ville qu'ils devoyent prendre fut Cognac, où il entra la moitié, après que ceux qui avoyent monté aux eschelles eurent fait semblant de leur ouvrir la porte à grande difficulté. Quelques capitaines, qui trompoient honorablement, les menèrent en parade dans la place de l'antique. Là, voyans qu'on ne les tiroit point, ils congnurent la tromperie, et la pluspart eut honte de s'en retourner. Les compagnies du roi, qui avoyent commencé le siège de leur costé de ville, furent le lendemain contraints de se retirer, et recongnez jusques au pont de Javersac, d'où ils firent sçavoir à l'armée l'estat et la résolution de ceste petite ville : et la nouvelle ayant trouvé le conseil en balance d'assiéger ou non, l'emporta à la retraicte facilement [1].

Chapitre XX.

Reprise des affaires de Berri et d'Auvergne.

Vous voulez sçavoir que devindrent les garnisons de Chastelleraut, Chauvigni, la Roche-Posai, Preüilli, Angles et Clervaux. Tout cela se r'allia avec Gornai [2]

---

1. La ville de Cognac resta entre les mains des protestants et fut mise au nombre des quatre places fortes qui leur furent abandonnées en vertu de la paix de Saint-Germain (8 août 1570) (Mémoire du comte du Lude; *Arch. hist. du Poitou*, 1882, p. 275).

2. Gornay, capitaine protestant, fit la guerre après la bataille de Moncontour du côté de Châteauroux. Voy. le récit de Raynal, *Hist. du Berry*, t. IV, p. 92.

au Blanc[1], en Berri, pour gaigner Sancerre. Trouvent en leur chemin le Bourdieu[2], que le capitaine Gornay[3] avoit surpris sur le Faux et Bancière[4], lesquels, s'estans retirez dans Chasteauroux, à une mousquetade de leur bicocque perdue, avoyent amassé la noblesse, les soldats et communes du pays; si bien que, pour le voisinage, ces deux places estoyent tous les jours aux mains, et qu'en peu de jours ils perdirent quelques six vingts hommes, tant d'une part que d'autre, et presque partagez. Briquemaut, sauvé de la bataille de Montcontour avec sa troupe harassée et demi deffaite, trouva encor ce Bourdieu bien à propos. Et puis, toutes ces troupes y estant rangées, ils furent investis de loin et assiégez par la Chastre, gouverneur de Berri. Briquemaut eut moyen de despescher à Guerchi, qui partit de la Charité en résolution de mourir ou de les sauver. Pour ce faire, il passa deux rivières à nage, asçavoir le Ver et Lorette, de là vint emporter Chasteauneuf-sur-Cher par escalade, où il y eut tuerie sur les prestres et leurs chambrières, qui firent la principale deffense. Il y laisse deux compagnies pour le retour et va donner la main aux assiégez, qui, r'alliez ensemble, se firent faire place avec huict cornettes de cuirasses, comme ils les appelloyent, et dix d'arquebusiers à cheval; tout cela faisant mil compagnons.

Et pource que la risque de Montbrun, Mirabel et

---

1. Le Blanc, ville (Indre).
2. Bourgdieu, ville du Berry, sur l'Indre, autrement dite Deols.
3. Le capitaine Gornay reprit le Bourgdieu *avec* Panssières et Dufaux et non *sur* eux (Raynal, *Hist. du Berry,* t. IV, p. 93).
4. Panssières et Dufaux étaient, d'après La Thaumassière, des capitaines protestants de la compagnie de Gornay.

autres, avec quatre cents chevaux, est pareille à ceste-ci[1], nous les mettrons en parallèle; car ils eurent beaucoup de maux à passer le Périgort, surtout à la Dordongne[2], harassez de communes et de petites garnisons, qui leur assommoient tousjours quelcun. Ils trouvèrent Orillac[3] aussi à propos que les autres le Bourdieu, où Montbrun demeura bien tost assiégé par Sainct-Héran, encor plustost désassiégé par l'approche des princes quand ils logèrent à Argentat[4].

Nous ne pouvons plus laisser Vezelai, assiégé par Sansac, huict compagnies de gensd'armes et trente-deux de gens de pied, tout cela sous la charge de Fouëssi[5], équippé de six pièces de batterie. Le Bois leur avoit quitté Donzi[6]. Quelques volontaires, qui estoient dans Nohiers[7], avoyent aussi capitulé à la vie

---

1. Ce passage demande une explication. Il s'agit ici des compagnies levées en Provence et en Languedoc par Montbrun et Mirabel, qui, après la bataille de Moncontour, quittèrent le camp de l'amiral le 10 octobre 1569, et poursuivirent leur retraite jusqu'à Aurillac. De Serres a donné de grands détails sur ce fait (p. 435), mais il se trompe sur les dates. Voyez les notes suivantes.

2. Montbrun et Mirabel passèrent le 13 octobre près de Sarlat et furent battus (Reg. mun. de Périgueux; coll. de Périgord, vol. 50).

3. Aurillac avait été pris par les réformés le 10 septembre 1569. Voyez la note 2 de la page 85.

4. L'armée des princes arriva le 25 octobre à Argentat (Corrèze).

5. Odoard de Foissy, capitaine de gens de pied, avait fait ses premières armes sous les ordres du duc de Nemours et, suivant Brantôme, lui rendait des services dans sa vie galante (t. V, p. 92). Il fut tué pendant le siège de Vezelay.

6. Donzy (Nièvre).

7. Noyers (Yonne) était le château d'où le prince de Condé s'était enfui au moment de la prise d'armes de 1568. Voyez ci-dessus p. 5 et 6 et les notes.

sauve, mais entièrement massacrés[1]. Vezelai estoit fort hay pour la mort du capitaine Sarrazin[2], et sa compagnie traictée rudement. Cantarac[3] le surprit par escalade, plantée à soleil levant, et au changement des gardes[4]. Les amis de ce Sarrazin promettoyent tant de facilitez à Sansac, qu'il l'assiégea un peu légèrement[5], quoi que Guerchi y eust renforcé Blosset de deux compagnies et de quelques gentilshommes volontaires ; et en outre que la ville est sur une croupe avantagée de tous costez, horsmis du haut et de la teste, où à la vérité elle n'avoit que murailles et tours à la vieille mode. A l'arrivée du siège, ceux de dedans firent une honorable sortie avec deux drapeaux emportez, et le tout bien desmeslé.

Après une batterie de deux jours[6], Sansac logea

1. Le château de Noyers fut pris le 3 octobre 1569 et les prisonniers conduits et massacrés à Troyes. M. Challe a publié (*le Calvinisme dans l'Yonne*, t. I, p. 387) une lettre de Barbezieux au roi de cette date où est raconté cet événement.

2. D'Aubigné semble dire que le parti catholique en vouloit à la ville de Vezelay pour la mort du capitaine Sarrazin, mais il se trompe. Sarrazin était gouverneur de Vezelay pour le compte des réformés. Il fut tué d'un coup de canon pendant le siège dont le récit suit. De Serres (p. 453) et La Popelinière (liv. XX, f. 148 v°) confirment cette rectification.

3. Cantarac, seigneur de Tharot, près Vezelay. La Popelinière (liv. XX, f. 148 v°) et de Thou (liv. XLVI) le nomment *du Tarot*.

4. La prise de Vezelay par du Tarot remontait à quelques jours. Voir Le Frère de Laval, *la Vraie et entière histoire des troubles*, 1575, f. 257. M. Flandin a publié une étude sur les événements dont Vezelay avait été le théâtre depuis le commencement de la guerre civile (*Annuaire de l'Yonne*, 1842).

5. Sansac parut le 6 octobre 1569 sous les murs de Vezelay (La Popelinière, liv. XX, f. 148 v°).

6. Le 10 octobre, Sansac commença à battre la ville (De Serres, p. 451).

huict compagnies dans la ruine d'une tour portée par terre, puis, ayant fait une bresche vers la poterne, fait donner assaut aux deux, et, durant ces assauts, une escalade vers les Cordeliers [1]. Tout repoussé, il y eut quelque intelligence de ceux que nous avons dit avec deux habitans, descouverts et pendus [2]. Il se fait une troisiesme bresche et se donne un troisième assaut du costé des Cordeliers, auquel le gouverneur [3] estant mort, Sansac lève le siège. Puis, sachant des nouvelles de dedans, il remeine ses forces peu de jours après, et ayant donné un assaut inutilement, se dispose à gaigner par la faim ce que la force n'avoit peu faire. Mais, à tous coups, Guerchi et Briquemaut perçoyent ceste armée, et, entre deux légers combats, faisoyent couler des charges de vivres à leur plaisir. Ce que voyant, Sansac quitta du tout ceste entreprise vers la moitié de décembre [4], ayant perdu mille quatre cents hommes de pied et près de quatre cents hommes de cheval, tant aux assauts, esquels il s'en servoit, que par les courses que faisoyent sans cesse ceux de la Charité.

A cause de tous ces affronts, Sansac, avec quatre cornettes, et Goas, avec son régiment, allèrent trouver la

---

1. Cet assaut fut donné le 15 octobre (Serres, p. 452).

2. L'un de ces traîtres se nommait Albert de la Chasse et l'autre était un maître d'école. Ils écrivaient à Sansac et jetaient leurs lettres dans le camp des assiégeants au moyen d'une fronde (La Popelinière, liv. XX, f. 149).

3. Ce gouverneur était le capitaine Sarrazin (Serres, p. 453).

4. Sansac lève le siège de Vezelay, 17 décembre (La Popelinière, liv. XX, f. 149). De Thou dit le 16 *décembre* (liv. XLVI). M. Challe a publié (*le Calvinisme dans l'Yonne*, t. I, p. 400) un rapport de Sansac au roi sur ce siège.

Chastre, qui s'en servit pour nettoyer, comme il put, le Berri, où, dès la bataille de Montcontour, le capitaine Belon[1] avoit pris Linières; un ministre[2] Baugi[3]; le capitaine Chartres la Chapelle d'Angelon[4]; le capitaine Bois Monfaucon[5]. Pataudière[6], Menetou[7] et la Baudrie[8] estoyent demeurez à Chasteauneuf[9], où, après une escalade et une sape repoussée, la garnison se rendit à composition, bagues sauves; mais tout cela fut traîné en l'eau. Pataudière repoussa la première attaque, et puis quitta la place. Linières assiégé deux fois, bien deffendu la première, la seconde rendu par composition, assez bien gardée, pour l'extrême famine et la blessure du capitaine Belon, qui là receut sa trente-cinquiesme arquebusade. Baugi pris par assaut, le ministre fut emmené à Bourges, le reste mis au fil de l'espée. La Chappelle d'Angelon fut si bien secourue

---

1. Belon, capitaine protestant, avait été gouverneur du château d'Angle. Il prit Lignières (Cher) peu après la bataille de Moncontour. En 1585, il était gouverneur de l'île de Ré (Haag).

2. Un ministre *avait pris* Baugi.

3. Ce ministre, dit de Thou, était le capitaine Renty. — Baugy est une ville du Cher.

4. La Chapelle-d'Angillon (Cher).

5. Montfaucon (Haute-Loire). Le capitaine Le Bois était peut-être le fils d'un capitaine du même nom qui venait de mourir à la Charité. Il fut tué peu après, à la surprise de Bourges.

6. La Pataudières, capitaine protestant, avait une compagnie de chevau-légers. Il défendit victorieusement Menetou contre La Châtre (Raynal, *Hist. du Berry*, t. IV, p. 98).

7. Gabriel d'Aulezy, seigneur de Menetou, guidon de la compagnie du s. de Punsat (Montre du 31 mai 1569; f. fr., vol. 21530). La seigneurie de Menetou est dans le Cher.

8. La Baudrie, capitaine protestant, est signalé comme gouverneur de Chasteauneuf (Raynal, *Hist. du Berry*, t. IV, p. 97).

9. Chasteauneuf, sur le Cher.

par Briquemaut, qu'elle et Monfaucon demeurèrent pour ce temps aux réformés.

Montaré, lieutenant de roi en Bourbonnois, avoit d'autre costé assiégé la dame de Neuvi-Benegon[1], en sa maison, avec deux mil hommes, deux canons et deux petites pièces. L'assaut n'y fut point donné que toutes les tours ne fussent par terre et la maison presque en ruine, car, n'ayant à craindre ni rempart ni retranchement, ils démolirent tout à loisir. J'estime aussi que Montaré vouloit prendre ceste dame le plus doucement qu'il pouvoit. Mais elle prit sa place sur la bresche la plus dangereuse, une demie picque en la main ; et les soldats, faisans de honte courage, se deffendirent à sa veuë si opiniastrement que la force ne leur fit rien, ouy bien la nécessité, par laquelle ils se rendirent à la mi-novembre[2]. La dame prisonnière fut mise en liberté par commandement du roi, pour avoir ouy conter qu'on l'avoit veuë plusieurs fois descendre dix pas dans la bresche pour jouër de sa demi picque. Ceste vertu rare trouva la courtoisie qui estoit aussi rare en ce temps-là[3].

1. Marie de Barbançon, veuve de Jean des Barres, seigneur de Neuvy, était sœur du s. de Cany, compromis en 1560 dans le procès du prince de Condé (De Thou, liv. XLVI).
2. Le siège de Benegon fut entamé à la fin d'octobre et la dame de Neuvy capitula le 6 novembre 1569 (La Popelinière, liv. XX, f. 150).
3. La dame de Neuvy fut emprisonnée au château de Bourges, puis au château de Grossouvre (Cher) où le s. de la Clayette, son gardien, la séduisit et l'épousa (La Popelinière, liv. XX, f. 150).

Chapitre XXI [1].

Prises de Nismes et trape de Bourges.

Mais desjà en Languedoc il se fait tant d'exploits de guerre, que nous ne pouvons achever d'en conter un qu'un autre ne soit exécuté ; dont je nettoyerai mon année de toutes ses parts, hormis la Xainctonge, qui est encores plus à la guerre que les autres, pource que la paix nous y trouvera. Nismes nous appelle, la ville aux antiquitez, commandée par Sainct André [2], et le peuple contraint de rigueurs à cercher sa liberté. Un charpentier de Cauvisson, nommé Adron [3], trouva l'invention de miner une grille dans un ruisseau, entre la porte des Carmes et le chasteau, autrement appellé la Tour Estoile. Et pource qu'il y avoit une sentinelle fort proche, et qu'il passoit force rondes près à près, il se servit d'un sien compagnon, qui, d'une fenestre en dehors, tiroit une cordelle ceinte autour du corps du travaillant, pour l'advertir quand il estoit besoin de cesser, car la sentinelle alloit souvent sonner une cloche au changement des gardes. Il n'y avoit que ce

---

1. Le numéro et l'en-tête du chapitre manquent à l'édition de 1616.
2. Édouard d'Albert, seigneur de Saint-André-d'Olerarques, second fils de Théobald d'Albert et de Gabrielle de Mondragon, appartenait à la maison qui plus tard a donné le jour au connétable de Luynes (Perussiis dans le t. II des *Pièces fugit.* d'Aubais, t. I, p. 290).
3. La Popelinière (liv. XX, f. 147) et de Thou (liv. XLVI) le nomment *Madaron;* Menard, *Maduron* (*Hist. de Nîmes*, liv. XVI, chap. LI).

petit espace pour travailler, lequel fut si bien employé, qu'en quinze jours il acheva, bouchant tous les matins sa besongne de cire au haut et de bouë au bas. Quelques fois s'opiniastroit à son œuvre après la cordelle tirée, et la sentinelle jetta des pierres pensant que ce fust des os qu'un chien rongeoit [1].

Servas [2], qui avoit charge en ce pays, marche à l'entreprise avec quatre cents arquebusiers, fait donner Saint-Cosme [3] avec vingt choisis. Un esclair seul, en temps serain, vint si furieux [4] que tout quittoit Servas, sans le ministre qui avoit fait la prière, car il ramena par la manche du mandil ceux qui fuyoyent, en disant : « Courage, cest esclair montre que Dieu veut estre de la partie. » Dont les vingt ayans passé la grille, forcent le corps de garde, coupent les barres des portes et les ouvrent à Servas avec ce qu'il avoit rallié. Or, pource que ces entrepreneurs estoyent peu, ils firent galopper les goujats sur leurs chevaux avec les trompettes par les rues. Sur cest effroi, ceux que le peuple accusoit de grandes inhumanitez, n'espérant point de bonne guerre, se jettèrent dans les fossez, et y en eut d'assommez par les habitans.

1. Menard, dans une dissertation ajoutée à son *Hist. de Nimes,* a discuté ces circonstances romanesques (édit. de 1874, t. V, note 2). Gaches, dans ses *Mémoires,* ajoute au récit de d'Aubigné quelques détails nouveaux, p. 99.

2. François Pavée, seigneur de Servas, capitaine protestant. — Menard a prouvé dans son *Hist. de Nimes* que ce ne fut pas Servas qui conduisit le coup de main de Nîmes, mais Saint-Côme seul (édit. de 1874, t. V, note 2). Voyez aussi l'*Hist. du Languedoc,* t. V, p. 298.

3. Nicolas de Calvière, seigneur de Saint-Cosme, frère du président Calvière.

4. Var. de l'édit. de 1616 : « ... *choisis*. Les éclairs et tonnerres à l'aproches de la muraille vindrent *si furieux*. »

Le capitaine Astoul[1] défendit, avec vingt-cinq hommes, une maison et une porte douze heures, et depuis gaigna la tour qui servoit de citadelle (quelques-uns l'appellent chasteau), où ayant receu quelques secours de Marguerites[2], et sachant qu'il n'y avoit point de canon au pays contre lui, ne se rendit qu'à la fin de l'année, voyant une mine preste à jouër. A ce sac furent tuez, que soldats qu'habitants, qui s'estoyent rendus partisans de la garnison, huict vingts hommes, quelques officiers; et y en eust eu d'avantage sans l'arrivée de Sainct-Romain, que les princes envoyèrent à Nismes pour y commander[3].

Nous n'avons pas esté si tost hors du Berri que l'entreprise de Bourges, une des plus insignes trapelles[4] de ce temps, nous convie à dire comment Ursin Palus[5], sollicité par son frère, de Sanserre, de livrer la grosse tour, par l'advis de la Chastre, promet. Attire dans le fossé et à un pertuis les réformez, puis,

---

1. Astoul, capitaine catholique, défendit le château de Nimes avec 60 hommes jusques au 30 janvier 1570 (Menard, *Histoire de Nimes,* liv. XVI, chap. LVII).

2. Marguerittes, château fortifié voisin de Nimes (Menard, *Histoire de Nimes,* liv. XVI, chap. XLV).

3. L'*Hist. du Languedoc* dit que Nimes fut pris dans la nuit du 15 au 16 novembre 1569 (t. V, p. 298, d'après La Popelinière, liv. XX, f. 147), mais Menard assure que cet événement eut lieu dans la nuit du 14 au 15 (*Hist. de Nimes,* liv. XVI, chap. LI). D'Aubais a discuté ces dates dans les notes ajoutées au récit de Perussiis (*Pièces fugit.,* t. I, p. 291). La surprise de Nimes est le sujet d'une gravure du recueil de Tortorel et Perissin.

4. *Trape* ou *trapelle,* embuscade.

5. Ursin Palus, lieutenant du capitaine Marin, gouverneur de la tour de Bourges. Son frère, Guillaume Palus, était cousin germain d'un s. La Grange, conseiller de Bourges, le négociateur de toute cette affaire (La Popelinière, liv. XXI, f. 156 v°).

les voyant taster pour descendre, sort, va au-devant d'eux, joue si bien son personnage qu'il les amène dans le trou : l'Espau[1], le premier, avec dix hommes choisis ; Ranti, qui le suivoit, avec vingt-cinq ; et puis des Essars, avec cinquante armez. Tout cela estoit au trou et au fossé. Briquemaut avancé à la contr'escarpe avec douze cents arquebusiers, et treize cornettes à cent pas de là, quand les pièces disposées dans le fossé, l'escoupeterie de canon et d'arquebuserie, les fougades, les grenades et les feux artificiels jouèrent tous à la fois. Les chefs premiers avancez coururent moins de danger pour estre hors de ces fricassées. La Chastre les receut prisonniers, et ne les traicta pas en traistres, mais en gens de guerre, contre l'opinion de plusieurs[2]. Il s'en sauva de ceux qui estoyent entrez la pluspart par un accident bien nouveau : ce fut que la herse estant cheute sur un gros homme bien armé, nommé Brussière[3], ses armes firent demeurer au-dessous un pied et demi d'espace, par où eschappèrent ceux qui ne perdirent pas jugement[4].

Il me fasche de vous amuser au chevalier du Boullé[5],

1. Lespau, capitaine protestant, réfugié de Sancerre.
2. La Chastre écrivit une lettre au roi, le 21 janvier 1570, portant refus presque formel de faire massacrer les capitaines prisonniers. Cette lettre a été publiée dans le *Bulletin de la Soc. de l'Hist. du prot. français*, t. IV, p. 28.
3. La Thaumassière l'appelle La Bussière.
4. La Popelinière (liv. XXI, f. 156 vᵉ) et le *Journal de Généroux* (p. 67) fixent cette tentative sur Bourges au 21 décembre 1569 ; de Thou (liv. XLVI), au 22. — Claude Haton l'a racontée avec un grand détail (*Mémoires*, t. II, p. 554). Voy. surtout le *Discours de l'entreprise et conspiration... sur la ville de Bourges*, 1570, in-18. La surprise de Bourges est le sujet d'une des gravures du recueil de Tortorel et Perissin.
5. Le chevalier du Boullay conduisait cinq ou six cents che-

pource que son dessein estant de piller une foire[1], il se laissa assiéger dans Ville-Mareschal[2], qui n'est qu'un village fermé, où il quitta les siens pour aller quérir du secours si tost qu'il se vit assiégé par Antragues. Se trouvans là, à propos, Ernest de Mansfeld[3] et autres compagnies qui se retiroyent avec permission, ils prestèrent la main en estans requis. Bouteville[4], compagnon du Boullé, et son fils se rendirent avec composition faite à la haste, et, depuis, rendus par Antragues entre les mains de la justice au premier mandement, ils furent pendus. Assez de tels accidents nous amuseroyent; mais les princes que nous avons laissé passer la Dordongne au pont, pris et débattu par la Loue et Chouppes, ont cheminé, et il faut principalement rendre conte d'eux.

Chapitre XXII.

Voyage des Princes.

Nos princes, ne trouvans point d'obstacle en leur

vaux (Lettre du prévôt des marchands de Melun, citée dans la note suivante).

1. Il s'agit de la foire de Milly, village du Gâtinais (Seine-et-Oise). Ce village avait appartenu au vidame de Chartres et était passé depuis 1560 entre les mains du maréchal Damville (La Popelinière, liv. XX, f. 155). Une lettre du prévôt des marchands de Melun au duc d'Alençon, du 24 janvier 1570, fixe la date de cette tentative (F. fr., vol. 15551, f. 12).

2. Ville-Maréchal (Seine-et-Marne); ce château appartenait à Jean Olivier, évêque de Lombez (La Popelinière, liv. XX, f. 155).

3. Pierre-Ernest de Mansfeld ramenait en Flandre les troupes que Philippe II avait prêtées au roi de France.

4. La lettre du prévôt des marchands de Melun, citée plus haut, le nomme Hugueville.

chemin, furent bien aises de mettre entr'eux et l'armée victorieuse la Dordongne, où nous avons dit, et le Lot à Cadenat[1]; et puis ils descendent le long et au delà de ceste rivière, jusques à son entrée en la Garonne, assiéger et prendre à composition Aiguillon[2], ainsi nommée pource que c'est une aiguille de terre en la conjonction de ces eaux. Le logis du Port Saincte-Marie[3], couvert de l'autre, leur fut aussi fort commode pour bransqueter plusieurs mauvaises places de Gascongne; mais plus encor pour dresser un pont à recevoir le comte Mongommeri, lequel, ayant espouvanté tout le pays et dernièrement deffaict l'Arbois[4] et d'Arnai[5], se rafraichissoit dans Condon en toute seureté[6]; pource que Montluc pensoit assez faire de garentir Agen, où il blasmoit le comte de se reposer trop tost

1. Capdenac (Lot). Les princes y passèrent dans les premiers jours de novembre 1569 (La Popelinière, liv. XXII, f. 168 v°).

2. Aiguillon, au confluent de la Garonne et du Lot, tomba au pouvoir de l'armée réformée le 28 novembre 1569 (*Hist. du Languedoc*, t. V, p. 300). Le passage des princes à Aiguillon est signalé dans un curieux rapport d'espion sans date ni signature (F. fr., vol. 15548, f. 188).

3. Port-Sainte-Marie (Lot-et-Garonne) fut pris par l'armée confédérée le 29 novembre. Les princes y arrivèrent le 10 décembre et y séjournèrent jusqu'à la Noël (*Hist. du Languedoc*, t. V, p. 300).

4. Savary d'Aure, baron de Larboust, lieutenant de la compagnie d'Antoine de Gramont. Voyez les *Commentaires de Monluc*, t. III, p. 273.

5. François d'Arné, gentilhomme gascon, ancien guidon de la compagnie du roi de Navarre, avait été surpris, battu et fait prisonnier par Mongonmery dans les premiers jours d'octobre (Lettre de Mongonmery du 13 octobre 1569; Durier et Carsalade du Pont, *les Huguenots en Bigorre*, p. 58).

6. Mongonmery était à Condom le 3 novembre 1569 et écrivit de là aux consuls d'Auch (*les Huguenots en Bigorre*, p. 75, note).

après sa victoire. Le mareschal de Montmorenci estoit engagé au siège de Mazères[1], où il avoit desjà donné un grand assaut; et puis, sentant approcher les princes, il fit l'effroi[2] qu'il pût, perdit quantité de bons hommes, ramena à Thoulouze ses blessez, entr'autres le comte de Candale[3] et Frontenac[4], pour venir faire en ceste grande ville ce que son rival faisoit dans Agen. Le pont, qui avoit attendu le comte[5] plus de quinze jours, fut rompu par quelque moulin qu'on laissa dériver la nuict; l'eau estant grande, les pièces en furent emportées jusques à Sainct-Maquaire[6]. Et ainsi il falut que les troupes de Béarn passassent dans des batteaux, non sans grande longueur et incommodité[7]. A ce terme acheva l'année.

1. Le maréchal Damville mit le siège devant Mazères le 5 octobre 1569 et prit la ville le 18 du mois (Aubais, *Pièces fugit.*, Journal de Faurin, p. 7).

2. *Effroi*, attaque, déploiement de forces capable d'inspirer de l'effroi.

3. Henri de Foix, seigneur de Candale, gendre du connétable Anne de Montmorency, mort en 1573 d'une blessure reçue au siège de Sommières. Il commandait alors en Languedoc sous les ordres de Damville (*Commentaires de Monluc*, t. V, p. 264).

4. D'Aubigné fait confusion. Le s. de Frontenac était de Touraine et ne faisait pas partie de l'armée de Damville. L'auteur a probablement voulu désigner Roger de Saint-Lary de Bellegarde, qui fut en effet blessé au siège de Mazères et qui, ramené à Toulouse, y mourut l'année suivante (Lafaille, *Annales de Toulouse*, t. II, p. 295).

5. Le comte de Mongonmery, qui revenait victorieux du Béarn.

6. Monluc lança contre le pont flottant de l'armée protestante un bateau-moulin qui rompit tous les câbles (15 décembre 1569). Voyez le récit des *Commentaires*, t. III, p. 375. Une lettre de Coligny à la reine de Navarre, datée du Port-Sainte-Marie et du 24 décembre 1569, raconte cet événement (Coll. Baluze, vol. 151, numéro 4).

7. Mongonmery passa la Garonne le 3 janvier 1570 (*Hist. du*

Les princes et les plus grands de leur armée s'estans rafraichis à Montauban[1], et les troupes, ayant employé presques tout le mois à suivre le Tarn et à le passer, prindrent sur la fin Bole[2], près de Thoulouze, et l'armée se vit logée à la veue de ceste grosse ville, où le mareschal et la Valette avoyent sept cens hommes d'armes et près de sept mille arquebusiers, sans les habitants. Tout cela n'empescha point les principales maisons d'alentour d'estre bruslées, sur tout celles des justiciers[3] ; les brusleurs escrivans contre les parois, *Justice de Rapin*[4]. C'estoit pource qu'ils l'avoyent fait mourir quand il leur porta la paix, quoi qu'il eust bon saufconduit et avec lui commissaire du roi.

L'armée tira de Castres[5] deux pièces de batterie, et

Languedoc, t. V, p. 300). Voyez une lettre de La Vauguyon à la reine, du 11 décembre 1569 (*Doc. inéd. rel. à l'Agenais*, publiés par M. Tamizey de Larroque, p. 104).

1. Une partie de l'armée des princes vint à Montauban le 20 décembre 1569.

2. *Bole*. Il n'y a point de ville de ce nom. D'Aubigné a emprunté ce renseignement erroné à La Popelinière (liv. XXII, f. 169 v°). L'*Histoire du Languedoc* avait déjà fait cette observation (t. V, p. 635). Ce doit être Le Born (Haute-Garonne), à 38 kilom. de Toulouse. L'armée protestante y entra le 22 décembre.

3. Sur les pillages commis par l'armée des princes aux environs de la ville de Toulouse, voyez les *Annales de Toulouse*, t. II, p. 299, et une lettre des capitouls de Toulouse au roi, du 15 février 1570 (f. fr., vol. 15551, f. 46). Le roi répondit le 3 mars (Orig., f. fr., vol. 3191, f. 27).

4. Philibert Rapin, maître d'hôtel du prince de Condé, était un des commissaires chargés de l'exécution de l'édit de paix du 23 mars 1568. Fait prisonnier à Grenade par ordre du parlement de Toulouse pour sa participation aux troubles de 1562, il fut condamné à mort et exécuté le 13 avril 1568.

5. L'armée des princes marcha vers Castres le 31 janvier 1570.

avec ce petit équipage prit en peu de jours Carmain[1], Oriac, la Faye, les Bans, Montestruc[2], tout par force et avec le traitement que la force emporte avec soi, hormis ceux de Faye, qui percèrent la nuict et sauvèrent leur meilleur. Sainct-Félix fit mieux que les autres places, car, après avoir tué cinquante bons hommes en un assaut, le vicomte de Montclar, qui l'assiégeoit, fut contraint de se retirer blessé à Castres, où, plein de despit, ne voulant pas souffrir d'estre pensé, il mourut[3].

Piles, qui, de peu de jours, estoit arrivé à l'armée[4], partit de là pour faire une course au comté de Roussillon, d'où, après avoir fait du mesnage, il ramena avec lui tous les bandoliers[5] conduits par Odoux[6]. Mais

et l'avant-garde y arriva le 3 février (La Popelinière, liv. XXII, f. 170).

1. Damville, dans une lettre du 15 février 1570, raconte au roi la prise de Caraman (Autog. de Saint-Pétersbourg, vol. 104, f. 59; copies de la Bibl. nat.).

2. Ces noms de lieux sont aussi estropiés par La Popelinière et par le traducteur de de Thou que par d'Aubigné. *Carmain* est Caraman; *Oriac* est Auriac; *la Faye* est le Faget, au nord de Caraman, *les Bons* (ou *Lesbos* d'après La Popelinière, *Lesbons* d'après de Thou) est Las Bordes, au nord-ouest de Caraman; *Montestruc* est Montastuc. Voyez la dissertation de l'*Hist. du Languedoc*, t. V, p. 635.

3. Suivant l'*Hist. du Languedoc* (t. V, p. 301), d'accord avec d'Aubigné, le vicomte de Monclar serait mort des suites d'un éclat d'arquebuse. Suivant une lettre de Philippe de Rodolphis, évêque d'Albi, il aurait été tué, le 15 février 1570, dans une rencontre avec une troupe catholique, entre l'Isle-d'Albigeois et Gaillac (Orig., V° de Colbert, vol. 9, f. 20).

4. Piles était arrivé au camp le 20 décembre 1569 (La Popelinière, liv. XXII, f. 169 v°).

5. *Bandouliers, miquelets,* montagnards des Pyrénées-Orientales et de l'Ariège, brigands de profession (La Popelinière).

6. Claude de Levis, s. d'Odoux.

l'admiral, considérant leur milice sans discipline, craignit qu'ils ne fussent pas bons à la campagne comme parmi les rochers, et, plus, qu'ils achevassent de corrompre ses soldats, desjà bien avancez à cela. Il les remercia donc et renvoya, hormis quelques-uns, qui furent mis aux gardes des princes.

Carcassonne ayant bruslé de frayeur ses fauxbourgs et rasé les temples[1], Montréal, à trois lieues de là, ouvrit ses portes[2]. Là, Biron et Teligni arrivèrent, renvoyez du roi, pour la paix[3], avec lettres favorables de Sa Majesté[4] et de la roine mère à l'admiral. Après que Biron eut exposé sa charge en termes très honnestes et avantageux pour les personnes, mais fort restreints pour la religion, la Caze[5] respondit pour les princes[6],

1. *Les temples*, c'est-à-dire les couvents des Jacobins et des Cordeliers situés dans les faubourgs, avaient été rasés dès le commencement de février par crainte des réformés (*Hist. du Languedoc*, t. V, p. 302).

2. L'armée des princes entra le 1er mars à Montréal et y resta jusqu'au 17 (*Hist. du Languedoc*, t. V, p. 301).

3. Un mémoire non signé, mais qui paraît officiel, daté du 4 février 1570, présente un tableau détaillé de l'état des négociations à cette date (Copie ; f. fr., vol. 20619, f. 30).

4. La réponse du roi, datée du 3 février 1570, est conservée en copie du temps dans les V^c de Colbert, vol. 24, pièce 217.

5. Pontus de Pons, seigneur de la Case, sénéchal des Landes et de Marsan, avait été gouverneur du prince de Béarn. En 1570, il était chef du parti réformé en Languedoc ; en 1574, il faisait la guerre en Poitou. Quand il mourut, on trouva sur lui cette épitaphe :

> Desine migrantem lugere, viator et hospes,
>   Non careo patria, me caret illa magis.

que d'Aubigné a traduite ainsi :

> Passant, ne pleure que sur toi
> Si je passe en meilleure vie ;
> Je n'ai besoin de ma patrie,
> Mais elle aura faute de moi.

6. La Caze prononça, le 11 mars 1570, dans une séance solen-

et, ayant loué Dieu de ce que le cœur du roi tendoit à la paix, protesta de toute humilité et obéissance envers Sa Majesté, demeurant le service de Dieu en son entier, sans lequel et la liberté de le servir, la guerre, que d'ailleurs ils avoyent en horreur, leur estoit supportable. Et quant à Biron[1], il fut asseuré de leur amitié et de confiance en la sienne, avec prière qu'il se rendist aussi ferme et utile pour les négoces de la paix[2] qu'ils l'avoyent esprouvé brave et donmageable pour eux au faict de la guerre. Ils furent donc r'envoyez[3], et avec eux Beauvais et le secrétaire de la Chassetière[4].

Cependant, Cazaus[5], près de Narbonne, se laisse prendre, et l'armée, avancée jusques à Montpellier[6], se

---

nelle, en présence des princes et de Biron, une harangue qui est imprimée dans l'*Histoire de nostre temps*, p. 733.

1. Les princes de Béarn et de Condé et l'amiral écrivirent au roi, à la reine mère et au duc d'Anjou, le 10 mars 1570. Ces lettres furent remises à Biron le lendemain (*Hist. du Languedoc*, t. V, p. 301). Elles sont imprimées dans l'*Histoire de nostre temps*, 1571, p. 714 et suiv.).

2. Biron rendit compte de ses négociations au roi dans une lettre datée de Montréal et du 12 mars 1570 (Copie; f. fr., vol. 6621, f. 161).

3. Ils partirent de Montréal le 23 mars 1570 pour se rendre à Châteaubriand où était la cour.

4. Victor Brodeau, s. de la Chassetière, capitaine de gens d'armes, secrétaire des commandements d'Antoine de Bourbon et de Jeanne d'Albret, négociateur très employé par le parti réformé.

5. Cazouls, sur l'Orb, près de Béziers, et non près de Narbonne, fut pris le 24 mars 1570 (*Hist. du Languedoc*, p. 302 et 636). C'est de Cazouls, d'après La Popelinière, et non de Castres, d'après d'Aubigné, que Piles fut envoyé dans le comté de Roussillon.

6. L'armée confédérée parut sous les murs de Montpellier le 31 mars 1570.

fortifia de Baudiné, avec douze cents hommes, et receut, de mesme temps, Ranti, ayant payé la rançon[1], car il avoit esté pris et assiégé dans Baugi, comme il y pensoit repaistre ; lui, avec quatre autres chefs, ayant eschappé de grands périls à percer le Limosin et le Rouergue, et ayant aux trousses la Vauguion et des Cars avec huict compagnies de gensd'armes, seize cents arquebusiers et toutes les communes qui le guettoyent aux passages des montagnes et de la rivière. La garnison de Montpellier deffit à Lucras[2] les compagnies de la Loue et Guitinière[3] l'huguenot. La Loue, le plus vigilant cavalier de l'armée, fut tué d'un coup d'hallebarde, dormant en une chaire dans son corps de garde[4]. Ceux qui avoyent fait le coup furent menez par le marquis de Renel[5] avec beaucoup de meurtre et congnez jusques dans les portes de la ville.

1. Beaudiné et Renty, partis de la Rochelle au commencement de février, rejoignirent l'armée confédérée à Cazouls (*Hist. du Languedoc*, t. V, p. 302).

2. *Lucras* (d'après La Popelinière et d'Aubigné) ou *Lucare* (d'après de Thou) sont deux noms défigurés. L'*Hist. du Languedoc* estime qu'il faut lire *le Crés* (Hérault) (t. V, p. 637) ou plutôt *Saint-Brès*.

3. Guttinières, capitaine protestant, ne doit pas être confondu avec François d'Aydie, s. de Guttinières, que nous avons cité au chap. XIX de ce livre. Le nom de Guttinières paraît avoir été porté par une autre branche de la maison d'Aydie, la branche de Ribérac (Notes de M. de Carsalade sur les *Mémoires de Jean d'Antras*, p. 127).

4. Surprise des compagnies de La Loue à Saint-Brès, nuit du 31 mars au 1er avril 1570 (La Popelinière, liv. XXII, f. 172). Le marquis d'Aubais a savamment discuté les circonstances du récit de La Popelinière et de d'Aubigné (Notes sur Perussiis ; t. I des *Pièces fugit.*, p. 296).

5. Antoine de Clermont, marquis de Renel.

Ceste armée passagère eut quelque heur aux sièges, tellement qu'elle osa attaquer Emargues[1] et Lunel, où le gouverneur avoit mis de bons hommes; aussi furent-ils repoussez[2]. Et puis allèrent passer leur colère sur Marguerites[3], Sainct-Ambrois, Sainct-Justin et Sainct-Privat. De là se vint reposer à Nisme[4], où, s'estans r'accommodez de quelques munitions, ils allèrent encor emporter Saincte-Marie[5] avec quelque peine, Alés et Laudun[6] de haute lutte. Puis, laissans à droicte la rivière du Rhosne, viennent faire une autre pose à Aubenas, où il arriva que la femme de la Tour, prévost de camp, ayant creu estre vefve, mourut de joye à la veue de son mari. Là, les princes s'équipèrent de deux pièces, avec lesquelles ils emportèrent Sainct-Jule d'estonnement, Sainct-Julien par escalade et Montaut par assaut[7]; où le comte Mongommeri fit donner et y donna lui-mesmes, voyant que tout n'alloit pas à son gré. Les compagnies de chevaux légers du vicomte de Paulin et de la Mothe eurent sur les doigts par ceux d'Avignon, une au logis et l'autre en

---

1. Aimargues, près de Lunel (Hérault), bien qu'appartenant au s. d'Acier, était occupé par les catholiques (La Popelinière).

2. L'armée confédérée fut obligée de lever le siège de Lunel le 9 avril 1570 (La Popelinière, liv. XXII, f. 172).

3. Prise de Marguerittes, près de Nimes, 16 avril 1570 (La Popelinière, liv. XXII, f. 172 v°).

4. L'armée confédérée passa à Nimes avant d'aller à Marguerittes.

5. Il n'existe pas de ville ni de village du nom de Sainte-Marie dans cette contrée (*Hist. du Languedoc,* t. V, p. 638).

6. Laudun (Gard), château à trois quarts de lieue du Rhône.

7. Saint-Just-d'Ardèche, Saint-Julien, Saint-Montant, près du Rhône, tombent aux mains des confédérés, fin avril 1570 (*Hist. du Languedoc,* t. V, p. 303 et 638).

marchant. Et les deux ferrades furent si bonnes que de là en avant l'infanterie et la cavalerie, qui logeoyent à part, apprirent à estre compagnons de logis et de chemin. Or, pource que c'est entreprendre choses nouvelles que de passer le Rhosne avec deux pièces, ce sera pour le chapitre suivant.

Chapitre XXIII.

De la suite du voyage des princes et passage du Rhosne.

Après[1] la bataille de Montcontour, Montbrun, accom-

---

1. Var. de l'édit. de 1616 : « Deux choses firent résoudre de passer le Rosne, l'une pour rafraichir l'armée de nouvelles recreües, comme estant fort diminuée par les maladies et par la commodité que plusieurs avoient prise de retourner en leurs maisons ; l'autre raison étoit pource que si peu de pièces qu'ils menoient n'eussent peu passer du costé des Vivarets, d'où les montagnes vont boire dans la rivière. Ce premier passage ne fut pas sans dommage, car le comte Ludovic s'estant avancé pour prendre cognoissance du païs, S. Andol, gouverneur de Bourg, chargea et deffit ce qui gardoit les pièces ; emmena premièrement les poudres et les balles, puis voiant le secours du canon tardif, il revint au reste qu'il faisoit entrer dans Bourg sans l'arrivée du comte Mongommeri et de S. Jean, son frère ; tous deux blessés à la charge, le dernier en tuant d'un coup de pistolet S. Andol dans la porte de son gouvernement. Avec cette artillerie mal fournie, ils tastèrent Montelimar, où ne faisant pas leurs afaires l'admiral fut d'avis de laisser ses deux premières coullevrines à Graves nouvellement rendu à Montbrun, et les autres deux au Pousin, pour prendre le chemin de la Charité. Gordes, lieutenant de roi, voiant Monbrun résolu de passer la rivière, délibéra de l'empescher par le moien de quatre fréguates couvertes, que, à l'imitation des grands naux turquesques, il appellent Mioparons. Pour contrepoison à cette invention, Monbrun passe en dilligence, fait un fort au-dessous de Loriol, duquel, à coups de mousquets, il chassoit les frégates et se maintenoit le passage. Mais, avant

pagné de Mirabel, Gouvernet[1], Lesdiguières, le Pouet, Cuzy[2], Champoléon[3] et Piégros[4], et en tout de trente-

s'estre élevé d'une brasse, Gordes vint fondre sur lui avec toutes les forces du pais, de quoi il fut adverti par un signal du haut du Pousin. Il n'eut loisir que d'avancer le capitaine Piegros dans une saulaie pour se flanquer à main gauche ; et lui se met au-devant de son fort pour se montrer capable de combatre sans avantage. Gordes pousse devant soi Le Rousset, son lieutenant, lui commande d'aller à la charge, ce qu'il fait ; mais l'escoupete-rie de leur main droite et la résolution de Monbrun renvoia les coureurs si rudement sur Gordes, qui venoit au combat après eux, que les premiers rompirent les segons et tout s'en alla en confusion, laissans sur la place 70 morts, Le Rousset, Boutières et autres prisonniers de marque : mesmes Gordes leur tenoit compagnie, abbatu sous son cheval, sans un page qui lui en jeta un autre entre les jambes bien à propos et hardiment. Monbrun, tout blessé, avant se retirer au Poussin, comme il fit, ne laissa pas d'emporter d'effroi Loriol, et Gordes alla joindre nouvelles forces, avec lesquelles il retourna promptement assiéger le fort qu'il emportoit par le moien de quelque élévation en cavalier, sans le comte Ludovic que l'amiral avoit rappellé, et qui, aiant recouvré à grand peine une bastarde d'Aubenac pour chasser les fréguates, se résolut de passer avec douze cents hommes armés. A la veüe de ce premier plat, Gordes, craignant que le reste de l'armée fit de mesme, leva le siège. *Pipet demeure...* »

1. René de la Tour-du-Pin, s. de Gouvernet, né en 1543, un des plus célèbres compagnons d'armes de Montbrun et de Lesdi-guières, chambellan de Henri IV, capitaine de gens d'armes, lieutenant en bas Dauphiné, mort en 1619.

2. Aimé de Glane, seigneur de Cugie, au pays de Vaud, et d'Eurre en Dauphiné, capitaine protestant, d'origine suisse, établi en Dauphiné, fit la guerre dans cette province pendant les règnes de Charles IX et de Henri III, devint gouverneur de Livron en 1598 et mourut vers 1600.

3. Albert Martin, seigneur de Champoléon et d'Orcières, capi-taine d'ordonnance protestant, originaire du Dauphiné, époux de Madeleine Bérenger du Gua, belle-sœur de Lesdiguières. M. Roman a publié dans les *Actes et correspond. de Lesdiguières* plusieurs lettres de ce capitaine.

4. La seigneurie de Piegros (Dauphiné) était alors possédée par

cinq hommes de cheval, après s'estre reposez à Aurillac, en Auvergne, vindrent à Nismes, si tost après la prise, qu'ils aidèrent à la capitulation du chasteau. Là, ceste troupe se fortifia jusques à deux cents chevaux et sept cents arquebusiers qui entreprirent le passage du Rhosne, que Montbrun, par le moyen de quelques bateaux gaignez, passa premièrement en grande diligence. Et ayant commencé à la haste un fort sur son passage, il ne l'eut pas eslevé d'une brasse que Gordes, lieutenant du roi au pays, vint fondre sur lui ; de quoi estant adverti par un signal du haut au Pouzin[1], il n'eut loisir que d'avancer le capitaine Piégros dans une saulaye[2], afin de se flanquer à main gauche, et lui se mettre au-devant de son fort pour se monstrer capable de combattre sans avantage, quoi qu'il fust le plus foible des deux tiers, comme ayant afaire à toutes les forces du pays. Gordes, ayant poussé devant soi le Rousset[3], son lieutenant, lui commande d'aller à la charge, à quoi il fut assez bien servi. Mais l'escopeterie qu'ils eurent à leur droite et la résolution de Montbrun renvoyèrent les coureurs si rudement sur Gordes que, les premiers rompans les seconds, tout s'en alla en confusion, laissans sur place bien septante morts,

Pierre de Sauvain, s. du Cheylard. Le nom de Piegros devait donc appartenir à l'un des fils de ce capitaine, Antoine ou Pierre de Sauvain. Voir les *Mémoires de Piemond*, table, v° *Du Cheylard*.

1. Le Pouzin, un peu au-dessous de Viziers, en Vivarais.
2. *Saulaye*, lieu planté de saules.
3. Humbert ou Albert de Rosset, seigneur de Prunières et du Rosset, capitaine catholique, chevalier de l'ordre du roi, gouverneur de Gap en 1568, tué dans un combat au pont de Blacons, en 1575.

le Rousset, Boutières[1] et autres prisonniers de marque, ausquels Gordes tenoit compagnie, abbatu sous son cheval, sans un page qui lui en jeta un entre les jambes, bien à propos et hardiment[2]. Là, Montbrun fut blessé de playe fort douloureuse au pied, et ne laissa pas, avant que s'aller faire penser au Pouzin, de faire prendre Grane[3] d'effroi, où Valavoire fut gouverneur. Tout cela fut quelques six semaines avant que les princes eussent percé le Languedoc.

Tous ceux qui ont escrit jusques ici, et mesmes Serres en ses *Mémoires*[4], ont obscurci d'une grande confusion ce premier passage du Rhosne par Montbrun, et le second par le comte Ludovic, et encores a esté fort mal distingué ce que firent les deux branches des

1. Guiffrey de Boutières, fils du célèbre Guignes-Guiffrey de Boutières, qui, après avoir été lieutenant de Bayart, devint gouverneur du Piémont. Le soir de cette rencontre, il fut conduit au Pouzin et y mourut le lendemain (Note sur Perussiis dans le t. I des *Pièces fugit.* d'Aubais, p. 295).
2. Bertrand de Simiane de Gordes fut défait par Montbrun à la Voulte, sur le Rhône, le 28 mars 1570 (Perussiis dans le tome I des *Pièces fugit.* du marquis d'Aubais, p. 117).
3. Granne (Drôme), sur la rive du Rhône, entre Viviers et le Pont-Saint-Esprit.
4. D'Aubigné cite ici, mais à tort, les *Mémoires de la troisième guerre civile et des derniers troubles de France*, généralement attribués à Jean de Serres, qui ne poursuivent le récit de la troisième guerre civile que jusqu'à la fin de l'année 1569 et que nous avons souvent cités dans les notes. Ces *Mémoires* sont presque toujours joints aux *Mémoires de l'estat de France sous Charles IX*. D'Aubigné aura confondu cet ouvrage avec le *De statu religionis* du même auteur, dont la première édition conduit le récit jusqu'à la fin de la guerre, 1571, 3 parties in-8°, ouvrage des plus rares, du moins dans cette édition. Sur la bibliographie des ouvrages de Jean de Serres, voyez un savant article de M. Dardier publié dans la *Revue historique* (juillet 1883).

armées des princes au départ de Nismes. M'estant senti de ce mesme désordre en ma première édition, ce qui m'a cousté beaucoup de peine et de recerches à restituer comme vous verrez[1].

Les princes vindrent à Aubenas, et de là à Privas, où ils séjournèrent quinze jours ; mais l'admiral, avec le gros de l'armée, alla droit à Bourg, d'où ceux de dedans firent une sortie sur le comte de Montgommeri. Le comte Ludovic[2] s'estant advancé pour prendre cognoissance du pays, Sainct Andol[3], gouverneur de Bourg, deffit ce qui gardoit l'artillerie, emmena premièrement les poudres et les balles, et puis, voyant que le secours du canon tardoit, il revint au reste, qu'il faisoit entrer dans sa ville sans l'arrivée de Montgommeri et de Saint Jean[4], son frère, tous deux blessez en la charge qu'ils firent ; le dernier en tuant d'un coup de pistolet Sainct Andol, au premier corps de garde de son gouvernement. Avec ceste artillerie, l'admiral poursuivit son chemin, et, montant le long du Rhosne,

---

1. Les récits de La Popelinière et de Thou sont en effet fort obscurs, mais ils sont complétés dans la traduction de de Thou de 1740 par une longue note de Gaspard Laurent (t. IV, p. 307). D'Aubigné évidemment a rectifié le récit de ses deux devanciers, soit à l'aide de cette note, qu'il a pu connaître avant qu'elle fût imprimée, soit avec les communications verbales de ce professeur. Gaspard Laurent était recteur de l'académie de Genève dans les premières années du XVIIe siècle, pendant que d'Aubigné écrivait son *Histoire universelle*.

2. Ludovic de Nassau, frère du prince d'Orange.

3. N. de Varadier, s. de Saint-Andiol, gouverneur de Bourg, capitaine catholique, originaire d'Arles.

4. François de Lorges, frère cadet de Gabriel de Mongonmery, avait été abbé de Saint-Jean-lez-Falaises. Il embrassa la réforme et fut tué en 1572, à la Saint-Barthélemy.

vint à Baiz, au Pouzin et à la Voute[1], à deux lieues de Privas, là où les princes le revindrent joindre après qu'il fut guéri d'une grande maladie, pour laquelle il fut saigné trois fois en un jour[2].

Là aussi, on fit r'appeler le comte Ludovic, qui estoit passé en Dauphiné environ un mois devant la rencontre des princes et de l'admiral en Vivaretz. En quoi faut noter la nécessité de passer le canon des princes du costé de l'Empire, selon les termes des matelots[3], ne pouvant, le canon, passer du costé du royaume, à cause des montagnes précipiteuses qui vont boire dans le Rhosne. Le comte, à son arrivée, trouva le fort de Pipet[4], basti au premier passage de Montbrun, investi par terre et battu par quatre frégates, que, pour leur forme turquesque, ils avoyent nommées Mioparons; deux desquelles incommodoyent le fort par en haut et les autres deux par en bas. On avoit amené à grand' peine un demi canon d'Aubenas, à l'aide duquel les Mioparons quittèrent le jeu. Et depuis ce fort, vis-à-vis du Pouzin, l'armée de Gordes s'estant esloignée à la venue du comte Ludovic, donna passage libre aux

1. Bais, le Pouzin, Volte. Ce fut dans cette dernière ville, qui appartenait au comte de Ventadour, que l'amiral se retira pendant sa maladie (Note de Gaspard Laurent citée plus haut).
2. Hotman, dans la *Vie de Coligny,* édit. de 1665, p. 115 et suiv., a donné sur la maladie de l'amiral quelques détails qui confirment le récit de d'Aubigné.
3. On sait que jusqu'à une époque fort récente les bateliers du Rhône désignaient encore ainsi la rive du fleuve qui jadis reconnaissait la suzeraineté de l'Empereur.
4. Ce fort, bâti par le capitaine Saint-Ange un peu au-dessous de Loriol, sur les bords du Rhône, avait été confié au capitaine Pipet après la mort de Saint-Ange (La Popelinière, liv. XXII, f. 175 v°).

réformez du Daulphiné, qui s'estoyent retirez aux montagnes. Ceux-là, sous la conduite de Sainct Romain, eurent moyen de passer en Vivarets. Pipet demeura, avec quelques pièces, au commencement dedans le fort.

La garnison de Pierelate[1], un de ces matins, dans Douzère[2], surprit les compagnies de Bolac[3] et du Brossé, en se vengeant de quelque charge qu'ils avoyent fait aux leurs. Les murailles de la ville, ausquelles ils se fioyent, furent cause qu'ils ne sauvèrent rien de leur équipage; Brossé prisonnier à Orange.

Les réformez du Daulphiné font leurs afaires sur l'asseurance des passages, accommodez encor d'une tour nouvellement surprise du costé du Vivarets, appelée le moulin de Salavas, par le moyen de quatre jeunes soldats vestus en femmes.

Or, cependant que l'armée principale s'avançoit vers Loire, laquelle armée estoit suivie du mareschal d'Anville jusqu'à Villeneufve-de-Berg, pour faire désirer la paix aux courtisans, je ne veux point passer avec eux la rivière que je ne vous aye dit comment allèrent les affaires du Daulphiné.

Environ le coup d'Arnay-le-Duc et de la paix, Gordes, qui s'estoit retiré quand le comte Ludovic avoit passé avec douze cents hommes, sous opinion que ce fust l'armée, pour réparer son honneur, assiégea Loriol[4]. Mirabel, dedans, avec deux cents arquebusiers, met

1. Pierrelatte (Drôme).
2. Donzère (Drôme).
3. Probablement Boliac, d'une famille noble du Gapençais, fonduc depuis le xvᵉ siècle dans la maison de Gotefrey.
4. Gordes mit le siège devant Loriol le 29 juillet 1570. Le lendemain il tenta inutilement l'assaut, et peu de jours après il leva le siège (Chorier, t. II, p. 642).

tout en bresche, puis, repoussé, lors d'un grand assaut, tourna ses desseins à les avoir par nécessité; mais Montbrun y ayant fait entrer cinquante soldats habillez en paysans et chargez de farine, cependant qu'il entretenoit d'un grand combat la teste de l'armée, fit tant que cette misérable place tint pour lui jusques à la paix. De pareil soin et contenance, il garentit Corp[1] d'un siège en mesme temps.

Les princes sont en Forest à Sainct-Estienne[2], saisi par Bleraudière, soustenu de Colombiers[3], les lieutenans de roi[4] au pays pensans faire assez de garder Montbrison à ce logis d'armée. L'admiral, malade à l'extrémité, saigné par trois fois, tira des apparences de sa mort ce profit, que les jeunes gens, qui estoyent près des princes et qui commençoyent à faire une cour de leur armée, sentirent que leur valoit ce vieillard par l'apréhension de sa perte, aux premiers demeslements d'afaires, où il fallut payer de leur suffisance. Lui, guéri, envoya Briquemaut recevoir huict cents arquebusiers et trois cents chevaux, qui s'estoyent r'alliez vers Genève, avancez par la Bourgongne, et qui, chemin faisant, prirent en Beaujolois quelque petite place, et, en ayant failli d'autres, se rendirent[5] à Arnay-le-Duc.

1. Probablement Comps (Drôme).
2. Les princes étaient le 26 mai 1570 à Saint-Étienne.
3. Jean Pascal, seigneur du Colombier, capitaine catholique, gouverneur de Loriol en 1569, seigneur de Fallavier, en 1574 (*Mémoires de Piemond,* p. 546).
4. Le lieutenant de roi était Jacques, s. d'Urfé, dont nous avons parlé. On conserve quelques lettres de lui, relatives à ces événements, dans le vol. 15551 du fonds français.
5. Var. de l'édit. de 1616 : « ... *se rendirent* à René-le-Duc, que les autres appellent Arnel-Duc. »

Chapitre XXIV.

Du combat d'Arnay-le-Duc et ses circonstances.

Ceste approche du cœur de la France ne devoit pas estre mesprisée ; aussi falut-il mettre sur les bras de ces ressuscitez une roide et forte armée sous le mareschal de Cossé, avec exprès commandement de combattre s'il trouvoit les ennemis plus près que les montagnes. Ceste armée, composée de quatre mille Suisses, six mille hommes de pied françois, les garnisons du païs, près de trois mille lances, mil deux cents reistres, six cents Italiens, douze canons de batterie, tout ensemble approchant à dix-sept mil hommes, ayant passé le Berri, le Nivernois et Loire à Desize au commencement de juin[1], à la fin du mesme mois se trouva en veue des ennemis en un costeau entrecoupé de bois-taillis, un ruisseau par le bas. Le premier jour, la Vallette, menant la teste, rencontra Verac et Chouppes avec sept vingts chevaux, et Ceré, qui menoit vingt-cinq coureurs devant eux ; la Vallette en avoit quarante de mesme mestier. Ceré, suivi de près, chargea sans marchander, esbranla la teste, et, en mesme temps, paroissant une grande foule de bagage, que la Vallette jugea pour file de l'armée, se contenta de la retraicte avec quelque perte. Le lendemain, le mareschal marcha vers le village de Sainct-Jean[2], print l'assiette de son avant-garde, selon la com-

---

1. Passage de la Loire à Dezise (Haute-Loire) par le maréchal de Cossé, 17 juin 1570 (La Popelinière, liv. XXIII, f. 178).
2. Mont-Saint-Jean (Côte-d'Or), près de Beaune.

modité, lui garnissant la gauche de force arquebuserie dans un taillis, et, en une petite pleine, à costé du taillis, plaça quatre cents lances à la droicte. Il n'y mit qu'une grand'foule de gendarmerie. Sa bataille estoit au plus haut de la croupe, plus proche d'Arnay-le-Duc[1]. Dans la descente monstroyent front les Suisses, faisans un coin de leur bataillon de lanskenets sauvez à Montcontour. Tout le reste de l'infanterie françoise parsemée entre les taloppes[2] et buissons, avec sept canons, cinq réservez pour la droicte.

De l'autre costé du ruisseau y avoit un costeau presque pareil à cestui-là où prit place l'armée royale; celle des réformez, composée de deux mil cinq cents hommes de pied sous les régiments de Sainct Jean, Rouvray, Briquemaut et Bessonnière, presque tous arquebusiers à cheval, qui n'avoyent que petrinaux[3]; leur cavallerie de deux mil hommes, la moitié de François, mieux armez que de coustume, l'autre de reistres, presque tous en pourpoint, et tous se sentans d'un voyage de quatre cents lieues sans une sepmaine de repos. Leur place de bataille estoit entrecoupée de ravines, sans lesquelles ils estoyent accablez de coups de canon. Sainct Jean logé dans le champ dessus l'estang qui est au-dessous d'Arnai-le-Duc, Rouvray au moulin où les deux ruisseaux se joignent, le reste de l'infanterie bordoit ce ruisseau; toute leur cavallerie en six troupes quarrées, comme les places le permet-

---

1. Arnay-le-Duc (Côte-d'Or), près de Beaune. L'armée des princes y était arrivée le 25 juin 1570 (Abord, *Hist. de la réforme et de la ligue à Autun*, p. 433).

2. *Taloppe,* haie.

3. *Petrinal,* arquebuse courte à rouet, employée par les cavaliers.

toyent, et non plus en haye, comme au temps passé.

Le comte Ludovic, qui devoit mener la première charge, quitta sa place au prince de Navarre; le marquis de Renel la siene, pour la seconde, au prince de Condé; tous deux aagez de seize à dix-sept ans; et cela après qu'on eut essayé de les faire spectateurs du combat. Le troisiesme escadron estoit mené par l'admiral; les autres trois par Montgommeri, Genlis et l'un des Briquemauts. Le comte de Mansfeld avoit partagé ses reistres en autant de relais qu'il y avoit de troupes, hormis ce qu'on logea sur une croupe qui entroit entre les deux collines, et ce qui estoit entre un bois de haute fustaye et un petit bois-taillis.

Le ruisseau duquel nous avons parlé estoit renforcé de la cheute de deux estangs, entre lesquels venoit mourir, en bas, une petite pleine triangulaire que les deux armées laissèrent vuide, comme premier gain de la plus avantureuse. Ce fut par là que commença l'escarmouche, le vingt-cinquiesme de juin[1], pource que le mareschal, voulant taster si on lui souffriroit un logis en cest avantage, y envoya six cents arquebusiers, bien tost repoussez par trois cens cinquante, non point pour estre meilleurs soldats, mais pource que les katholiques y avoyent plus à craindre une charge de cavallerie que les autres. Sur ce commencement, la crainte mutuelle fit contenir le gros des armées dans le haut des logemens et s'entretenir d'escarmouches six ou sept heures aux vallées, jusques à ce que le

---

1. Le combat d'Arnay-le-Duc fut livré le 26 juin 1570 (et non le 25). Une partie de la correspondance du maréchal de Cossé avec le roi au sujet de cet engagement est conservée dans le vol. 15551 du fonds français.

mareschal, qui avoit tousiours rafraichi de mil et de douze cents hommes à la fois pour ne perdre la journée, ayant mis ses gardes à la teste de sa meilleure infanterie, fit donner en gros à la chaussée et soustenir ceux qui donnoyent par cinq cents lances que menoit la Vallette. A cest endroit, ne se trouvèrent que quarante soldats couchez dans un fossé, flanquez de vingt-cinq autres, et supportez de Piles, auquel, pource qu'il n'avoit que des gens de pied, l'admiral avoit donné quatre-vingts sallades. Cette grosse foule d'infanterie passa dessus la chaussée, toute sa teste estant de gens armez à preuve; et un régiment donna par le bas. Les quarante et vingt-cinq ayans laissé faire la salve, tirent de dix pas, mestent l'espée à la main, et renversoyent tout sans deux gros de cavallerie, qui en voulurent estre, dans lesquels Piles s'enfonça pour desgager les siens. Et comme le mareschal y fournissoit des compagnies fraiches, le comte de Montgommeri fit perdre place à tout ce qui estoit avancé.

Durant cest esbat, l'admiral vit marcher un gros de cavallerie, qui avoit à chaque estrier un bataillon de gens de pied, et cognoissant que cela alloit gaigner Arnay-le-Duc, il leur ferme chemin par le régiment de Rouvray, soustenu par les troupes du marquis de Renel. Briquemaut reçoit en mesme temps sur les bras deux escadrons de lances, favorisez de mille arquebusiers. Le comte de Montgommeri, qui avoit pris haleine, fait trotter à sa gauche son frère Sainct Jean et ses arquebusiers, donne à Morinville quarante sallades choisies, lui ordonne de se perdre dans ces lances qui ne faisoyent plus qu'une troupe. Morinville enfonce un bonnet rouge sur son casque, prie ses compagnons de le prendre pour cornette et de voir ce qu'il deviendra. Les quarante donnent si brusquement dedans huict cents lances qu'il y avoit là, et Montgommeri, rendant bon conte de ses coureurs, prit si bien l'avantage de la bresche qu'ils avoyent faite entrant par là, qu'il renverse toute la cavallerie de ce costé ; et Sainct Jean fait repasser le ruisseau à toute l'infanterie avancée, et mesmes quitter tous les avantages du bord, entr'autres des barrières faites par les paysans qui pouvoyent ouvrir et fermer. De mesme bransle, le marquis de Renel et Briquemaut contrefont Montgommeri. Tout ce qui avoit passé repasse en foule, et portent le désordre en toutes les parties de l'armée du mareschal, hormis aux Suisses et quelques reistres qui firent bonne contenance. Là dessus Mansfeld, avec les siens, passoit le ruisseau pour donner dans le cœur de l'armée esbranlée. Mais l'admiral courut au-devant, craignant quelque fort r'alliement derrière les Suisses, desquels une partie fit mauvaise mine. Ce vieil capitaine se souvenoit de Dreux et de son peu d'hommes. Ainsi se contenta de resemer son arquebuserie aux endroits les plus cachez du bas et reprendre place plus loin de l'artillerie qu'ils n'avoyent fait au commencement. Les katholiques, r'avisez et r'asseurez, entretindrent jusques à la nuict une escarmouche froide d'une part et d'autre.

Le lendemain matin, les deux armées s'estans présentées à mesme place, l'admiral, à qui la demeure en un lieu estoit ruineuse, fit filer de longue après quelques canonnades ; met Montgommeri à sa retraicte : de quoi les ennemis s'apperceurent tard, ou furent bien contents de ne s'en appercevoir, laissans en aller ceste armée débiffée[1] à la Charité ; où les troupes se refaisoyent, où l'admiral s'amusoit à faire préparer de l'artillerie, et, de meilleur cœur, à rendre tout cela inutile par la négociation de la paix ; pour arrest de laquelle il eut un mois de tresve, et bien tost après nouvelle de la conclusion.

Chapitre XXV.

De Xainctonge et Poictou. Divers sièges et combats.

Sur la fin de l'année soixante-neuf, nous avons laissé à glener comment le comte du Lude, assisté de Puy-Gaillard, s'avança pour desloger Pluviaut de Marans[2], et par là commencer d'accourcir le commerce et les vivres aux Rochellois. La première fois, n'ayant pas assez de forces, il fut repoussé d'un effort à la Bastille et puis d'une approche par les rosées. Mais depuis Sanzai, ayant quitté le Berri, vint assiéger Beauvois-sur-Mer[3], que la nécessité des vivres fit rendre à composition, bien faite et mal gardée, car presque toute la garnison fut poignardée de sang-froid. Lors, le comte du Lude, fortifié de Sanzai et puis de Montsoreau et Landreau[4], attaqua de tant d'endroits cette grande isle que Pluviaut, n'y pouvant plus fournir, fut conseillé de brusler tout et quitter ; mais il fut si vivement pressé

---

1. *Desbiffer, debeffer,* partager, déchirer.
2. Marans (Charente-Inférieure), à quatre lieues de la Rochelle.
3. Beauvoir-sur-Mer (Vendée) était commandé par René de Rohan, seigneur de Pontivy.
4. Jean de Chambes, seigneur de Monsoreau. — Charles du Rouault, seigneur de Landreau.

qu'il ne pût faire que le dernier et encores à peine. La Rivière Pui-Taillé lui succéda avec deux régiments de gens de pied. En après, pour incommoder de tous costez la Rochelle, les katholiques, fortifiez d'infanterie jusques à trente compagnies et de huict de gens-d'armes, vont gaigner Marans, où commandoit Chesnet[1] avec le reste des lanskenets de Montcontour. Tel fut l'effroi et du chef et des insulaires que tout joua à sauve qui peut; le plus du malheur tombant sur les lanskenets, par l'ignorance du passage et des salines. Il en demeura bien trois cents, et s'en sauva un peu plus par les bateaux qu'on leur fit tenir[2].

Je ne daigneroye[3] vous donner le siège qui se fit au chasteau de Sainct-Jean-d'Angéli[4], et qui finit par une neutralité, sans un accident, qui fait ceste petite place digne de l'histoire. C'est que les habitants, ayans deffendu le bourg comme ils purent, s'opiniastrèrent plus aux maisons desquelles les jardins de derrière affrontoyent le fossé du chasteau. Un nommé Semé, s'opiniastrant le plus à la défense de la siene, sur une voix qui s'esleva de sa mort, sa fille, nommée Anne, aagée de quatorze ans, d'une incomparable beauté, retourna au logis sçavoir ce qui estoit de son père, qui s'estoit sauvé parmi les ennemis. Elle arriva comme le capitaine Cadet enfonçoit une porte qui la contraignit de

1. Chesnet, de l'île d'Oléron, auteur d'une tentative sur la Rochelle en 1562 (Arcère, t. I, p. 340).
2. Prise de Marans par le comte du Lude, 20 novembre 1569. Les *Chroniques du Langon* contiennent de grands détails sur ce fait d'armes (*Chron. fontenaisiennes*, p. 136 et suiv.).
3. Cet alinéa manque dans l'édition de 1616.
4. D'Aubigné a déjà parlé du siège de Saint-Jean-d'Angély au chap. XIX de ce livre.

gaigner une chambre haute. Le capitaine arrive à la chambre, et n'eut pas si tost veu ceste face désirable, et elle la sienne horrible, qu'elle se précipita par la fenestre, et lui, estant armé à preuve[1], fit quelque difficulté de se jetter après, et sur ce doute donna loisir à la fille de gaigner douze ou quinze pas; et, incontinent, lui saute après, et presse les pas de ceste effrayée, qui crioit à ceux des carneaux : « Tirez, tuez-nous tous deux. » Cadet la poursuit et, sur le bord du fossé, lui empoigna quelque peu de la robbe, mais elle, qui en sçavoit la profondeur estre de plus d'une picque, se jetta dedans ceste eau noire et horrible à voir. Elle fut retirée avec beaucoup de peine et le poursuivant receut une arquebusade à travers les cuisses à son retour.

Sur la fin de décembre, le baron de la Garde eut charge d'amener huict galères de Marseille, desquelles deux demeurent à Bordeaux, la troisiesme ruinée par les matelots révoltez. Il n'en restoit plus que cinq quand Landreau, commandant aux vaisseaux ronds de la coste de Poictou, s'unit au baron. Tous deux ensemble ruinoyent le traffic de la Rochelle sans que Sore[2], admiral des réformez après la mort de la Tour[3], amena ses vaisseaux, et avec eux la Carraque, de laquelle nous parlerons ailleurs. Cela fit contenir les galères dans la rivière de Charante.

1. *Armé à preuve,* couvert d'armes à l'épreuve de la balle.
2. Jacques ou Jean Sore, corsaire huguenot, originaire de Dieppe, amiral de M. le prince de Navarre (Arcère, t. I, p. 378). Le 2 juillet 1570, il remporta, à la hauteur des îles Canaries, une victoire sur les Portugais qui fut souillée par d'horribles cruautés (*Journal de Généroux,* p. 75).
3. Le capitaine La Tour avait été tué à la bataille de Jarnac (Arcère, t. I, p. 378).

La Rivière Pui-Taillé revenant de l'entreprise de la Rochelle[1], où Verbuisson[2] avoit voulu contrefaire Palus[3] de Bourges et non pas lui, Ranti pria le baron[4] qu'il favorisat le siège de Rochefort, par la prise duquel il espéroit faire perdre l'usage de la Charante aux Rochellois. Ce siège sembloit hazardeux, si près d'une grande ville et de forces assez gaillardes, mais il avoit bien recogneu que deux mil hommes pouvoyent empoigner toute l'isle[5] aux despens d'une petite tranchée vers Sainct-Laurent[6]. Les gallères, d'ailleurs, le garentissoyent de l'eau, comme de fait elles estoyent desjà à Vergeron[7] en lieu assez estroit. Il arriva que la Noue, marchant à une entreprise sur Brouage, et les[8] voyant près du bord, voulut partager son arquebuserie pour entreprendre sur toutes à la fois. Mais les premiers[9] se jettèrent sur celle de Beaulieu[10] si hativement que les autres prennent le large. Celle-là seule,

1. Coup de main manqué de La Rivière-Puytaillé sur la Rochelle, 1ᵉʳ janvier 1570 (*Journal de Généroux*, p. 68). Arcère a donné quelques détails (*Hist. de la Rochelle*, t. I, p. 383).
2. D'après le *Journal de Généroux* (p. 68), confirmé par Arcère (t. I, p. 383), Vertbuisson était un capitaine protestant prisonnier qui feignait de prendre les intérêts du parti catholique.
3. Le capitaine qui avait attiré les huguenots sous les murs de Bourges, en leur promettant de leur livrer la ville, se nommait Pallus. Voyez le chap. XXI et les notes.
4. *Le baron* de la Garde.
5. L'île d'Oléron.
6. Saint-Laurent-de-la-Pré, village à l'embouchure de la Charente.
7. Le Vergeron, village près de Rochefort.
8. *Les* désigne les galères du baron de la Garde.
9. C'est-à-dire *les premiers* soldats de La Noue.
10. Probablement La Guyonnière, sieur de Beaulieu, en bas Poitou.

gourmandée d'arquebusades, fut prise avec l'aide des forçats qui se rendirent ennemis de leur maistre au cri de liberté.

Tous les desseins de bloquer la Rochelle s'alloyent avançans jusques là. Mais les réformez, renforcez de leurs courages seulement, s'émancipèrent d'aller surprendre les compagnies logées dans le bourg de Nuaille[1], y rouler du canon ; et encores de là en avant se jetter dans l'isle de Marans, par celle de Charon[2], faire rendre ses deux chasteaux, la Bastille et autres forts ; de là pousser à ceux du Langon[3] et de Lusson. Tout cela prit conseil de l'audace des ennemis, qui s'alloit estendre sur Fontenay[4] sans que Mascaron[5] s'y jetta avec cinq compagnies. La Noue, sollicité par les Poictevins, eslongna ses desseins jusques en Olonne ; la première descente empeschée par la tempeste. A la seconde, après un assez grand combat, le bourg fut pris[6]

---

1. Nuaillé (Charente-Inférieure).
2. Marrans, Charron (Charente-Inférieure).
3. Langon, village de Vendée. M. de la Fontenelle de Vaudoré a publié en 1841 sur l'histoire de ce village une chronique inédite, due à la plume du notaire Bernard, et qui rend de grands services pour l'histoire de la réforme dans le bas Poitou (*Chroniques fontenaisiennes*, in-8°, 1841).
4. Le récit de d'Aubigné est ici très obscur. La ville de Fontenay avait été abandonnée par les protestants vers le milieu d'octobre 1569 et le s. de Puygaillard s'y était établi pour le roi (*Chron. fonten.*, p. 132). D'Aubigné veut probablement dire que Fontenay fut menacé par les protestants à la fin de l'année et que, sans le secours de Mascaron, la ville aurait été prise.
5. Le s. de Mascaron, capitaine catholique, fut fait prisonnier, le 15 juin 1570, par La Noue au fort de Luçon (*Journal de Généroux*, p. 73).
6. Prise des Sables-d'Olonne par La Noue, 16 mars 1570 (*Journal de Généroux*, p. 69).

avec grand butin, force prisonniers, principalement Landreau, sauvé à grand'peine de la main des soldats, mené à la Rochelle, mis à la tour du Garrot, là encores à peine gardé des mains du peuple qui lui en vouloyent, non tant pour la guerre qu'il leur avoit faite que pour estre apostat, comme ils disoyent[1].

Le baron de la Garde, cependant, en faveur de Bourdeaux, disputoit la mer; mais les Rochellois, à la veue desquels la Gironde se fait mer, incommodoyent le plus les Bourdelois. Les galères, qui avoyent au commencement apporté grand effroi, devindrent moins redoutables après qu'un petit navire anglois, de soixante tonneaux, eut soutenu seul le combat de toutes à la veue de la Rochelle. Vrai est, pour ne convertir point sa résolution et dextérité en miracle, que la mer le secourut d'une demie tourmente.

Ces petits succès des réformez firent despescher au secours du comte du Lude Puy-Gaillard, avec quatorze compagnies d'ordonnances, trois de lances italiennes, le régiment des gardes, celui de Piedmont, qui portoyent les deux enseignes blanches, le régiment du comte et plusieurs compagnies particulières; tout cela joint faisoit bien six mil hommes[2] de pied et huict cents lances. Ceste armée, par la diligence de Fervaque, recouvra bien tost les forts du Langon, du Gué et de Lusson, où les Italiens chargèrent la Noue, se retirant, et y perdirent quelques hommes. Puy-Gaillard prit par

---

1. La vie de Landreau courut les plus grands dangers. La plupart des chefs catholiques intercédèrent en sa faveur (Lettre du duc de Montpensier au duc d'Anjou, du 8 juin 1570; autog. de Saint-Pétersbourg, vol. 41, f. 44; cop. de la Bibl. nat.).

2. Var. de l'édit. de 1616 : « ... faisoit bien cinq mille hommes. »

composition Moric et la Grève[1], toutes deux fausses[2], aussi bien que celle de Chizé[3], où le jeune la Rivière[4], qui faisoit la guerre en Xainctonge, s'estoit avancé. En revanche, Pluviaut deffait à Tiré[5] le capitaine Ante[6]. Le jour d'après, la Rivière Pui-Taillé et Guitinière, gouverneur de Sainct-Jean, rencontrèrent à Anières, qui n'est qu'à une lieue de sa place, Chaumont et Goullènes[7] qui revenoyent de la guerre, deux cornettes arborées de chaque costé. La première charge fut rude. Chacun se rallie et retourne au combat, duquel la Rivière Pui-Taillé se démesla. Guitinière demeura mort sur la place et son drapeau emporté.

Toute la Xainctonge, parsemée de garnisons qui se voyoient tous les jours, semble désirer que nous disions quelque chose pour le moins des combats à drapeaux

1. Moric, port commandé par une tour, à trois lieues de Saint-Michel, fut pris à la fin de mars 1570 (*Chron. fonten.*, p. 145). — La Grève, château, fut pris entre le 11 et le 12 octobre 1569 (*Ibid.*, p. 132).

2. C'est-à-dire *à compositions faussées*.

3. D'Aubigné, en traduisant de Thou, a pris Chizé pour un nom de lieu. Il y a bien un Chizé dans les Deux-Sèvres, mais il s'agit ici du s. de la Cour-de-Chiré, gentilhomme poitevin, qui faisait les fonctions de ministre dans l'armée protestante (De Thou, liv. XLVII, d'après La Popelinière).

4. Hardouin de Villiers, dit La Rivière-Puytaillé le jeune, nommé gouverneur de Marans par le comte du Lude (*Chron. fonten.*, p. 140). Il fut tué le 9 juillet 1570, sous les murs du château de Douhet (*Journal de Généroux*, p. 75). Cf. avec la note consacrée à son frère aîné, chap. VI, p. 37.

5. Thiré (Vendée).

6. Le vendredi, 14 avril 1570, dit le *Journal de Généroux*, « le capitaine Danthe, fort vicieux, fut tué et sa cornette défaite par Puyviault, à Tiré » (p. 71).

7. Jacques de Goulaines, capitaine huguenot (*Mémoires de Castelnau*, II, 631).

arborez. Les compagnies d'Anières, Bretauville[1] et Arerat[2], à la sollicitation et rapport de Boiron[3], firent partie pour aller à une diane attaquer deux compagnies françoises et autant d'italiennes logées et retranchées dans Jonsac[4]; où est à remarquer que les capitaines Sainct Richer[5] et Aubigné[6], qui menoyent les premières troupes, sans choisir par où donner, allèrent, à l'envi l'un de l'autre, attaquer un retranchement fait de double estage de pippes, où ils trouvèrent les Italiens combattans sur un couridour de planches l'espée à la main. Ils avoyent à main droicte un terrier eslevé et taillé assez droit, mesmes pour les gens de pied, et pourtant les Italiens n'avoyent mis sur ce terrier qu'une suite de barrique. Boisrond, voyant les siens qui faisoyent à la barrière pour plaisir, présente le terrier à un Turcq[7] qui, en donnant du ventre, et se relevant, gravit sur le haut. Là dessus, ayant fort peu de terre pour prendre pied, il franchit la barricade. Ce cavallier seul, armé le corps seulement, vint jouer d'une espée large dans la barricade, si bien que les attaquans eurent loisir de monter sur les espaules les uns des autres; et, par ce coup hazardeux, les compagnies furent deffaites, hormis ce qui se sauva dans le chasteau.

1. Bretauville, capitaine huguenot, colonel de gens de pied sous le commandement de René de Rohan-Pontivy (De Thou, liv. XLVII).
2. Arérat est peut-être *Écurat,* village de la Charente-Inférieure.
3. Le s. de Boiron, capitaine protestant, d'origine saintongeoise.
4. Jonzac (Charente-Inférieure).
5. La seigneurie de Saint-Richer est en Saintonge.
6. Théodore-Agrippa d'Aubigné, notre auteur. Voir les *Mémoires,* édit. Lalanne, p. 19.
7. Un cheval turc.

Peu de jours après, Congners, ayant tiré sa troupe d'Angoulesme et r'amassé des petites garnisons, jusques à cent cinquante chevaux et trois cents arquebusiers à cheval, rencontra Lerbette avec sa compagnie de chevaux légers, trois italiennes, quatre-vingt sallades ramassées, les deux compagnies d'arquebusiers à cheval de Lagrolet et Meante. Les coureurs de ces deux troupes, presque pareils, en la belle plaine se chargent. Les deux gros, n'ayans pris loisir que de prendre leurs sallades, donnent teste pour teste. Les Italiens rompent fort bien leur bois, se r'allient et vienent aux coups d'espée, mais en fin quittent la place aux réformez, qui eurent deux cornettes, quarante prisonniers; et laissèrent six vingts morts, soit en la place de la charge, soit en la poursuite[1].

D'une autre part, la Rivière Pui-Taillé, reprenant le dessein de Rochefort, assiégeoit le Mesni, que Soubize y avoit mis. La Noue leva[2] ce siège par effroi et, tout d'un coup, emporta la Bridoire qu'ils avoyent fortifié. Il seroit long et de peu de profit de vous conter tous les petis sièges de maisons particulières et combats avantureux de ceste province, partagée de toutes places contraires, à veue l'une de l'autre, comme tenans, pour les katholiques, Boutheville, Alas, Ozillac, Jonsac, Mortagne, Caunac, Pizani et Matha, sans ce que j'oublie; pour les autres, Barbesieux, Monguion, Montauzier, Mirambeau, qui fut assiégé et réduit au donjon

---

1. Cette phrase doit s'expliquer ainsi : Les réformés gagnèrent deux cornettes italiennes et firent quarante prisonniers; les Italiens laissèrent cent vingt morts, soit pendant la charge, soit pendant qu'ils furent poursuivis.

2. *Leva*, fit lever.

par le feu, comme aussi Archiac par neuf jours sans progrès, Sainct-Magrin et autres.

Puy-Gaillard et la Rivière, chacun désireux de nettoyer le pays de sa charge, d'ailleurs ne voulans où n'osans joindre leurs forces crainte de trouver de la besongne faite à leur retour, en fin, Puy-Gaillard, nouvellement accreu de quelques compagnies nouvelles, et mesmes ayant pour lors appelé la Rivière, comme à une pareille, vint[1] d'une grande cavalquade donner une camisade à toutes les forces des réformez, les réveilla si rudement que la Noue, qui estoit dans les quartiers, pensant aller à la guerre, vit venir Soubize de devers la Jarrie, où il estoit logé, courant à toute bride, force lances d'Italiens à l'eschine. Lui, ayant gaigné un cheval, voulut avec quelque contenance prendre loisir de recognoistre. Mais il en eut fort peu, et en ce peu se vit huict cens sallades sur les bras. Par ceux-là, et par l'effroi des siens, il fut emporté jusques à la veue de la Rochelle. La Rivière, ayant receu ce contentement pour représaille de sa course de Rochefort, se retire, et Puy-Gaillard prend résolution d'amener ses ennemis au combat en gros, pour à quoi parvenir il garnit les avenues du Poictou à la Rochelle, principalement à Lusson, où, ayant coupé la rencontre des bois, il enferme plusieurs maisons d'un bon fossé de cinquante pieds, avec quatre esperons relevez de vingt-quatre en œuvre. Là dedans il loge Mascaron avec quatre compagnies, bien instruit de son dessein, asçavoir de séparer son armée aux villes de Nyort, Sainct-Maixant

---

1. *Vint* se rapporte principalement à Puy-Gaillard, mais accessoirement à La Rivière. Il faudrait *vinrent*. Même observation pour les verbes suivants.

et Bressuire, avec un faux bruit qu'il faisoit couler d'une entière victoire obtenue par l'admiral à Arnay-le-Duc; ne doutant point que les ennemis, lui voyant faire la mine d'estre sur la deffensive, n'entreprinsent sur ce fort qui leur ostoit les vivres.

Chapitre XXVI.

Du combat qui a esté appellé bataille de Lusson.

Les Poictevins, qui n'avoyent guère plus fascheux ennemis que les hostes de la Rochelle, faisoyent crier Pluviaut avec eux; et lui, toujours désireux de combattre, pressa la Noue, incrédule aux bruits qui couroyent; de façon que ceste noblesse en vint à vouloir faire Pluviaut leur chef pour la délivrance du Poictou; dont la Noue, s'accommodant à eux, s'achemina vers Lusson. Pluviaut, adverti que Roussière Cudebrai[1], pour monstrer le profond repos duquel ils jouissoyent en Poictou maugré les huguenots, faisoit une chasse en la forest de Vouvans[2], où il traictoit l'évesque de Tules[3], Frezelière et d'autres, et où Puy-Gaillard se devoit trouver desguisé pour parler à eux, délibéra d'entreprendre sur ceste troupe. Donne vingt-cinq chevaux pour coureurs à la Davière[4] et lui le suit avec

---

1. Girard de la Roussière, gentilhomme catholique, seigneur de Cudebray, près de Mervant. Il fut tué le 27 juillet 1570 d'une arquebusade en défendant sa maison contre les soldats de Mascaron (*Journal de Généroux*, p. 76).
2. Vouvant (Vendée).
3. Louis II Ricard de Gourdon de Genouillac de Vaillac, évêque de Tulle de 1560 à 1583.
4. Peut-être *la Daunière*.

cent. Les premiers font rencontre de Mascaron, accompagné de trente, que Puy-Gaillard avoit envoyé quérir pour consulter, comme aussi le festin n'estoit que pour cela. Davière charge et est tué à ceste rencontre en passant sur le ventre à Mascaron, qui se sauva dans les bleds. Pluviaut trouve le festin prest; mais les autres avoyent pris l'alarme. Lui et sa troupe ayant bien repeu, et s'en revenant par Cudebrai, trouvent Roussière en teste en un chemin creux[1]; apprennent de lui, le disant par malice, et des autres prisonniers, parlans comme ils estimoyent et selon le bruit que Puy-Gaillard faisoit courir, que le fort de Mascaron ne pouvoit attendre aucun secours de leur général, tant pour l'estat de sa personne que celui de ses forces dissipées, et que les deux vieux régiments estoyent mandez pour relever la bataille perdue à Arnay-le-Duc.

Tels advis portez, et peut estre augmentez, fermèrent la bouche à la Noue qui, ne pouvant plus aller à pied de plomb[2], fut contraint d'assiéger Mascaron avec neuf compagnies de gens de pied telles quelles, trois cents lanskenets, les cornettes de la Noue et Pluviaut, trente sallades qu'avoit Sainct Estienne[3] et trois canons. D'autre costé, Puy-Gaillard averti par Mascaron, dépesche ses billets tous préparez, met ensemble, dans

1. D'après la *Chronique du Langon*, La Roussière fut fait prisonnier au commencement de juin 1570 (*Chroniques fontenaisiennes*, p. 147).

2. *Pieds de plomb*, lourdement, pesamment; au figuré prudemment, lentement.

3. Saint-Étienne, capitaine protestant, commandant des troupes de la Rochelle, abandonna plus tard le parti de la réforme (Arcère, t. I, p. 423).

vingt-quatre heures, dix compagnies de gens de cheval, les deux régiments colonnels de France, celui du comte du Lude, la fleur des garnisons, et, avant que sortir de la chambre, où les médecins, gagez et payez pour cela, publioyent qu'il avoit une fièvre chaude, il envoye les compagnies italiennes de Jules Centurion et Carle de Birague se saisir de Moureilles, par où seulement les assiégeans pouvoyent se bien retirer; fait battre l'estrade au maire de Fontenai et, en son nom, despesche un trompette vers les ennemis; ce trompette, habile bouffon, pour, sous couleur de la prison de Roussière, lui r'apporter seures nouvelles. Les gens de Pluviaut, qui estoyent logez à Saincte-Gème[1], battent ce trompette, et lui le gesna à coups de verre[2]. Entre le vin et la frayeur il leur apprit qu'ils avoyent l'armée sur les bras. Aussi tost Bessai[3], qui estoit allé courir et avoit trouvé les files esgarées, chargé et pris des prisonniers, lui en présente deux. A telles nouvelles, les réformez n'eurent pas loisir de quitter le bourg de Saincte-Gème, que les dernières troupes ennemies, mieux guidées que les premières, y arrivent, pillent le logis et sur tout se mettent après les vivres qu'on leur y avoit laissé. Puy-Gaillard y arrive aussi tost, qui, avec promesse d'une poursuite plustost que d'un combat, avec les remonstrances par les oreilles, il en adjousta avec l'espée et le baston à quelques-uns, et apprit aux siens que les compagnons estoyent desjà au combat; c'est pource qu'il faisoit marcher par

1. Sainte-Gemme, petite ville à une lieue environ de Luçon.
2. ... *le gesna à coups de verre,* mot à mot *lui infligea la torture* (la gehenne) *de boire,* c'est-à-dire l'enivra.
3. Giron de Bessay, seigneur de Bessay et de la Coutancière.

deux files, desquelles l'une avoit pris des Nalliers[1] à gauche pour laisser Saincte-Gème à droite.

Le peu de loisir qu'eurent les réformez fut employé à disputer. La Noue persuadoit la retraicte et prompte, Pluviaut le combat; soit que ce fust son désir, ou qu'il ne vist que ce moyen pour sauver l'honneur et la vie, à cause des passages coupez. Toute la noblesse cria bataille. On dit que le général apportoit ceste froideur, aimant mieux être porté au combat par les siens que les y trainer, et aussi, leur voyant le feu au visage, il accepta leur résolution fort gaillardement; et comme Pluviaut s'estendoit sur les merveilleuses assistances de Dieu aux nécessitez des siens, la Noue prend Soubize et Pluviaut par la main. Eux ayans choisi l'endroit le plus large du grand chemin qui vient de Fontenai, à la main droicte duquel il y a quelques petits champs de vignes en friche, ils logent Sainct Estienne dans un, avec ses trente hommes, et sèment le capitaine la Garde[2] avec quatre-vingts arquebusiers un peu plus en arrière. Pluviaut ayant la Roche-Lourie, avec quinze sallades devant lui, se prépare à rendre compte de Sainct Estienne.

Là où le chemin faisoit l'entredeux des deux troupes, s'arresta le capitaine Normand, comme menant deux cents enfants perdus; Soubize à l'autre aile, à l'endroit du reste de l'infanterie, la main droicte menée par le Projet, leur colonel, et les lanskenets à la gauche, commandez par Hector Reilen. Là estoit le reste des

---

1. Nalliers (Vendée).
2. Le capitaine La Garde, protestant, est signalé comme un des compagnons d'armes de d'Andelot au moment de la prise d'armes de 1568 (*Journal de Généroux*, p. 29).

gens de pied, hormis trois cents hommes demeurez devant le fort, si bien que le gros ne pouvoit estre composé que de cinq cents hommes, tant François que lanskenets. La Noue prit sa place au derrière de tout, tant pour prendre sa part du combat que pour secourir ce qui estoit au siège si besoin estoit. Toute la cavallerie ensemble ne pouvoit faire que cent quatre-vingts chevaux. Voici, à la première esclaircie du jour, les enfants perdus de Puy-Gaillard, à veue des autres dans le chemin, et puis le régiment des gardes, que ce chef mettoit en bataille dans une petite pleine nommée la Valairaud; et, en un autre, à gauche, y faisoit prendre place à la compagnie de Malicorne, menée par Hervillier[1]. La Noue, avancé, crie à Sainct Estienne qu'il les charge au passage d'un petit fossé. Comme cela se préparoit ainsi, un ministre, venant d'achever une courte prière[2], dit au capitaine qu'il leur fist un mot de harangue. Pour lui complaire, le Normand la fit ainsi, en termes de goinfre, comme on disoit : « Compagnons, Monsieur vient de vous dire vrai; recommandons-nous à Dieu et à Nostre-Dame de frappe fort; le premier qui tirera que la bourre n'entre[3], je le tuerai, si j'en eschappe. »

Cependant, à gauche et à droicte, plusieurs arquebusiers des compagnies volontaires emplissoyent les fossez. Et de là, quand Sainct Estienne fit sa charge, lui tuèrent trois hommes, en blessèrent d'avantage;

1. Herviliers, capitaine catholique, lieutenant de Malicorne.
2. Var. de l'édition de 1616 : « ... *courte prière* aux enfans perdus, *dit au capitaine...* »
3. C'est-à-dire *si la bourre de la charge de l'arquebuse ou du pistolet n'entre dans le corps de l'ennemi*, expression qui équivaut à un ordre de ne tirer qu'à bout portant.

entre ceux-là Chasselandière, son cornette, qui n'avoit point là de drapeau, mais, blessé, donna dans la charge, nonobstant ses avantages contre les réformez. Hervillier est renversé sur le reste de la cavalerie, qui s'estoit avancée en foulle, et les rompoit tous dès lors sans l'arrivée de Puy-Gaillard, qui les r'affermit. Mais Pluviaut, ayant repris le chemin de Sainct Estienne, fit sa charge si rude que tout ce qui estoit accouru pour soustenir les premiers tourne visage et ne servit plus qu'à porter confusion par tous les chemins, et, qui pis fut, à rompre les gens de pied. Puy-Gaillard n'oublia rien ni du capitaine ni du soldat pour essayer de r'allier et de recharger. Mais Pluviaut, bien que peu d'hommes le suivissent, poursuivit sa poincte d'une telle opiniastreté, qu'il ne leur laissa de deux lieues le loisir de se recognoistre ou prendre haleine.

L'infanterie, comme estant des plus vieux soldats de France, tira aussi bien que les autres à bout appuyé et touchant ; et encore que les réformez, frais et donnans furieusement, eussent brisé les sept ou huict premiers rangs, se rallioyent par les costez et prenoyent les avantages de tous les fossez. Mais trois choses leur nuisirent : l'une, que les arquebusiers, qui avoyent passé dans la vigne pour favoriser Sainct Estienne et qui ne lui avoyent de rien servi pour la précipitation de sa charge ; ceux-là furent amenez par la Rivière de Lis gaigner les flancs du combat, couverts de quelques hayes, et n'ayans rien en teste pource que c'estoit le chemin de la cavalerie et par où Soubize venoit de passer pour cercher à combattre si Pluviaut lui eut laissé de la besongne ; la seconde fut que ce reste de cavalerie s'employa sur l'infanterie ; la troisiesme, que les chefs regardans derrière eux virent la place vuide, vers laquelle s'avançoyent le Pojet et les lanskenets[1]; ceux-ci s'acharnèrent sur eux en criant *Dastigot, Chelme, Montcontour*[2]. Et cela mettoit tout en pièces si La Noue ne se fust avancé, qui ne tira l'espée non plus que sa troupe, sinon à sauver les gardes du roi[3], desquels il ne pouvoit deviner le mauvais remerciement deux ans après[4].

La perte de ceste journée[5] pour les katholiques fut de huict cens hommes, la pluspart de commandement, et de dix-huict cents prisonniers[6], qui, dès le premier jour, furent si privez avec leurs maistres, ou si audacieux, qu'ils parloyent avec mespris du parti vainqueur, disans qu'il n'appartenoit point à ceux qui avoyent puissance sur leurs vies de les désarmer; mais qu'ils leur devoyent respect comme estans au roi; dont avint qu'ayans donné des coups de baston à ceux qui tindrent tel langage il les chassèrent de peur de les tuer, et tost après donnèrent congé à tous les simples soldats,

---

1. Var. de l'édit. de 1616 : « ... *Lanskenets* s'avançoient cependant à ce bataillon demi-formé qui desjà le difformoit : car la queue gagnoit les vignes; *ceux-ci*... »

2. Probablement *Das ist gut, Schelme, Moncontour* (c'est bien, coquins, Moncontour).

3. Généroux, annaliste catholique, reconnaît dans son *Journal* que La Noue, après la bataille de Sainte-Gemme, ne montra que de la générosité aux vaincus (p. 73).

4. Allusion au massacre de la Saint-Barthélemy.

5. La bataille de Luçon ou de Sainte-Gemme fut livrée le 14 juin 1570 (*Chron. fonten.*, p. 147). La Popelinière l'a raconté avec détails, mais La Noue, par modestie, mentionne à peine ce fait d'armes dans ses *Mémoires*.

6. Le roi, pour réorganiser les forces royales, se hâta d'envoyer le régiment de Sarlabous en Poitou (Lettre du 20 juin 1570; minute; f. fr., vol. 15552, f. 56 et 78).

pource qu'il n'y en avoit guères de victorieux qui n'eust deux hommes à garder.

La Noue, ayant empesché le meurtre[1], fit porter les drapeaux pris à la veue du fort. La composition ne fut pas difficile et si bien gardée que La Noue paya de sa bourse quatre cents escus, pour quelque bagage pris, dont Mascaton se plaignoit. Pluviaut, de retour, s'escria que ce n'estoit rien de vaincre, sans user de la victoire; et ainsi par l'impatience de lui et des Poictevins ameutez avec lui, il falut assiéger Fontenay. Ce combat a esté si prompt qu'il ne m'a pas donné loisir de vous dire comment Roussière, conduit par des valets seulement, avoit esté recouru la nuict par la cavallerie esgarée, et qu'estant venu trouver Puygaillard auparavant le combat, il l'avoit merveilleusement resjouy et l'armée aussi, tous prenans sa délivrance pour un bon augure. Estant là sans armes, il avoit servi de guide aux premiers, pour gaigner Fontenai, aux enseignes que le mareschal des logis de Malicorne, ayant r'allié dix gens d'armes auprès de Petosse[2], le Gascon de Pommiers seul et en pourpoint l'alla tuer d'un coup de pistolet dans la teste; et pas un des dix ne tourna visage, ni Roussière qui en vit la fumée de trente pas. C'est pour monstrer que peut l'effroi.

Force gens sauvez dans Fontenay attendirent le siège[3] et une petite batterie comme on descend à la

---

1. Var. de l'édit. de 1616 : « ... le meurtre de ceux qu'il ne savoit pas devoir estre deux ans après exécuteurs de la Saint-Barthélemy, fit porter... »
2. Petosse (Vendée).
3. Siège de Fontenay, 17 juin 1570. La ville était défendue par

rivière : mais, comme les assiégeans crioyent après Pluviaut et retiroyent leur canon pour quelque nouvelle de secours, Roussière et son conseil, cuidans que ce fust pour changer batterie, se rendirent, et Languillier y fut laissé pour gouverneur[1].

Chapitre XXVII.

Suite de la guerre en Xainctonge jusques à la paix.

A la veue de vingt-huict enseignes, présentées à la Roine de Navarre, et entre celles-là les deux blanches de France, ceste princesse fit résoudre les siens à la maistrise de la campagne ; et pource qu'il faloit agir en plus d'une province, elle fit aisément condescendre tous les chefs, qui avoyent les charges distinctes, d'obéïr à son cousin de Pontivi[2], tant pour le respect de la maison de Rohan, comme ayant porté les armes dès le voyage de Lorraine, et cerché toutes occasions en ces troisiesmes guerres. A lui donc se rangèrent les cornettes de Saint-Mesme, de Tors, Cogners, Chaumont, Saint-Auban et de Ferrier, les régiments de

le capitaine Bompas et par Nicolas Rapin, maire de la ville, depuis vice-sénéchal, un des auteurs de la satire Ménippée (*Journal de Généroux*, p. 33).

1. Prise de Fontenay, 25 juin 1570. D'Aubigné oublie de raconter le principal incident de ce siège, la blessure que La Noue reçut au bras gauche, à la suite de laquelle on fut obligé, pour sauver la vie de ce grand capitaine, de l'amputer.

2. Jean de Rohan, seigneur de Frontenay et de Pontivy, cousin-germain de Jeanne d'Albret, époux de Diane de Barbançon-Cany, mort sans postérité. Son mariage avait été célébré par Théodore de Bèze pendant le colloque de Poissy.

pource qu'il n'y en avoit guères de victorieux qui n'eust deux hommes à garder.

La Noue, ayant empesché le meurtre[1], fit porter les drapeaux pris à la veue du fort. La composition ne fut pas difficile et si bien gardée que La Noue paya de sa bourse quatre cents escus, pour quelque bagage pris, dont Mascaton se plaignoit. Pluviaut, de retour, s'escria que ce n'estoit rien de vaincre, sans user de la victoire; et ainsi par l'impatience de lui et des Poictevins ameutez avec lui, il falut assiéger Fontenay. Ce combat a esté si prompt qu'il ne m'a pas donné loisir de vous dire comment Roussière, conduit par des valets seulement, avoit esté recouru la nuict par la cavallerie esgarée, et qu'estant venu trouver Puygaillard auparavant le combat, il l'avoit merveilleusement resjouy et l'armée aussi, tous prenans sa délivrance pour un bon augure. Estant là sans armes, il avoit servi de guide aux premiers, pour gaigner Fontenai, aux enseignes que le mareschal des logis de Malicorne, ayant r'allié dix gens d'armes auprès de Petosse[2], le Gascon de Pommiers seul et en pourpoint l'alla tuer d'un coup de pistolet dans la teste; et pas un des dix ne tourna visage, ni Roussière qui en vit la fumée de trente pas. C'est pour monstrer que peut l'effroi.

Force gens sauvez dans Fontenay attendirent le siège[3] et une petite batterie comme on descend à la

---

1. Var. de l'édit. de 1616 : « ... *le meurtre* de ceux qu'il ne savoit pas devoir estre deux ans après exécuteurs de la Saint-Barthélemy, *fit porter...* »

2. Petosse (Vendée).

3. Siège de Fontenay, 17 juin 1570. La ville était défendue par

rivière : mais, comme les assiégeans crioyent après Pluviaut et retiroyent leur canon pour quelque nouvelle de secours, Roussière et son conseil, cuidans que ce fust pour changer batterie, se rendirent, et Languillier y fut laissé pour gouverneur[1].

Chapitre XXVII.

Suite de la guerre en Xainctonge jusques à la paix.

A la veue de vingt-huict enseignes, présentées à la Roine de Navarre, et entre celles-là les deux blanches de France, ceste princesse fit résoudre les siens à la maistrise de la campagne ; et pource qu'il faloit agir en plus d'une province, elle fit aisément condescendre tous les chefs, qui avoyent les charges distinctes, d'obéïr à son cousin de Pontivi[2], tant pour le respect de la maison de Rohan, comme ayant porté les armes dès le voyage de Lorraine, et cerché toutes occasions en ces troisiesmes guerres. A lui donc se rangèrent les cornettes de Saint-Mesme, de Tors, Cogners, Chaumont, Saint-Auban et de Ferrier, les régiments de

le capitaine Bompas et par Nicolas Rapin, maire de la ville, depuis vice-sénéchal, un des auteurs de la satire Ménippée (*Journal de Généroux,* p. 33).

1. Prise de Fontenay, 25 juin 1570. D'Aubigné oublie de raconter le principal incident de ce siège, la blessure que La Noue reçut au bras gauche, à la suite de laquelle on fut obligé, pour sauver la vie de ce grand capitaine, de l'amputer.

2. Jean de Rohan, seigneur de Frontenay et de Pontivy, cousin-germain de Jeanne d'Albret, époux de Diane de Barbançon-Cany, mort sans postérité. Son mariage avait été célébré par Théodore de Bèze pendant le colloque de Poissy.

Pojet, Blacons, Glandage, et deux compagnies de Bretauville, en attendant le régiment d'Asnière, qui estoit à la guerre vers Blaye. Tout cela, ayant fait son rendé-vous général à Pont-l'Abbé, surprent les Isles de Marennes[1], pour assiéger Broüage, que La Rivière avoit fortifié de masts de navires fichez en terre, de planches de sapin, au devant du sable meslé de fumier et de fascines pour le retenir.

En mesme temps, pour ne laisser rien de vuide derrière, l'armée de la Rochelle, composée de la carraque, de deux autres grands navires, de vingt-cinq que pataches que galiotes, fait descente de quatre-cents hommes dans Oléron ; les forts de Saint-Denis et de Saint-Pierre estans rendus d'effroi, le capitaine Sarniquet[2], commandant à deux compagnies dans le chasteau, fut tué, comme il vouloit recevoir les assiégeans hors de ses avantages ; le capitaine Daniel[3], qui venoit d'y amener quarante Italiens, fut esleu en la place du mort. Deux galères vindrent à son secours ; mais ayans desjà appris à craindre les arquebusades de terre, à la première escoupeterie, elles scièrent de l'arrière ; ce que voyans les assiégez, et que Broüage, qui les avoit mis là, estoit assez empesché pour soi, ils firent capitulation et furent conduits seurement où ils voulurent.

1. Prise des îles de Marennes et siège de Brouage par Rohan-Pontivy, commencement de juillet 1570 (Arcère, *Hist. de la Rochelle,* t. I, p. 385).

2. Probablement Sarniguet, de la maison de Comes, capitaine catholique gascon, qui avait guerroyé en Bigorre en 1569. Voyez *les Huguenots en Bigorre,* par M. Durier, *passim.*

3. Suivant La Popelinière, le capitaine Daniel était enseigne de la compagnie de La Rivière.

Romegou avoit eu une longue maladie après le siège de Saint-Jean, causée par un despit de deux choses : l'une que, faute de créance sur les gens de guerre, il avoit failli l'entière exécution de Xainctes, comme nous avons dit ; l'autre, d'une plus haute entreprise : c'est que, le Roi estant logé à Luret, durant le siège de Saint-Jean, il avoit fait dessein d'enlever Sa Majesté, ce qu'il croyoit n'avoir manqué que pour n'estre pas suivi. Sa première sortie fut que, voyant passer La Rivière avec force cavallerie qui alloit joindre les troupes de Xainctes et Ponts, pour secourir Broüage, cestui-ci, n'ayant que trente arquebusiers, sort du Doüet[1], où il se retiroit, et, avancé jusques à quelques meschans buissons, attend la charge de ceste cavallerie, s'en desmesle, ayant fait une salve, en laquelle il fut blessé. Et alla mourir à Xainctes La Rivière, le plus diligent et plus laborieux caval léger qui fust au service du Roi[2]. Les assiégez en Broüage firent une sortie pour brusler la carraque, de laquelle ils recevoyent mille dommages, et puis estans recongnez par le régiment de Blacons à une sortie avec perte d'hommes, et grande quantité de blessez, ils apprirent la mort de leur chef et, sur la nouvelle, composèrent à vie et bague sauve[3], ce qui leur fut bien tenu auprès de l'armée ; mais quelques compagnies esgarées destroussèrent leur bagage. D'onze compagnies qui estoyent

---

1. Le Douhet (Charente-Inférieure).
2. Suivant le *Journal de Généroux*, Hardouin de la Rivière fut tué le 9 juillet 1570, sous les murs du château de Douhet (p. 75).
3. L'île de Brouage fut rendue au comte de la Rochefoucault par le capitaine Ordan et le comte de Coconas, le 11 juillet 1570 (*Journal de Généroux*, p. 76).

dedans, les six qui s'avouoyent à La Rivière se retirèrent à Saint-Jean et à Nyort; les cinq du comte Coconnas[1] se rendirent avec leur chef dans Xainctes. Pojet demeura gouverneur en Broüage et fit pendre pour son entrée Guillet[2], qui eust bien payé trente mille escus de rançon; mais on ne l'en voulut pas ouyr, pource qu'à la prise précédente de Broüage, toutes les filles et femmes de la ville s'estans retirées en sa maison, comme la plus apparente, et pour le crédit que lui avoit parmi les katoliques, il les avoit exposées aux soldats pour les violer.

L'armée fut en grand doute, au partir de Broüage, si elle oseroit attaquer Xainctes, sur les nouvelles des forces du Prince-Daulphin[3], que l'on tenoit desjà pour avancées vers Coüé. Tandis qu'ils délibèrent, Anières, mandé pour se joindre avec ses six compagnies et les chevaux légers de Chaillou[4], assiégea Cognac, où commandoit La Vigerie[5] avec six vingts hommes, la pluspart de ceux qui de Saint-Jean avoyent voulu gagner Blaye. Un traict hazardeux m'a empesché d'oublier ce siège, c'est qu'Anières ayant fait partir de la

1. Annibal, comte de Coconas. Voyez sur ce personnage le chap. vi du livre suivant.
2. Guillet, officier de finances.
3. François de Bourbon-Montpensier, dauphin d'Auvergne, fils de Louis de Bourbon, duc de Montpensier. Son entrée en campagne est signalée par une lettre du roi au comte du Lude du 30 juin 1570 (*Arch. hist. du Poitou*, 1882, p. 270. Voyez aussi La Popelinière, f. 443 v°).
4. Probablement le s. de Chaillou, gentilhomme du Poitou, que l'on retrouve à la Rochelle, au moment du siège de 1573, parmi les amis de la paix (Arcère, t. I, p. 471).
5. Il y a plusieurs seigneuries de ce nom dans les provinces de l'Ouest.

main pour aller faire brusler l'amorse, les capitaines Blanchard (depuis nommé Cluzeau) et Aubigné[1], avec chacun vingt hommes, trouvent dans la halle deux sergens et cinquante arquebusiers, qui couverts de pilliers les receurent rudement. Trois chevaux légers du Chaillou se mettent avec leur gens de pied, qui avoyent perdu quelques hommes dans la halle, prennent envie d'entrer pesle-mesle avec ce qu'ils avoyent trouvé dehors. Un des trois, nommé La Mothe, ne donnant pas moyen aux gens de le suivre, fut enlevé avec le pont dans la place, fort blessé, et n'en sortit que par la capitulation.

Le siège de Xainctes estant résolu, ceux qui avoyent assiégé Cognac s'y rangèrent comme l'armée saisissoit les faux-bourgs, composée de ce que nous avons dit, artillée de trois canons amenez par eau, et placez au Pré l'Abbesse, pour faire leur batterie à travers la rivière au bas de la courtine qui monte vers la porte Aiguière[2]. Là dedans commandoit le marquis de Canillac[3], n'y ayant au commencement que trois compagnies et les habitans de la ville; mais le comte de Coconnas y en mena six; La Marque et d'autres y firent entrer quarante cinq gentils-hommes; tout cela faisant quatorze cents hommes de guerre. En peu de temps, comme à une mauvaise muraille, la bresche fut raisonnable, battue en courtine de bas en haut par deux

---

1. Voyez les *Mémoires* de d'Aubigné, édit. Charpentier, p. 20.

2. L'armée qui assiégeait Saintes était commandée par Jean l'Archevêque, s. de Soubise.

3. Jean-Timoléon de Beaufort-Montboissier, marquis de Canillac, gouverneur de la Haute-Auvergne sous Henri III, mort en 1598. Voyez les *Mémoires de Marguerite de Valois*, p. 3 et 298, édit. de la Soc. de l'hist. de France.

moyennes, logées au bout du fauxbourg, et de plus gourmandée en front d'une barricade plantée sur la contr'escarpe plus haute que son escarpe. Nonobstant tout cela, sans demander à parler, ils se parent à la défense. Soubize, qui voulut donner cest assaut, commença par quatre sergens avec chacun quinze hommes, qui firent brusler le poulverin, puis fit donner Glandage à bon escient. Lui avec quarante gentilshommes, soustenus par les lanskenets, entre en ce combat, où se rendirent encores trois enseignes du Pojet. Tout cela fut long temps aux coups de picques et aux coups d'espée qui coupèrent plusieurs picques; mais tout en fin repoussé, Soubize blessé en deux lieux, trente morts laissez sur la bresche, moitié lanskenets, quelques-uns noyez en repassant le fossé, entre ceux-là Vibrac. Puy-Gaillard, qui revenoit de surprendre Marans sans résistance, et de le quitter sans estre pressé par les ennemis, et puis les Poictevins voulant cueillir le fruict de leur victoire, et ayant assiégé Moric, il essaya en vain à y jetter quelque secours, lui-mesme estant venu à Mozé[1]; et là [ayant] surpris et deffait la compagnie de Chiré, puis r'allié quelques forces, et se voyant soustenu par la venue du Prince-Daulphin à Poictiers, son dessein fut de passer à Saint-Jean et d'aller enlever pour le moins ce qui estoit aux fauxbourgs des Dames devant Xainctes, y comprenant le canon qui estoit de ce costé-là.

La Roine de Navarre avoit de mesme temps commandé, Moric estant rendu, à Pluviaut et Saint-Estienne de venir au siège. Ces deux compagnies trouvent à

---

1. D'Aubigné a déjà raconté ces faits (chap. xxv).

une lieue de Saint-Jean Puy-Gaillard qui leur croisoit le chemin. Ils pouvoyent bien s'en aller au trot, mais, pour ne perdre leur bagage et quelques arquebusiers qu'ils menoyent, ils firent deux gros de leurs valets, et pour empescher qu'ils ne fussent recogneus pour tels, s'avancèrent aux coups de pistolets, avec la gaillardise que peuvent avoir ceux qui se sentent bien soustenus. Ce vieux capitaine, les prenant pour l'armée qui l'avoit battu depuis peu, changea en retraicte son dessein de secourir Xainctes, où cependant la capitulation s'estoit faicte[1] avec vie et bague sauve, et mal gardée, pource que les soldats s'eschappèrent et pillèrent le bagage, maugré les chefs. Pontivi en tua deux de sa main. Le pis fut auprès de Saint-Jean, où Ferrier les allá guetter, les dévalisa tous en criant *Saint-Jean d'Angéli*. Me pardonnera l'histoire si j'offense sa gravité d'un petit conte que je donne aux galans; c'est que les soldats provençaux s'estans jettez parmi huict ou neuf vingts garces qu'ils pilloyent et diffamoyent de coups, dans ce désordre arriva celle du capitaine Louys, habillée à son avantage, conduicte par deux hommes de bonne façon. Ceste beauté, à qui la peur avoit mis les yeux en eau, arresta toute la folie du lieu où elle passa, fit de ces enragez des amoureux ou au moins admirateurs et mit tout en tranquilité.

Le soir de la capitulation, les chefs de l'armée tenans conseil, les Xainctongeois demandèrent le siège de Pons, qui estoit desjà bien commencé à fortifier et pouvoit rendre la province paisible, mais on les refusa

---

1. Sur le siège de Saintes, voyez le récit de La Popelinière, f. 446 v°. Une lettre du roi au comte du Lude, du 26 juillet 1570, fournit la date du siège.

tout à plat, tant sur les raisons qui avoyent fait douter les approches de Xainctes, que fut une nouvelle venue de Gascongne le jour mesme, laquelle nous donne occasion de dire ce que faisoit Montluc.

Ce chef mal content avoit eu commandement redoublé d'aller faire la guerre en Béarn, mais les compagnies de Languedoc, qui l'avoient assisté en ce voyage, obtindrent de lui le siège de Rabastins[1], petite ville où les maisons servoyent de murailles, le chasteau un peu meilleur. La garnison, se voyant investie au despourveu par une grande diligence de La Vallette, qui menoit l'avant-garde, et n'ayant d'hommes que pour le chasteau, brusla la ville. Le chasteau fut aussitost en bresche; le premier assaut très bien repoussé par quatre-vingts hommes, qui restoyent entiers et n'avoyent que deux picques. Montluc, transporté de cest affront, conjure sa noblesse de le suivre, et, donnant à l'assaut des premiers, il est blessé à travers les deux joues; en vengeance de quoi, le chasteau estant pris, il fit tout tuer sans rémission[2]. Or y avoit-il huict compagnies, que de Masbrun, que d'autres qui passoyent Dordongne à Saint-Jean de Brane, pour l'aller trouver; ceux-là tournèrent visage à la nouvelle de Brouage pris, pour venir où nous les trouverons tantost.

Anières, ne pouvant faire assiéger Pons, obtint seulement de faire parer le canon et l'attelage, comme pour y marcher le lendemain, et lui poussa son régi-

1. Blaise de Monluc mit le siège devant Rabastens le 18 juillet 1570 (*Commentaires*, t. III, p. 413).

2. Blessure de Monluc et prise de Rabastens, 23 juillet 1570 (*Commentaires*, t. III, p. 413).

ment le soir mesme jusques à Collombiers. Là Aubigné, qui portoit sa première enseigne[1], obtint à peine congé pour aller, comme il disoit, faire gaigner des chausses aux compagnons. Il va muguetter le fauxbourg, et jugea à un grand bruit, qui estoit vers les aires, qu'il y avoit effroi ou mutinerie. Il en vint là que s'estant avancé à cafourchons sur les gardes du pont, après avoir jetté des pierres à la guérite, il void par une fente un homme qui portoit des hardes d'une maison en l'autre. Il l'appelle, se fait cognoistre par son nom, lui dit que tous ceux du pays estoyent au fauxbourg, et qu'il leur faloit ouvrir pour empescher la ville d'estre pillée. Par le moyen de cest homme, trois habitans de ceux qu'ils appelloyent huguenots souffrans lui apportent les clefs. Il laisse sur la porte un corporal qu'on lui avoit donné pour talbot[2], et qui l'importunoit avec un autre soldat; et lui, avec vingt-deux hommes qui lui restoyent, gaigne la porte de l'autre costé, qu'il trouva ouverte, y laisse deux des siens et deux de la ville, pour cercher de quoi la fermer, donne dans le fauxbourg, empoigne quelques soldats qui pilloyent une maison et en poursuit d'autres qui se sauvoyent jusques à l'hospital. Là il vid le chemin et les deux champs des deux costez pleins de mesches et d'hommes en alte, consultans pour r'entrer, pource qu'ils venoyent de rencontrer les huict

---

1. D'Aubigné était enseigne de la compagnie du capitaine Asnières. Voyez les *Mémoires,* année 1570. Il y parle à peine du siège de Pons, dont le récit va suivre.
2. *Talbot,* billot de bois que les paysans du Poitou mettent au cou de leurs chiens pour les empêcher de courir trop librement; au figuré *modérateur.*

compagnies dont nous avons parlé, conduites par le comte de Losun. Cest estourdi troubla ce conseil d'une douzaine et demie d'arquebusades, et puis deffendit tout haut de tirer. Les autres lui envoyent une cinquantaine à coups perdus et mettent à grand'haste leur quatorze compagnies dans le chemin de Plassac[1].

Cependant que le jeune capitaine garnissoit sa courtine bien clair semée, et envoye quérir son maistre de camp pour le faire gouverneur, ceux d'Angoulesme emportèrent Bouteville d'un mesme effroi. Et voilà l'estat de toute la France sur les tresves accordées, qui amenèrent bien tost la paix ; c'est le temps que nous avons acoustumé de prendre pour nous pourmener chés les voisins.

Chapitre XXVIII.

Liaison des afaires de France avec celles des voisins.

De l'Allemagne et de la Suisse (l'Empereur estant lors empesché au traicté de la paix, duquel nous parlerons), il n'y avoit rien de meslé parmi les François que les levées pratiquées par la Roine en divers lieux ; en Italie, la dispute des ducs de Ferrare et de Florence[2], cestui-ci voulant pour juge le pape, l'autre

1. Cette escarmouche est racontée par Liberge, p. 220.
2. Depuis longtemps les ducs de Florence et de Ferrare se disputaient la préséance. Le pape la trancha en faveur du premier et, par une bulle du 27 août 1568, lui concéda le titre de grand-duc de Toscane. Le 4 mars suivant, Cosme de Médicis fut sacré à Rome malgré l'opposition des ambassadeurs de l'empereur, et le pape envoya le cardinal Commendon à Vienne pour justifier sa bulle (*Vie du card. Commendon* par Fléchier). D'Au-

l'Empereur, lequel, irrité de quoi le pape consentant qu'il s'en mesloit, lui avoit renvoyé la cause en ces termes : *comme à l'arbitre, et non à l'Empereur*, il n'en voulut point ordonner ; dont il arriva qu'aux funérailles de Charles d'Espagne[1], les ambassadeurs faillirent à venir aux mains à la cour de France ; le Ferrarois supporté par la maison de Guise, l'autre par la Roine, tant pour l'honneur de son extraction que pour l'argent qu'elle emprunta de Florence au commencement de ces troisiesmes guerres.

Nous venons de parler des funérailles du prince d'Espagne. En chemin faisant, nous déduirons sa mort. Il lui estoit eschappé d'appeler cruautez les exploits du duc d'Albe en Flandre et de détester, en souspirant, les exécuteurs. On sçeut qu'il avoit fait faire deux pistolets propres à porter dedans ses chausses, qu'il les mettoit la nuict sous son chevet de lict avec quelques autres armes. On soupçonnoit que ce fust pour tuer Jean d'Austrie[2], son oncle bastard, et cela déclaré par son confesseur. De plus un jésuite rapporta qu'il avoit grand commerce en France, mesme avec l'admiral de Chastillon. Le roi d'Espagne en prend quelque soupçon que son fils se vouloit venger de lui, pour lui avoir osté la roine Elizabeth, qui estoit vouée pour lui, si bien que l'afaire fut communiqué à l'inquisition. A cela adjoustées quelques contenances de pitié que

bigné ne présente pas cette affaire exactement. Cf. de Thou, liv. XLVI.

1. Mort de don Carlos, prince d'Espagne, fils aîné de Philippe II, 24 juillet 1568.

2. Don Juan d'Autriche, fils naturel de Charles-Quint, né à Ratisbonne vers 1545, célèbre par la victoire qu'il remporta sur les Turcs à Lépante en 1571, mort dans les Pays-Bas en 1578.

Charles avoit monstrées au second acte[1] dont nous avons parlé. Il fut résolu de le prendre prisonnier ; et, par l'artifice de celui qui avoit fait les pistolets la porte de sa chambre crochetée, le roi fit entrer devant lui ceux qu'il sentoit ennemis de son fils. Ils le trouvèrent dormant si profondément qu'il fut esveillé à peine. Adonc voyant son père et les autres, il s'escria qu'il estoit mort. Le roi, après plusieurs menaces, dit qu'il ne le vouloit que chastier paternellement ; on lui oste tous ses meubles royaux, tous ses serviteurs, et en leur place on met des gardes vestus de dueil. Il essaya de se faire mourir en diverses manières : premièrement, il se jetta dans le feu, dont il y eut peine à le retirer ; il s'empescha deux jours de boire, et le troisiesme il faillit à s'estouffer à force d'eau ; il essaya le mesme par la faim, et puis par le manger, et encores par un diamant que ses gardes saisirent, comme il le vouloit avaller. Enfin il fut condamné par l'inquisition à estre empoisonné ; ce qui fut fait en juillet, et sa mort celée jusques en novembre[2].

Peu de jours après, Elisabeth[3], roine d'Espagne, passa par la mesme mort[4], tout par l'authorité de l'inqui-

---

1. *Auto da fe,* auquel Philippe II avait traîné son fils à son retour des Pays-Bas en 1559.
2. Ce récit est un tissu de fables. D'Aubigné en a pris les éléments principaux dans l'*Apologie du prince d'Orange* publiée en 1580. M. Gachard, dans une savante étude, a prouvé que la mort de don Carlos est due à des causes naturelles (*Hist. de don Carlos,* 2 vol. in-8°).
3. Élisabeth de Valois, fille de Henri II et de Catherine de Médicis.
4. L'empoisonnement de la reine d'Espagne est une fable aussi mensongère que l'empoisonnement de don Carlos, bien que

sition, de laquelle encor le roi d'Espagne fit publier une déclaration contre tous les sectaires du Pays-Bas et contre les catholiques, qui avoyent osé demander pour eux un plus doux traictement. Cela estoit sur le partement de la duchesse de Parme, qui s'en alla, avec belles lettres du roi pleine de remerciemens[1], trouver son mari à Parme.

De ce temps[2], le duc d'Alve, d'une part ouvertement, et de l'autre le prince d'Orange, en cachette, sollicitoyent les bandes étrangères, qui venoyent de faire la guerre en France. Ce fut pourquoi le duc envoya le comte de Lodron[3] avec ses meilleures forces tant d'Espagnols que d'Italiens et d'Albanois. Ceste troupe travailla à deux choses à la fois, asçavoir à s'opposer qu'il ne vinst rien de France, et tout d'une main garantit Ruremonde et autres petites places, muguettées par les réformés, comme ils firent en défaisant à deux fois sept enseignes avec cinq cents hommes qu'ils mirent par terre, sur la fin d'avril[4]. Presque mesmes choses se

l'accusation ait été popularisée par l'*Apologie du prince d'Orange*. Dans le chapitre v du *Traité de Cateau-Cambrésis*, in-8°, 1889, nous avons discuté et résolu la question d'après des documents originaux.

1. Le 30 décembre 1569, Marguerite de Parme partit de Bruxelles (*Commentaires de Mendoça*, t. I, p. 76).

2. D'Aubigné présente ici en abrégé un récit des troubles des Pays-Bas pendant l'année 1568, qui est refait avec plus de détails dans le chap. XXII. Nous y transportons la plupart des notes.

3. Le comte Alberic Lodrone, colonel italien, était bien au service du duc d'Albe; mais, d'après Mendoça, ce fut Sancho de Londono, capitaine espagnol, que le duc d'Albe envoya sur la frontière de France (*Commentaires*, 1860, t. I, liv. II).

4. Combat livré entre Erkelens et Dalem et victoire des Espagnols, 25 avril 1568.

firent par le comte de Mègue¹, qui sauva Grane² et mit en fuite ceux qui s'en estoyent saisis; tout cela passoit de fort peu la deffaicte de Coqueville³. Là dessus le duc d'Alve receut deux desplaisirs : l'un d'une somme d'argent notable, que le comte Palatin fit prendre sur le Rhin⁴, et l'autre d'une de ses armées deffaicte en Frise⁵. Et, pource que cela est hors de la liaison de nos afaires, nous le garderons à son rang.

Mais nous avons estimé de mesme nature le mauvais succez qu'eut le prince d'Orange en l'armée qu'il leva, principalement en Allemagne, avec la connivence de l'empereur Maximilian, lequel s'estoit employé vers le roi d'Espagne, pour faire rappeler le duc d'Albe, et l'eust impétré, si les choses eussent esté moins avancées⁶. Le prince donc, ayant joint le comte Ludovic, son frère, après la desroute de Geminge⁷, avoit mis ensemble quarante quatre enseignes de lanskenets, quatre mille que François que Wallons, sept mille chevaux, que commandoit le mareschal de Hessen⁸, qui

---

1. Charles de Brimeu, comte de Meghen, gouverneur du duché de Gueldre, tué peu après d'une arquebusade.
2. Grave, place sur la Meuse, sur les frontières des duchés de Gueldre et de Clèves.
3. Voyez ci-dessus, chap. I.
4. Cette saisie, faite à Mannheim le 18 février 1568, montait, suivant les Espagnols, à cent cinquante mille ducats.
5. Combat d'Heyligerlée, 23 mai 1568. Voyez le chap. XXII.
6. En octobre 1568, l'empereur envoya à Philippe II l'archiduc Charles d'Autriche avec la mission de lui demander de pacifier les Pays-Bas en traitant avec le prince d'Orange et en rappelant le duc d'Albe (Kervyn de Lettenhove, *les Huguenots et les Gueux*, t. II, p. 168).
7. Bataille de Gemmingen, 21 juillet 1568.
8. Frédéric de Roltzhausen, maréchal de Hesse.

s'estoit ci-devant fait remarquer en France. Ils avoyent six pièces de campagne et quatre canons. En ceste armée estoyent pour plus remarquables Albert de Nassau, les comtes de Barbi, de Hocstrate[1] et de Bartembourg, frères des deux que le duc d'Albe fit mourir, et un des Schomberg[2]. Ceste armée joignit le comte auprès d'Aix, comme il venoit de prendre Aremberg, Carpen, Espenne, Hornefone, et la maison du comte de Culembourg[3]; en la pluspart de ces lieux y ayant garnisons espagnoles qui furent mal traitées, comme aussi quelques compagnies qui se vouloyent jetter dans les mesmes places.

Le prince d'Orange séjourna, estant en suspens s'il entreroit dans Luxembourg, ou en France. Le duc d'Albe, se craignant de la Bourgongne, quoique les Suisses fussent obligez à la garentir, despescha quelques troupes légères, mit des Espagnols dans Lembourg, fit son armée de quatre régiments de lanskenets, quarante enseignes espagnoles, si bien qu'il se vid auprès de lui seize mil hommes de pied et deux mille cinq cents chevaux; résolu pourtant de n'accepter aucunement le combat en gros, mais laisser mortifier ceste armée de pièces rapportées, par les séditions, à la première desquelles le prince d'Orange se vid tuer ses plus fidelles amis à ses pieds, et la poignée de son espée rompue d'une arquebusade; après par la famine, par faute du payement, par les guez des rivières rom-

---

1. Antoine de Lalaing, seigneur de Hoogstraeten et de Renneberg, chevalier de la Toison d'or en 1559, tué dans un combat en Brabant en 1568.
2. Théodoric de Schomberg.
3. Le château de Witthem.

pues et pleins de mauvais artifices. Et, plus qu'en tout cela, il espéroit aux menées et pratiques qu'on dressoit en ceste armée. Le prince passa la Meuze en la mi-octobre[1], à la veue et à l'estonnement du duc, lequel il pouvoit charger et emporter, sans l'incommodité que l'armée avoit receue par la profondeur de l'eau.

Les réformés estans avancez à Saincte-Gertrude, il y eut quelque escarmouche légère, et puis, au passage de la rivière de Géette[2], les deux armées campèrent à veue. Et le lendemain le duc fit charger la dernière partie de ce qui passoit l'eau, où les réformés perdirent près de deux mille hommes[3]; entre ceux-là le comte de Hocstrate et le collonnel Eberard[4], Wallon, pris et mené à Bruxelles, où il eut la teste tranchée; ne faisant le duc d'Albe aucun traictement de guerre à ceux qu'il prenoit ni mesme pour les trompettes, desquels il en fit pendre un, envoyé par le prince.

Après ce désavantage se joignirent aux princes deux mille fantassins et cinq cents chevaux françois, menez par Genlis, Mouy, Morvilliers, Ranti, Esternai et Pojet maistre de camp. En passant ils bruslent Saint-Hubert[5] auprès de Saincte-Marie. Le prince y receut

1. Le prince d'Orange passa la Meuse près de Stockem et de Maseyk.
2. La grande Geete, rivière qui se jette dans le Demer.
3. Défaite du prince d'Orange au passage de la Janche ou Geete, 20 octobre 1568. Voyez la relation de Courteville (Gachard, *Corresp. du prince d'Orange*, t. III, p. 319). Albornos, secrétaire du duc d'Albe, a écrit de ce fait d'armes un autre récit (Arch. nat., K. 1511, n° 94).
4. Éverard de Vele de Louverval, colonel de l'infanterie flamande.
5. L'abbaye de Saint-Hubert, dans les Ardennes, fut saccagée

encores de quatre à cinq cents, qui avoyent rompu la file et se rallièrent à l'armée dans deux jours.

Le prince, voyant son amas pressé de faim, refusé de passage au Liège[1], quoique le duc d'Albe eust failli à le prendre, n'ayant pu repasser la Meuze, prend vers le Quesnoi et Cambrézi, où dix cornettes d'Allemans, huict d'Espagnols et trois de chevaux légers à la teste du reste de l'armée, pressant un peu de trop près, furent tellement attaquez de tous costez que tout cela fut deffait[2], force gens de marque blessez, et Avallo[3] mort. La faim les contraignit d'essayer en passant le chasteau Cambrézi[4], qu'ils ne prindrent point. Et entrèrent en France[5], où ils avoyent en teste le maréchal de Cossé, avec deux mil hommes de pied et six cents chevaux, que le roi avoit offert et envoyoit au duc. Auprès de Soissons, Gaspard Schomberg vint de la part du roi au prince[6], avec lequel il traictoit

---

par Genlis. Le marquis d'Aubais a consacré une note à cette campagne (*Pièces fugit.*, t. I, notes sur Perusiis, p. 275).

1. Le 3 novembre 1568, quand les troupes du prince d'Orange s'approchèrent du pont de Liège, Gérard de Groesbech, évêque de Liège, fit fermer les portes de la ville et refusa le passage (Gachard, *la Bibl. nat. de Paris*, t. II, p. 467). Bernardino de Mendoça raconte ces événements avec détails (*Commentaires*, 1860, t. I, p. 175 et 216).

2. Victoire du prince d'Orange au Quesnoy, dans les premiers jours de novembre 1568.

3. César d'Avalos, fils puiné d'Alphonse d'Avalos, marquis del Vasto, puis de Pescaire.

4. Tentative du prince d'Orange sur Cateau-Cambrésis, novembre 1568.

5. Le prince d'Orange franchit les frontières de France le 17 novembre 1568 (Relation publiée par M. Gachard, *Corresp. du prince d'Orange*, t. III, p. 319).

6. Le mémoire présenté par Gaspard de Schomberg au prince

d'une composition générale, pour, en secourant son armée d'argent, lui faire reprendre l'Allemagne[1]. Mais en particulier il mesnagea si bien la pluspart des capitaines que, quand le prince leur parla d'aller joindre le prince de Condé, il les trouva tous froids théologiens et mauvais partisans, discourans de la justice des armes, sans oublier le droict des rois et les afaires qu'ils avoyent en leur pays. Schomberg s'en revint ayant receu quelques injures, et mesmes un soufflet dans le conseil, de la main de Genlis. Et le prince fut contraint d'aller vers Strasbourg[2], vendre toute sa vaisselle d'argent, sa tapisserie, ses meubles, ses habillemens de réserve, partager tout cela aux chefs, leur donnant, sinon ce qu'il devoit, au moins ce qu'il pouvoit. Et puis leur engagea la principauté d'Orange et Monfort, avec obligation de les payer du principal et de l'intérest dedans douze ans ; et lui et ceux qui estoyent de meilleure volonté se joignirent au duc des Deux-Ponts[3], se préparant lors pour les guerres de France.

Le duc, n'ayant plus rien à craindre, met son armée pour cest hyver aux garnisons. Et pratiqua dès ce temps là sa retraicte en Espagne par la commission

---

d'Orange, de la part du roi de France, a été publié par M. Kervyn de Lettenhove (*Documents inédits du XVIe siècle*, p. 61).

1. La réponse du prince d'Orange, datée du 3 décembre 1568, est imprimée dans *Documents inédits du XVIe siècle*, p. 63.

2. Le prince d'Orange traversa la Moselle pour entrer en Allemagne le 13 janvier 1569 (Dépêches de Charles IX en Espagne; Gachard, *la Bibl. nat. à Paris*, t. II, p. 275, 278 et 280).

3. Le prince d'Orange rejoignit le duc de Deux-Ponts le 6 avril 1569 à Jussy. Voyez le chap. x et les notes.

d'y mener Anne[1], fille de l'Empereur, en mariage au roi Philippe, son oncle[2]; comme aussi en mesme mois Elizabeth[3], sa sœur, fut menée en France au roi Charles, asçavoir en novembre mil cinq cents septante.

Chapitre XXIX.

Des guerres d'Orient.

Guères ne nous amusera l'Allemagne, car la guerre de Trèves, que l'archevesque[4] bloqua, en fit plus d'yvres que de blessez[5]; et fut appaisée par ceux qu'envoya l'Empereur, à la charge que l'archevesque entreroit en la ville sans excès, comme aussi les citadins s'en pouvoyent garentir, et leur droict remis à la chambre de Spire. L'Empereur aussi refusa au pape Pie cinquiesme de faire la guerre à l'archevesque de Magdebourg[6], qui s'estoit marié et avoit plusieurs enfans. Il aima mieux faire une diette pour la réfor-

---

1. Anne d'Autriche, fille de l'empereur Maximilien, née le 11 novembre 1549, épousa Philippe II le 14 novembre 1570.
2. La princesse Anne d'Autriche arriva à Nimègue le 14 août 1570. Immédiatement le duc d'Albe demanda son congé à Philippe II et la charge de conduire la princesse en Espagne (*Commentaires de Mendoça*, 1860, t. I, p. 240).
3. Élisabeth d'Autriche, fille de l'empereur Maximilien II, épousa Charles IX le 26 novembre 1570 et mourut en 1592.
4. Jacques d'Eltz, archevêque de Trèves et électeur, réclamait certains droits de souveraineté que les habitants lui refusaient.
5. Le siège de Trèves dura du 9 juin au 10 août 1568 (De Thou, liv. XLIII).
6. Le 8 janvier 1570, Joachim Frédéric de Brandebourg, administrateur de l'archevêché de Magdebourg, épousa à Custrin, du consentement du chapitre, Catherine de Brandebourg, sa cousine germaine (De Thou, liv. XLVII).

mation des Allemans, en ce qui est de la police de la guerre, et prester la main au duc de Brunsvich et landgrave de Hessen, pour une conférence où les théologiens, ce qui n'est guères veu ailleurs, par vives raisons s'accordèrent aux points de la cène et de la justification[1], approchans de ce qui se passa à la dernière veue des docteurs de Poissi, comme nous avons dit au second livre. Sur cest eschantillon, Maximilian et les princes, assemblez à la diette, escrivirent amplement au Roi et à la Roine mère pour la paix des réformés.

La guerre de Cypre nous appelle à dire comment Selim, qui n'avoit rien fait depuis la mort de Soliman son père, recevoit souvent reproches de ses muphtis, de ce qu'il n'augmentoit plus la gloire des musulmans, et les conquestes estrangères pour le bastiment et entretien des hospitaux pour les passans. Ses capitaines en disoyent autant, mais, plus que tous ceux-là, il fut animé à la conqueste de Cypre par un bouffon[2], qui de chrestien s'estoit fait hébrieu, et qui, lui voyant avaller friandement le vin de ceste isle, lui fit honte de ce qu'il l'achetoit. Ce prince parmi ses plaisirs s'eschauffa à ce désir, si bien qu'il fit mettre en quelqu'une de ses tapisseries ce tiltre : *Joseph, roi de Cypre*[3]. Il assembla pour forme ses bachas, le principal desquels avoit en horreur la rupture de foi avec les Vénitiens,

1. Cette réunion, due à l'initiative de Jacques André, se tint en mars et avril 1570 (De Thou, ibid.).
2. Il se nommait Jean Michez et était Portugais.
3. D'Aubigné brouille ici le récit de de Thou. Le bouffon, dont il a parlé plus haut, avait pris le nom de Joseph pour épouser une juive. C'est lui, et non le sultan, qui, poussé par la faveur de Sélim, fit faire des tapisseries sur lesquelles il prenait le nom de *Joseph, roi de Chypre* (De Thou, liv. XLIX).

et désiroit destourner les premiers préparatifs qui se firent au secours des Morisques d'Espagne ; gagna le muphti mesme, qui avoit parlé pour la guerre de Cypre. Mais, voyant que l'Empereur avoit chauffé ceste opinion, pour estre incapable de conseil, après ses remonstrances, fit semblant de ployer aux contraires raisons de Mustapha, joint aussi que Pialis[1], gendre de Selim, estoit ordonné pour général de l'armée conquérante. Il restoit à trouver une querelle d'Alleman pour coulorer ce nouveau changement.

On accusoit les Vénitiens de souffrir que les pirates qui ruinoyent le Négrepont eussent des retraictes en Cypre ; et, comme ils estoyent en peine de prouver telles choses, Siroch, bacha d'Alexandrie[2], prit et envoya en Constantinople une galère de chrestiens, desquels on fit confesser à quelques uns sur la gehenne qu'ils avoyent une seure retraicte en Cypre. Le bacha Méhémet[3], celui qui avoit voulu destourner l'entreprise, eut charge de déclarer ceste guerre à l'ambassadeur des Vénitiens, lors à Constantinople, nommé Antoine Barbaro[4], avec des essais d'accommoder la colère du grand seigneur par quelque tribut ; mais tout cela en vain ; car ils sçeurent que deux de leurs naux[5] trafiquantes avoyent esté saisies, Selim

---

1. Piali, gendre de Sélim, venait d'obtenir la charge de capitan pacha.

2. Mehemet Siroco, sangiac (gouverneur) d'Alexandrie.

3. Mahomet, grand vizir, était celui qui, par sa prudence, avait conservé la couronne à Sélim, au moment de la mort de Soliman, au siège de Zighet.

4. Marc-Antoine Barbaro.

5. Ces deux navires, *la Bonada* et *la Balba*, furent saisis vers le 13 janvier 1570.

LIVRE CINQUIÈME, CHAP. XXIX. 217

présent, qui faisoit porter son disner à l'armement, afin de le mieux solliciter. Depuis, la guerre leur estant ouvertement dénoncée par un chambrier, nommé Cubas[1], et par le retour de leur ambassadeur, Marco Quirino, commandant à quelques galères, partit avec deux vaisseaux moyens pour aller armer la Candie et mettre les vaisseaux de ceste isle en estat[2].

Cependant, les Vénitiens mettent sur pied une armée de quarante deux grandes galères, sous la charge de Hiéronimo Zeno[3]; si bien qu'après avoir respondu au chambrier, premièrement pour leur justice, et en rejettant les accusations, ils conclurent par la résolution d'employer leurs vies et leur sang à leur droict. Desjà Amurat Réis[4], à la fin de mars mil cinq cents septante, avoit saisi, avec vingt-cinq grands galères, les avenues de Cypre, quand les Vénitiens despeschent au pape et à l'Espagne, pour demander secours, au mesme temps que le feu fut mis par artifice en trois tours, où les Vénitiens mettoyent principalement leurs poudres. De ce soufflet toutes les portes et fenestres de la ville de Venise furent ouvertes et le couvent des Célestins ruiné. On eust pensé que s'estoit la foudre si le ciel n'eust esté serein[5]. Le meilleur fut qu'il n'y avoit aux trois tours que trente poinçons de poudre, pource qu'on lui avoit fait un logis nouveau; que, si l'on n'eust point transporté celle qui avoit acoustumé

1. Cubath, ambassadeur du sultan, fut envoyé à Venise au mois d'avril 1570.
2. Marco Quirino prit la mer le 16 février 1570.
3. Jérôme Zanne.
4. Amurath Raïs, amiral turc.
5. Cet accident, dont les causes restèrent inexpliquées, avait eu lieu le 13 septembre 1569.

d'y estre, le port et l'arcenal eussent esté embrasez.

Marco Quirino, arrivé en Candie[1], avoit armé et receu dix-sept grandes galères de Venise, commandées par autant des principaux. Pialis partit au mesme temps de Constantinople avec quatre-vingts grandes naux et trente galères communes[2], suivi de Mustapha au retour du chambrier[3], avec le reste de l'armée.

Aux ambassadeurs[4] vers le pape, la response fut douce de sa part, car il promit le secours de l'Espagnol avec le sien; mais le cardinal Granvelle[5] voulut triompher sur la nécessité des Vénitiens et leur reprocher qu'ils avoyent esté spectateurs des misères d'autrui. Le cardinal Commandon[6] ne demeura point muet, mais, en remémorant les grands bienfaits de ceste ville en divers lieux, fit voir comment les perfidies espagnoles avoyent contraint sa nation[7] à traicter. Le roi d'Espagne, après mesme langage, donna charge à Granvelle de consentir au secours, comme verroit bon. Le pape contribua donc douze grandes galères sous la conduite de Colomne[8], qui fit son

---

1. Quirino arriva le 31 mars 1570 à Candie.
2. Piali partit de Constantinople le 17 avril 1570.
3. Cubath revint de Venise à Constantinople le 17 mai 1570 et Mustapha mit à la voile trois jours après.
4. Michel Suriano, ancien ambassadeur vénitien en France, représentait alors la république à Rome.
5. Antoine Perrenot de Granvelle, ancien gouverneur des Pays-Bas (t. I, p. 347).
6. Jean-François Commendon, né en 1524, nonce du pape en Allemagne, cardinal en 1565, mort en 1584. Fléchier a publié de la vie de ce grand prélat un récit traduit de l'Italien Graziani, 1671, in-4°.
7. Le cardinal Commendon était né à Venise.
8. Marc-Antoine Colonna.

armement à Ancone. Toutes ces forces de chrestiens attendirent long temps le secours espagnol; et cependant Colomne partit de Picène[1] et attendit à Idronte, les Vénitiens à Iadère, et de là à Corcire, desjà pleins de peste et de maladies.

D'autre costé, Pialis, ayant joint Mustapha et Alis, fit son gros à Rhodes, cependant que Vluzalis[2], de Calabre, escumoit jusques au golphe de Venise; et l'armée de terre partit de Rhodes pour venir en Cilicie joindre l'armée de terre du Grand Seigneur. Pialis, ayant tout embarqué avec les janissaires, part de Finiques[3] au premier de juin et aborde droit à Salines[4], où il fit descente sans combat; ce qui ne fut pas sans reproche à Dandulo[5], gouverneur, non plus que la discontinuation des fortifications commencées par son prédécesseur. Mustapha envoye sommer Nicosie[6] par un moine prisonnier, après grande contraste entre les bachas, desquels les uns vouloyent passer leur première colère sur Famagouste, ville parachevée de fortifier. Mais l'opinion de Nicosie l'emporta, pource qu'à cause de son assiette elle se fust rendue imprenable durant le siège de l'autre. Dandulo fit tout ce qu'il put pour retirer du secours de Famagouste, mais les garnisons feignirent qu'il y avoit encor de l'incertitude où alloit le paquet. Il ne demeura donc dans

1. Colonna partit d'Ancône le 6 août 1570.
2. Ulucciali, renégat calabrais. Voy. Brantôme, t. II, p. 58-66.
3. Finica.
4. Les Salines, port de Chypre. Piali y aborda le 1er août 1570 et y débarqua le 3 sans opposition.
5. Nicolas Dandolo, commandant général de l'île.
6. L'armée turque parut sous les murs de Nicosie le 26 juillet 1570.

le siège que quinze cents Italiens; des compagnies levées en l'isle, trois mille; de lances albanoises, cinq cents, et deux cents hommes de pied de mesme nation; de ceux de la ville portans armes, mille gentilshommes[1], avec deux cents cinquante canonniers et huict mille pionniers; et puis de femmes et d'enfans inutiles, cinquante six mille.

L'évesque de Pasfe[2] commença à donner la Pasque à tout ce peuple et à les préparer par processions. Nicosie avoit onze bastions, Podocatare, Constance, Daville, Tripoli, Rocasio, Mulla, Quirino, Barbaro, Laurédano, Atto et Caraffa[3]. D'autre costé les Turcs font monstre de cinquante mille fantassins, deux mil cinq cents chevaux, et les pionniers. Le reste faisoit jusques à cent mil hommes sans conter ce que Pialis avoit sur cent trente galères, pour empescher les secours. Le bacha alexandrin fit ses approches au Podocatare, Musafer à Daville, Dervis[4] à Tripoli; et Mustapha prit avec lui Alis pour attaquer Constance. En peu de temps Podocatare, Daville et Constance eurent leur contr'escarpe percée avec deux grands cavalliers, qui emplissoyent de coups de flèches les retranchements. Dans deux jours après leurs fossez percez, ils grattent dans leurs bastions. Ils n'eurent pas si tost versé un coin de muraille que Mustapha et le bacha d'Alexandrie voulurent taster le courage de

---

1. Var. de l'édit. de 1616 : « ... *gentilshommes* ou capitaines volontaires. Si bien qu'il y avoit en tout onze mil hommes portans armes, *avec deux cents...* »
2. François Contarini, évêque de Baffo (autrefois Paphos).
3. De Thou donne ces noms à peu près de même (liv. XLIX).
4. Musafer, Dervis, capitaines turcs.

leurs ennemis, seulement par une recognoissance de bresche. Ceux de Podocatare firent leur devoir, mais ceux de Constance laschèrent le pied aux premiers Turcs qui parurent. A quoi les assaillans furent habiles à succéder jusques à planter un drapeau sur le haut, et deslors c'estoit fait de la ville, sans l'arrivée d'Hercule Podocatare et Andréa Speléo[1].

Les assiégez sentirent aussi tost les nécessitez que le siège. Ils despeschent encores à Famagouste, demandans des hommes, et Baléon[2], le général, se convia d'y aller; mais ceux de la ville le retindrent. Et certes ils avoyent plus besoin de courage que d'hommes, toute l'isle l'ayant perdu dès la première descente; comme aussi tout le peuple, qui n'estoit point enfermé, se jetta entre les mains des conquérans. On leur manda pour les resjouyr comment Baléon, à deux lieues de sa place, avoit deffait trois mille Turcs, enseignes prises, et deux chefs de marque tuez. Ceux du peuple qui n'avoyent pas voulu se donner aux Turcs s'estoyent retirez aux montagnes, qui faisoient mourir tous les jours plusieurs assiégeans par leurs courses. Quelques soldats des assiégez demandèrent de sortir, ce qu'ils firent jusques à deux mille hommes de pied et quatre cent chevaux albanois. Les uns sortirent par la porte de Constance et les autres par la Troyenne. Cæsar Piovena, avec quatre enseignes italiennes, descendit par le fossé au ruisseau. Mais, n'estant pas assez prestement secouru par la cavallerie, que le gouverneur retint, les sortis perdirent les capitaines Berto-

---

1. Hercule Podocataro et André de Spelle, capitaines vénitiens.
2. Baglione, capitaine vénitien, commandant de Famagouste.

chio et Scotto[1], et de plus Tiémo[2] qui fit merveilles, avant que mourir, meslé avec quatre vingts des assiégeans. Les Turcs y perdirent mille de leurs meilleurs hommes[3]. Depuis ce temps-là les Albanois à leur grand regret furent empeschez de sortir.

L'armée de Venise attendoit en Candie l'espagnole commandée par André d'Auria[4], qui, ayant des commandements du roi d'Espagne pour Cypre pareils à ceux de don Garcia[5] pour Malthe, avoit bien amassé à Messine tous les bons vaisseaux d'Italie, mais ne put estre induit par le pape à faire voile qu'il n'eust encores envoyé quérir un nouveau commandement du roi Philippe. Ce commandement fut de s'avancer, après qu'on eut sçeu comment l'armée des Vénitiens estoit toute ruinée de peste. Enfin Auria joignit Colomne à Hydronte[6]. La peste fut cause qu'il fallut mettre les galères à moindre nombre. Et toutesfois à la reveue on trouva cent septante grandes galères, onze naux armées par l'esperon, un grand gallion de dix-sept cents et sept grands vaisseaux ronds, sans conter ce qui portoit les vivres. Il n'est pas croyable quelles inventions et quelles menées dressa Auria pour empescher l'armée de combattre. Il faut laisser aux historiens katholiques à donner à ces choses leurs vrais noms. Je m'abstiens de juger, pour dire que Musta-

---

1. Le comte Albert Scotti et Jean-Baptiste Bertoccio.
2. César de Tiene, capitaine vénitien.
3. Combat sous les murs de Nicosie, 16 août 1570.
4. Jean-André Doria, neveu du grand André Doria, arriva à Candie le 30 août 1570.
5. Don Garcias de Tolède. Voyez le chap. xix du liv. IV.
6. *Hydronte*, Otrante.

pha, après avoir jetté par des flèches plusieurs lettres dans Nicosie, et mesmes celles qu'il avoit surprises, par lesquelles les assiégez demandoyent dix mil hommes à leurs compagnons, le vingt-septiesme d'octobre, fit donner un assaut aux quatre bastions, qui dura deux heures avec perte[1]; puis avec plus grande, après avoir fait reposer les soldats un jour entier, redonna un grand assaut, que la nuict sépara, où mourut d'une part Phœbo Zappa, de l'autre le comte Tripoli, fort regretté.

Mustapha, se trouvant trop affoibli, emprunta de Pialis, à son grand regret, cent hommes de chasque galère; et cela faisoit vingt mille hommes[2]. Quelques uns ont pensé que, sur la science des divisions et menées d'Espagne, ils avoyent osé desgarnir leurs vaisseaux. Alis mena ce renfort, avec lequel n'y ayant plus que quatre mil hommes en la ville qui peussent combattre, les quatre bastions attaquez de nouveau, ceux de Podocatare furent surpris endormis. Ce qui ne fut point tué, s'enfuit en la ville. Les Turcs plus avancez leur firent compagnie. Le gouverneur, l'évesque et les plus apparens courent à ce malheur. Mais d'abordée l'évesque[3] et sept de meilleure marque donnèrent du nez à terre; les habitans s'enfuirent à leurs maisons. Les Italiens qui n'y avoyent que faire se font passer sur le ventre par les janissaires. Le gouverneur Dandulo[4], pour réparer ses fautes, avoit arresté sur le

---

1. Cet assaut eut lieu le 30 août 1570, d'après de Thou (liv. XLIX).
2. Le secours arriva aux assiégeants le 8 septembre 1570.
3. L'évêque de Paffo, cité plus haut.
4. Dandolo se fit tuer dans le combat

cul les conquérans, mais le bacha d'Alep, ayant fait passer six pièces par la bresche, fait quitter la rue aux chrestiens, qui se retirent en la maison de ville, où comme on les sommoit furent enfoncez. Cinq des chefs de la ville ouvrent une porte et ayans percé se sauvent aux montagnes.

Mustapha, ayans pris Nicosie le trente huictième jour du siège[1], y loge le bacha Musaphet, et, renforcé de l'artillerie prise dans la ville, arrive en cinq jours à Famagouste[2], où il fit voir à son arrivée la teste de Dandulo au bout d'une picque. Ceux de la ville jettent dehors cinq mille personnes des villages auprès, qui furent menez par les janissaires dans leurs maisons paisiblement à la fin de septembre. Pialis, ayant sçeu par la prinse d'un batteau de chrétiens que leur armée estoit en Candie, et quelque nouvelle de leurs divisions, l'armée turquesque se prépare au combat naval par la résolution de Mustapha ; disant entre autres choses qu'il n'apartenoit aux serviteurs d'un si grand maistre de considérer autre chose que ce qui estoit de l'honneur ; brave et agréable vanité au Grand Seigneur, qui plusieurs fois lui a esté dommageable, ne fust-ce qu'à l'entreprise du siège de Malte, où la gloire[3] osta le conseil.

L'armée chrestienne ayant sçeu la prise de Nicosie, et que non seulement les vingt mille hommes estoyent de retour dans les batteaux, mais que l'armée terrestre,

---

1. Prise de Nicosie, 9 septembre 1570, après quarante-huit (et non trente-huit) jours de siège.
2. Mustapha parait sous les murs de Famagouste, 22 septembre 1570.
3. *La gloire,* l'orgueil.

qui n'estoit encor engagée, ostoit à Pialis les malades et mal asseurez, et lui donnoit tout ce qui vouloit choisir. Colomne et Zanéo, général vénitien, voyans n'avoir rien à secourir, leur armée diminuée de plus d'un tiers, ne pensent plus qu'au retour; et lors Auria parla de combattre, dont leurs haines s'augmentèrent. Les Vénitiens laissèrent à Morette[1], gouverneur de Candie, deux mille hommes de guerre, et puis gaignèrent Corsie. Colomne, d'onze galères réduites par les maladies à cinq; le feu du ciel brusla son amirale près de Catare, un autre se perdit à la veue de Raguse, si bien qu'il n'aborda que trois vaisseaux, chacun se sauvant à sa fantaisie. Pialis leur découpla quelques galères, qui en combattirent deux des vénitiennes et en prirent une[2]. Mustapha, voyant l'hyver commencer et voulant différer le siège de Famagouste à l'année suivante, retira son armée, pour la retrancher à deux lieues de la ville; la garnison de laquelle ne leur pardonna pas le laschement de pied, mais attaqua un combat où ils tuèrent quatre cents des ennemis et ne perdirent que dix hommes.

Nous finirons ces afaires par l'envoi de l'évesque[3] à Venise, et par le desplaisir que receut Mustapha : c'est qu'il envoyoit par présent à son maistre un gallion de seize cents tonneaux, plein de grands et excellens joyaux, et de force noblesse captive, tout cela fut embrasé et perdu, horsmis quelque peu qui, nageans entre deux eaux, se sauvèrent. Les Candiots disent avoir apris d'eux que ce fut une noble dame, de

---

1. Moretto, capitaine calabrais.
2. Ce combat eut lieu le 4 novembre 1570.
3. Ragazzoni, évêque de Famagouste.

laquelle on faisoit présent, comme de plusieurs autres, pour sa beauté, qui, ayant trouvé moyen de mettre le feu aux poudres, s'escria avant le coup : « O infideli, saremo adesso compagni di questa morte, no de l'altra vita. »

Chapitre XXX.

Du Midi.

Une ligne tirée droit entre l'ouest et le sud coupera entièrement l'Espagne par le milieu. C'est pourquoi je n'ai point fait de difficulté de mettre les afaires de Grenade au midi. Par elles paroit évidemment que tout establissement fait par mutuelles craintes ne dure non plus que sa cause. Les Morisques, réduits par Ferdinand et Izabelle[1] à une condition tolérable pour serfs, et non pour autre, apprenoyent tous les jours par les pilleries espagnoles que toute vie précaire cesse bien tost d'estre vie[2]. Ceux d'entr'eux qui avoyent quelque courage et quelque expérience commencèrent à désirer la liberté, des désirs venir à l'espérance, et de l'espérance au dessein. C'estoit lors que le marquis de Mondejare[3], qui premièrement fut leur gouverneur,

---

1. La politique de Ferdinand et d'Isabelle vis-à-vis des tribus moresques est très bien exposée dans l'*Histoire de Ferdinand et d'Isabelle,* par Prescott (2e partie, chap. VI et VII).
2. Le récit de la révolte des Mores que l'on va lire est emprunté à de Thou, qui avait surtout utilisé la *Guerra de Granada* de Diego Hurtado de Mendoza, cinquième fils du marquis de Mondejar. A cette double source d'information nous ajouterons l'*Hist. de Philippe II,* de Prescott, qui, dans cette partie surtout, a mis en œuvre un grand nombre de documents nouveaux.
3. Inigo Lopez de Mendoza, marquis de Mondejar, descendant

entra en soupçon. Adverti par les moins passionnez comment les Morisques s'assembloyent, pour, au lieu des afaires de piété, traicter de leur liberté, et mesme que l'argent qu'ils amassoyent, sous couleur de leurs hospitaux, estoit pour la guerre, le gouverneur va en cour, ayant laissé le comte de Tandille[1] en sa place, pour impétrer quelque garnison plus forte. Mais, pource que les despenses d'Espagne tendoyent lors toutes en Flandre, on le renvoya avec autant d'augmentation qu'il en faloit pour haster la rebellion, et non pour l'esteindre[2].

Cela fit assembler les Morisques, conjurez en Albaïcine[3]. Là se trouvèrent pour principaux autheurs, Alpartal de Narilles, Exenis, de la part de ceux d'Alpuzarre, et Haben Jashuar[4]. Ce dernier, trouvant les esprits froids au commencement, harangua, faisant éloquence de fureur. Il commença par toutes les parties de leur misère, leurs pilleries générales et particulières, sur tout celle des prestres, l'interdiction de leurs coustumes ; et plus exprès des aziles des temples

du capitaine qui avait été le premier gouverneur du royaume de Grenade après la conquête.

1. François de Mendoza, comte de Tendilla, fils aîné du marquis de Mondejar.

2. D'Aubigné ignorait la vraie cause de la rébellion des Mores : une série d'ordonnances du roi d'Espagne qui les dépouillait de leurs plus chères coutumes et de leur culte. Prescott a très bien analysé la législation nouvellement édictée (*Hist. de Philippe II*, t. IV, p. 116 et suiv.).

3. Réunion des Morisques conjurés à Albaïzin, 27 septembre 1568 (De Thou, liv. XLVIII).

4. Al Partal de Narilla, près de Cadiar ; Xenis Al Puxarra ; Ferdinand Aben Yahuar, dit El Zaguer ou Ferdinand de Valor (De Thou).

des chrestiens, qu'on leur deffendoit, comme aussi l'usage de leur langue; et, pour comble de leurs malheurs, ils estoyent tenus pour mahumétans entre les chrestiens, et pour chrestiens entre les leurs; adjoustant qu'ils attendoyent tous les jours à estre transportez en terre eslongnée hors de leur cognoissance, pour y périr de faim. Voilà pour les causes et nécessitez d'armer. Voici pour la facilité : il remonstra les guerres expresses pour la religion en France, et au Pays-Bas ; la distraction de la chrestienté, pour s'opposer à la grande armée turquesque, qui mettoit tout en jalousie. Il eslève leur nombre, leur courage, et puis particularisant la nécessité d'establir la concorde, en eslisant un chef, et mesmes pour plus d'authorité lui donner le nom et marques de roi[1]. Ce propos fut receu avec acclamation, et à la prochaine assemblée qui fut à Saint-Michel, en la maison d'un Hardo[2], par consentement de tous, fut esleu Ferdinand de Valoire[3], aagé de vingt cinq ans. Mesmes à ceste eslection quelque homme de leur église lui apporta une espèce de bénédiction. Ils baisèrent les pas où Ferdinand avoit marché, avec ce cri : *Dieu exalte Mahumet Abenhumeja, roi de Grenade et de Cordube*[4]. Il n'y eut qu'un nommé Cardenas[5] qui s'opposa à ce dessein, mais Abenxapuar le fit taire et, pour engager ceux de son

1. Ce discours est reproduit par de Thou (liv. XLVIII).
2. Hardon, d'après de Thou. Il fut mis à mort peu de temps après.
3. Ferdinand de Valor, neveu d'un autre conjuré du même nom cité plus haut, descendait en ligne directe de la dynastie des Beni Umeyyah (Prescott, t. IV, p. 140).
4. *Muley Mahomet Aben Humeya, roi de Grenade et de Cordoue.*
5. Cardenas, fils d'un tailleur, « homme riche et de beaucoup d'intelligence » (De Thou).

pays, il courut à Erreré¹, où il fit tuer la garnison de quarante hommes et leur chef, et ce fut le commencement.

Le vice-roi d'Arger envoya sur ces délibérations, promet secours de la part de son maistre, lequel, comme il disoit, estant d'accord avec le sophi de Perse, n'avoit afaire que là où il lui plaisoit. Le premier dessein, pris en général, fut d'emporter Grenade, principale du royaume, grand'ville, distinguée comme Rome, en quartiers montueux et bas ; et de laquelle un quartier à part, nommé Alhambre, pouvoir servir de citadelle au reste. D'entr'eux un nommé Faraxio², qui avoit esmeu et amassé au pas d'Alpuxarre³ et au pays d'Almerie cinq mille hommes presque sans armes, en choisit cent cinquante qu'il passa à travers un déluge de neige; et ne faillit pas, la veille de Noël, d'entrer par la porte Ghadiane avec bruit de tambours et instrumens de musique, coustumier aux Maures, appellant aux armes les habitans avec menaces, promesses et asseurances que Abdala, roi de Fez et de Marroque, et les forces d'Arger, estoyent à leurs secours. Tagaris et Monfarris, capitaines choisis pour emporter Alhambre, voyans l'orage des neiges,

1. D'Aubigné a pris un nom d'homme pour un nom de lieu. Il s'agit, d'après de Thou, du s. Herrera, colonel espagnol, qui conduisait 40 hommes à Adra et qui passait à Cadiar. Ce massacre eut lieu au mois de décembre 1568 (Prescott, t. IV, p. 136).

2. Farax Aben Farax, teinturier, descendant des Abencerrages. C'est lui qui dirigea les massacres des chrétiens dans les montagnes. Cité par Aben Humeya pour ses crimes, Farax fut déposé de son commandement. Voyez les beaux récits de Prescott (t. IV, p. 133 et suiv.).

3. Alpujarra, montagnes au bord de la Méditerranée.

avoyent caché leurs eschelles dedans des grottes et ne firent point leur exploit. Ceux d'Albaïcine, comme on frappa à leur porte, demandèrent combien ils estoyent. A la response de six mille, ils se renfermèrent, ayant dit : « C'est trop peu et trop tard. » C'estoit pource que Mondejar avoit desjà envoyé dans Alhambre des forces. Aussi lui ne demeura guères à venir parler à ceux d'Albaïcine, qui promirent de demeurer en fidélité. Ce fut à Faraxio de faire sa retraicte à Niguele, et la fit d'ordre, quoique pressé par Mondejar, qui revint s'asseurer de Grenade, mettant deux compagnies à Deurcale, et autant à un pont de bois sur le chemin d'Alpuxarre[1].

Deça[2], intendant de la justice en Grenade, despescha au marquis de Velez[3], gouverneur de Murcie et de ses amis et garnisons, qu'il envoyast ce qu'il pourroit vers Almerie, ce qu'il fit. Deça faisant cela pour oster la gloire de ceste délivrance à Mondejar, ennemi de l'un et de l'autre. Habenhumeja s'estoit jusques là tenu caché dans Grenade, d'où il se sauva desguisé, pour aller trouver les bandes des Morisques, séparez en deux, l'une à Orgive, où commandoit lors le duc de Sesse[4], neveu du grand capitaine Gonsalve.

Les Morisques assiégèrent la forteresse d'Orgive, tenue par Gaspard Saravia avec cent soixante chrestiens. Ce fut là que les troupes saluèrent celui que

---

1. Tout ce récit est emprunté à de Thou. Les noms propres ne sont pas estropiés.
2. Deza, officier espagnol, chargé de la justice.
3. Don Luis Fassardo, marquis de Velez, gouverneur du royaume de Murcie et commandant général de la province de Carthagène.
4. Gonzalve Fernandez de Cordoue, mort en 1578. Il était par sa mère, non pas neveu, mais petit-fils de Gonzalve de Cordoue.

nous avons nommé Ferdinand (maintenant Abenhumeja) pour roi, esleurent Abenjasuar, son cousin, pour général de leur armée, et Faraxio pour son lieutenant. Le roi espousa trois femmes; Roias[1], père d'une des trois, ne voulant pas suivre son gendre, fut mis à mort. Ceste populace, comme s'ils n'eussent eu rien à craindre, se mirent à piller tout le pays d'Alpuxare et d'Almerie, usans de toutes sortes de cruautez sur les chrestiens, comme d'en faire brusler dans leurs temples, bouillir dans l'huile, emplir de poudre, et y mettre le feu; enterrer vifs, et quelques uns de ceux qui les avoyent plus tormentez les bailler aux femmes desquelles ils avoyent tué les maris, pour les faire mourir avec des aiguilles. Abenhumeja fit un édict contre ces barbaries, et, ayant amassé un nombre de captifs choisis, envoya son jeune frère Abdala faire un présent au vice-roi d'Arger, jurer obéyssance au grand seigneur. Abdala, receu en frère de roi, fut conduit en Constantinople. Romis[2], qui commandoit mille Morisques, prit Chasteau-Ferré et Mottille[3]. Il sauva la vie à aucuns des garnisons et esbranloit toute l'Almérie sans Alphonse Vanegas[4], à qui Habenhumeja offrit la souveraineté d'Almérie. Et encor qu'il eust sauvé le pays, pource qu'il déclara cest offre un peu tard[5], s'excusant qu'il lui avoit falu quelque temps

1. Michel Rojas.
2. Ramix.
3. Castello de Herro et Motril, villages qui appartenaient au duc de Sessa.
4. Alphonse Habis de Vanegas, descendant d'un ancien roi de Grenade, nommé Joseph Aben Alma.
5. C'est-à-dire qu'il dénonça cette proposition aux officiers espagnols.

pour surmonter l'offre de la principauté, il se vid ruiné et en mourut de desplaisir.

Didaco Dasca[1] ayant fait rencontre de plus grande troupe que la siene, et appellant son trompette, nommé Saint-Jaques, pour sonner la retraicte, les ennemis, pensans que ce fust un mot de combat, tournèrent teste, et Didaco, se ravisant, tue à leur queue cent hommes. Mondejar[2] eut un autre combat au Pont d'auprès de Ducalle[3], où Habenhumeja avoit donné sur les doigts à Quixade, remit gardes au pont pour se présenter à Orgive[4], assiégée, qu'ayant renvitaillé, il alla présenter bataille à Habenhumeja qui avoit quatre mil hommes, de mille desquels il avoit fait embuscade à droicte. Ceux-là, les bandes s'estans affrontées, donnèrent en croupe et en flanc, si bien que les royaux quittèrent le pied, et estoyent deffaits, sans une rude charge que fit Mondejar, leur tuant en demie lieue de poursuite quatre cents hommes. Sur cest avantage Poquere[5] se rendit plein de femmes et d'enfans, que les Morisques y avoyent retirez. Là le soldat se saoula de toutes sortes d'inhumanitez, et puis la ville bruslée, afin que personne n'eschapast. De là les chrestiens marchent vers Jubile[6]. Ceux de la ville envoyent au devant, et sur la foi receue se rendent. Un soldat, voulant forcer une femme devant son mari,

1. Diego de la Gasca, gouverneur d'Adra depuis la mort du colonel Herrera.
2. Mondejar s'était mis en campagne le 2 janvier 1569 (Prescott, t. IV, p. 159).
3. Pont de Tablate, près de Durcal.
4. Orgiba, place forte.
5. Poqueyra.
6. Jubiles.

est tué par lui, ce qui donna entrée au forcement de toutes les femmes et meurtre de tous les hommes ; le pont que nous avons dit regagné par les Morisques, et la garnison retirée dans un temple, bruslée, fut repris par Alvaro Manrique.

Mondejar, entendant que le roi des Morisques estoit à Paterne, prent son chemin par Yniqua[1], où il eut des messagers de paix, et quelque petite rencontre. Paterne, quittée, fut traictée comme Poquere. Et de là en avant, les Morisques ne se présentèrent point en gros, jusques au nouveau souslèvement qui se fit à Gajarre[2], où les communes, mal traictées par un seigneur du pays, le tuèrent et bruslèrent ses gens, retirez dans un temple. Mondejar, sachant que le marquis de Velez, par les menées de Deça, entroit dans Almerie, pour ne se laisser pas tirer une plume de dessous l'aile, s'avança à Gajarre ; trouve les ennemis retranchez sur deux croupes, et fortifiez de Giron, Naços et Camar[3], ceux-là mesme qui avoyent pris le pont. Lui ayant receu Porto Carero avec forces, il s'avance vers les lieux retranchez. Un jeune capitaine, nommé Villaroerio[4], ayant impétré cinquante hommes, pour taster la contenance des ennemis, en desbaucha huict cents. Ceux-là, ayans veu fuir les femmes des Morisques, accourent sans ordre. Les autres, voyans qu'il ne leur estoit pas permis de fuir, tournent teste à la parole de Camar, et donnent si ferme qu'ils tuent

1. Ynox.
2. Guejarras, entre Alhuma et Almunneçar, sur le bord de la mer, du côté de Malaga.
3. Giron, Mazox et Comar.
4. Jean de Villaroel, fils de Garcias, gouverneur de Caçorla, passait pour être parent du cardinal Ximenès.

toute la fleur de ces troupes, celui qui les menoit, et quatre ou cinq des apparents. Ils faisoyent plus, sans une charge que fit Alphonse Cardena, qui les referra dans les lieux avantageux. Le lendemain Camar et quelques autres, de ceux qu'on appelle Monfies, estimez entre les Morisques comme les janissaires entre les Turcs, par une division s'estoyent retirez. Mondejar prend par force le reste; tout tué, Giron entr'autres; et, ayant esté la victoire suivie jusques où estoit Camar, qui fut pris, en voulant sauver sa fille, mené à Grenade et là tenaillé.

Après cela il fut aisé d'oster aux Morisques ce qu'ils avoyent vers les bords de la mer. Le marquis de Velez de son costé avoit fait quelque progrès en Almerie, et croyoit tout bien paisible en cest endroit, notamment sur Tacalis[1], et avoit rallié jusques à mil hommes. Comme ces deux marquis disputoyent des conquestes, aussi faisoyent-ils des cruautez, sur les bruits qui couroyent que les Morisques sacrifioyent les prestres, les filles et autres choses pareilles. Les inhumanitez, ausquelles on laschoit la bride, rendirent les soldats farouches aux commandements; dont advint que Mondejar, pensant prendre le roi des Morisques, qui connilloit[2] avec trente chevaux, avança dans le pays, où ses gens tuoyent mesmes les guides au lieu de s'en servir. Ceste façon de vivre releva encores les afaires, pource que les chrestiens emmenans huict cents captifs, ceux des montagnes allumèrent des feux à leur mode pour les retirer. Abuçeva, ayant rallié

---

1. Tacali, chef de bande morisque.
2. *Conniller,* se cacher, se terrer à la façon des lapins; au figuré, tergiverser.

trois cents hommes, se trouve sur le chemin, qui, après plusieurs honnestes propos, pour avoir ces gens de courtoisie, voyant que Partal Natille[1] arrivoit à propos pour leur couper chemin, donne si désespérément sur ces gens de guerre, meslez parmi le bagage, que, de deux mille[2] qu'ils estoyent, il ne s'en sauva point quarante. Cela redonna courage à Habenhumeja, qui de là en avant commença à marcher en roi avec quatre cents archers de sa garde, l'estendart cramoisi et les armoiries de Castille, à tenir sa cour en lieu asseuré, comme à Valloire et à Pocaire[3]; le peuple lui donnant de bon cœur la disme de leurs fruits et le quint de leurs butins.

Le roi d'Espagne prent occasion des choses advenues de partager l'Almerie au marquis de Velez et le reste du royaume de Grenade à Mondejar. Ce dernier, sachant que les Morisques s'assembloyent à Alcudia, les alla assiéger; et, après une opiniastre deffense, prit avec la ville mille captifs[4]. Nonobstant, les souslèvements et armements des lieux et peuples, qui n'y avoyent pas encores pensé, furent sceus à la cour d'Espagne tout à la fois; pource que par toutes les villes ceux qui avoyent authorité imposoyent des crimes aux Morisques et les faisoyent tuer, pour avoir part au pillage. Et mesme Deça, chef de la justice, usa de ceste voye dans Grenade. Le roi Philippe fut donc contraint d'envoyer pour général, par dessus les deux que nous

---

1. Partal, habitant de Narilla, chef de bande.
2. D'Aubigné suit de Thou jusque dans ses erreurs. De Thou dit bien que les vaincus étaient 2,000, mais plus loin il dit et répète qu'ils n'étaient que 300 (liv. XLVIII).
3. Albunmezar et Salobrenna, villages.
4. Prise d'Alcudia, février 1569.

avons dit, Jean d'Austria[1], son frère bastard, à qui il donna pour conseilliers Louys Requesens[2], grand maistre de l'ordre d'Alcantara, et Pedro Padillo, mareschal de camp, le duc de Sesse[3] et Louys Quixada[4]. Le général aussi eut charge d'appeller auprès de lui Mondejar et lui faire laisser à Orgive Juan Mendoze; tout cela pour supplanter les premiers.

A ceste entrée, Moris, capitaine espagnol, ayant commandement de conduire un envitaillement, fut deffait avec trois cents hommes sur la place. En vengeance de cela, tous les Morisques qui, sous la foi publique et ordonnance du roi, avoyent esté déserteurs de leurs compagnons, furent par les menées de Deça liez deux à deux, pour les transporter, comme par colonies, en quelques endroits d'Espagne[5] ordonnez à cela; qui, engagez d'âme ou de naissance à un parti, se cuident sauver, pour s'en soustraire, et adjoustent à la haine le mespris. De ces misérables troupeaux, peu eschapèrent qui ne périrent par la faim. Ceux qui furent vendus pour esclaves eurent la moins mauvaise condition. Aussi y en eut-il de ceux qu'on menoit qui se tuèrent; un qui assomma un soldat l'outrageant; un autre, ayant empoigné un petrenal[6], essaya de tuer le général. Le mal qui arriva de tout cela fut que les

---

1. Don Juan d'Autriche prit congé du roi à Aranjuez le 6 avril 1569. Il n'était âgé que de vingt-un ans.

2. Louis de Requesens, général des galères d'Italie, alors ambassadeur à Rome.

3. Ferdinand de Gonzague, duc de Sessa.

4. Don Luis de Quixada, ancien colonel de gens de pied sous Charles-Quint, ancien gouverneur du duc de Sessa.

5. Expulsion des Morisques de Grenade, 24 juin 1569.

6. *Petrinal*, poitrinal. Arme à feu très courte qui se tirait appuyée sur la poitrine.

soldats, qui avoyent accoustumé de rançonner tous les jours telles gens, n'avoyent plus ce gibier, d'où vint la grand desbauche de tous les gens de guerre et la résolution des Morisques, qui deffirent tout d'un temps Gonsalve Ferdinand, avec cinq cents hommes auprès de Cadix, Aravalo avec autant auprès de Fresillane[1]. Cela fascha Jean d'Austria, avec la nouvelle de quatre grandes galères perdues par une tempeste entre Narbonne et Majorque.

Requesens ne laissa pas d'avancer les forces à Fresillanes, où il trouva retranchées celles des ennemis. Après longues attaques, ceux de dedans se voyans perdus, les vieillards furent d'avis que tous les jeunes hommes qui pouvoyent servir à la guerre se sauvassent, et qu'eux, en vengeant leur mort comme ils pourroyent, demeurassent, ce qui fut fait; et les chefs qui emmenèrent ces jeunes gens, bien veus de leur roi. Les autres moururent après avoir osté la vie à quatre cents hommes des meilleurs de l'armée. Sur ces afaires, le roi Philippe tint les estats de Grenade à Cordube, sachant que les Morisques avoyent receu cinq cents Turcs africains, afin que son approche empeschast un plus grand secours, et notamment les forces que le vice-roi d'Alger avoit mis ensemble (mais c'estoit contre le roi de Thunis pour les choses que nous verrons au livre suivant); car aussi vouloit-il donner ordre aux différents augmentez encor par le duc de Feria[2], et pour lesquels il retint Mondejar à sa cour.

---

1. Frexiliana, plus haut Arevallo.
2. Don Gomez Suarez de Figueroa, duc de Feria, capitaine de la garde espagnole.

Habenhumeja, ayant receu ces Turcs, fit dessein d'enlever le marquis de Velez en son logis, mais il trouva l'autre qui l'attendoit sur le ventre; si bien que Maxaxa, son secrétaire, qui menoit les coureurs, ayant attaqué rudement, fut receu de mesme et contraint à la retraicte, avec perte de cinq cents Morisques. Les chrestiens envoyèrent Antoine de la Lune avec douze cents hommes de guerre, pour faire le dégast, mais il trouva les ennemis appareillez à leur tour. Là demeurèrent Cespede, et cent hommes des siens. Velez avoit au commencement à Abdere[1] douze mil hommes de pied et sept cent lances; mais ayant séjourné long temps[2] sans rien faire, quelque peu d'incommoditez et plus de licence réduisirent son armée à deux cents chevaux et à quinze cents hommes de pied, qui s'en alloyent en troupe tambour battant, la mesche allumée, jusques à blesser d'une arquebusade le fils du marquis, qui couroit après eux. Une des plaintes des soldats estoit qu'en tout ce temps-là il ne se fit que des présentations d'armées sans combats, ou chose de fort peu, si bien que Habenhumeja se voyant sept mil cinq cents hommes, et n'ayant plus rien à craindre, alla tenir sa cour à Andarax, où il commença de faire toute chose à la royale, et donna occasion à un nommé Alguacil[3] de faire pour son injure ce que le roi d'Espagne n'avoit peu faire pour vingt mille ducats imposez sur sa teste.

Ce roi, qui avoit envoyé ses gardes se rafraichir en la vallée de Lecine, se tenoit assez asseuré de l'amitié

1. Adra.
2. Du 10 juin au 28 juillet 1569.
3. Don Diego d'Alguazil.

des siens, quand il osta à Alguacil la fille d'un nommé
Rojas[1], à laquelle ayant donné espérance d'estre sa
femme, il fit enduire à regret la qualité de concubine,
contre un édict par lequel il avoit défendu qu'aucun
n'usast des Morisques pour concubines, mais pour
femmes seulement. Ceste trompée vint avec Alguacil
et un sien parent, qui avoit esté secrétaire de leur roi;
et prindent le temps qu'il escrivoit à Abdala pour
faire marcher ceux qui se reposoyent à Mecine. Le
messager fut saisi et tué, un autre mis en sa place
avec lettres contrefaites, par lesquelles ce roi mandoit
à Abdala qu'à lettres ouvertes il amassast des forces,
et se servist d'Alguacil pour tuer ces Mores incontinent et puis qu'il se deffist d'Alguacil mesme. Abdala
trouva ceste méchanceté si énorme qu'il en donna
cognoissance à ceux à qui le fait touchoit. Et ceux-là,
joints à Alguacil, se rendirent les plus forts en la
chambre de leur roi, où, après lui avoir monstré sa
perfidie et ingratitude, entendu en vain ses protestations au contraire, il se voila la teste et fut estranglé[2].
Abdala[3], esleu en sa place, confirmé par le vice-roi
d'Alger, déclaré roi de Grenade et Andalousie, porté
sur les espaules et monstré au peuple, mit ordre à ses
officiers et surtout à ses gardes, fit monstre de huict
mil hommes, creut la paye de ses Mores, deffit à son
entrée[4] les troupes de Molina, qui s'estoit avancé
dans la montagne, renvitaille d'hommes et munitions

1. Vincent Rojas, cousin germain de Michel Rojas cité plus haut.
2. Assassinat d'Haben Humeya, 3 octobre 1569.
3. Il se nommait Aben Aboo et prit le nom de Muley Abdallah Mohammed (Prescott, t. IV, p. 267).
4. Abdallah se mit en campagne le 26 octobre 1569.

Chasteau-Ferré, comme aussi le duc de Sesse s'estant avancé, avec six mil hommes de pied et trois cents chevaux, jusques à l'estroit chemin qui va à Orgive. Il trouva en teste Alis et Assenes, Turcs, et Macoxio[1] à dos, qui d'entrée mirent en mauvais estat ceste armée. Le duc de Sesse tint à grand gain de n'en laisser que quatre cents sur la place et force armes, que les Morisques trouvèrent bien à propos. Après, les Morisques pillent Orgive, bruslent Amaracene[2] à demie lieue de Grenade, et puis se rendirent à Abdala, toute la contrée d'Almançore, Ilipula, Filabre et Serona[3], où ils prindent onze canons de fonte verde et un grand magasin; et puis Tixola, Fossa de Malaque et Montave[4] firent le mesme.

Abdala, sachant la grande armée qui de nouveau s'apprestoit contre lui, fait un retranchement à Quejarre[5], par le moyen duquel il conjoignoit les deux montagnes opposées, employant à sa garde les meilleurs capitaines qu'il eust, comme ceux-là mesme chassèrent Velez du siège de Quescare[6] avec perte. Mais, au commencement de l'an septante, furent envoyez Garcias, Manriches et Aguillar[7], bons capitaines, recognoistre ce qui se faisoit au retranchement dont nous avons parlé. Sur le rapport de ceux-là, l'armée, qui en tout avoit six vingt enseignes, marche; ce que sachans,

---

1. Ali et Husceni, capitaines turcs; Macox, cap. maure.
2. Maracena, à une demi-lieue de Grenade.
3. Almanzora, Filabres, Serone.
4. Tixola, la fosse de Malaga, Monta, villages.
5. Guejar, la principale forteresse des Morisques.
6. La ville de Guescar n'était pas assiégée par Velez, car elle appartenait aux Espagnols, d'après de Thou (liv. XLVIII).
7. Garcias Manriquez et Tello d'Aguilar, capitaines espagnols.

les Morisques abandonnent leur retranchement, où quelques vieillards, las de fuir, voulurent mourir. Seulement y eut sur leur retraicte quelque petit combat. Abdala, se voulant vanger par les surprises de Almueneçare et Salabronc, y perdit son temps. Les bandes du duc de Sesse et quatre mille hommes qu'Abdala tenoit de ce costé passoyent leur temps à force de courses. Et n'y a rien digne de mémoire jusques à ce que le duc, pressé de famine, envoya le marquis de Favare[1], pour servir de convoi aux vivres qu'il envoyoit cercher vers Grenade. Il fut chargé par tant d'endroits qu'il laissa mille hommes sur la place[2]. Et ce qui s'estoit sauvé gaigna Gadis, où ils trouvèrent Juan d'Austria arrivé. Les Morisques encores deffirent au duc de Sesse trois cents hommes au sortir d'Abdère[3] et à une autre charge prindent l'argent que quelques Italiens menoyent pour l'armée.

Le roi estoit venu à Cordube, où se firent plusieurs propositions pour pacifier avec les Morisques. Et cependant on ne laissoit point d'en transporter tous les restes, quelques pacifiques qu'ils fussent, veu principalement la licence des gens de guerre qu'on n'avoit jamais veue telle en aucune armée. Il y eut, des Morisques qu'on transportoit, plusieurs qui se sauvèrent dans les montagnes, et d'autres, comme ceux de Rubrica, qui d'une vertu tardive se deffendirent et tuèrent plusieurs des royaux. Les soldats prenoyent tout et jugeoyent leur prise eux-mesmes, si bien que le roi, voyant toute discipline violée, quoique le duc de

---

1. Le marquis de Fabara.
2. Défaite du marquis de Fabara, 16 avril 1570.
3. Adra, port de mer déjà nommé.

Sesse eust pris Chasteau-Ferré, principal passage pour le secours d'Afrique, ne laissa pas de donner charge aux ducs de Sidonie et d'Aracocie[1] d'essayer tous moyens pour pacifier ces peuples, desquels la pluspart estoyent leurs subjets. Ils avoyent tant fait qu'un nommé Alboracé fut despesché des Morisques, pour aller trouver le roi d'Espagne; mais lui et autres qu'on envoyoit furent mis en pièces par les chemins, et un nommé Mélico, qui briguoit parmi ces peuples désespérez pour empescher la paix, en obtint par ce moyen la rupture.

Le traicté estant rompu, ce duc d'Aracocie tourna ses pensées à la guerre, fut cause par ses efforts d'emporter la montagne Arbota, de laquelle la perte apporta beaucoup d'estonnement aux Morisques. De là s'eschauffant avec mille de ses subjets et huict cents soldats que Leva lui donna, des galleres, il se servit de Cuaço[2]; fit mener une partie de ses forces par son petit fils, qui n'avoit qu'onze ans, de mesme façon que son père avoit usé de lui en cest aage, et ainsi, desdaignant les grandes forces non payées et desbauchées, il apporta plus de terreur aux Morisques que tant de grands capitaines et de si grandes forces n'avoyent fait. Ceux du pays n'espéroyent pas qu'il prinst ces matières à cœur, tant pource qu'un de ces prédécesseurs[3] avoit autresfois esté deffait en Grenade, comme il paroissoit par une grande monjoye[4] d'os gardez

---

1. Jean de Guzman, duc de Medina Sidonia. — Christophe Ponce de Léon, duc d'Arcos.
2. Arevalo de Suaço, capitaine espagnol.
3. Alphonse d'Aguilar, aïeul maternel du duc d'Arcos, et Alphonse, comte d'Ureña, trisaïeul de sa femme.
4. *Monjoye,* amas, trophée.

ensemble pour la mémoire, comme aussi il haïssoit l'inquisition pour avoir mal traitté sa race en la personne de Ponce de Léon, parent de nom et d'armes du duc. Tout cela n'empescha point que, pour délivrer son pays, il ne poussast ses gens de fuite en fuite en tous endroits à leur totale ruine; mesmement après avoir deffait Melico, qui avoit encores sur pieds deux mil cinq cents hommes. Cestui-ci, ayant choisi les plus courageux des siens, las de rallier tant de fois ses peuples, vint mourir avec cent pour le dernier combat de ce parti[1].

Quelques jours auparavant, le duc avoit fait brusler deux navires réservés pour passer les Morisques à l'Afrique. Ceste commodité ostée les hasta davantage à gaigner tous les vaisseaux qu'ils peurent empoigner pour se sauver. Et ainsi ce peuple désarmé, non aguerri, maintint deux rois, deux ans entiers, dans le sein du plus redoutable pays de la chrestienté; dont il appert que si Macmet, premier bacha, eust esté creu et que l'armée turquesque eust gardé Cypre, qui ne lui pouvoit eschapper à un'autre fois, l'Espagne, qui n'a nulle ville forte, n'eust point duré les deux ans à estre perdue entièrement. Remarque encore qui lira ceci comment, entre toutes les raisons que les autres bachas alléguèrent pour divertir ceste grande entreprise, la principale fut qu'ils eussent eu sur les bras les invincibles François, combattans pour leur intérest. A quoi le muphti, qui y fut appellé, n'oublia point leur *Bensafra*[2], qui est le fils du jaune, par où ils

1. Mort de Melico, novembre 1570.
2. *Bensafra*, mot turc emprunté à l'arabe. Il signifie bien *fils du jaune,* comme le dit d'Aubigné.

entendent le françois, à cause des fleurs de lis d'or.

La vie porque d'Abdala, roi de Fez et de Marroque, et les commendements d'entre le vice-roi d'Alger et le roi de Thunis ne nous ont rien fourni pour la fin de ce tome, joint que les Morisques ont assez rempli nostre midi. Seulement, en fermant ce chapitre, nous dirons que le général des galères de Florence[1] fit une entreprise inutile sur Hippone[2], qui dégénéra en la prise d'une gallère turquesque, en un grand et sanglant combat avec le Turc Carragial[3].

Chapitre XXXI.

De l'Occident.

Pource que ce qui se présente a esté exécuté en l'an mil cinq cents soixante huict, nous avons réservé à ce livre le resveil d'un François, qui prit plus à cœur l'outrage dernier fait à ceux de sa nation sur Jean Ribaud et ses compagnons que celui de sa personne, comme ayant autrefois esté mis ès galères d'Espagne et retiré par Romegas. Cestui-ci, un des Gourgues[4], famille des plus eslevées de Bourdeaux, vendit une partie de ses biens et emprunta ce qu'il pût pour embarquer trois cents hommes, que matelots que soldats choisis, en trois navires; un de deux cents cinquante, l'autre de

---

1. Le prince de Piombino.
2. Bone.
3. Caragial, corsaire d'Alger.
4. Dominique de Gourgue, né à Mont-de-Marsan vers 1530, avait fait ses premières armes sous Monluc. Longtemps prisonnier des Espagnols et mis aux galères, il nourrissait contre eux une haine impitoyable.

six vingts et l'autre de cinquante[1]. Lui donc, assisté des capitaines Cazenauve et François[2], furent tout l'hiver tracassez çà et là de divers accidents, pour arriver au printemps[3] à la Cubbe. Ce fut là que Gourgues, qui avoit fait semblant de vouloir garder les hauteurs ou d'aller au Brésil, descouvrit à ses compagnons que son dessein n'estoit point au butin, mais à la vengeance et à l'honneur du royaume, auquel il devoit la vie. Il n'y eut celui de l'équipage qui ne jurast de bon cœur fidélité pour ses entreprises. Ceste flotte passe à la veue de la baye de May[4], d'où les Espagnols les saluent, les estimans des leurs. Ceux-ci, pour les tenir en ceste opinion, leur respondent quelques canonnades et passent outre pour descendre à quinze lieues de là, à l'embouchure de la Seine, comme toutes les rivières de ce pays ont des noms françois. A ceste descente acoururent force sauvages armez, mais, leur ayans levé le drapeau en signe d'amitié et envoyé un trompette avec un trucheman pour leur déclarer qu'ils estoyent là de la part du roi de France, qui désiroit de leur rendre amitié et protection, ces peuples s'en revont dançans.

1. De Thou et d'Aubigné ont utilisé dans le récit qui suit l'*Histoire notable de la Floride*, Paris, 1586, in-8°, par Dominique de Gourgue, ouvrage souvent réimprimé et en dernier lieu publié avec des notes par M. Tamizey de Larroque dans le tome I des publications de la Société des bibliophiles de Guyenne.

2. Le capitaine Casenove, de l'Agenais, appartenait à une maison qui s'était fait connaître au XVe siècle par deux marins célèbres (Bourrousse de Laffore, *Nobil. de Guyenne et Gascogne*, t. III). — François de Bordeaux, capitaine gascon.

3. Gourgue mit à la voile le 22 août 1567 et se dirigea secrètement sur Cuba.

4. La May, rivière de la Floride.

Le lendemain Saturiona, avec ses enfans et principaux seigneurs du pays, comme Molona et Almacan[1], vint les visiter sans armes, fit arracher les espines pour faire un rond, et là ayant fait un throsne de lentisque bien parfumée de musc, fit asseoir Gourgues à son costé, pour lui dire comment, depuis la deffaite des François, les Espagnols les avoyent mastinez, qu'ils demandoyent l'alliance et secours de ces vaillans hommes qu'ils voyoyent là pour se vanger ou mourir. Gourgues, se voyant gratté où il vouloit, donne et reçoit la foi, et avec cela présente des boullettes de verre, des mirouers, des cousteaux, des anneaux, des clochettes, quelques fers de dards et des haches, et le roi à lui une petite chaine d'argent et des peaux de cerf bien apprestées. Et de plus lui et ses seigneurs, qu'ils appellent sappiasap, vestent une chemise qu'ils ne portoyent qu'aux grandes festes et dans lesquelles on les ensevelissoit. Ils se servirent d'un nommé de Bré[2], pour aller recognoistre l'estat de trois forts ; car, outre celui que les nostres avoyent fait, qui s'appelloit Colligni, ils en avoyent deux autres le long de la rivière de May. Saturiona ayant donné pour ostage celui de ses fils et celle de ses femmes qu'il aimoit le mieux, ils prenent jour et rendé-vous pour l'exécution. Le rendé-vous fut à la Some, où arrivez, il falut

1. Mollona et Hamalcanir, princes tributaires de Satouriana. Tous ces noms sont écrits différemment dans les divers manuscrits de la *Reprise de la Floride.*

2. Pierre Debray, né au Havre, âgé de seize ans, avait été épargné par les compagnons de Melendez à cause de son jeune âge et avait trouvé un asile chez les Indiens (*la Reprise de la Floride,* p. 45; édit. de la Soc. des bibl. de Guyenne).

boire de la cassine¹, de laquelle ils se servent, comme les Turcs de leurs brevages, à renforcer le cœur.

Olotocara, capitaine du pays, se mit devant. Il falut passer un très mauvais chemin et en temps de pluye, et entre autres d'une rivière, le fourniment lié à la teste, avec beaucoup de maux que les coquilles d'uistre leur firent aux pieds. Ce fut la sepmaine d'après Pasques² qu'ils vindrent à veue du premier fort, que comme Gourgues mettoit en ordre ses gens pour attaquer, Olotocara sans attendre aucun donne au fort, tue de sa hache un soldat qui l'avoit tiré, ce qui fit haster Gourgues. Ce fort emporté d'emblée, on donne à l'autre. Gourgues se jette à l'eau pour l'attaquer du costé de la rivière, où il estoit moins élevé. Voilà les deux forts enlevez sans résistance, et en ces deux-là six vingts Espagnols naturels tuez et trente réservez au gibet. Les François se reposèrent partie de la nuict, et marchèrent deux heures avant jour pour aller à Colligni³ avec eschelles, guidez par un capitaine espagnol qu'ils avoyent trouvé prisonnier. Estans descouverts à soleil levant et aussi tost saluez de leur longue coulevrine, le capitaine de la garnison voulut faire recognoistre ses ennemis par soixante soldats choisis, mais le capitaine Cazenauve, s'estant jetté entre le fort et eux, tout cela fut mis en pièces. De quoi le gouverneur estonné voulut se sauver avec les siens dans les bois; mais ceux du pays, comme ils avoyent fait aux autres forts, ayans saisi les avenues, en prindrent plusieurs,

1. *Cassine* ou *viorne*, boisson de jus d'herbe.
2. Avril 1568.
3. Coligny, forteresse élevée par les compagnons de Rigaut.

et contraignirent le reste d'aller essayer la miséricorde des François.

Adonc Gourgues, ayant fait amener tous les prisonniers et leur ayant reproché leur cruauté et perfidie, les fit tous pendre ès arbres d'alentour. Et pource que Melandez avoit fait mettre des escriteaux sur les François meurtris, en ces termes : « Ceux-ci sont traictez comme Luthériens et non comme François; » aussi tous les pendus eurent un tel escriteau : « Ceux-ci ne sont point traictez comme Espagnols, mais comme perfides bourreaux. » Cela fait, Gourgues, ayant embarqué cinq grandes coulevrines, quatre moyennes et grande quantité de poudre, mis le feu dans les loges du fort, laissé six vingts Espagnols naturels pendus, et trois cent quarante le ventre au soleil, entre en conseil avec les Indois, leur remonstre qu'il faloit razer entièrement ces forts ; promit à ce peuple qu'ils seroyent encor visitez dans douze lunes. Il envoye partie de ses gens par les bateaux gaigner les navires ; et lui vint à pied environné d'une multitude infinie, jusques au port le plus proche, accompagné de chants de joye et de triomphe, quelques uns s'escrians qu'ils ne demandoyent plus que la mort après avoir veu leur délivrance. Mais quand ce fut aux ambrassades de l'adieu, cela fut changé en larmes et en promesses d'amitié, surtout de la part du vaillant Olotocara.

Gourgues, parti à la fin de may[1] de la Floride, arriva à la mi-juin à la Rochelle, ayant fait onze cent licues en dix-sept jours, diligence bien à propos,

1. Gourgue partit de la Floride le 3 mai et arriva à la Rochelle le 6 juin 1568 (*la Reprise de la Floride,* p. 65).

pource qu'avant qu'entrer dans le Havre il vit à Chef-de-Baye[1] une armée d'Espagne qui l'avoit caché jusques là. Il fut receu très honorablement à la Rochelle et de mesmes à Bourdeaux, où, ayant donné et mis à la maison de ville l'artillerie qu'il avoit gaignée, pour ne mesler point son honneur avec quelque butin, il va trouver en poste Montluc et par son conseil de là en cour; où l'ambassadeur d'Espagne avoit donné ordre à sa réception, car, au lieu où il espéroit une petite ovation, il trouva qu'on ne parloit que de mort pour lui. Tel est le crédit que le rusé conseil d'Espagne se garde tousjours, quelque intermission qu'il y ait, dans le plus estroit conseil de la France. Ce fut donc à Gourgues à cacher ailleurs sa gloire et sa justice mescongnue en son pays, tant estimée par les estrangers[2].

Chapitre XXXII.

Des pays septentrionnaux.

Hugon O-Neal[3] ne nous a encor rien préparé en Hybernie après la guerre de cinq ans en Escosse. Le roi estant proclamé[4], le vice-roi[5] establi commença

1. Cap-de-Baye, un peu au-dessus de la Rochelle.
2. Dominique de Gourgue mourut en 1583 et non en 1593. Il avait toujours été catholique et non pas protestant. Ces deux erreurs sur la biographie de ce hardi chef de partisans ont été rectifiées dans une savante étude publiée par M. le vicomte Alexis de Gourgue d'après les archives de sa maison (*Bulletin du Comité d'hist. et d'arch. de la prov. eccl. d'Auch*, t. II, p. 466).
3. Voyez ci-dessus, liv. IV, chap. XXI.
4. Proclamation de Jacques VI, roi d'Écosse, 29 juillet 1567.
5. Jacques Douglas, comte de Murray, frère naturel de Marie Stuart, fut investi de la dignité de régent le 22 août 1567.

par les estats à Glasco[1]. Plusieurs qui avoyent esté contre le comte Bothvel machinent contre la domination présente, la pluspart pource qu'ils espéroyent de la roine plus facilement les abolitions dont ils avoyent besoin. Les Hamiltons, les comtes de Huntelai et d'Argail, Methelan, Balfour[2] et le Glas[3], frère de mère du vice-roi, cestui-ci, espris de l'amour de la roine prisonnière, corrompt les gardes, prépare les bateaux du lac[4], où estoit la forteresse, et ceste princesse[5], receue du bateau par de la cavallerie, se rend à Hamilton en peu de temps. A ceste nouveauté, se rangèrent du costé de la roine sept mil cinq cents hommes. Tous les amis du vice-roi lui conseilloyent la deffensive, ne lui donnoyent que terreurs, contre lesquelles avec quatre mil hommes il cerche le combat[6], se loge sur un costau que ceux de la roine vouloyent gaigner. Tout cela ne demeura guères à estre aux mains. La cavallerie de la roine fit au commencement ployer celle du vice-roi. Au contraire les gens de pied de l'autre parti gaignèrent pays sur les autres. Ceste cavallerie, ayant rompu le gros du vice-roi, fit ferme pour relever leurs gens de pied, mais les royaux les arrestent sur cul, et lors le plus gros bataillon de la roine s'avança. Et furent une heure les picques basses, et le reste par les costez avec les tronçons, les pierres et puis les poignards, sans qu'il parust avantage. Le vice-roi avec sa troupe,

1. Assemblée de Glasgow, avril 1568.
2. Georges Gordon, comte de Huntley; le comte d'Argyll; Guillaume Maitland; Jacques Balfour.
3. Georges Douglas, frère utérin du régent d'Écosse.
4. Le lac de Lochleven.
5. Évasion de Marie Stuart, 2 mai 1568.
6. Bataille de Langside, 13 mai 1568.

faisant rallier derrière soi les premiers rompus, donna à l'autre cavallerie, qui regardoit trop froidement le combat des gens de pied. Il passe sur le ventre à tout, empescha la tuerie, ou par courtoisie ou pour ne se desbander pas, tellement qu'il n'y mourut que trois cents hommes.

La roine à ce spectacle s'enfuit en Angleterre[1], où receue avec honneur et non sans soupçon, et quelque façon de garde. La roine Elizabeth despesche en Escosse par deux fois, avec remonstrances au vice-roi et mesmes quelques menaces, demande le délai des Estats. Ces lettres et la crainte d'une descente de François fit qu'on envoya une bonne députation en Angleterre au parlement assemblé à York. Il falut que lui mesme en personne en allast faire autant[2]. Il eut encor sur les bras l'aisné des Hamiltons, duc de Chastelleraud[3]; mais la multitude des menées empescha la roine Elizabeth de pancher pour son hostesse. Et pourtant elle renvoya le vice-roi poursuivre les Estats à Sterlin, où les choses passées pour la roine d'Angleterre furent confirmées.

Hamilton, chef de sa famille, arriva de la part de la roine d'Escosse, qui estoit comme sur sa foi, et delà avoit pris la hardiesse de déclarer le porteur son vice-roi avec force beaux édicts. Mais cestui-ci, se voyant plus mal suivi qu'il n'avoit pensé, composa et ne demeura guères à s'en vouloir desdire par la suggestion des comtes d'Argail et de Hontelai et encores par

---

1. Marie Stuart aborda à Workington, dans le Cumberland, le 18 mai 1568.
2. Le régent se rendit en personne, le 4 octobre 1568, à York.
3. Jacques Hamilton, duc de Châtellerault.

les menées de Maxuel[1]. Comme ils estoyent sur le délibérer, les voilà pris et mis au chastel d'Édimbourg. Quant au comte d'Argail, pour s'estre gouverné plus modestement à la dernière guerre, fut quitte pour prester nouveau serment.

Mais la roine d'Escosse ne chômoit pas en Angleterre ; car, assistée de conseil, promesses et de moyens de Rome, d'Espagne et de France, elle tastoit tous les courages d'Angleterre, et avec quelque prestre qu'on lui envoyoit eslevoit les cœurs à un souslèvement pour le fait de la religion. Elle donna au duc de Norfolc[2] espérance de son mariage, en se faisant chef de sa ligue. Elle eut entre les premiers qui lui promirent les comtes de Penbruk[3] et de Suxex[4] ; desquels le duc acompagné vint à Londres faire une belle harangue à la roine Élizabeth, pour demander son consentement au mariage de la roine d'Escosse et de lui ; la roine jugeant promptement que ceste hardiesse pour un mariage plein de soupçons estoit une nuée qui n'alloit point si viste sans estre poussée d'autres vents. Pourtant, après une response qui ne ruinoit ni n'édifioit cest affaire, elle approche de soi les comtes de Salisbourg[5] et de Hungtington[6], les employant et d'autres

1. Lord Maxwell.
2. Thomas Howard, duc de Norfolk.
3. Guillaume, comte de Pembroke, grand maitre d'Angleterre, mort le 18 mars 1570 (*Correspondance de La Mothe-Fénelon*, t. III, p. 88).
4. Thomas Radcliffe, comte de Sussex.
5. Georges Talbot, comte de Shrewsbury, grand sénéchal d'Angleterre.
6. Édouard Hastings, comte de Huntingdon, geôlier de Marie Stuart à Coventry.

pour veiller sur les menées de la demie prisonnière. Le duc et ceux que nous avons nommez ne furent pas si tost en leurs maisons que, sur le commencement de leurs menées, la roine, bien servie, les fait prendre et mettre dans la tour de Londres[1]. Là dessus le prestre Morton[2], envoyé de Rome, fait partir de la main les comtes de Nortombrie[3] et Estombrie[4], avec le père dudit Morton et autres, qui, ayant publié leur manifeste pour justifier la religion ancienne, lèvent, dans la fin de novembre, neuf mil hommes. Sur la crainte de cela, cependant que la roine armoit, elle despesche aux Estats de Sterlin, proposant aux Escossois diverses conditions pour recevoir leur roine, desquelles ils n'en acceptèrent aucune. Mais Élizabeth fut bien tost hors de peine, pource qu'à la veue de ses premières forces, celles des comtes furent dissipées sans combat, et tous les principaux chefs pris et la pluspart exécutez[5].

Le comte de Nortombrie, fuyant en Escosse, fut pris par la diligence du vice-roi[6]. La roine fut si pitoyable que, sur les repentances du duc, elle le mit hors[7] avec

1. Arrestation du duc de Norfolk, 12 octobre 1569 (*Corresp. de La Mothe-Fénelon*, t. II, p. 272, 278 et suiv.).
2. Nicolas Morton, prêtre anglais envoyé par le pape.
3. Thomas de Percy, comte de Northumberland.
4. Charles Nevil, comte de Westmoreland, beau-frère du comte de Northumberland.
5. Révolte du comte de Northumberland dans le comté de Durham, 14 novembre 1569.
6. Le comte de Northumberland, arrêté en Écosse, fut emprisonné au château de Lochleven (fin décembre 1569). Westmoreland s'enfuit en Hollande et y vécut aux gages de l'Espagne jusque dans un âge avancé.
7. Le duc de Norfolk fut mis en liberté (août 1570) après une déclaration de fidélité à la reine d'Angleterre qu'il publia le 24 juillet 1570 (*Corresp. de La Mothe-Fénelon*, t. III, p. 299).

un prestre anglois, qui manioit toutes les entreprises, et arrivé à Rome fit haster l'excommunication sur la personne de la roine[1] et l'interdict sur son royaume; cela affiché aux portes de l'évesque de Londres par un Felton[2], qui l'avoua et fut pendu sans vouloir demander pardon à la roine. Cela et autres choses qui parurent la contraignirent de remettre le duc de Norfolc en prison[3] et faire prendre garde à son hostesse, sans pourtant l'enfermer; laquelle aussi de son costé faisoit travailler à la mort du vice-roi[4] de son pays, d'où on amena le comte de Nortombrie en Angleterre. Là il eut la teste tranchée au commencement de l'an mil cinq cents septante[5].

Mosco et Sueco[6] nous donnent la prise de la forteresse de Revalie[7]. Magnus[8], révolté vers le Moscovite,

---

1. La bulle d'excommunication de la reine Élisabeth est datée du 25 février 1570 (Labanoff, *Lettres de Marie Stuart*, t. III, p. 25).

2. Jean Felton, agent du pape, afficha lui-même la bulle à la porte de l'évêque de Londres. Arrêté le lendemain, il fut immédiatement conduit au supplice (8 août 1570).

3. La seconde arrestation du duc de Norfolk eut lieu dans les premiers jours de septembre 1571 (*Corresp. de La Mothe-Fénelon*, t. IV, p. 228).

4. Murray fut assassiné à Linlithgow par Hamilton de Bothwellhaugh, le 23 janvier 1570, mais l'accusation de complicité est une des calomnies portées contre Marie Stuart. Elle avait déjà cours dans la bouche d'Élisabeth peu de jours après le crime (*Corresp. de Fénelon*, publiée par Teulet, t. III).

5. Le comte de Northumberland fut livré, le 7 juin 1572, moyennant la somme de 2,000 livres, à la reine Élisabeth, conduit à York et décapité le 22 août (*Corresp. de La Mothe-Fénelon*, t. V, p. 118).

6. *Mosco* et *Sueco*, la Moscovie et la Suède.

7. Revel en Livonie.

8. Magnus, duc de Holstein, frère de Frédéric II, roi de Danemark.

la rassiège ; tout cela rompu par une paix générale entre les Danois, Suédois et ceux de Lubec, avec très expresses restitutions de tous les droicts[1]. Ceste paix répara la première, par authorité de l'empereur, signée presque par tous les rois et souverains de la chrestienté.

De ce livre nous n'avons plus que les Pays-Bas[2], où le comte Ludovic de Nassau, ayant ensemble sept mil hommes, qui portoyent en leur enseigne : « Recouvrer ou mourir[3], » voulut se loger particulièrement en Frise[4], fortifiant un village à l'embouchure de la rivière qu'ils appellent Ems, le lieu nommé Delfiel. Ayant saisi Dam et Vedde[5], chasteau du comte d'Aremberg, à cestui-là[6], comme gouverneur des deux Frises, nouvellement revenu des guerres de France, le duc d'Albe donna charge qu'avec son régiment, celui de Sardagne, sept compagnies de cavallerie et quelques forces qu'il ramassoit au pays, il allast rompre les commencemens du comte Ludovic, lequel, ayant quitté son travail imparfait à la nouvelle que les forces marchoyent à

1. Paix de Stettin entre les rois de Danemark, de Suède et la république de Lubeck, 15 décembre 1571.
2. Le récit des troubles des Pays-Bas qui suit paraît emprunté à de Thou, qui lui-même avait pris pour guide les *Commentaires de Bernardino de Mendoça*, 1592, petit in-4°. De Thou a beaucoup usé de cet ouvrage. L'exemplaire qui lui a appartenu est conservé à la bibliothèque de Bruxelles.
3. Voici la devise : *Nunc aut nunquam, recuperari aut mori.*
4. M. Gachard a publié, en 1850, dans le tome XVI des *Bulletins de la Commission d'histoire de Belgique*, la correspondance du duc d'Albe avec le roi d'Espagne sur la campagne de Louis de Nassau en Frise, en 1568.
5. Ems, Delfzyl, Dam, Wedden, villages.
6. Jean de Ligne, comte d'Aremberg, chevalier de la Toison d'or, gouverneur et capitaine général de Frise.

lui, s'estoit comme avancé en un lieu nommé Heilagerbée[1]. Le gouverneur les poursuivoit comme se cachans et les vint attaquer d'une escarmouche le vingtiesme de juin, à laquelle les nouveaux soldats réformez ne tenoyent point de pays devant les Espagnols. Le lendemain matin, Ludovic se logea entre un bois et le marais, qui est au dessous, où il mit en front un bataillon quarré de quatre mil hommes, flanqué d'un autre de trois mille. De ce dernier il tiroit quelques files, pour escarmoucher dans le passage. Aremberg, croyant que les autres laschassent le pied, découple Curtio Martinesio[2] avec trois cents chevaux pour les engager; mais ils s'engagèrent eux-mesmes dedans les lieux où l'on tire les tourbes, d'où peu se démeslèrent qu'ils ne fussent assommez par ceux qui sortoyent des rangs avec ordre. Il falut avancer six bastardes, pour desloger les réformez de cest avantage, mais un petit tuquet[3] de terre ostoit la mire. Les Espagnols, qui par reproches avoyent poussé leur chef à donner follement, s'avancent sans ordre, pour délivrer leur cavallerie. Le moindre bataillon, duquel nous avons parlé, les laisse avancer et puis leur donne en flanc. Là le général fut tué[4], ayant rechangé de cheval, après le sien mort, et avec lui Alvaro et Osorio[5], deux maistres de camp,

1. Combat d'Heyligerlée, 23 mai 1568 (et non le 20 juin). Mendoça raconte ce fait d'armes avec détails (*Commentaires*, t. I, p. 97, édit. de 1860).

2. Curtius Martinengo, colonel italien au service du roi d'Espagne.

3. *Tuquet*, monticule.

4. Le comte d'Aremberg fut tué par Antoine de Soete de Hontein.

5. Alvarez de Manriquez, comte Osorio, capitaine espagnol. D'Aubigné en fait à tort deux personnages.

presque tous les capitaines, huict cents Espagnols naturels et peu d'Allemans, pource qu'ils levèrent les picques et furent receus à serment de ne faire la guerre de six mois.

Le comte Ludovic y perdit seulement quarante hommes et le comte Adolphe de Nassau[1]. Et puis, avec les six pièces qu'ils avoyent gaignées, assiègent Groëningue. Et en chemin trouvent le comte de Megue[2], se venant joindre à l'armée deffaite, qui fut tué en attaquant une escarmouche près du Monastère[3], duquel se saisirent les assiégeans.

Le duc d'Albe, sur ceste nouvelle, fit de toutes parts amener les prisonniers à Bruxelles, comme les deux barons de Batembourg, Pierre d'Andelot, Philippe Wingelen, Maximilian Cok, Philippe Trieste, Jean Blois, Berthelomé Valle, Herman Galame, Jean Fremand, Artus Batso, Siber Beime, Jaques Pantan, Fremin Pelletier, Constantin de Bruxelles, Jean Rumail, Loys Challier, Pierre et Philippe Waterlez, et Jean le Grein[4]. Il fit mourir tous ceux-là, ne voulans pas renoncer leur religion, et tous en un jour; le lendemain, les sieurs de Villiers et du Hi, le gouverneur d'Angun et Corneille Nieme, ministre, et, par ses mandemens en autres lieux, Schoblant Barthel, Joris Comans, Jean de Hus, mort en prison, Gilles

---

1. Adolphe de Nassau, frère cadet du prince d'Orange, fut tué, dit Mendoça, de la propre main du comte d'Aremberg (*Commentaires*, t. I, p. 103).

2. Charles de Brimeu, comte de Meghem.

3. Le monastère de Heyligerlée.

4. Les noms de ces malheureux sont énumérés dans les notes des *Mémoires anonymes sur les troubles des Pays-Bas*, publiés par M. Blaes, t. I, p. 59.

et Jean Amuke, Loys Muelen, Loyse de Kikempost, Christophle Ganderin, Jean Liebart, Guillaume de Spiere, Jaunek de Becerts, Pierre de Collongne et sa servante, nommée Betken, Gilles de Meire, Henri Huesch, Guillaume Frekin, François Nise, Thomas Tholmond, Guillaume, chirurgien de Lembourg, Jean Laute, Conrad de Bellien, Josse Spierink, Marc Delanoi, Jean le Grand, Guillaume Touart, Jean Sorret, cestui-là homme de lettres, quatre curez, Arent Sibbrand, Adrian et Gautier Girard, Mojard et Pierre de Muelant, Michel de Ro[1].

Je laisse aux livres exprès pour ceste matière à déduire les combats, interrogatoires, responses, lettres doctes ou pathétiques de tous ceux-là, au nom desquels je suis obligé, comme à choses non vulgaires, pource qu'ils ont eu le chois de leur vie et de leur mort. Mais je ne mets pas en ce rang le comte d'Aiguemont et le comte d'Orne, admiral, quoique le dernier maintint sa profession de la religion à la mort, mais il ne l'eust pas eschappée en se desdisant. Et puis leurs sentences portoyent qu'ils avoyent consenti aux troubles de Flandre et troublé les afaires d'estat. Le comte respondit à sa sentence prononcée quelque chose de ses grands services ; escrivit de sa main en françois au roi Philippe[2], ne demandant rien que pour l'honneur et bien de sa famille. Et achevant la lettre requit l'évesque d'Ipre[3], qui le confessoit contre son

1. Ils furent exécutés le 2 juin 1568. Voyez les *Mémoires anonymes sur les troubles*, t. 1, p. 78.
2. Cette lettre, plusieurs fois imprimée, a été récemment reproduite dans les *Huguenots et les Gueux* par M. Kervyn de Lettenhove, t. II, p. 119.
3. Martin Balduini.

gré, qu'on hastast le supplice pour les troubles qu'il sentoit en son ame. Il y fut mené sur un eschafaut tapissé de drap noir. Aussi tost qu'il eut la teste tranchée, il fut couvert de mesme couleur. Le comte d'Orne le suivit, bien tost despesché; cest eschaffaut environné de petis bataillons de gens de guerre ausquels on fit voir les testes des deux au bout de deux picques[1]. Le comte estoit homme de guerre, remarqué pour, en plusieurs batailles et combats, avoir par ses charges et assauts gaigné le coup de la partie, notamment à Sainct Quentin et à Graveline.

De là le duc d'Albe, ayant fait raser la maison du comte de Culembourg[2], où la duchesse de Parme et lui avoyent logé, avec une colomne dressée et une inscription telle : « Pour avoir logé l'hérésie[3], » envoye Chapin Vitelle[4] à Grœningue avec forces[5], pource que le comte Ludovic estoit retranché auprès; ce qui causa, après l'arrivée et entrée de ce capitaine, plusieurs escarmouches, où les réformez n'avoyent pas du meilleur. Ce fut lors que de toutes parts les forces de Flandre, Brabant, Hainaut, tant vieilles que nouvelles, furent mandées, tous les rendé-vous particuliers unis au général, pour se trouver à Deventer à la mi-juin;

---

1. Supplice des comtes d'Egmont et de Horn, 5 juin 1568. Les *Mémoires anonymes sur les troubles des Pays-Bas,* publiés par M. Haes, donnent de nouveaux détails sur le supplice des deux comtes (t. I, p. 59).

2. Floris de Pallant, comte de Culembourg.

3. Le 28 mai 1568.

4. Chiapino Vitelli, marquis de Cetone, capitaine italien.

5. Vitelli arriva à Groningue le 19 juin 1568 (*Commentaires de Mendoça,* t. I, p. 112).

où le chef, ayant joint son armée[1], s'avance à Dame. De là vint sans combat jusques à Grœningue[2]; d'où partant il marcha en ordre de combat.

Les ennemis laissoyent quelques ridottes[3], comme deux maisons de l'autre costé de la rivière et à la maison rouge, où avant que quitter ils rendirent quelque combat. Le comte Ludovic changea son premier logis à veue de l'armée, ayant auparavant préparé ses petits forts avec de la fascine seiche pour y mettre le feu. Mais la cavallerie que Avalo et Martinengue avoyent mené le jour auparavant, pour, sous leur contenance, faire esplaner[4] quelque mauvais passage, avoit si bien recogneu ceste commodité qu'ils donnèrent plus tost qu'il n'y avoit apparence; si bien que trois pièces de campagne et un drapeau des réformés y demeurèrent avec trois à quatre cents hommes morts. Ce jour le duc revint coucher à Grœningue. Le lendemain, pour se préparer au combat, il eut la patience de s'asseurer de Vedde et de Reide[5], et de saisir avec des ridottes un pont de bois sur le Ems[6], le gardans des deux costez à Reide.

Le duc sçeut que le comte Ludovic avec toute son armée estoit logé dans Gemingen[7], où il n'avoit fait

---

1. Le duc d'Albe partit de Bruxelles le 25 juin 1568 et arriva à Deventer le 10 juillet.

2. Ludovic de Nassau fut assailli devant Groningue par le duc d'Albe le 17 juillet 1568 (*Mém. anonymes sur les troubles*, t. I, p. 75).

3. *Ridotte*, redoute; de l'italien *ridotto*.

4. *Esplaner*, aplanir.

5. Wedde, château appartenant à la maison d'Aremberg; Reiden, village de l'évêché de Munster, sur l'Ems.

6. A Reiden.

7. Gemmingen, village du comté d'Embden, à l'embouchure de l'Ems.

retranchement qui vaille, pource que les lanskenets, ayans senti la gaillardise des Espagnols, qu'ils avoyent veu à la première attaque passer un des ruisseaux, tenant les queues des chevaux d'une main et de l'autre la picque ; ces gens commencèrent à murmurer, faute de payement, et quelques uns à jetter les armes. Or le comte avoit bien sçeu qu'en rompant les digues il pouvoit mettre l'eau à l'entour de Geminge, mais sur la terreur des siens il se résolut trop tard à cela ; et encores, si peu qu'il en eut loisir de faire, incommoda merveilleusement les Espagnols, qui vindrent à eux en l'eau jusqu'aux cuisses. Pour cest effet quatre mille des réformés furent avancez pour chasser ceux qui avoyent gagné le pont. Mais trois cents hommes qui y estoyent gardèrent si bien leur avantage que les premiers arrivez de l'armée les secoururent ; et les attaquans, ayans démordu, furent poussez en desroute jusques dans leur camp.

En vain déduirois-je l'ordre de bataille, car l'incommodité des lieux ne permettoit autre ordre que cestui-ci. Julien Romere[1] et le comte de Lodron menoyent deux petis bataillons, chacun de cinq cents hommes, suivis de deux petis escadrons, que commendoyent Avalo et Martinengues. Le reste des Espagnols prenoyent place pour rafraichir les premiers comme ils pouvoyent, hormis quelque troupe qu'on gardoit pour la retraitte. Après les Espagnols marchoit une grande foule de lanskenets et puis une autre de Wallons, après cela tout le reste de la cavallerie. Tous ces bataillons

---

1. Julian Romero, mestre de camp de l'armée espagnole, commandait un *tercio* (régiment) de gens de pied.

quarrez, distinguez par nations, comme d'autres ont dit, ne gardèrent plus d'ordre, quand il falut approcher de Geminge. Au devant de ceste bourgade, le comte Ludovic avoit fait deux grands bataillons; sa gauche gardée par la rivière, sa droicte par sa cavallerie, et aux cornes de ses bataillons son artillerie. Les lanskenets, pour expier leur mutinerie, voulurent aller au devant de leurs ennemis. Mais Lopez Figueroa[1], ayant rafraichi les deux premiers bataillons que nous avons nommez, sousstenus d'Avallo, les mesla si bien que dedans la confusion tout ce que menoit Gonsalve Mandosse[2] et Mediville[3] arrive pesle-mesle dedans les maisons de la bourgade, où les premiers fuyant mirent le feu. Ceux qui y furent poussez bruslèrent. De là en haut il n'y eut plus de combat, mais une grande poursuite, prise de vingt enseignes, de seize pièces que grosses que moyennes. On a estimé les morts à sept mille, et les Espagnols ne comptent que huict de leur nation morts[4].

Les comtes Ludovic et Schomberg[5], emportez du combat par la foule, trouvèrent la mer basse bien à

---

1. Lopez de Figueroa, capitaine, mestre de camp, commandait un *tercio* espagnol.

2. Pedro Gonzalez de Mendoça, souvent cité dans les *Commentaires de Bernardino de Mendoça*.

3. Ignace de Medinilla, capitaine d'arquebusiers, tué d'un coup de canon au siège d'Alkmaar en 1573 (*Comment. de Mendoça*, t. II, p. 155).

4. Bataille de Gemmingen, 21 juillet 1568. Mendoça raconte avec détails la victoire du duc d'Albe et donne un plan du champ de bataille (*Commentaires*, 1860, t. I, p. 137 et suiv.).

5. Il s'agit ici de Juste, comte de Schauenbourg, beau-frère de Ludovic de Nassau.

propos pour rallier à Embden ce qu'ils peurent. Ceux qui ont escrit sur les mémoires des Espagnols disent que leur armée estoit mesprisée pour son petit nombre et ne s'advisent pas qu'il faut incontinent faire une monstre générale, où le duc d'Albe fit conter trente mil hommes de pied et six mille chevaux. Ceste monstre faicte pour intimider le pays, les vainqueurs insolents se mirent à brusler, pour venger, comme ils disoyent, la deffaicte du comte d'Aremberg. Ceux du pays s'estans eslevez en tuèrent et prindrent grand nombre, qu'ils menèrent au comte Ludovic, qui pardonna aux prisonniers, horsmis aux Espagnols qu'il fit pendre. En seconde vengeance de cela, le Terce de Sardagne se desbanda pour brusler plus que jamais. Sur quoi le duc cassa le Terce, horsmis Martin Diaze[1] qui avoit retenu les siens. Le duc, ayant laissé garnison à Delfzel et à Zutphen, qu'il falut battre deux jours, et puis la garnison se sauva, et ayant ordonné une citadelle à Groëningue, vint à Utrec par Amsterdam, où il fit trancher la teste à une femme fort riche[2], aagée de quatre vingt trois ans, pour avoir logé le ministre, et ne se vouloir pas desdire.

Nous laissons maintenant à part ce que nous avons dit aux liaisons de la France, pour vous dire comment le duc d'Albe, n'ayant plus d'autre besongne, s'employa à rendre encore plus rigoureuse l'Inquisition, que lui-

1. Martin Diaz de Armendarez. Voyez le récit de Mendoça (*Commentaires*, t. I, p. 159).
2. La dame Van Diemen avait, dix-huit mois auparavant, permis à son gendre de donner asile au ministre Arendsoon. Voyez le récit de Motley (*Histoire de la fond. des provinces unies*, trad. Guizot, t. II, p. 477).

mesme appelloit : « le conseil sanguinaire[1], » si bien qu'il chassa de la Flandre les meilleurs ouvriers, les maistres des manufactures, desquels s'estant emplies en Angleterre Norvic, Clocestre, Ampton et autres villes, celles de Flandre avoyent force maisons à louer. Arrive encor qu'un grand navire biscain, portant deux cent mil escus et quelque artillerie, fut caché à Plemuë[2] par Sore[3], vice-admiral. Le cardinal de Chastillon et le vidasme de Chartres firent que la roine Élizabeth s'en saisit[4] et ne daigna parler à ceux[5] que le duc d'Albe envoya vers elle, qui avoyent aussi charge de sçavoir que devenoyent les menées de la roine d'Escosse, desquelles nous avons touché.

Voilà représailles d'un costé et d'autre, tout trafic rompu, un édict en Flandre qui donnoit le tiers aux delateurs. Il y avoit au Pays-Bas un inquisiteur du temps de la roine Marie[6], appellé le docteur Storius[7]. Un bon compagnon lui monstra un navire, qu'il disoit

1. Le *Conseil des Troubles* fut organisé par le duc d'Albe au mois de septembre 1567 et tint sa première séance le 20 du mois sous sa présidence. Sa composition varia souvent, de même que sa compétence, mais sa procédure ne comportait guère que la peine de mort avec confiscation des biens. Il dura neuf ans et a gardé dans l'histoire le nom de *Conseil de sang*. M. Gachard a publié dans le tome XVI des *Mémoires de l'Académie royale de Belgique* une étude sur ce tribunal odieux.
2. Plymouth.
3. Jean Sore, amiral des réformés français.
4. Cette saisie eut lieu en octobre 1568. M. Kervyn de Lettenhove a raconté l'affaire d'après des documents nouveaux (*les Huguenots et les Gueux*, t. II, p. 216).
5. Christophe d'Assonleville, envoyé du duc d'Albe, membre du conseil d'état et du conseil privé.
6. Marie Tudor.
7. Jean Story.

plein de marchandise d'Angleterre. Cestui-là le deffère et se jette dedans, se faisant promettre le tiers, mais aussi tost les voiles levez, il fut porté en Angleterre, et aussi tost pendu avec un titre de : « Maistre des traistres. »

La Flandre apauvrie par le trafic perdu, le duc, pour la rafraichir, impose la disme de toutes choses mobiliaires qui se transporteroyent, le vingtiesme des immeubles vendus et le centiesme de tout le bien d'un chascun, si bien que la bière et le pain payoit la disme ; ce qui amena encor un grand débat aux provinces pour les privilèges que quelques unes avoyent de ne contribuer pas esgalement aux levées du pays ; c'estoit que, par une somme une fois levée, ils vouloyent amortir toutes ces choses [1].

Le duc, soigneux de faire tousjours mourir force gens publiquement et pour diverses causes, commanda dès lors l'Indice expurgatoire [2]. Il fit décimer le régiment de Lodron, sauvant qui il vouloit, pource qu'ils avoyent mis leur chef prisonnier, faute de payement [3].

Il y eut un docteur de Louvain, gaigné pour prononcer un panégyrique, par lequel le duc d'Albe estoit déclaré triomphant des François, Italiens, Allemans,

---

1. Ces impôts furent proposés par le duc d'Albe, le 20 mars 1569, à l'assemblée générale des états provinciaux. Sur l'opposition des diverses assemblées provinciales, voyez le récit de Motley (t. III, p. 53).

2. L'*Indice expurgatoire* fut ajouté à une ordonnance du 15 février 1569 du duc d'Albe contre les Gueux. Il porte pour titre *Index librorum prohibitorum*, Anvers, chez Plantin, 1570, et est publié en vertu d'un édit de Philippe II *De librorum hereticorum catalogo observando*, également imprimé chez Plantin en 1570.

3. Cette exécution eut lieu en novembre 1569. Voyez Le Petit, *Grande chronique*, t. II, p. 212.

Mores, Anglois et Flamans. Cela sembla si fat aux autres docteurs qu'ils se mirent à fraper des mains pour le troubler et l'empescher d'achever. Le duc délibérant s'en venger, la faculté envoya devers lui, et, comme ils faisoyent leurs harangues d'excuses, les gens du duc se mirent à faire du bruit ; eux se plaignans de ne pouvoir estre ouïs, on leur respondit en riant : « Bruit pour bruit, à la pareille[1]. »

Il arriva encor une insolence qui prépara les peuples des Pays-Bas aux remuements que nous verrons au second tome[2], plus que les exactions et les ruines ; c'est que ce vainqueur insolent, comme ils disoyent, couronnant d'orgueil la cruauté, après avoir receu du pape une espée et un chapeau de triomphe richement élaboré, fit porter son présent en triomphe en la mesme place où il avoit fait verser le sang des grands, et là, après force combats de barrière, se présenta au peuple comme se jouant de son gibier[3].

Tost après, ayant hasté les citadelles qu'il faisoit bastir, sur tout celle d'Anvers, il érigea en celle-là un trophée, comme s'ensuit. C'estoit une grande effigie tirée à son naturel sur un haut pied d'estal, qui avoit un bras droit estendu vers la ville, comme la menaçant ; sous ses pieds deux statues de métal, l'une représentant la noblesse et l'autre le tiers estat du pays, présentans entre leurs mains jointes quelques requestes, tous les bras garnis d'hallebardes rompues,

1. Ce fait, rapporté par de Thou (liv. XLVII), eut lieu à la fin de 1569.
2. L'édition de 1616 et celle de 1626 sont divisées en trois tomes. Nous sommes encore au premier.
3. L'envoi du pape fut remis au duc d'Albe le 6 mai 1569 dans l'église Sainte-Gudule (*Comment. de Mendoça*, t. I, p. 228).

de bourses, de flambeaux et de maillets. Elles avoyent pour pendants d'oreilles des escuelles et des bissacs autour du col ; cela tout entouré de sambenits[1], de serpents et de faces de diables. Au front du pied d'estal, qui estoit de pierre bleue, escrit (si je tourne bien en françois) :

« A Ferdinand Alvarez de Tolede, duc d'Albe, lieutenant général de Philippe second, roi des Espagnes, pource que, la sédition esteincte, les rebelles chassez, la religion garentie, la justice cultivée, il a raffermi la paix des provinces. Au très fidelle serviteur d'un très bon roi. »

A la droicte partie du pied d'estal estoit peint un berger menant ses brebis, des loups et des lyons fuyans, et dessus des chats-huans et chauves-souris, qui s'enfuyoyent à la splendeur d'une aurore naissante, avec ce mot grec : « ΑΛΕΞΙΚΑΚΟΣ ΗΩΣ, » pourquoi je voudroi dire : « Une aube de secours. » A la gauche : « Au dieu de nos pères. » Tout le reste parsemé de trophées, et au bas « de l'airin captif, » pource qu'on y avoit employé les pièces gaignées à la bataille de Geminge[2].

Si cest excès de gloire mit le peuple au désespoir, comme nous verrons, il ne fut pas de meilleur goust au roi d'Espagne, qui quatre ans après la fit abbattre par Rekesens[3], que le duc d'Albe eut pour successeur.

1. *San benito*, capuchon orné d'emblèmes que l'Inquisition faisait porter aux condamnés au bûcher.
2. Cette description est empruntée à de Thou (liv. XLVI), qui avait vu la statue. Voy. Brantôme, t. I, p. 107, note 2.
3. Louis de Requesens.

Chapitre XXXIII.

De la paix.

Durant nos longues pourmenades, Biron et Malasise[1], députez, avoyent conclu la quatriesme paix, laquelle pour la mutuelle lassitude désirée de tous, quelques uns, à cause que Biron estoit boiteux, la nommèrent : « La paix boiteuse et mal assise[2]. » Quoi que ce soit, les réformez pensoyent avoir trouvé les emplastres à toutes leurs blessures passées, pource que par elle estoit pourveu, outre les articles exprimez par le dernier édict et plus exprès qu'en lui, aux choses qui s'ensuivent[3].

Premièrement : pour la Provence, la clause qui ne donnoit l'exercice de la religion qu'à Merindol seulement, ostée ; à la roine de Navarre, un lieu d'exercice accordé en Albret, Armagnac, Foix et Bigorre ; à chacune province deux places adjoustées, aux fauxbourgs desquelles il y avoit liberté de prescher ; la mesme permission par tout où il se trouvoit presche : fait le premier d'aoust de l'année courante[4].

Article très exprès pour la liberté des enterremens, avec ordre pour la seureté de ceux qui acompagnent

---

1. Henri de Mesmes, s. de Malasise.
2. Gaches attribue formellement ce mot piquant à Henri de Navarre (*Mémoires*, p. 106).
3. L'édit de pacification du 8 août 1570, dit de Saint-Germain, publié d'abord à part, puis dans l'*Histoire de nostre temps*, 1571, p. 786, et par La Popelinière (t. II, f. 195 v°), a été réimprimé dans tous les grands recueils d'ordonnances.
4. 1570.

les corps. Parité de réception aux universitez, hospitaux, etc. Tous privilèges des villes qui ont fait la guerre remis en leur premier estat, leurs habitans receus à tous offices royaux, deffense de les surcharger aux tailles. Tous prisonniers de guerre remis en liberté et notamment ceux qui ont esté mis aux galères, le tout sans rançon, sans restitution pourtant de celles qui ont esté receues, et pour les différents qui pourroyent naistre en telles matières, comme de promesses, pleigements et engagements, le tout renvoyé par devant Monsieur pour en décider. Tous meubles trouvez en nature, restituez, comme aussi tous les chasteaux et maisons des réformés saisis par leur absence; les arrests donnez contr'eux déclarez nuls; toutes procédures cassées; quant aux procès à venir, grandes libertez pour les récusations sans expression de cause. Et pour Toulouze, fut notamment dit que nul des réformés ne seroit contraint d'y plaidoyer, mais que les parties s'accorderoyent d'un autre parlement; et au cas qu'ils ne peussent en venir à un, auroyent le privé conseil et les maistres des requestes pour juges. Quatre villes données pour seureté, sçavoir la Rochelle[1], Montauban, Congnac et la Charité, et cela pour deux ans[2]. En ceste paix estoyent aussi compris, le duc des Deux-Ponts, le prince d'Orange et le comte de Nassau, avec tous ceux qui les avoyent assistez.

1. Les maire, échevins et pairs de la Rochelle prêtèrent serment de fidélité au roi le 26 août 1570 (Orig. sur parchemin; Arch. nat., K. 1223).

2. Le prince de Navarre et tous les chefs protestants jurèrent au roi, le 20 août 1570, de lui rendre toutes les autres villes (Copie du temps; coll. Moreau, vol. 741, f. 127).

Voilà la fin des guerres conduites par le premier prince du sang, grand capitaine, secondé par l'admiral, qui en ceste partie excèdoit son siècle ; ces deux, assistez pour les commendements subalternes de l'excellent colonnel d'Andelot, de bons mareschaux de camp, de maistres de camp excellents ; pour la cavallerie, de ceux qu'on appelle hommes de bataille.

Et pource que nous n'aurons à mettre en avant de long temps, ni des chefs de ceste capacité, ni des grandes armées et batailles en France, ou combat qui méritent ce nom jusques au troisiesme tome, nous finirons le premier sur ceste mutation, advertissans pourtant nostre lecteur, que dans les désordres qui se rencontrent en ce second, il verra des choses moins espérées, plus horribles et d'autres plus délectables qu'au premier, et j'ose dire plus d'argumens pour l'eschole de la guerre et des afaires, que les grosses multitudes n'en ont donné. Il y a à apprendre sur tout que les ruses, qui se trament aux despens de la foi, esbranlent l'Estat et perdent les frauduleux.

(Préface du tome second des éditions de 1616 et de 1626.)

Comme le premier tome a eu pour thèse générale la naissance d'un parti qui est devenu grand et fort de foibles et petits commencements, ce second vous fera voir le mesme, comme esteinct et quand et quand ressuscité par merveilles tant plus estranges à qui plus les considérera. C'est ce que nous poursuivrons aux cinq livres suivants, pour changer de tome à l'accord des princes liguez avec le roi, et au déployement de toutes les forces de France, desquelles la division fera place à la victoire entière d'Henri le Grand et à la paix de l'Estat.

LES HISTOIRES

DU

SIEUR D'AUBIGNÉ

LIVRE SIXIÈME [1]

(LIVRE I DU TOME II DES ÉDITIONS DE 1616 ET DE 1626).

Chapitre I.

Estat de la France après la paix des troisiesmes guerres.

Du long et violent travail des troisièmes guerres, tous les particuliers d'un parti, aussi bien que leurs grands, n'affectoyent qu'un repos de mesme mesure ; autres estoyent les pensées des suprêmes dominateurs et de la lie du peuple de l'autre parti.

Le mareschal de Cossé[2] et la Prousterie[3], maistre des

---

1. Le numérotage des livres, dans les anciennes éditions de l'*Histoire universelle,* recommence à chaque volume. Nous ne pouvons maintenir ces numéros qui amèneraient de la confusion. Nous donnons donc aux livres de la suite de l'*Histoire universelle* une nouvelle série de chiffres, sauf à rappeler au lecteur, à chaque livre, l'ancien numérotage des éditions de 1616 et de 1626.
2. La mission de Cossé à la Rochelle fut déterminée par l'arrivée à la cour de Briquemaut, Téligny, La Noue et Cavagnes (La Popelinière, 1581, t. II, f. 5).
3. Artus de Cossé, comte de Secondigny et de Gonnor, frère

requestes, furent despeschez à la Rochelle vers les princes et l'amiral[1], pour adviser avec eux, comme ils disoyent, à réparer et remédier en détail aux difficultez qui se présentoyent sur l'exécution de l'Édict[2], et jetter en avant le premier propos de mariage d'entre le prince de Béarn et Marguerite, sœur du roi, et de plus leur faire venir l'eau à la bouche, qu'il faloit secourir le prince d'Orange. Cela estoit le friand apast de l'amiral, qui là dessus, pour justifier les actions passées, fit un long discours des griefs soufferts par eux[3], comme des projets de Bayonne[4]. De plus, ayant appris que les six mille Suisses, qui avoyent esté levez sous couleur de garder la frontière contre le danger que le passage de l'armée espagnole y aportoit, estoyent levez par le conseil du duc d'Albe pour jouer en France la mesme tragédie qu'il alloit commencer en Flandres et au mesme temps, ce qui parut bien quand on les logea

du feu maréchal de Brissac. — Philippe Gourré La Proutière, maître des requêtes. — Le roi leur adjoignit le s. Dupin, conseiller au parlement de Rennes (Arcère, *Hist. de la Rochelle*, t. I, p. 389).

1. C'est au mois de décembre 1570 que le maréchal et La Proutière furent envoyés à la Rochelle. On conserve dans la collection Brienne, vol. 206, f. 474, un long récit, probablement émané de Cossé lui-même, de cette négociation, en date du 1er janvier 1571. Voyez aussi la lettre de Coligny à la reine mère du 2 janvier (Orig., f. fr., vol. 15553, f. 2).

2. Cossé, Biron et La Proutière furent envoyés une seconde fois à la Rochelle au mois de mars 1571 (*Mémoires de l'estat de France sous Charles IX*, t. I, f. 33 v°). C'est alors que commencèrent les négociations du mariage de Marguerite et d'Henri de Navarre.

3. Les discours de l'amiral sont analysés dans un long mémoire publié par les *Mémoires de l'estat de France sous Charles IX*, t. I, f. 46 et suiv.

4. Allusion aux conférences du duc d'Albe et de Catherine de Médicis à Bayonne en 1565.

[1571]   LIVRE SIXIÈME, CHAP. I.   275

à Chasteau-Thierri[1], au lieu de la frontière, donna à cest article toutes les causes du second mouvement. Et puis il traicta comment, à leur partement dernier, ils avoyent trouvé toute la France disposée contre eux. Il adjousta pour affaires présentes le refus que faisoit la cour de signer les articles secrets, la déposition de l'Hospital[2], et les excès que faisoit encores Montluc et la Valette[3] avec lui. Le mareschal, pour les choses passées, les pria de monstrer l'exemple d'oubli aux autres, promettant de bons effets pour l'advenir. Il se plaignit aussi de leur demeure à la Rochelle, et que l'on retenoit quelques soldats. Pour le dernier, l'admiral répliqua qu'ils avoyent bien congédié les estrangers, mais que les forces qu'approchoit le marquis de Vilars[4] les tenoit en doute ; et quant à leur demeure hors leurs maisons, il n'estoit pas raisonnable que leur misère fust péché et que leurs plaintes fussent tournées en reproche.

Ces envoyez ne furent pas si tost à la cour qu'ils

1. Les 6,000 Suisses levés par capitulation du 21 janvier 1567, en prévision du passage des troupes du duc d'Albe en Franche-Comté (août 1567), avaient été cantonnés à Château-Thierry, malgré les plaintes des protestants. On sait que cette sage précaution sauva le roi à Meaux (28 septembre 1567).
2. Le chancelier de l'Hospital n'avait pas été déposé, mais avait offert lui-même sa démission, après avoir, le 27 septembre 1568, refusé de sceller un édit, par lequel le roi voulait expulser de l'université et des corps judiciaires les hommes qui suivaient la réforme. Il se retira alors dans sa terre du Vignay, et la reine mère lui réclama les sceaux. Peu de jours après, il adressa au roi un mémoire qui est publié par Taillandier (*Recherches sur la vie et les ouvrages du chancelier de l'Hospital,* p. 200).
3. Jean de Nogaret, seigneur de La Valette, mestre de camp de la cavalerie légère, lieutenant général en Guyenne, père du duc d'Épernon, mort le 18 décembre 1575.
4. Honorat de Savoie, marquis de Villars.

trouvèrent Téligni, Briquemaut et Cavagne[1], députez pour les afaires des réformés, bien empeschez à demander justice des excès qui reprenoyent le premier train[2]. A Rouen, les gardes avoyent pillé, blessé et puis tué plusieurs de ceux qui alloyent au presche[3]; ceux de Diepe de mesme[4].

Le roi ne fit pas ceste fois la sourde oreille à ces plaintes, mais y travailla comme pour son intérest et comme à chose qui rompoit ses desseins. On donna le président de Morssan[5] au mareschal de Montmorenci, qui firent une diligente poursuite : plus de trois cents furent condamnez à mort, et deux pendus[6].

Voilà encores un massacre à Orange[7], qui dura

1. Arnaud de Cavagnes, ancien conseiller clerc au parlement de Toulouse.
2. Les *Mémoires de l'estat de France sous Charles IX* (t. I, f. 60) disent que la mission comptait Briquemaut le père, Arnaud de Cavagnes, La Noue, Théligny et d'Hargenlieu, et qu'elle accompagnait Ludovic de Nassau à la cour. Arcère ajoute à cette liste le nom de Beauvoir La Nocle (*Hist. de la Rochelle*, t. I, p. 388).
3. Le massacre de Rouen (4 mars 1571) est raconté avec détails dans les *Mémoires de l'estat de France sous Charles IX*, t. I, f. 57 v°.
4. Le 2 février 1569, quarante Dieppois réformés furent arrêtés et conduits à Rouen, où ils furent condamnés à mort (oct. 1569-mars 1570). Ils furent réhabilités le 3 mars 1571 (*Histoire de la réformation à Dieppe* par Guillaume et Jean Daval. Rouen, 1878, t. I, p. 100 et suiv.).
5. Bernard Prévôt, s. de Morsan.
6. Les trois cents condamnés à mort ne furent exécutés qu'en effigie. Ils sauvèrent leurs vies moyennant une rançon, ce qui a fait dire à l'auteur des *Mémoires de l'estat de France sous Charles IX* « qu'ils furent pendus par la bourse. »
7. Les troubles qui ensanglantèrent la ville d'Orange commencèrent le 2 février 1571 et durèrent jusqu'au 17 du même mois. On en trouve dans les *Mémoires de l'estat de France sous Charles IX* (t. I, f. 40 v°) un récit détaillé qui a été reproduit textuellement

trois jours, les maisons et les familles bruslées, quelques jeunes hommes de bonne famille tuez entre les mains des mères. Ceste tuerie estendue par le pays, le mareschal d'Anville, allant en son gouvernement, eut charge d'y remédier, qui n'y procéda pas comme son frère, ou moins instruit, ou moins obéissant. De ce temps, le roi fit une grande et longue harangue dans son parlement, où, après avoir touché les manquements qui paroissoyent en toutes les charges, il y joignit les remonstrances et exhortations de faire mieux, et puis n'oublia rien pour se monstrer passionné à l'entretien de la paix[1].

Du costé des réformés, on travailloit au payement des reistres[2], pour lequel ils obtindrent facilement une commission de contraincte sur leurs églises, comme leur estant ruineuses. Mais il leur survint un afaire qui apporta peine de toutes parts : c'est que Nicolas Croquet, Philippes de Gastine et Richard, son fils[3], d'une

dans le t. VI des *Archives curieuses* de Cimber et Danjou. Voyez aussi l'*Histoire des guerres du comté Venaissin et de Provence* dans les *Pièces fugitives* du marquis d'Aubais et les savantes notes de l'éditeur.

1. Cette harangue fut prononcée le lundi 12 mars 1571. Les *Mémoires de l'estat de France sous Charles IX* (t. I, f. 55) et de Thou (liv. L) l'ont reproduite en entier.

2. Les reîtres, que le duc des Deux-Ponts avait conduits en France au secours des réformés, en mars 1569, avaient été licenciés après la paix de Saint-Germain. Le roi avait promis au prince de Navarre la somme de deux millions de livres pour les renvoyer. (Engagement du roi porté à la Rochelle par Castelnau de Mauvissière, en date du 9 septembre 1570 ; copie ; coll. Brienne, vol. 214, f. 29.) Partie de la correspondance de Castelnau à ce sujet est contenue dans ses *Mémoires* (1731, 3 vol. in-fol.) et dans le vol. 15553 du fonds français.

3. De Thou dit que Richard de Gastines était frère de Philippe,

des plus notables familles de Paris, gens que leur probité et service à la ville avoyent rendus recommandables à tous, à quoi s'adjoustoit la grande doctrine du fils en sa jeunesse, ces trois avoyent esté condamnez et exécutez à mort, pour avoir fait exercice de leur religion dans leur maison[1]. La cour estant contraincte par les menaces du peuple, qui, à grosses bandes, alloyent les menacer au Palais et à leurs maisons, la cour, di-je, qui, depuis long temps, avoit pris en horreur les bruslements, et, par mesme violence, avoit fait mourir peu de temps auparavant Pierre Hamon[2], précepteur du roi, prononça enfin arrest par lequel la maison des cinq croix blanches apartenant aux susdits fut rasée, et en sa place mise une croix avec un escriteau d'infamie; cela de tant plus affecté, pource que la ville estoit pleine des excellents propos que ce jeune homme tenoit tous les jours aux prisons sur le mespris de la mort. Or, par la paix, il y avoit article que toutes les marques d'opprobre qui auroient esté dressées contre les réformés seroient effacées. Au désir de

« ad mortem damnatus cum Ricardo fratre. » Nicolas Croquet était leur beau-frère : tous les trois exerçaient la profession de marchand (liv. L).

1. L'arrêt de condamnation fut prononcé le 30 juin 1569 et exécuté le même jour. Voir dans les *Arch. curieuses* de Cimber et Danjou le *Discours de ce qui avint touchant la croix de Gastines, l'an 1571, vers Noël* (t. VI, p. 475).

2. Pierre Hamon, célèbre calligraphe, né à Blois, professeur d'écriture de Charles IX et plus tard secrétaire de la chambre de ce prince, fut pendu en place de Grève. La date de sa mort, que le *Martyrologe* de Crespin fixe au 7 mars 1569, doit être fort postérieure, puisque La Huguerye le rencontra à Paris au mois de novembre 1570 (*Mémoires de La Huguerye*, t. I, p. 8 et suiv.).

ceste close, les députez pressèrent pour oster la croix et restablir la maison. La plus part du conseil trouva juste la demande, mais les autres menaçoyent d'une esmotion populaire, s'ils voyoyent abbatre une croix, comme estant marque de saincteté. Pour à quoi remédier fut advisé de l'enlever de nuict et la planter dans le cemetière Saint-Innocent, en changeant le tableau d'ignominie en un de dévotion[1]. Le peuple, esmeu contre cela, court aux armes, pillent quelques maisons de ceux qu'ils soupçonnoyent. Marcel, prévost des marchans[2], qui en avoit la commission, fut contraint d'employer le duc de Montmoranci, lequel accouru, charge sur le peuple, en fait pendre un et exécuta ce qu'il voulut[3].

Le mariage se remet sur le bureau par le retour des trois députez suivis de Biron[4], qui, en desduisant les avantages de telle alliance, n'oublia pas à quoi en pourroit venir le mespris, adjoustant que, sur la difficulté qui se trouvoit en cest afaire pour les différentes reli-

1. Cette décision fut prise au mois d'octobre 1571. Voyez les lettres du prévôt des marchands et des échevins au roi, en date du 16 octobre, et celle des officiers du Châtelet au roi, du 17 (Orig., Ve de Colbert, vol. 7, f. 355 et 357).

2. Claude Marcel, orfèvre au Pont-au-Change, prévôt des marchands, conseiller du roi et surintendant des finances. Voir dans le *Journal de l'Estoile* le joyeux récit des noces de la fille de Marcel avec le seigneur de Vicourt, année 1576.

3. La croix de Gastines fut enlevée par les gens de justice et transportée au cimetière Saint-Innocent, un soir de la fin de décembre 1571. C'est le lendemain, dès le grand matin, qu'eut lieu cette sédition si énergiquement réprimée par Montmorency (*Discours de ce qui avint touchant la croix de Gastines* dans le t. VI des *Arch. curieuses*).

4. Les *Mémoires de l'estat de France sous Charles IX* datent cette mission du mois de juillet 1571 (1578, t. I, f. 60).

gions et pour les cérémonies, le roi en avoit desjà communiqué avec le légat Salviati[1]. La roine de Navarre[2], après avoir recogneu l'honneur d'un tel offre, respondit qu'elle en vouloit pourtant délibérer, comme elle fit, avec ses théologiens ; faisant cependant venir son fils de ses seigneuries, où il estoit allé se faire recognoistre[3].

Voilà d'autres mariages : Henri, prince de Condé[4], espousa Marie de Clèves[5], parente des Bourbons et des Guisarts, nourrie avec la roine de Navarre[6]. L'amiral estant vef de Charlotte de Laval[7], morte à Orléans depuis trois ans[8], Jacquette d'Andremon[9] de Savoye

1. Antoine-Marie Salviati, évêque de Saint-Papoul, cardinal le 23 décembre 1583, mort le 28 avril 1602, était allié à Catherine de Médicis par sa grand'mère, Lucrèce de Médicis.

2. Jeanne d'Albret était partie de la Rochelle pour Pau, avec ses enfants et les princes de Condé et de Conti, au commencement d'août 1571. Elle y resta jusqu'à la fin de décembre (Bordenave, *Histoire de Béarn et de Navarre,* p. 319 et 327).

3. Henri de Navarre avait fait un voyage en Béarn. Sur les délibérations de Jeanne d'Albret avec ses théologiens, voyez Bordenave, p. 312 et suiv.

4. Henri de Bourbon, prince de Condé.

5. Marie de Clèves, marquise d'Isle et comtesse de Beaufort en Champagne, fille de François Ier de Clèves, duc de Nevers.

6. Marie de Clèves avait été élevée à la cour de Jeanne d'Albret qui la destinait à son fils. Le prince de Condé en était devenu éperdument épris (*Lettres de Jehanne d'Albret et d'Antoine de Bourbon,* p. 297, 337).

7. Charlotte de Laval, fille de Guy, comte de Laval, et d'Antoinette de Daillon.

8. Le 3 mars 1568.

9. Jacqueline de Montbel, comtesse d'Entremonts, veuve de Claude de Bastarnai, comte du Bouchage, tué à la bataille de Saint-Denis le 10 novembre 1567, fille unique de Sébastien, comte d'Entremonts, épousa Coligny à la Rochelle le 25 mars 1571. La date de ce mariage a été fixée par une étude publiée

prit un tel désir de l'espouser, sur sa réputation, que, contre les défenses et proscriptions de son duc[1], qui à plat avoit refusé le roi de souffrir ce mariage, elle s'en vint à la Rochelle, pour avoir nom avant que mourir, ainsi qu'elle disoit, la Martia de Cato. Ces joyes furent tempérées par la mort du cardinal de Chastillon[2], lors traittant en Angleterre, par commission du roi[3], le mariage de la roine avec le duc d'Alençon[4], le tout pour monstrer qu'on désiroit l'amitié des réformés comme leur alliance. Le roi s'avance à Blois et de là à Bourgueil[5], où Lignerolles[6], mignon de Monsieur, fut tué[7] par Villequier[8], son ennemi, accompagné du grand prieur[9], frère bastard du roi, de Charles

dans le *Bulletin de la Société de l'hist. du protestantisme français*, t. I, p. 275.

1. Emmanuel-Philibert, dit *Tête de fer*, dixième duc de Savoie, mort le 30 août 1580.

2. Odet de Coligny, cardinal de Châtillon, mourut à Hamptoncourt le 14 février 1571.

3. Le cardinal de Chastillon, après la paix de Saint-Germain, avait été chargé de négocier le mariage du duc d'Anjou et de la reine Élisabeth (Belleforest, *Annales de France*, 1579, t. II, p. 1685). Cependant les ouvertures officielles ne datent que du 12 avril 1571 (*Correspondance diplomatique de La Mothe-Fénelon*, t. IV, p. 61 ; voyez aussi les *Lettres de Walsingham*, in-4°, p. 67 et suiv.). Quant aux négociations de mariage avec Élisabeth, que Catherine, sur le refus du duc d'Anjou, entreprit au profit du duc d'Alençon, elles sont très postérieures à la mort du cardinal de Chastillon.

4. François de Valois, duc d'Alençon, et plus tard duc d'Anjou, le dernier fils de Catherine de Médicis.

5. Charles IX était à Blois le 5 septembre 1571 (*Itinéraire des rois de France* dans les *Pièces fugitives*, etc., du marquis d'Aubais).

6. Philibert Le Voyer, seigneur de Lignerolles et de Bellefille.

7. Lignerolles fut assassiné le 1er septembre 1571.

8. Georges de Villequier, vicomte de la Guerche.

9. Henri d'Angoulême, grand prieur de France, gouverneur de Provence, amiral des mers du Levant.

de Mansfeld[1] et de Saint-Jean[2]; exécution qu'on tient avoir esté commandée pource qu'en faisant le bon compagnon avec le roi, il lui avoit fait sentir qu'il sçavoit le secret des nopces de Paris, soupçon de tant plus facile que Monsieur, qui en estoit participant, ne lui celoit rien[3].

Le roi fit venir à lui, desguisez et en secret, au jardin de Blois[4], le comte Ludovic[5] et La Noue, pour traicter de la guerre de Flandres[6], puis remit tout à l'admiral, lui mandant qu'il estoit temps d'envoyer à la recognoissance des Indes. Ce fut où Minguetière, despesché pour cela, se perdit, soit par les Espagnols advertis de la cour, ou autrement. A ces attraits, aux

1. Charles, comte de Mansfeld, fils de Ernest-Pierre de Mansfeld. D'Aubigné en a parlé à l'occasion de la bataille de Moncontour, gendre du maréchal de Brissac.

2. Jacques de Mongonmery, abbé de Saint-Jean-des-Falaises.

3. Les *Mémoires de l'estat de France sous Charles IX* et de Thou donnent cette raison; d'autres ont écrit que le roi fit tuer Lignerolles parce qu'il entretenait un commerce de galanterie avec la reine mère. Ce sont des suppositions faites après l'événement. Les causes de la mort de Lignerolles sont encore un mystère. Voyez une dissertation du Père Griffet dans l'*Hist. de France* du Père Danel (t. X, p. 572 et suiv.).

4. Ce n'est point dans le jardin de Blois, mais au château de Lumigny, qu'eut lieu l'entrevue (14 juillet 1571). M. le baron Kervyn de Lettenhove a publié, dans *Documents inédits relatifs à l'hist. du XVIe siècle*, p. 133, un rapport d'espion, adressé à l'ambassadeur d'Espagne, sur la conférence de Lumigny.

5. Ludovic de Nassau, frère du prince d'Orange.

6. Le comte Ludovic arriva à Lumigny déguisé en simple gentilhomme. Le roi quitta Fontenay sous prétexte de chasse, et, se dérobant avec la reine mère et le maréchal de Montmorency, gagna Lumigny, à une lieue de Fontenay. Il eut avec le comte Ludovic une entrevue de trois heures, dans laquelle fut débattue la guerre de Flandre contre les Espagnols (*Mémoires de La Huguerye*, t. I, p. 25).

importunitez des parens et amis de l'amiral, ou mieux à ses espérances, il ne put d'avantage différer le voyage de la cour[1]. Le roi, à l'arrivée, l'appella son père, et après trois embrassades, la dernière, une joue collée à l'autre, il dit de bonne grâce, en serrant la main du vieillard : « Nous vous tenons maintenant, vous ne nous eschapperez pas quand vous voudrez[2]. » La roine mère et Monsieur r'envièrent ces caresses de tout l'art en paroles et en contenances qu'ils avoyent peu estudier. Et, pour joindre à ces ombres quelque chose qui eust corps, il eut don d'une bonne part des bénéfices qu'avoit laissez le cardinal, son frère, la jouyssance d'une année, et exprès, pour remeubler Chastillon[3], cent mille livres, qu'il toucha comptant[4]. Encores le roi lui fit-il souvenir d'y faire le premier voyage en ces termes : « Je sçai bien, dit-il, que vous aimez le jardinage. » Quelques-uns ont voulu, depuis que ce mot

1. Coligny arriva à Blois le 12 septembre 1571 (Soldan, *la Saint-Barthélemy*, p. 39) et non le 18, comme on l'écrit ordinairement. Ce qui prouve l'exactitude de la date du 12, c'est que, le 16, il écrivit de Blois une lettre qui est conservée dans le f. fr., vol. 15553, f. 274).
2. Ce mot est rapporté dans les *Mémoires de l'estat de France sous Charles IX*, t. I, p. 85 et 86. Le chroniqueur dit que Coligny en fut d'abord étonné et que, après réflexion, il l'interpréta dans un sens favorable.
3. Le château de Chastillon avait été pillé, en 1568, par Martinengo, gouverneur de Gien. La Popelinière donne quelques détails (t. II, liv. XVI, f. 98). L'amiral, dans une lettre au roi du 12 septembre 1570, lui expose ses plaintes (Lettre publiée par le comte Delaborde; *Gaspard de Coligny*, p. 248).
4. Le roi donna à l'amiral la somme de 100,000 écus et le revenu d'une année de tous les bénéfices que le cardinal de Chastillon avait possédés durant sa vie (*Mémoires de l'estat de France sous Charles IX*, t. I, f. 73 v°).

fust en souvenance, que le jour avant que prendre les armes, quelqu'un envoyé pour l'espier, en le visitant, le trouva essigolant ses antes[1], et une serpe dans la main[2], de façon qu'il avoit eslongné beaucoup de mesfiance par ce rapport.

Chapitre II.

Menées de la cour et affaires de Flandres jusques au vingt-quatriesme d'aoust.

Au second voyage que l'amiral fit à Chastillon[3], le roi le renvoya quérir[4] pour conduire les renouvellements d'alliance avec la roine d'Angleterre et avec les princes protestans et tousjours délibérer de la guerre de Flandres. Il ne passoit jour que les grâces, que les dons et les offices refusez à tous autres ne lui fussent accordez gayement à la moindre parole qu'il vouloit prononcer. Nous vismes entr'autres l'expérience de cela à Vilandri[5], à qui le roi ayant sauté au collet,

---

1. *Essigolant ses antes*, taillant ses arbres greffés. Voy. Littré, verbo Ente. *Essoler*, dans le dialecte poitevin, se dit encore pour *ébrancher*.
2. Voyez les *Mém. de Tavannes*, édit. du *Panth. litt.*, p. 320.
3. Coligny repartit pour Chastillon vers le milieu d'octobre 1571 (Lettre d'Alava à Philippe II, du 23 octobre; Arch. nat., K. 1522).
4. Coligny fut rappelé à la cour vers le commencement de novembre (*Mémoires de l'estat de France sous Charles IX*, t. I, f. 106). Il revint à Chastillon à la fin du mois (Lettre de l'amiral à Renée de France, datée de Chastillon et du 28 novembre; f. fr., vol. 3133, f. 28).
5. Villandry est probablement le capitaine huguenot que Brantôme cite comme un des compagnons de Ludovic de Nassau à la prise de Mons (t. II, p. 81).

comme il estoit enjoué mais rude joueur, et estrangloit presques Vilandri, cestui-ci lui met la main à la braguette, faisant semblant de lui serrer les parties honteuses pour le faire desmordre. Ce jeu fut changé en un si aspre courroux, que ce gentilhomme fut promptement mis entre les mains du prévost de l'hostel et prest à mourir par la rigueur des loix, qui ostent la vie à tous ceux qui prennent leur souverain en tel endroit.

L'amiral, qui avoit prié tous ses amis d'espargner ce grand crédit[1], qui le rendoit honteux, fut contrainct de rompre sa discrétion pour délivrer cestui-ci. Il venoit d'estre refusé aux deux roines et au duc de Montpensier, qui lors emplissoit la cour de plaintes pour sa fille, l'abbesse de Jouarre[2], qui, ayant long temps enseigné ses religieuses à l'exemple de celle du Paraclet[3], en la religion aprise de sa mère[4], et, se voyant menacée, s'enfuit à Heidelberg[5]. Il y eut force

1. Une lettre de Francès de Alava, ambassadeur d'Espagne, au duc d'Albe, en date du 3 octobre 1571, après avoir énuméré les faveurs que le roi fait à l'amiral, porte : « On lui fait tant de « régal qu'il semble qu'on veut l'engager (entarar) ; du moins il « y a de quoi le soupçonner. » (Orig. espagnol; Arch. nat., K. 1522, n° 4.) Tavannes, un des instigateurs de la Saint-Barthélemy, témoigne de la confiance de l'amiral dans la parole du roi (*Mémoires,* in-fol., p. 426).
2. Charlotte de Bourbon, fille de Louis II, duc de Montpensier, avait été élevée secrètement par sa mère dans le calvinisme.
3. Jeanne Chabot, abbesse du Paraclet au diocèse de Troyes, proche parente de l'abbesse de Jouarre, faisait ouvertement profession du protestantisme.
4. Jacqueline de Longwic, comtesse de Bar-sur-Seine.
5. L'évasion de l'abbesse de Jouarre eut lieu à la fin de février 1572. Deux lettres du duc de Montpensier, l'une au roi du 10 mars (Coll. Dupuy, vol. 569, f. 16 ; orig.), l'autre au duc de Nemours du 17 mars (F. fr., vol. 3353, f. 23), racontent l'évasion comme un fait récent.

despesches vers le comte palatin[1] pour la r'avoir. Mais lui ne voulant la renvoyer qu'avec bonnes cautions pour la liberté de la dame en sa vie et en sa religion, le père aima mieux ne l'avoir jamais. C'est elle qui espousa quelque temps après le prince d'Orange[2].

Le roi, devisant avec l'amiral, se moquoit de la passion de Montpensier, l'appellant brutal et boucher, pour les choses qu'il avoit fait commettre en Anjou et ailleurs[3]. Ceux de Lorraine, sur telles apparences, quittent la cour, ne pouvans, comme ils disoyent, supporter de voir les punitions deues à l'amiral pour la mort de leur père changées en tant de caresses, et, qui pis est, suivies de biensfaits[4].

La roine mère et Monsieur se retirèrent à Paris avec mesme langage et mesme contenance. Et ce fut lors que ces deux, le cardinal de Lorraine, les ducs d'Aumale et de Guise se trouvèrent, au commencement d'aoust, à Saint-Clou[5] en la chambre fatale au roi

---

1. Frédéric III, comte Palatin. Le 15 mars il écrivit au duc de Montpensier pour lui dire qu'il avait reçu sa fille (Copie ; f. fr., vol. 3193, f. 64). Le duc lui répondit le 28 (Copie ; ibid., f. 64).

2. Le mariage fut célébré à Brielle le 12 juin 1574.

3. Les cruautés de Montpensier en Anjou sont racontées par Brantôme, t. V, p. 1 et suiv.

4. Au mois de mai 1571, les Guises, se sentant en défaveur, quittèrent la cour. Le duc se retira à Joinville, le cardinal de Lorraine à Reims ; le duc de Mayenne partit peu après, sans l'autorisation du roi, pour faire la guerre aux Turcs. Le duc de Guise revint à Paris au commencement de janvier 1572 (Bouillé, *Hist. des Guises*, t. II, liv. IV, chap. IV).

5. Une note attribuée à L'Estoile explique cette allusion. On y lit que, « le vendredi 1er août, le massacre de la Saint-Barthélemy fut résolu à Saint-Cloud, hôtel de Gondy, par le duc « d'Anjou et d'autres conjurés, avant déjeuner, lequel estoit de « deux brochées de perdreaux » (Coll. Moreau, vol. 741, f. 201).

Henri troisiesme, comme il se verra en son lieu. Là ils délibérèrent de faire un fort en l'isle du Palais, qui seroit deffendu par Monsieur et les siens et attaqué par les réformés[1]. En ceste espérance, la cour estoit retournée à Paris; mais l'affaire sembla grosse, et nous ne vismes qu'une fois ce fort, pource qu'il fut aussi tost ruiné. Le roi, se plaignant des mescontentements qui estoyent contre lui, pria l'amiral de haster le mariage, tant pour s'appuyer de ce costé-là contre les siens qui l'abandonnoyent, que pour haster la guerre contre l'Espagnol.

De ce temps, arriva à la cour le cardinal Alexandrin[2] avec charge de faire rompre l'alliance des François avec les Turcs. En ce traicté, ayant pris occasion de reprocher au roi ses procédures avec les hérétiques, ce prince fut contraint de lui laisser aller une partie de son dessein, lui présenta un grand diamant pour gage de sa parole; ce que le cardinal refusa avec propos convenables. Fit peu de séjour et, voulant porter

1. Aujourd'hui l'île de la Cité. L'attaque de ce fort était confiée au prince de Navarre, à Coligny et aux seigneurs de leur suite. Il devait y avoir échange de coups de canon et d'arquebuse sans balles. Mais, à un signal donné, les défenseurs devaient charger à balle et tirer sur les protestants. Quelques soupçons s'étant élevés, le roi fit démolir le fort. Voy. de Thou (*Hist. univ.*, liv. LI). Les *Mémoires de l'estat de France sous Charles IX* disent que ce jeu avait été imaginé par le chancelier Birague (t. I, f. 31 et 265).

2. Le cardinal Alexandrini, neveu du pape, arriva à Blois en mars 1572, chargé d'empêcher le mariage de la sœur du roi avec le prince de Navarre. Sur la mission du cardinal Alexandrini voyez les *Mémoires de l'estat de France sous Charles IX*, t. I, f. 207 v°, et surtout Gabutius, *De vita et rebus gestis Pii V*. Rome, 1605, in-fol., p. 147 et suiv.

en toute diligence ces bonnes nouvelles au pape[1], le trouva à la mort; par laquelle fut esleu promptement Hugues Boncompagnon, Boulonnois, qui se fit nommer Grégoire treziesme[2]. Mesme voyage fit le cardinal de Lorraine au commencement pour estre à l'élection, et après pour instruire le pape de ce que la roine et lui avoyent délibéré[3]; et pourtant les faveurs desmesurées des huguenots, comme il disoit, servantes à son voyage de couleur.

La roine de Navarre[4], arrivée à Paris accompagnée des comtes Ludovic et de la Rochefoucaut avec force noblesse, conclud en peu de jours le mariage du prince de Béarn, son fils[5]; le dot de la fille de France estimé à huict cents quatre-vingt cinq mille livres[6]. Tout d'un temps furent arrestez les articles entre la France et l'Angleterre, avec obligation de mutuel secours l'un envers l'autre par mer et par terre, le tout juré solennellement par le roi en son conseil[7], présents pour

---

1. Pie V, mort le 1er mai 1572.
2. Grégoire XIII, élu pape en 1572, mort en 1585.
3. Le cardinal de Lorraine se mit en route pour Rome au mois de mai 1572 avec son secrétaire Pellevé. Partie de sa correspondance, pendant les neuf mois de son séjour à Rome, est conservée dans les vol. 16039 et 16040 du fonds français.
4. Jeanne d'Albret quitta Blois le 6 mai 1572 et arriva le 15 à Paris (Belleforest, *Annales de France,* t. II, f. 1685).
5. La date de la conférence où fut arrêté le mariage de Henri et de Marguerite a été fort controversée. Une lettre de Jeanne d'Albret à la reine d'Angleterre, du 5 avril 1572, lui annonce que le mariage a été arrêté la veille (*Bulletin de l'hist. du prot. français,* t. XI, p. 271). Les pourparlers avaient été entamés dès le règne de Henri II.
6. Le contrat de mariage porte la date du 12 avril 1572. Il a été publié dans les *Mémoires de l'estat de France sous Charles IX* et par La Popelinière (t. II, f. 43).
7. Le traité de la France avec l'Angleterre fut signé le 15 avril

l'estranger, l'amiral Clinthon[1] et Valsingham[2], et en Angleterre par la roine ès mains du duc de Montmoranci, assisté de conseillers d'Estat ; qui touchèrent encor le mariage du duc d'Alençon[3], mais sans avancer, pource qu'ils demandoyent la messe en Angleterre publiquement. Schomberg[4] fit presque les mesmes conventions et serments en Allemagne, s'avança jusques à demander le duc Casimir[5] pour chef du secours promis contre le duc d'Albe.

Contre toutes ces apparences, les Rochellois, qui virent à leurs portes Strosse[6], le baron de la Garde[7],

1572. On en trouve le texte dans les grands recueils diplomatiques. La lettre du roi à la reine d'Angleterre, après la signature du traité, est imprimée dans le *Bulletin de la Société de l'hist. du prot. français*, t. XI, p. 72.

1. Lord Clinton, comte de Lincoln, amiral d'Angleterre.
2. François Heuwick de Walsingham, ambassadeur d'Angleterre à Paris. La traduction de sa correspondance pendant la durée de sa mission (1570-1581), avec d'autres ouvrages du même auteur, a été imprimée en 1700, in-4°.
3. La candidature du duc d'Alençon à la main d'Élisabeth ne fut posée, sur le refus du duc d'Anjou de changer de religion, que pendant les pourparlers de ce traité (Lettre de La Mothe-Fénelon du 25 janvier 1572, dans la *Correspondance* de ce diplomate, t. IV, p. 354). Le Laboureur, dans le commentaire des *Mémoires de Castelnau*, confirme cette rectification (1731, t. I, p. 649 et suiv.).
4. Gaspard de Schomberg.
5. Jean-Casimir de Bavière, fils de Frédéric III, désirait épouser une fille de Guillaume d'Orange et brûlait d'intervenir en France et dans les Pays-Bas (*Mémoires de La Huguerye*, t. I, p. 136).
6. Philippe Strozzi commandait la flotte royale sous les murs de la Rochelle. Une partie de sa correspondance officielle, pendant les expéditions maritimes de l'année 1572, est conservée dans le vol. 15555 du fonds français.
7. Le 14 août, le baron de la Garde adressa aux habitants de la Rochelle une déclaration pacifique. La lettre est imprimée dans les *Mémoires de l'estat de France sous Charles IX* (t. I, f. 260).

Lansac le jeune[1] et Landreau[2] armer puissamment et faire embarquement de grande despense en desgarnissant leur ville de munitions de guerre, ne purent qu'ils ne fissent sçavoir leur soupçon à l'amiral[3], le priant de se desenyvrer des fumées de la cour et de penser à sa sureté et à la leur ensemble. Lui, au contraire[4], de les exhorter à la haine de la guerre, à l'amour de la paix, à la souvenance des maux qu'ils avoyent soufferts, à les asseurer que l'armement se faisoit pour les Indes, contre leur plus grand ennemi; qu'il faloit se confier entièrement au bon naturel du roi, se donner garde des soupçons que les ennemis faisoyent couler par personnes interposées ou qui naissoyent en de foibles cerveaux; au contraire, qu'il faloit se haster de rendre les places de seureté avant le temps[5], pour achever de gagner l'esprit du prince, que Dieu avoit ployé en nostre faveur.

La roine de Navarre, travaillant à Paris aux préparatifs des nopces, se trouve prise d'une fièvre à laquelle elle ne résista que quatre jours[6]; sa mort cau-

---

1. Philippe Strozzi, fils du maréchal Strozzi. — Antoine ou Raymond Escalin, baron de la Garde, dit le capitaine Poulin. — Guy de Saint-Gelais, seigneur de Lansac, dit Lansac le jeune.

2. Charles Rouault, seigneur du Landreau, chevalier de l'ordre du roi, gouverneur du bas Poitou.

3. La lettre des maire, échevins et bourgeois de la Rochelle en date du 30 juillet 1572 est publiée dans les *Mémoires de l'estat de France sous Charles IX*, t. I, f. 251.

4. La réponse de Coligny est datée de Paris du 7 août 1572 (*Ibid.*, f. 253).

5. Les places de sûreté furent en effet rendues trois mois avant le terme fixé.

6. Elle tomba malade le 4 juin 1572 et rendit le dernier soupir le 9, rue de Grenelle-Saint-Honoré, dans l'hôtel de Charles Guillart, évêque de Chartres, qui professait le calvinisme.

sée, sans dissimuler, par une poison que des gans de senteurs communiquèrent au cerveau[1], donnez à un nommé Messer René Florentin[2], exécrable depuis, mesmes aux ennemis de ceste princesse, par un Saint-Barthélemi, grand empoisonneur, et accusé d'avoir fait mourir plusieurs princes. Cestui-ci, domestique de l'abbé de Clugni, bastard putatif de Claude de Guise[3], et qui en portoit le nom, l'un et l'autre au service du cardinal de Lorraine. Ceste roine donc, proche de sa fin, dicta son testament[4], ordonnant pour premier article à Henri, son fils, de persister constant en sa religion après elle, fut très expresse à lui recommander le soin de sa sœur Catherine[5]. Elle fit le mesme de toute sa famille, avec nomination de quelques-uns, de qui elle attestoit la fidélité. Ainsi mourut ceste princesse, n'ayant de femme que le sexe, l'âme entière ès

---

1. L'empoisonnement de Jeanne d'Albret est une fable inventée par la passion religieuse. Cette assertion parut pour la première fois dans le *Discours merveilloux de la vie, actions et déportemens de Catherine de Médicis,* pamphlet publié en 1574 (et non en 1573, comme le dit le Père Lelong, puisqu'on y parle de la mort de Charles IX), et dans le *Réveille-matin des François et de leurs voisins,* pamphlet de la même date. Elle a été reproduite peu après dans les *Lunettes de cristal de roche,* autre pamphlet protestant, et a été acceptée par presque tous les historiens de ce parti.

2. René Bianchi ou Bianco, d'origine milanaise, parfumeur de la reine mère. L'Estoile dit qu'il « mourut sur un fumier et que « ses deux fils furent roués, pour assassinat, en janvier 1587. »

3. Dom Claude, bâtard de Guise, né d'une fille du président des Barres, de Dijon. Voy. *la Légende de domp Claude de Guise,* ch. xiv, tome VI des *Mémoires de Condé,* éd. in-4°.

4. Le testament de Jeanne d'Albret est imprimé dans les *Mémoires de l'estat de France sous le règne de Charles IX,* t. I, p. 314.

5. Catherine de Bourbon, sœur de Henri IV, née en 1558, devint duchesse de Bar.

choses viriles, l'esprit puissant aux grands afaires, le cœur invincible ès adversitez[1].

La cour porta le noir et toute marque de dueil; le roi et ses familiers en tesmoignèrent regret et estonnement; mais ces choses estoyent au vrai dans l'intérieur de ceux à qui le dueil servit de livrée à la journée que nous verrons.

La nouvelle que le prince d'Orange avoit pris Mons en Hainaut[2] les resveilla en quelque façon, et l'amiral prenant ceste occasion pour presser plus hardiment une déclaration de guerre contre le roi d'Espagne, le roi exigea de lui un escrit, pour lui donner que respondre aux ennemis de ce dessein. Je n'enflerai point mon livre de ce discours, n'estant pas ma façon d'escrire; seulement vous en aurez les principaux traits[3].

Il commençoit par le ressentiment des guerres civiles et par la crainte d'y retomber, par le remède d'employer la nation belliqueuse sur les terres d'autrui, spécifiant que les autres peuples, le lendemain d'une paix faite, reprennent leur mestier délaissé; mais peu

---

1. Voir le récit des derniers moments de Jeanne d'Albret dans le *Discours au long du portement de la reine de Navarre*, plaquette du temps réimprimée intégralement dans les *Mémoires de l'estat de France sous Charles IX*, t. I, f. 300.

2. Ce fut Ludovic de Nassau, frère du prince d'Orange, et non le prince d'Orange lui-même, qui surprit la ville de Mons (24 mai 1572). Voyez le récit des *Mémoires de La Huguerye*, t. I, p. 105.

3. Ce mémoire est attribué par quelques-uns à Philippe du Plessis-Mornay (*Mémoires et corresp. de du Plessis-Mornay*, 1824, t. II, p. 20 et suiv.). D'après un auteur protestant il fut dicté par Coligny, à qui du Plessis-Mornay ne servit que de secrétaire (Leser, *Encyclopédie des sciences religieuses*, v° Coligny). Il a été publié pour la première fois sous le nom de l'amiral par La Popelinière, t. II, p. 44, et reproduit par de Thou, liv. LI.

de François quittent l'espée quand ils l'ont une fois ceincte. Si on ne les employe, ils s'employent une grande part aux voleries et meschancetez. Donnez-leur une guerre juste, profitable et facile, juste contre celui qui vous a rongné les bordures de la France, qui, par vos voisins subornez, a pris avantage sur vostre honneur, qui empiète au bout du monde et auprès de vous, n'ayant nulle borne à ses désirs, quoi que si on résiste, il se trouvera assez d'impuissance. Si on allègue qu'il est frère[1], tant plus dur son mespris de ceste qualité; qu'il fait la guerre au Turc, la Navarre n'en estoit pas le chemin, et la fidélité qu'il garde aux compagnons de ceste guerre vient encor de paroistre au secours de Malthe et de Cypre plus nouvellement[2]; s'il est chrestien, le chien qui mange le chien est plus à haïr que le loup; l'utilité est qu'en recouvrant les choses perdues vous garantissez celles qui sont à perdre. Il sçait dès ceste heure que Genlis n'est point allé à la prise de Mons[3] sans la bonne grâce de son roi, tellement que l'utilité est poussée de la nécessité. Pour le facile, la guerre se fait avec le fer et non avec l'or. Les François ne tremblent plus au son des tambours comme autres fois, ils y dansent. Si vous mettez ensemble les armées qui s'affrontoyent n'aguères, au lieu d'en

1. Philippe II avait épousé Élisabeth de France, sœur de Charles IX.

2. La flotte des Vénitiens qui avait pris la mer pour la défense de Chypre, attaquée par les Turcs, fut ruinée en juillet-octobre 1570 par suite des lenteurs calculées de la flotte espagnole (De Thou, liv. XLIX).

3. Jean de Hangest de Genlis, seigneur d'Ivoy, avait marché au secours de Ludovic de Nassau. Voyez les *Mémoires de La Huguerye* (t. I, p. 105).

craindre la division, souvenez-vous de l'union et de l'ardeur qui parut au Hâvre-de-grâce le lendemain d'une paix[1]. Il poursuivoit, disant « que l'Espagnol est pauvre d'hommes, et, s'il a eu quelque avantage sur vous, les mains des Italiens, Germains et Anglois l'ont acquis, et non ses subjects naturels, desquels aucune armée n'a compté plus de sept mille hommes ; et pource que de ceux-là il emplit ses garnisons, il ne lui en reste comme point pour ses armées ; les Anglois et Flamans, de ses serviteurs, sont devenus ses ennemis ; les Allemans partagez ; des Suisses, les cantons catholiques vous sont affidez, les autres encore plus asseurez par leur intérest ; l'Italie obligée à tourner le visage vers le Turc ; le Savoyard, du désir qu'il a sur Milan, en viendra à l'espérance. » Et puis, ayant remarqué les autres particularitez d'Italie, il vient à la diminution des deniers, soit par les principales mines gastées, soit par le crédit de Gennes espuisé. Achevant son discours par la facilité de faire la guerre au Pays bas, au prix des autres lieux où les armées se sont ruinées, et laissant le goust du danger qu'il y a que le duc d'Albe se r'appointe à quelque prix que ce soit pour se vanger des pensées, ce qu'il ne sçauroit faire des effects. Voilà le sommaire de l'escrit, auquel il ne coûcha pas[2], mais garda, pour dire à l'oreille, que la roine d'Angleterre est preste à prendre le dessein, si nous le refusons.

Pour l'autre opinion, le roi fit escrire Morvilliers,

---

1. Allusion à l'empressement des réformés et des catholiques à suivre le connétable au siège du Havre, le lendemain de la paix d'Amboise (juillet 1563). Nous avons donné des détails nouveaux dans le *Traité de Cateau-Cambrésis*, chap. III.

2. *Auquel il ne coucha pas,* c.-à-d. où il n'inséra pas, mais.....

vieil conseillier d'Estat[1], docte et expérimenté, ennemi de toute nouveauté et qui faisoit prudence de crainte. Il impugna toutes les raisons de l'amiral, ne disant pour le faict de la justice, sinon que le bon droict est souvent affoibli. Il s'estendoit sur la mutabilité des esprits flamands, desquels il fait mauvais croire les délibérations et leurs promesses, quand elles sont poussées de la nécessité, pource qu'elles ne durent pas tousjours, et bien souvent leur foi, autant qu'elle peût, et non plus. Ce qui est dit pour l'emploi des forces à la garde des choses conquises, il le tourne pour soi et en fait ce dilemme : « Si vous baillez à ces peuples leurs places à garder, vous n'avez seureté que leurs pensées autresfois esprouvées et à vostre dam ; si vous les bridez de citadelles, il ne vous faut ennemis qu'eux, veu mesme que sur toute domination on sçait qu'ils veulent essayer l'angloise, ou une princesse pour le regret qu'ils ont à une desjà esprouvée. » A cela il adjoustoit la grande liaison de ceux d'Austriche, et l'authorité de l'empereur; pour faciliter l'appointement, il opposoit à l'utilité le danger de perdre le nostre, en acquérant l'autrui ; et puis, fort expressément, il monstroit nostre manque d'argent, que tous les moyens d'en exiger sont avec péril de révolte, surtout de la part des ecclésiastiques, et ainsi conclud « que le roi se doit employer à nettoyer et polisser le dedans, sans mettre les mains au dehors[2]. »

1. La réponse de Jean de Morvilliers au mémoire de Coligny est également reproduite par de Thou (liv. LI).
2. La délibération donna lieu à plusieurs réunions du conseil du roi, l'une le 19, l'autre le 26 juin 1572. On dressa une sorte de procès-verbal qui contient les avis motivés des principaux

Chapitre III.

Acheminements aux nopces et à leur suite.

Durant ces disputes, la nouvelle vint de la deffaite de Genlis[1]. Le roi escrit de belles lettres[2] à l'ambassadeur Mondousset[3], résident près le duc d'Albe, en faveur des gentilshommes prisonniers, et l'amiral, contre le conseil de ses amis, va à Paris[4] impétrer tant de commissions qu'il voulut pour lever des forces à la frontière.

conseillers du roi, notamment de Coligny, de Villeroy, du duc de Nevers, de Tavannes, etc. Une copie de cette pièce est conservée dans le f. fr., vol. 3950, f. 82. Le discours de Nevers y est en original signé. Celui de Tavannes a été imprimé dans ses *Mémoires*. Un troisième conseil eut lieu le 6 août (Pièces y relatives; f. fr., vol. 3183, f. 68).

1. Coligny avait réussi à lever une armée et en avait confié le commandement à Jean de Hangest, s. de Genlis, connu sous le nom d'Ivoy. Genlis passa la frontière le 15 juillet 1572 et fut attaqué le 17 à Quievrain. Fait prisonnier par le duc d'Albe, il fut secrètement égorgé dans sa prison. Voyez les *Mémoires de La Huguerye*, t. I, p. 125. On trouve dans le f. fr., vol. 18587, f. 541, un récit, qui nous paraît inédit, de la défaite de Genlis.

2. Le 27 avril 1572, Charles IX avait écrit à Ludovic de Nassau une lettre par laquelle il lui promettait aide et secours contre les Espagnols. Cette lettre fut trouvée dans les poches de Genlis (Gachard, *Correspondance de Philippe II*, t. II, p. 269 et note). Le roi se hâta de démentir l'authenticité de cette lettre (Lettre à Mondoucet du 12 août 1572; *Bulletins de la commission d'hist. de Belgique,* 2ᵉ série, t. IV, p. 342).

3. Claude de Mondoucet, résident de France dans les Pays-Bas depuis le mois de mars 1571. Partie de sa correspondance diplomatique est conservée dans les vol. 3244, 3277, 3329, 16127 du fonds français, 337 des Vᶜ de Colbert, à la Bibliothèque nationale, et 826, 827 et 828 de la bibliothèque de Reims.

4. L'arrivée de Coligny à Paris est antérieure à la défaite de

A Paris est employé le prévost des marchans[1], pour, avec le conseil de la ville, adviser à la seureté, rigoureux édicts pour le port d'armes et pour les querelles ausquelles sont attribuez divers juges selon la qualité des personnes[2]. Le roi, par le conseil de l'amiral, tire du régiment des gardes quatre cents soldats, les loge devant le Louvre, où, par le mesme conseil sur le point du mariage, il fit venir tout le régiment. De tous costez venoyent à l'amiral escrits ou personnes de créance, pour lui faire appréhender sa perte, et voici ce que portoyent tant les mémoires que les propos qu'il recevoit en ceste opinion[3].

« Souvenez-vous, disoyent-ils, de la dispense de serment envers les hérétiques, portée par le concile de Constance et que nous sommes ceux qui sont désignez pour tels. Considérez que la roine mère est l'âme de l'Estat ; elle qui est sans âme, quelles sont ses mœurs, sa nation et sa famille, qui tient son élévation des papes et partant intéressée à leur obéissance et grandeur. Voyez après quelle est l'éducation du roi, instruict à jurer à tous propos et à se perjurer en

Genlis. Il y entra le 5 juin et se rendit immédiatement auprès du roi à Madrid (Pièce citée par M. le baron Kervyn de Lettenhove, *les Huguenots et les Gueux*, t. II, p. 472).

1. Jean Charron, président à la cour des aides, nouvellement nommé prévôt des marchands.

2. L'édit contre le port d'armes, daté du château de Boulogne et du 5 juillet 1572, a été imprimé dans les *Mémoires de l'estat de France sous Charles IX*, t. I, f. 244.

3. Les avertissements de prudence donnés à l'amiral de Coligny sont énumérés dans le *Réveille-matin des François*, pamphlet publié en 1574 et réimprimé dans le t. I des *Mémoires de l'estat de France sous Charles IX* (f. 251). Les *Archives curieuses* ont reproduit cette relation (t. VII).

termes atroces, à se mocquer de Dieu, à toutes vilenies et péchez horribles, aux dissimulations à y composer parole, visage et contenance; sa bible est Machiavel. On l'a acoustumé au sang des bestes, à les voir déchirer et languir. Ses confesseurs et conseilliers d'estat, concertans ensemble, lui ont imprimé en l'esprit qu'il n'est point roi s'il y a deux religions dans son royaume; que les ministres veulent establir l'aristocratie, comme desjà ils se font juges des consciences et de l'honneur; que le prince n'est point tenu de maintenir un édict extorqué. Là-dessus ils lui donnent pour patron ce que firent Commode, Caracalla, Lysandre et Galba, qui firent bien leurs afaires en brisant la foi publique, ou en festins ou en autres apasts, et entre les modernes le faict de Christierne à Stocolme[1], Charles VII à ceux de Bourgongne[2], et les vespres siciliennes[3]. »

Sur ces leçons il disoit à la roine sa mère : « Et bien, Madame, ne joue-je pas bien? » A quoi il eut response : « Qu'ouy bien, mais que la fin faisoit le tout. » Ils concluoyent ainsi : « Les mesmes mains qui se préparent pour vous sont celles de Vassi, Orléans, Tours, » et cottoyent jusques à trente quatre massacres signalez. « Vous sentirez qu'il n'y a point de convenance entre Christ et Bélial. Nous sçavons qu'on a repoussé ceste sentance véritable, en l'appellant maxime

---

1. Le 7 novembre 1520, Christian II, roi de Danemark, de Norvège et de Suède, avait fait arrêter quatre-vingt-dix notables suédois et les avait fait décapiter malgré l'acte de capitulation.

2. Allusion à l'assassinat du duc de Bourgogne Jean Sans-Peur sur le pont de Montereau.

3. Massacre des Français en Sicile (30 mars 1282).

de consistoire, mais il n'y a que celle-là en qui vous ne puissiez estre trompé, ouy bien aux ruses d'estat, par lesquelles vous vous attaquez à vos maistres, par lesquelles vous périrez, suivant ce qui est dit, que les enfans du siècle sont plus prudents en leurs affaires que ceux du royaume. »

A ces écrits et discours, l'admiral respond aux uns par escrit, aux autres de bouche[1] : « Que tous exemples clochent et ne sont jamais pareils, que les catholiques avoyent appris que leur cruautez estoyent de peu de profit, qu'il cognoissoit le naturel du roi pour estre plus bénin que prince qui ait jamais monté sur les fleurs de lis; qu'à la vérité, Monsieur hayssoit leur religion, mais qu'il ne peut plus hayr les religieux, pource que le mariage lui donne un frère qui en fait profession. Que serviroyent, disoit-il, les alliances nouvellement contractées avec l'Angleterre et les protestants d'Allemagne? Veu mesme qu'il appelle auprès de soi d'une et d'autre religion des plus excellents esprits qu'il peut choisir, comme juges de ses actions. Il entre en parti avec le prince d'Orange ; le duc de Florence contribue à nostre guerre deux cents mille ducats, le pape mesmes est las de l'Espagnol. Le roi lui disoit tout ce qu'il apprenoit des desseins qu'avoit le duc d'Albe, par le moyen de Mondousset. Quant à ceux de Guise, le roi estoit pleige de leur réconciliation pour l'armement qui se faisoit au Plomb[2] : c'estoit pour

---

1. Ces discours sont reproduits d'après les *Mémoires de l'estat de France sous Charles IX*, t. I, f. 253 et suiv.

2. Plomb, village (Manche), à trois kilom. de la Sée, qui se jette dans la baie du Mont-Saint-Michel.

cacher[1] une flotte d'Espagne chargée de bisongnes[2] catelans qu'on menoit en Flandres. Et puis cela fait, l'armée de Strosse devoit aller à Flessingue, pour faire ceste guerre ouverte à l'Espagnol, de laquelle il avoit de bonnes asseurances. Il remercioit les advertisseurs, les priant de plus ne le troubler, car enfin, après les tourments qu'il avoit receus, il aimoit mieux se laisser trainer par les bouës de Paris qu'à la guerre civile. »

Les mesmes choses escrites au roi de Navarre et au prince de Condé furent receues encores avec un plus grand mespris par ceux qui les suivoyent, sur tous ceux-là par Beauvois[3]; car si l'admiral, bien qu'irrité, avoit respondu doucement, comme à des esprits simples de bonne volonté, ici les advertisseurs ne receurent qu'injures ; c'estoyent resveries, c'estoyent vieux fols poureux, malicieux, turbulants et ennemis de l'Estat. Un advocat, nommé la Troche, en vint jusques-là de dire à l'admiral : « Ou vous estes le plus meschant des hommes, ou vous serez pendu avec nous. » Tout cela bien rabroüé, les nopces du prince de Condé estans achevées à Blandi[4], les princes vindrent à Paris, où ils

1. *Cacher*, chasser ; en italien *cacciare*.
2. *Bisognes*, soldats de nouvelle recrue, conscrits.
3. Louis de Goulard, seigneur de Beauvais, gouverneur de Henri de Béarn.
4. Le mariage du prince de Condé avec Marie de Clèves, que presque tous les historiens fixent à la mi-juillet, eut lieu suivant le rite protestant le dimanche 10 août, au château de Blandy-en-Brie, qui appartenait à Jacqueline de Rohan, marquise de Rothelin, grand'mère de Henri de Bourbon (Taillandier, *Hist. de Blandy*, 1854, in-8°). Le contrat de mariage est daté du 3 août 1572 (Copie auth., coll. Dupuy, vol. 853, f. 1). Voir le *Tocsin contre les massacreurs*, p. 42, dans les *Archives curieuses* de Cim-

receurent comme une entrée en dueil[1], marque pour eux seulement, car les autres l'avoyent quitté.

Sur les difficultez que le cardinal de Bourbon trouvoit à la dispense du pape pour les cérémonies, le roi disoit à l'admiral, demi en colère, demi riant : « Ce vieux bigot avec ses cafarderies fait perdre un bon temps à ma grosse sœur Margot[2]. » Enfin le bref du pape venu[3], les fiançailles se font à la mi-aoust au Louvre[4], où tout le soir le roi tint propos à l'admiral,

ber et Danjou. Personne de la cour n'y assista que le roi de Navarre et Renée de France (*Relation de Giov. Michiel*, 1872, in-8°, p. 17). Le duc de Guise et Ludovic de Gonzague, beaux-frères de l'épousée, s'étaient eux-mêmes absentés (*Journal d'un curé ligueur*, p. 144).

1. D'Aubigné commet ici une erreur. Les princes firent leur entrée à Paris, un mois avant le mariage du prince de Condé, le 8 juillet 1572 (*Cérémonial de la ville de Paris*; f. fr., vol. 18528, f. 129).

2. D'après Tavannes, Marguerite avait une grande inclination pour ce mariage (*Mémoires*, coll. Petitot, t. III, p. 19). L'opinion contraire est universellement répandue chez tous les contemporains et se soutient par de nombreux témoignages.

3. Autre erreur de d'Aubigné. Le bref du pape contenant dispense de parenté, bien que demandé avec instance par le roi, ne vint pas. Cette négociation, à laquelle le cardinal de Lorraine prit une part active, remplit toute la correspondance du roi avec son ambassadeur à Rome pendant l'été de 1572. Voyez notamment les pièces éparses dans les vol. 7070, 17286, 3951 du fonds français. La lettre du roi au s. de Ferrals, du 31 juillet 1572, résume toute la négociation (F. fr., vol. 7070, f. 280, copie). Deux mois après, le 27 octobre, le pape Grégoire XIII accorda au roi et à la reine de Navarre des lettres de dispense qui sont imprimées par Aubery (*Hist. du cardinal de Joyeuse*, preuves, p. 375).

4. Les fiançailles furent célébrées le 16 août 1572. Le récit de la cérémonie est contenu dans le f. fr., vol. 23935, f. 86, et dans le Cérémonial de l'hôtel de ville, f. fr., vol. 18529, f. 1. En même temps fut signé un contrat de mariage complémentaire de celui

au comte de la Rochefoucaut et encorés à deux autres, qu'il estoit engagé à la guerre d'Espagne, en quoi la plus grande de ses peines estoit de mener par le nez ses conseillers d'estat, n'en ayant que deux en qui il se pouvoit fier, qui estoyent le duc de Montmoranci et Ville-Roi.

On avoit dressé devant le temple de Nostre-Dame un grand eschaffaut, duquel on entroit en un plus bas pour passer toute la nef jusques au cœur, et de là à un autre, qui par une poterne menoit dedans l'évesché, tout cela bien garanti de la foule par balustre. Deux jours après les fiançailles[1], le roi et la roine sa mère, accompagnez des princes du sang, ceux de Lorraine et officiers de la couronne, vindrent prendre la mariée à l'évesché; de l'autre costé marcha le roi de Navarre avec ses deux cousins, l'admiral, le comte de la Rochefoucaut et autres. Ces deux bandes s'estans rendues de mesme temps sur l'eschaffaut, le cardinal de Bourbon observa les paroles et cérémonies à lui prescriptes[2]. Et puis les réformés, durant que la mariée oyoit la messe, se pourmenèrent au cloistre et à la nef[3]. Là le mareschal d'Anville ayant monstré au haut

de Blois, qui est imprimé dans le *Corps diplomatique* de Dumont, t. V, 1re partie, p. 215, col. 2. Cette cérémonie a été par erreur datée du 17 août.

1. C'est-à-dire le 18 août. D'Aubigné ne tombe pas dans l'erreur générale que nous avons signalée dans la note précédente.

2. Les cérémonies du mariage du roi de Navarre sont racontées par tous les historiens du temps, Belleforest, *les Mémoires de l'estat de France sous Charles IX*, La Popelinière, Davila, de Thou, etc. A cette liste nous ajoutons une touchante lettre de Coligny à sa femme, datée du soir même du 18 août (*Bulletin de la Société de l'hist. du prot. français*, t. I, p. 369).

3. Le cérémonial et l'attitude à prendre avaient été discutés

de la vouste les drapeaux gagnez à Montcontour, l'admiral respondit : « Il faudra bien tost arrachez ceux-là pour y en loger de mieux séans[1] » (voulant parler de ceux qu'il espéroit gaigner sur les Espagnols). Cela pourtant fut interprété à menaces par plusieurs.

L'après-disnée se passa en la grand'sale du palais, en pompes et musiques ; le jour d'après au festin de Monsieur et en balets au Louvre. Je ne perdrai le temps à en déduire aucun que celui du mecredi[2], qui se fit à Bourbon[3], pource qu'un ciel que défendoit le roi et ses frères fut essayé en vain par le roi de Navarre et les siens, qui, repoussez et releguez dans un enfer, n'en sortirent que par des suffrages d'amour. Tout cela fut interprété prophétiquement par ceux qu'on appelloit fols, entr'autres Langoiran, depuis Montferrand[4], qui fera parler de lui en nostre histoire. Cestui-ci le lendemain va prendre congé de l'admiral et ne répliqua aux questions, pourquoi il s'en alloit, que ces paroles : « Je m'en vai pour la bonne chère qu'on vous fait, aimant mieux estre au rang des fols que des sots, pource qu'on guérit du premier et de l'autre jamais. » Cestui-là mesme me trouva en peine pour un coup

en consistoire par les chefs huguenots. Le résultat de la délibération est analysé dans les *Mémoires de Charles IX*, t. I, p. 320, et se trouve en entier dans la coll. Dupuy, vol. 844, f. 212.

1. Ces mots sont rapportés par de Thou qui, présent à la cérémonie, les avait entendu prononcer par l'amiral (liv. LII).

2. Mercredi 19 août.

3. Au palais du Petit-Bourbon qui avoisinait le Louvre et s'étendait jusqu'à la Seine, en regard de l'hôtel actuel de la Monnaie. Voir la description de ce tournoi dans les *Mémoires de l'estat de France sous Charles IX* (t. I, f. 262).

4. Guy de Monferrand, dit de Langoiran, frère cadet de Charles de Monferrand, gouverneur de Bordeaux.

d'espée, dont me print bien de le suivre et ne mespriser son conseil[1].

Le duc de Montmoranci se trouva mal ou le feignit, et se retira à Chantilli[2]; plusieurs ont estimé que sans ceste absence sa famille eust esté enveloppée au massacre[3]. Sur son partement la délibération de tuer l'amiral fut prise, de laquelle je dirai un mot, comme d'une chose qui a tourmenté beaucoup d'esprits et a esté mieux recognue depuis[4].

On discourt ainsi ; que si ceux de Guise eussent esté participants à la résolution du massacre, ils n'eussent point voulu faire tuer l'amiral à part, mais son coup fut délibéré sur une proposition du duc de Rets, disant : « Il est bien aisé de mettre à mort tous les protestans, cela est juste, mais je voudrois qu'il se fist honnestement. Si vous faites tuer l'amiral, ceste brave noblesse ne soupsonnant rien du roi, pour le vanger, s'ira préci-

1. D'Aubigné s'était rendu à Paris pour les noces du roi de Navarre. Un archer ayant voulu l'arrêter, tandis qu'il servait de second à un de ses amis dans un duel, il le blessa grièvement, ce qui l'obligea de quitter Paris trois jours avant la Saint-Barthélemy (*Mémoires,* édit. Réaume et Caussade, p. 18).
2. C'est le jeudi 20 août que le duc de Montmorency, sous prétexte de chasse, se retira à Chantilly. Voir le *Réveille-matin des François* dans les *Archives curieuses* de Cimber et Danjou (t. VII, p. 178).
3. Cette appréciation est partagée par le duc de Bouillon (*Mémoires,* coll. Petitot, p. 118).
4. Tavannes, dans ses *Mémoires,* donne quelques détails sur le conseil où fut décidée la mort de l'amiral. D'après la relation de Michieli, ce fut dans la soirée du 15 août, d'après Cavalli (*la Saint-Barthélemy devant le sénat de Venise*) dans la soirée du 16, qu'eut lieu la conférence racontée par Tavannes. Les dépêches du nonce Salviati prouvent que l'assassinat fut concerté entre la reine, le duc d'Anjou et le duc de Guise (*Annales ecclesiastici* de Theiner, t. I, p. 332).

piter à l'hotel de Guise, tout y accoura, et surtout les Parisiens préparez secourront leurs amis et mettront en pièces leurs ennemis ; l'honneur du roi demeure sauf; vous faictes la mesme chose et les battus payeront l'amende comme ayant cerché leur malheur. »

Voilà sur quoi fut choisi Monravel[1] et ceste maison aux cloistres de Saint-Germain de l'Auxerrois[2], devant laquelle il faloit que l'amiral passast en revenant du Louvre. Ainsi le vendredi d'après[3], l'amiral, au sortir du conseil, accompagna le roi jusqu'au jeu de paume[4], et vint à pied, lisant une lettre, devant la fenestre où estoit Monravel, couverte d'un meschant linge. Comme il tournoit l'espaule pour enfiler la grand'rue[5], il reçoit une arquebusade de deux balles[6], desquelles l'une brise

---

1. Les *Mémoires de l'estat de France sous Charles IX* (t. I, f. 268) assurent que le duc d'Anjou et le comte de Retz, quelques jours avant le 22 août, s'étaient entendus avec Maurevel.

2. Dans cette maison logeait Pierre de Piles de Villemur, ex-précepteur du duc de Guise (*Mémoires de l'estat de France sous Charles IX*, t. I, f. 271 v°).

3. Vendredi 22 août 1572.

4. Où le roi et le duc de Guise avaient dressé partie contre Téligny et un autre gentilhomme (*Mémoires de l'estat de France sous Charles IX*, t. I, f. 271).

5. La rue des Poulies, d'après le plan des lieux publié par M. Bordier (*la Saint-Barthélemy*, in-4°, 1879, p. 39). L'amiral habitait rue de Béthisy, presque au coin de la rue de l'Arbre-Sec, une maison connue depuis sous le nom d'hôtel de Ponthieu, qui n'a été démolie qu'en 1852 pour le prolongement de la rue Rivoli.

6. « Le vendredi, 22e jour dudict mois d'aoust, envyron les dix « à onze heures du matin, furent apportées nouvelles à mes- « sieurs les prevost des marchans et eschevins de ladicte ville « que présentement l'on avoit tiré un coup de harquebouzade « au sieur admiral Gaspard de Coligny. » Extrait des registres du bureau de la ville de Paris dans les *Archives curieuses* de Cimber et Danjou, t. VII, p. 211.

le grand doigt de sa main droicte, l'autre lui entre bien avant dans le bras gauche. Tous ceux qui l'assistoyent demeurèrent fort estonnez[1]. Lui, monstre d'où estoit venu le coup, envoye Piles[2] et Monnins[3] advertir le roi. Puis, appuyé sur ses gens et le bras lié, gagne son logis à pied; et entendant qu'on soupçonnoit de poison sa playe, dit qu'il n'en seroit que ce que Dieu avoit ordonné[4].

Monravel[5], ayant son cheval dans le cloistre, se sauve aisément, pource que le plus court chemin à entrer dans le cloistre estoit bouché d'une image de pierre pour les gens de cheval, et que l'autre tour lui donnoit avantage. Il se sauve donc par la porte Saint-Antoine, n'allant quelques fois que le trot sur le pavé, et trouve un cheval d'Espagne pour le relayer par delà le petit

---

1. Il avait à ses côtés deux gentilshommes tourangeaux. François de Marafin, seigneur de Guerchy, était à sa droite, et Sorbiers, seigneur des Pruneaux, l'aîné, à sa gauche (*Mémoires de l'estat de France sous Charles IX,* t. I, f. 271 v°).

2. Armand de Clermont, seigneur de Piles.

3. François de Monneins, du Périgord.

4. Le *Réveille-matin des François* (*Archives curieuses,* t. VII, p. 174) donne sur l'attentat de Maurevel des détails que d'Aubigné a utilisés.

5. Suivant Giov. Michieli, l'arquebusade qui blessa Coligny ne fut pas tirée par Maurevel, mais par Pierre-Paul Tosinghi, capitaine florentin, créature de la reine mère (*Relation de Michieli,* 1872, in-8°, p. 37). Plusieurs historiens modernes ont adopté cette version, notamment M. Kervyn de Lettenhove (*les Huguenots et les Gueux,* t. II, p. 538 et suiv.). Quand le crime eut été commis et approuvé par le roi, tout le monde voulut en avoir été l'auteur. Le nonce Salviati écrit le 22 septembre : « Ceux qui se glorifient « d'avoir frappé l'amiral sont si nombreux que la place Navonne « ne pourrait les contenir » (Mémoire de Boutaric dans la *Bibl. de l'École des chartes,* sept. 1861, p. 21).

Saint-Antoine[1]. Le roi, estant adverti dans ce jeu de paume, romp sa raquette, disant : « N'aurai-je jamais de patience? »

Le duc de Guise se retire[2], et chacun juge de l'affaire, selon sa passion. La plus grande partie pourtant déteste l'entreprise, ce que moins ils eussent fait s'ils eussent sçeu le cours du marché.

Ambroise Paré fut le premier chirurgien[3] qui courut à l'amiral et qui, voyant un commencement de gangrène, acheva de couper le doigt, à quoi il faillit et reprit trois fois. Parmi ces douleurs, le blessé dit à Merlin et à un autre ministre qui le consoloyent : « Ces playes me sont douces, comme pour le nom de Dieu, priez-le avec moi qu'il me fortifie. »

Il fait ses prières et commande à l'oreille à un de ses gens de mettre entre les mains de Merlin cent escus, pour distribuer à quelques pauvres[4].

Le roi de Navarre et le prince de Condé vont faire leur plainte au roi, et lui demander congé de se reti-

1. Maurevel fut mal reçu dans les rangs des catholiques. Au siège de la Rochelle aucun capitaine, aucun mestre de camp ne voulut le recevoir dans le corps de l'armée (*Mémoires de Bouillon*, édit. Buchon, p. 385).

2. Marguerite de Valois raconte que l'irritation du roi contre le duc de Guise était telle qu'il voulait le faire arrêter (*Mémoires de Marguerite de Valois*, édit. de la Soc. de l'hist. de France, p. 28).

3. Ambroise Paré, chirurgien du roi, né vers 1516 à Laval, d'abord barbier, puis aide-chirurgien, resta longtemps au service du maréchal de Montejean, du vicomte de Rohan, d'Antoine de Bourbon et enfin de Henri II. Il mourut à Paris le 22 décembre 1590, laissant de nombreux ouvrages de médecine et de chirurgie. Il avait longtemps suivi la réforme. M. le docteur Le Paulmier a écrit sa vie (*Ambroise Paré*, 1887, in-8°).

4. De Thou dit qu'il a recueilli ce fait de la bouche même de Paré (liv. LII).

rer, puis que leurs vies n'estoyent pas en seureté. Le roi leur monstra tant de cholère et de douleur ensemble, exaggéra le faict par paroles très violentes, criant que c'estoit lui qui estoit blessé. La roine mère le renchérit, disant que s'estoit toute la France et que le roi ne demeureroit guères à estre attaqué dans son lict. Tout cela fut accompagné de telles animositez et contenances propres, que tous ceux qui estoyent en la chambre pour plaire au maistre crioyent à la vengeance ; tant que ces princes ne pensèrent plus à s'en aller[1].

On ordonne des commissaires de la cour pour la perquisition du faict[2]. Ils interroguent un laquais et une chambrière, qui furent seuls trouvez en la maison sur le point du coup. On n'apprit rien d'eux qui peust donner lumière, sinon que celui qui avoit tiré avoit esté mené là-dedans par un suivant le duc de Guise, nommé Chailli[3], que Nançai[4], capitaine des gardes, eut charge de prendre[5] ; et incontinent lettres patentes par tout le royaume, par lesquelles le roi promettoit bonne, bresve et rigoureuse justice de cest acte pernicieux[6].

1. *Mémoires de l'estat de France sous Charles IX*, t. I, f. 372.
2. Le roi confia à Arnaud de Cavaignes l'instruction de l'attentat de Maurevel (*Relation de Giov. Michieli*, 1872, p. 45).
3. François de Villiers, seigneur de Chailly, maître d'hôtel du roi, superintendant des affaires du duc de Guise.
4. Gaspard de la Chastre, seigneur de Nançay.
5. Chailly, prévenu, se réfugia au Louvre dans les appartements du duc de Guise.
6. Le 23 août le roi envoya une circulaire aux gouverneurs des provinces pour leur assurer que le crime avait été commis contre sa volonté. Cette circulaire est conservée dans la coll. Brienne, vol. 207, f. 50. Il envoya en même temps deux gentilshommes dans chaque province pour réitérer ses ordres de paix. L'instruction qui leur fut confiée est dans le même recueil, f. 51.

L'amiral visité par les mareschaux d'Anville, de
Cossé et autres des principaux de la cour, après qu'ils
les eut consolez, au lieu d'estre consolé par eux, il
leur fit sentir son désir de parler au roi à part, pour
chose qui importoit Sa Majesté.

Le roi y vint donc après disner[1], et entra en sa
chambre avec sa mère et ses deux frères, le cardinal
de Bourbon, les ducs de Montpensier et de Nevers, les
mareschaux de Cossé et de Tavanes, Mereu, Thoré,
Villars, Rets et Nançai. Ceste troupe ne permettant
point le secret propos, le roi dit ainsi : « Mon père,
vous avez la playe et moi la perpétuelle douleur, mais
je renie mon salut (cela avec autres serments exé-
crables) que j'en ferai une vengeance si horrible que
jamais la mémoire ne s'en perdra. » A cela l'amiral
respond : « Sire, Dieu, devant le siège duquel je doibs
estre en peu de temps, me fera juge et tesmoing que
j'ai esté toute ma vie très fidelle et passionné serviteur
de Vostre Majesté ; vérité qu'il fera paroistre contre
ceux qui m'ont appellé traistre et perturbateur de
vostre royaume. J'ai receu de grands honneurs du roi
Henri, vostre père, que Vostre Majesté m'a confirmez.
Prenez en bonne part mon advis des choses qui ne se
peuvent faire qu'après ma mort. La guerre de Flandres
n'est plus à délibérer; elle est entamée ; ne la démor-
dez point ; ce sera la paix de vostre royaume. Purgez
vostre conseil, où il ne se délibère rien de si serré, que
le duc d'Albe ne le sache aussi tost ; d'où est venue la
deffaicte de Genlis[2] et trois cents gentilshommes

1. Le récit de la visite du roi à Coligny est tiré du *Réveille-
matin des François (Archives curieuses*, t. VII, p. 178).
2. La marche de l'armée espagnole au-devant de Genlis donne

estranglez et poignardez de sang froid[1], ce qui sert de risée aux courtisans, comme aussi les violements de l'édict de paix. Et encores naguères auprès de Troye[2], où l'on a guetté ceux qui venoyent d'un baptesme en lieu permis, et tué le père, la nourrice et l'enfant. Je supplie Vostre Majesté et celle de la roine vostre mère, comme je lui ai dit ces jours, croire que la manutention de vos édicts est celle de vostre royaume. »

Le roi respond ainsi : « Je vous tiens, mon père, comme je vous ai tousjours tesmoigné, pour très fidelle et très affectionné à mon estat et à moi, pour n'avoir point de compagnon, ni en valeur, ni en expérience de capitaine en mon royaume ; aussi ai-je fait sur vostre conseil ce que je n'eusse fait pour aucun. Quant à mon édict, j'ai envoyé des commissaires, que je changerai s'ils vous sont suspects. » L'amiral avoit interrompu disant avoir pour suspects ceux qui l'avoyent condamné au gibet et avoyent mis sur sa

---

à penser que le duc d'Albe avait été prévenu par ses amis de France de la prochaine arrivée de l'armée huguenote. La question a été controversée. Le témoignage de Gaspard de Saulx-Tavannes (*Mémoires*, édit. Buchon, p. 430), et surtout de Bernardino de Mendoça, le témoin le mieux informé, parce qu'il faisait partie de l'armée espagnole (*Commentaires*, liv. VI, p. 145, dans la coll. de *Mémoires sur l'hist. de Belgique*), permet de la résoudre affirmativement.

1. Suivant un rapport espagnol, trente soldats à peine échappèrent au désastre de Genlis. Tout le reste fut tué sur le champ de bataille, pendu ou noyé par les gens de Frédéric d'Albe (Arch. de Bruxelles, lettres et instructions de 1559 à 1572).

2. Allusion à une rixe qui éclata à Troyes, entre les protestants et les catholiques, le dimanche 10 août 1572. Les protestants furent assaillis par les catholiques au moment où ils sortaient du prêche (*Mémoires de l'estat de France sous Charles IX*).

teste cinquante mille escus[1]. Le roi reprit, disant :
« Mon père, vous vous eschauffez à parler, cela pourra
nuire à vos playes, laissez m'en le soin. » Et avec
jurement se mit sur la vengeance. L'amiral répliqua :
« L'auteur du mal est bien aisé à trouver[2], cependant
je ren graces à Vostre Majesté de sa promesse. » Là
dessus le roi s'eslongna, voulut voir la balle trouvée
dans le bras. On parla de transporter le blessé au
Louvre, ce que les médecins dirent qu'il ne pourroit
supporter, contre le conseil du comte de Rets. Le roi
parti, les principaux des réformés tiennent conseil,
rapportent ensemble les divers advis qu'ils avoyent
des rumeurs du peuple; sur lesquelles le vidasme de
Chartres[3], disant que c'estoit la voix de Dieu, vouloit
que les princes et les principaux se départissent.
Téligni respondit à cela force louanges du roi, et, à la
seconde fois qu'ils se rassemblèrent pour mesme chose,
lui-mesme, soustenu des princes qui y estoyent, dit
qu'il faloit donner des coups de poignards à ces don-
neurs d'alarmes.

Ces propos estans tout aussi tost par Bouchavanes[4]
rapportez au roi, il mit ensemble la roine sa mère,
son frère, le duc de Nevers, le bastard d'Angoulesme,
Tavanes, Rets et Birague. En ce dernier conseil fut
résolu que, puisqu'on n'avoit peu jetter l'entreprise
amenée en la haine des Guisarts par les moyens

---

1. Par arrêts du Parlement des 13 et 18 septembre 1569.
2. L'amiral désignait le duc de Guise.
3. Jean de Ferrières-Maligny.
4. Antoine de Bayencourt, s. de Bouchavannes, ancien lieutenant du prince de Condé.

ci-dessus alléguez, il se faloit jouer à tout[1]. Le plus grand débat fut sur les personnes du roi de Navarre et du prince de Condé. La dispute fut tantost vuidée pour le premier, comme trop proche et portant le nom de roi. Pour l'autre, le duc de Nevers, qui, estant Italien, en ce conseil parla seul en François, l'emporta avec grand' peine, se rendant, comme son beau-frère, pleige de ses actions. Au partir de là Monsieur et le chevalier d'Angoulesme vont semer par la ville que le roi avoit envoyé quérir le duc de Montmoranci avec quatre cents gentilshommes en faveur de l'amiral, à qui le roi double les gardes, commandées par Cossins[2]. Ceux de Guise demandent leur congé[3], comme se voyans accusez et qu'on venoit de prendre prisonniers quelques-uns de leurs domestiques, sur un simple soupçon. Le roi leur fait une response froide, envoye quérir son beau frère, pour lui dire que les soupçons des Guisarts sentoyent l'envie de mal faire, avec de grands jurements qu'il les devoit bien chastier ; que, pour la seureté et de l'un et de l'autre, il faloit faire coucher dans le Louvre les plus vaillans hommes qu'ils eussent, comme Piles, Pardaillan[4], Bourses[5] et autres de ceste sorte.

Voilà les nouvelles de tous costez, de portefaix

1. *Mémoires de l'estat de France sous Charles IX*, t. I, f. 255.
2. Jean de Monlezun, seigneur de Caussens, mestre de camp du régiment des gardes.
3. Le samedi 23 août.
4. Jean de Ségur, baron de Pardaillan. Il était venu avec son frère cadet à Paris à la suite du roi de Navarre.
5. Les *Mémoires de l'estat de France sous Charles IX* l'appellent Saint-Martin-Bourses (t. I, f. 290 v°).

chargez d'armes, et qui en portoyent en divers lieux et mesmes dans le Louvre. Téligni court au logis de son beau père[1] pour empescher ce bruit d'aller jusques à lui ; jure et asseure sçavoir bien que c'estoit pour un fort de plaisir qu'on vouloit attaquer dans la cour du Louvre ; adjousta qu'il n'estoit pas temps de troubler les gens de bien par tels rapports et qu'il en faloit estrangler les autheurs.

Chapitre IV.

De ce qui se fit à Paris le vingt-quatriesme d'aoust et jours suivans.

Dès le soir, le duc de Guise, principal chef de l'entreprise, appella à soi quelques capitaines françois et suisses et leur dit : « Voici l'heure que par la volonté du roi il se faut vanger de la race ennemie de Dieu. La beste est dans les toiles, il ne faut pas qu'elle se sauve ; voici l'honneur et le profit à bon marché et le moyen de faire plus sans péril que tant de sang respandu par les nostres n'a peu exécuter. » Cela dit, il loge ses capitaines aux deux costez du Louvre, avec charge de n'en laisser sortir aucun serviteur des princes de Bourbon. Pour Cossins, on lui augmente et raffraichist ses hommes avec la mesme charge, pour la maison qu'il gardoit. De là il envoye quérir le président Charron[2], prévost des marchans depuis peu de jours.

---

1. Le 24 mars 1571, Téligny avait épousé à la Rochelle la fille de Coligny.
2. C'est « le soir bien tard » que le prévôt des marchands fut

Cestui-là advertit tous les capitaines de la ville de se tenir prests devant la maison de ville à minuict[1]. Là ils receurent de la bouche de Marcel[2], pource qu'il avoit grand crédit vers le roi, le commandement bien venu, quoi qu'estrange, surtout deffense de n'espargner aucun et que toutes les villes de France faisoyent comme eux, qu'ils prinsent tous pour marque un linge blanc au bras gauche et une croix au chapeau, qu'ils sçauroyent l'heure de l'exécution par le tocsain de la grosse cloche du palais et qu'ils missent du feu aux fenestres.

A minuict la roine, qui craignoit au roi quelque mutation, descend en la chambre de son fils, où se trouvèrent les ducs de Guise et de Nevers, Birague, Tavanes et le comte de Rets, tous menez là par Monsieur. Ayant trouvé au roi quelque doubte, la roine, entre autres propos pour l'encourager, y apporta ces paroles : « Vaut-il pas mieux, dit-elle, deschirer ces membres pourris que le sein de l'Église, espouse de Nostre Seigneur ? » Elle acheva par un traict pris aux sermons de l'évesque Bitonte en le citant : *Che pieta lor ser crudele ? che crudelta lor ser pietoso ?* Le roi se résoult[3] et elle advance le tocsain du palais en fai-

---

mandé au Louvre. Voyez dans les *Archives curieuses* de Cimber et Danjou (t. VII, p. 211) la relation de la visite du président Charron au Louvre.

1. *Archives curieuses* de Cimber et Danjou, t. VII, p. 212. Copie des ordres du prévôt des marchands.

2. Claude Marcel, ancien prévôt des marchands.

3. Ce conseil est raconté avec assez de détails par Sigismond Cavalli (*la Saint-Barthélemy devant le sénat de Venise*, p. 85), qui confirme le récit des *Mémoires de l'estat de France sous Charles IX*, dè de Thou et de d'Aubigné.

sant sonner une heure et demie devant celui de Sainct-Germain de l'Auxerrois. Les rues estoyent desjà pleines de gens armez, par le bruit desquels les réformés, que le roi avoit fait loger près du Louvre, vouloyent y accourir, mais, après qu'on eut respondu à leurs demandes que c'estoyent des préparatifs pour un tournoi, et quelqu'un voulant passer outre fut blessé par un Gascon des gardes[1].

Et à ce point le premier tocsain entendu, il falut laisser courre le duc de Guise et le chevalier d'Angoulesme, qui toute la nuict avoyent mis ordre par tout, prennent le duc d'Aumale[2] et viennent au logis de l'amiral qui, oyant le bruit, s'imagina que c'estoit une esmeute contre le roi mesme. Mais il changea d'opinion quand Cossins[3], s'estant fait ouvrir par celui qui avoit les clefs, le poignarda à la veue des Suisses, desquels un fut tué en voulant remparer la porte. Ce fut[4] La Bonne maistre d'hostel. Quelques Suisses que le roi de Navarre avoit donnez à l'amiral pour la garde de son logis accoururent avec d'autres domestiques, regagnèrent la porte en poussant et mirent des coffres derrière. A travers elle fut tué un Suisse ; et un jeune homme, nommé Certon, qui aidoit à porter un coffre, s'en courut à la chambre, de laquelle s'estoyent desjà

---

1. Ce fait est emprunté aux *Mémoires de l'estat de France sous Charles IX*, t. I, f. 388.
2. Giov. Michieli confirme tous ces détails (*Relation de Michieli*, 1872, p. 42 et suiv.).
3. Caussens mourut l'année suivante au siège de la Rochelle, accablé de remords. Il disait quelquefois à Brantôme, son ami : « Maudite soit la journée de la Saint-Barthélemy » (Brantôme, t. VI, p. 69 et 70).
4. Var. de l'édit. de 1618 : « ... *remparer la porte*. Voilà le duc

sauvez Cornaton[1], le jeune Yolet[2], Merlin[3], le sécretaire Belon, le contreroleur Bruneau et le chirurgien Thomas. Il n'y estoit resté que Nicolas Mousche[4], trucheman, qui ne se voulut sauver, quoi que prié par son maistre, qui leur avoit avancé ce propos disant : « Mes amis, je n'ai plus que faire de secours humain ; c'est ma mort que je reçois volontiers de la main de Dieu, sauvez-vous. » Cosseins, ayant fait rompre la porte avec quelque travail, trouva l'amiral à genoux, appuyé contre son lict. L'amiral le voyant, et Besme[5] qui se jettoit devant Cosseins et lui demandoit : « Es-

de Guise en la cour, et Coseins avec les capitaines Atain, Cardillac, Sarlaboux, un Italien et un Alleman nommé Besme, qui gaignent le degré. L'amiral estoit debout avec son ministre Merlin, les chirurgiens et peu de domestiques, auxquels il parla ainsi sans trouble de visage : c'est ma mort de laquelle je n'eus jamais peur puisque c'est en Dieu. Il ne me faut plus de secours humain ; pour Dieu, mes amis, sauvez-vous. Cependant qu'ils y essaient les portes rompues, Besme entre en la chambre, l'espée nuë au poing, il trouve l'amiral, sa robe de nuit sur lui, à qui il demande : *est-tu l'Amiral ?* »

1. Cornaton, enseigne de la compagnie de Coligny.

2. Pierre de Malras, baron d'Yolet, au diocèse de Saint-Flour, gouverneur de Bazet en 1572, maréchal de camp en 1574.

3. Pierre Merlin, fils de Jean-Raymond Merlin, trouva un refuge dans l'hôtel de Renée de France. Il mourut à Saumur le 27 juillet 1603.

4. Nicolas Muss, interprète au service de l'amiral pour la langue allemande. Il est inscrit sur son testament pour un legs de 500 francs en argent et de six setiers de blé méteil (Testament de l'amiral dans le *Bulletin de la Soc. de l'hist. du prot. français*, t. I, p. 263).

5. Bême ou Besme, ainsi surnommé parce qu'il était Bohémien de naissance, et dont le véritable nom était Dianowitz, avait été page du duc de Guise (*Arch. curieuses*, t. VII, p. 434). M. Kervyn de Lettenhove (*les Huguenots et les Gueux*, t. II, p. 526) a donné quelques renseignements biographiques sur ce personnage.

tu l'amiral ? » La response fut, selon le rapport du capitaine Atain[1], qui, avec Sarlaboz-Cardillac[2] et un Italien[3], suivoyent Cosseins[4] : « Jeune homme, respecte ma vieillesse. » Et puis au premier coup : « Au moins, dit-il, si je mourois de la main d'un cavallier et non point de ce goujat. » A ces mots, Besme lui redoubla un coup d'espée à travers le corps et, en la retirant, lui donna sur la teste un grand estramasson[5].

Les ducs de Guise et d'Aumale[6], et le chevalier d'Angoulesme[7], qui desjà estoyent arrivez à la cour, demandèrent si la besongne estoit faicte, et Besme ayant respondu qu'ouy, on lui commande de jetter le corps par la fenestre, ce qu'il fit; et l'amiral, non encores mort, se prit des mains à un morceau de ger-

1. Le capitaine Attin, Picard, « domestique et familier du duc d'Aumale » (*Mémoires de l'estat de France sous Charles IX*, t. I, f. 391).

2. Corbeyran de Cardaillac, seigneur de Sarlabous en Bigorre. — Sarlaboz et Cardaillac ne font qu'un seul personnage.

3. Achille Petrucci, siennois.

4. D'après l'*Hist. des Cinq Rois*, il faut ajouter à la liste des assassins le nom de Goas. Jean de Biron, seigneur de Goas, était le frère aîné de Guy de Biron, qui fut massacré à Navarrens, le 21 août 1569, par les soldats de Mongommery.

5. Tous les historiens attribuent à Besme le meurtre de l'amiral. Capilupi, auteur du *Stratagème de Charles IX contre les Huguenots*, ajoute qu'il lui dit en le frappant : « Traistre, rend-moy maintenant le sang de mon seigneur et maistre, lequel tu m'as si méchamment osté; » faisant allusion au meurtre du duc François de Guise. D'après l'auteur du *Réveille-matin des François*, Sarlabous se serait vanté d'avoir porté le premier coup. Voyez les *Arch. curieuses* (t. VII, p. 181, 434).

6. Ce passage, depuis *d'Aumale* jusqu'à *demandèrent si...*, manque à l'édition de 1618.

7. Henri d'Angoulême reçut peu de jours après, le 28 août, un don du roi de 550 livres (Orig. sur parchemin ; f. fr., vol. 7712, f. 70).

vis[1], qu'il emporta. On dit qu'ils lui passèrent le mouchoir sur le visage pour oster le sang et le cognoistre, aussi que le duc lui donna du pied sur le ventre, avant que s'en aller par les rues pour donner courage par tout à bien achever ce qui estoit heureusement commencé. Le peuple, resveillé par l'orloge du palais, court au logis du mort[2], en coupe toutes les parties qui se pouvoyent couper, sur tout la teste, qui alla jusques à Rome[3] ; ils le trainent par les rues, selon ce qu'il avoit prédit sans y penser, le jettent en l'eau, l'en retirent pour le pendre par les pieds à Montfaucon[4], et allument quelques flammes dessous, pour employer à leur vengeance tous les éléments[5].

Quelques jours après, un valet du duc de Montmoranci, nommé Anthoine, alla de nuict à Montfaucon, seul, avec tenailles et marteaux pour rompre les chaines, desquelles ce corps estoit attaché. Il le despendit, l'apporta à Chantilli, et là le fit consumer dans de la chaux.

1. *Gervis*, morceau de bois; la balustrade du perron d'après tous les autres historiens.

2. C'est le lundi vers midi que la foule se porta à la maison de l'amiral et profana ses restes.

3. Les *Mémoires de l'estat de France sous Charles IX* (t. I, f. 290), Tavannes (*Mémoires*, p. 388), Jean de Serres (*Inventaire*, t. II, p. 436) ont raconté ce fait que Brantôme, de Thou et d'Aubigné ont reproduit. Rien n'est moins prouvé.

4. On garda la tête de Coligny et on pendit le tronc par les pieds au gibet de Montfaucon. Voyez La Popelinière (t. II, liv. XXIX, f. 67 v°, édit. in-folio).

5. D'Aubigné a emprunté cette remarque puérile à de Thou. On voulut, dit cet historien, que tous les éléments prissent part à son supplice, car il fut tué sur la terre, jeté dans l'eau, exposé au feu et pendu en l'air.

Les os, gardez[1] jusques à l'an mil cinq cents huictante deux, furent apportez à Montauban, donnez à la princesse d'Orange, fille de l'amiral, gardez dans un cabinet d'Hollande jusques à l'an mil six cents et huict, et lors posez dans un tombeau de marbre à Chastillon sur Loin, en la chappelle où sont enterrez les Chastillons[2]. Maintenant il y a une lame d'airin dessus, avec l'épitaphe qui s'ensuit, composé par Scaliger[3] :

D.[4] *O. M.*

Sacrum.

Memoriæ Gasparis a Colliniaco, comitis Colliniaci, domini Castilioni, equitis torquati regi, turmæ centum equitum cataphractorum præfecti, magni Franciæ amirali, cujus memoria per vim oppressi, in integrum secundum amplissimi ordinis consultum restituta est; optimi, fortissimi, providentissimique ducis, puræ religionis vindicis ac propagatoris : qui, instinctu pietatis atque animi magnitudine, armis pro asserenda religione

1. Cet alinéa et les deux suivants, jusqu'à *et aussi nous avons poursuivi*, manquent à l'édition de 1618.
2. Pendant la nuit un des serviteurs de l'amiral enleva ses restes et les apporta à Chantilly dans un cercueil de plomb. Plus tard ils furent cachés au château de Chastillon et retrouvés par hasard au xviiie siècle par le duc de Montmorency-Luxembourg. Remis au marquis de Montesquiou, le cercueil reposa longtemps au château de Maupertuis et fut enfin rendu à la maison de Montmorency, qui le replaça dans les ruines du château de Chastillon (Documents publiés par M. Buet, *l'Amiral de Coligny*, p. 331).
3. Joseph-Juste Scaliger, philologue et poète latin (1540-1609).
4. D'Aubigné a copié cette épitaphe dans les *Mémoires de l'estat de France sous Charles IX*, t. I, f. 563.

ac libertate patriæ sumptis, adversus eos qui rempublicam factionibus suis opprimebant, Borboniorum, regi sanguinis principum christianissimi, Francorum regis majestatem defendentium auspicis, exiguæ manu, virtute incomparabili innumerosos hostium cuneos sæpe fudit, fugavit, profligavit; ac post tot fœderatorum hominum inusitata perfidiæ exempla, totiesque bellum obstinatissima eorum ferociæ reparatum, tandem illos in pacis conditiones descendere compulit: unde amplificato tota Gallia veræ religionis cultu. Post res bene armis ejus ac consiliis gestas, et republica pacata, qui vim factiosorum toties aperto Marte fregerat, eorum insidias ac clandestinas inopinatæ perfidiæ molitiones, homo salutis patriæ quam suæ amantior declinare non potuit. Cujus anima apud eum pro quo constantissime pugnavit, recepta est. Ossa autem in spem resurrectionis hîc sita sunt.

A· ☧· Ω·

Ludovica Wilelmi Nassauvs[1]. *Arausionensium principis vidua*

Patri pientissimo, Titulum memoriæ.

P. C.

Admirabilis hîc toto est Amiralius orbe armis, conciliis, et pietate potens.

Ceste recerche extraordinaire me sera allouée[2] pour le plus grand capitaine de son siècle. Et aussi nous avons poursuivi le succès de ceste personne, pource qu'elle donna le bransle au reste. Ce logis, donné au

---

1. *Nassauviensis.*
2. *Allouée,* accordée.

pillage à qui voulut, hors mis les papiers que la roine eut soin de faire saisir[1].

Le second fut le comte de la Rochefoucaut[2], qui avoit demeuré à rire avec le roi jusques à minuict. Cestui-ci, ayant ouvert à la Barge[3], et voyant des hommes masquez, pensa que le roi le vouloit fouetter par jeu, mais il fut fouetté à coups de poignard par Raimond[4], frère de Chicot[5]. Téligni, qui le jour auparavant avoit menacé de coups de poignards ceux qui vouloyent faire soupçonner le bon roi, ayant eschappé trois ou quatre maisons, fut tué sur les tuiles d'une fenestre par les gardes de Monsieur.

1. On trouva dans les papiers de l'amiral, dit Brantôme, « un très beau livre, qu'il avoit luy mesme composé, des choses les plus mémorables de son temps, et mesmes des guerres civiles. Il fut apporté à Charles IX, qu'aulcuns trouvèrent très beau et très bien faict et digne d'estre imprimé. Mais le maréchal de Retz en destorna le roy, et le jeta dans le feu et le fist brûler » (t. IV, p. 327). Jean de Serres, dans sa *Vie de Coligny*, affirme que l'amiral « ne laissa passer un seul jour que, devant que se coucher, il n'eut écrit de sa main, dans son papier journal, les choses dignes de mémoire qui estoient arrivez dans les troubles. »

2. François, comte de la Rochefoucauld, prince de Marcillac. Voyez sur sa mort le curieux récit de Mergey (*Mémoires*, édit. du *Panth. litt.*, p. 270).

3. François de la Barge, seigneur dudit lieu en Vivarais, chevalier de l'ordre, capitaine de cinquante hommes d'armes, gouverneur du Vivarais en 1575, mort en 1590, souvent cité dans les *Mémoires de Gamon*, 1888, in-8°. Comme il reçut après la Saint-Barthélemy la moitié de la compagnie d'ordonnance de La Rochefoucauld, il a été accusé de l'avoir assassiné, mais la question est très douteuse. Brantôme accuse Chicot, et d'Aubigné le frère de Chicot.

4. Raimond d'Anglerez.

5. Antoine d'Anglerez, dit Chicot, fou du roi. Sur ce Gascon, déterminé soldat, et bouffon quand il le vouloit, voyez la *Revue de Gascogne*, t. XV, p. 243 et 340.

Le marquis de Resnel[1], frère du prince Porcian[2], fut tué par Bussi d'Amboise[3] et le fils du baron des Adrets[4], pour un procès qu'il avoit avec son cousin germain[5]; Guerchi mit son manteau autour du bras et se fit tuer à coups d'espée, se vengeant comme il pouvoit[6].

Beaudisné[7], Pluviaut, à la femme duquel le tueur porta les chausses de son mari pour lui sauver la vie en l'espousant, Berni et Soubize[8] furent trainez morts et arrangez devant le Louvre, exposez à la veue des dames, qui, en ce dernier, contemployent s'il estoit incapable de mariage pource qu'il en estoit en procès. Laverdin[9] fut caché par son hoste qui, commandé de

1. Antoine de Clermont, marquis de Renel.
2. Frère utérin du prince de Porcien, que nous avons déjà cité. Sa mère, Françoise d'Amboise, veuve de René de Clermont, se remaria avec Charles de Croy, comte de Porcien, dont elle eut Antoine de Croy, plus tard prince de Porcien.
3. Louis de Clermont, dit d'Amboise, seigneur de Bussi, favori du duc d'Alençon.
4. François de Beaumont, baron des Adrets, avait trois fils pages de Charles IX. Il s'agit ici de Claude, le cadet, qui, selon Brantôme, prit une part très active au massacre de la Saint-Barthélemy, et mourut, en 1573, au siège de la Rochelle, « en grande contrition du sang qu'il avait répandu » (Brantôme, t. IV, p. 32).
5. Il avait un procès avec son cousin germain, Jacques de Clermont, dit d'Amboise, seigneur de Bussi, père du meurtrier, au sujet du marquisat de Renel.
6. Antoine Marafin de Guerchy, lieutenant de la compagnie de gens d'armes de l'amiral.
7. Galiot de Crussol, seigneur de Beaudiné, frère du duc d'Uzès.
8. Charles de Quellenec, baron du Pont, était en procès avec sa femme, Catherine de Parthenay, dame de Soubise, qui demandait la nullité de son mariage pour cause d'impuissance. On conserve dans la coll. Dupuy, vol. 743, f. 220, un gros recueil de pièces sur cette affaire.
9. Charles de Beaumanoir de Lavardin.

le tuer, respondit qu'on attendist un peu qu'il fust en cholère; mais le Glas[1], envoyé du Louvre, le fit mettre entre ses mains et le tua. Ce fut le premier qui fut jetté en la rivière[2].

Brion[3], ayant passé quatre-vingts ans, et blanc comme neige, fut poignardé, ayant à son col le prince de Conti, qui mettoit ses petites mains au devant des coups.

La Force[4], pris au lict avec ses deux enfans, fut poignardé avec le plus grand[5]. Le petit, aagé de douze ans[6], se meslant tousjours avec les corps de son père et de son frère, tout couvert de sang, fut laissé pour mort; et le contrefit si bien qu'il fut estimé tel de plusieurs, de qui il entendoit louer le coup et dire qu'il faloit esteindre les louveteaux avec les loups. Il demeura ainsi jusques à ce que, sur le soir, il en ouït un qui détestoit la barbarie et appelloit Dieu à la venger. A ces propos, l'enfant desrobbe son corps de dessous les autres, se monstra en vie et, sans dire son nom, cria qu'on le menast à l'Arcenal, entre les mains de Biron[7],

1. Louis Béranger, s. du Gua, plus tard favori de Henri III.
2. « De dessus le pont des Moulins. » De Thou.
3. Antoine de Foucauld, s. de Brion, était octogénaire et tendrement aimé par le prince de Conti, son élève, qui ressentit une telle émotion du crime accompli sous ses yeux que son intelligence en fut affaiblie.
4. François Nompar de Caumont, seigneur de la Force.
5. Armand de Caumont.
6. Jacques Nompar de Caumont, plus tard maréchal et duc de la Force. Il a laissé des *Mémoires* publiés, en 1843 (4 vol. in-8°), par le marquis de Lagrange, où l'événement est raconté avec des détails curieux.
7. Armand de Gontaut, baron de Biron, grand maître de l'artillerie, maréchal de France, mort en 1592.

grand maistre, de la fille[1] duquel il a aujourd'hui une excellente lignée[2].

Tout d'une main, Montaumar[3], Louviers, Rouvrai[4], Congniers[5], Montabert[6], Colombiers, Valavoire[7], Francourt[8], Groleau, baillif d'Orléans[9], Calixte, de mesme maison[10], le général des Prunes[11] et Goudimel[12], excellent musicien, et Perrot[13], jurisconsulte ; tout cela jetté par les fenestres et trainé par les rues, fut porté en la rivière à la sollicitation du duc de Montpensier, qui s'estoit joint à ceux que nous avons dit, pour crier qu'on tuast, et qu'ils avoyent entrepris sur la vie du roi.

A la porte du Louvre et dedans, furent tuez Pardaillan[14],

---

1. Charlotte de Gontaut-Biron.
2. Il en eut huit fils et deux filles.
3. Bernard d'Astarac, baron de Montamat, frère de Fonterailles.
4. Un des sept frères de Jaucourt de Rouvrai.
5. Jean Le Vasseur, seigneur de Coignée.
6. M. de Carnazet, seigneur de Montaubert.
7. Huit frères Valavoire portaient les armes à l'époque de la Saint-Barthélemy : Jean, Gaspard, Balthazar, Scipion, Alexandre, Palamède, César, Hercule. Nous ne saurions dire lequel des huit est désigné ici.
8. François Barbier de Francourt, chancelier du roi de Navarre.
9. Jérôme Groslot, bailli d'Orléans.
10. Germain Garraut Calliste, neveu du bailli d'Orléans.
11. Étienne Chevalier, seigneur de Prunai, général des finances pour la province de Poitou.
12. Claude Goudinel avait mis le Psautier en musique.
13. Denis Perrot, « jeune homme d'environ trente-deux ans, fils de maistre Gilles Perrot, l'un des plus entiers et droits hommes de son temps. » (*Mémoires de l'estat de France sous Charles IX*, t. I, p. 304.)
14. Le baron de Pardaillan, de la maison de Ségur, serviteur du roi de Navarre. Il ne faut pas le confondre avec les Pardaillan de la maison de Gondrin, qui étaient catholiques.

Saint-Martin[1], Beauvois[2] et Pilles[3]. Ce dernier voyant ses compagnons morts : « Est-ce la paix, dit-il, et la foi royale ? Venge, ô Dieu, ceste perfidie. » Ce disant, il despouille son manteau, et mourut à coups d'halebarde.

Le vicomte de Leran[4], après les premiers coups, se relève et se va jetter sur le lict de la roine de Navarre. Les femmes de chambre le sauvèrent[5].

Le roi pardonna à Grandmont[6], Duras[7], Gamaches[8] et Bouchavanes, pource que, principalement du dernier de ces quatre, il avoit esprouvé la lassitude ou infidélité pour le parti. Il fit appeller le roi de Navarre et le prince de Condé[9], auxquels il déclara que tout ce qu'ils voyent estoit par son commandement, qu'il n'avoit eu autre moyen pour couper broche à toutes les guerres et séditions, qu'il ne perdroit jamais la mémoire des maux qu'on lui avoit faict, mesmement

---

1. Pierre de Brichanteau, seigneur de Saint-Martin-de-Nigelles, jeune gentilhomme de Beauce (*Arch. curieuses*, t. VII, p. 53).

2. Louis Goulard, seigneur de Beauvais, ancien précepteur du roi de Navarre.

3. Armand de Clermont, s. de Piles, un des compagnons du voyage de l'amiral à Paris.

4. Gaston de Lévis, vicomte de Leran.

5. Voyez les *Mémoires de Marguerite de Valois*, édit. de la Société de l'hist. de France, p. 33.

6. Antoine d'Aure, comte de Gramont, souverain de Bidache.

7. Jean de Durfort, seigneur de Duras.

8. Joachim Rouhaut, seigneur de Gamaches.

9. Tavannes raconte que Retz conseillait d'envelopper le roi de Navarre et le prince de Condé dans le massacre, mais que, aidé par le duc de Nevers, il décida le roi à les épargner (*Mémoires de Gaspard de Tavannes*, édit. du *Panth. litt.*, p. 406). Le Père Griffet, dans *Traité des preuves de l'histoire*, p. 138, a donné des éclaircissements sur ce point historique.

qu'eux deux lui avoyent donné occasion de haine mortelle pour s'estre faits chefs de ses ennemis ; mais qu'il donnoit cela à l'alliance et au sang, pourveu qu'ils changeassent de vie et surtout de religion, n'en voulant plus souffrir en son royaume que la catholique romaine, comme receue de ses ancestres ; qu'ils advisassent donc s'ils lui vouloyent complaire en cela, ou qu'ils se préparassent à perdre la vie et estre traictez comme leurs compagnons.

Le roi de Navarre, estonné, demanda, à la première fois, qu'on laissast en paix leur vie et leur conscience, et qu'ils estoyent prests d'obéyr au roi en toutes choses. Le prince de Condé releva en ces termes : « Je ne puis croire, Sire, que nos ennemis ayent eu le crédit sur vous, que Vostre Majesté se puisse despartir de la foi que vous avez obligée par un jurement tant solemnel aux réformés de vostre royaume. Quant à ma religion, Dieu seul, qui m'en a donné la cognoissance, est celui à qui j'en doibs rendre conte. Faictes de ma vie et de mes biens ce qu'il vous plaira ; je suis résolu de ne renoncer la vérité, que je cognoi bien, par aucunes menaces, ni par le péril de mort où je me voi. » De ceste response, le roi outré l'appelle enragé, séditieux, rebelle, fils de rebelle ; lui jurant que, si dans trois jours il ne changeoit de langage, qu'il le feroit estrangler.

Frontenay[1], le vidasme de Chartres[2], le comte de

---

1. Jean de Rohan, seigneur de Frontenay.
2. Jean de Ferrières, vidame de Maligny, s'enfuit en Angleterre. La lettre dans laquelle il raconte sa fuite a été publiée par Strype, *Life of Parker*, t. III, p. 205. Le 28 septembre, la reine d'Angleterre adressa à Charles IX une lettre de recommanda-

Montgommeri[1], Segur Pardaillan[2], Beauvois-la-Nocle[3], plusieurs Normans et Poictevins entr'autres, qui avoyent aimé l'air du faux bourg[4], les uns par soupçon, les autres pour une autre cause, advertis du tocsain et bruit de la ville (car l'air estoit plein de cris), entrèrent en conseil, où il y eut si peu de gens qui osassent dire leur opinion du danger, qu'ils furent résolus d'aller secourir le roi; si bien qu'en demandant des bateaux et qu'on ouvrist les portes, ils demeurèrent sur le bord de la rivière et devant la porte de Nesle[5] jusques au grand jour.

Plusieurs empeschements leur sauvèrent la vie : premièrement, les mil hommes que Marcel devoit donner pour l'exécution à Maugiron[6], qui en avoit la charge, se mirent au pillage de leurs voisins. Le duc de Guise, voyant cela, court aux portes à cheval, voulant sortir le premier pour les enfermer;

---

tion en faveur du vidame de Chartres (*Négoc. de Walsingham*, p. 310).

1. Gabriel de Lorges, comte de Mongonmery. Voyez le récit de sa fuite dans une lettre qu'il écrivit le 3 septembre (f. fr., vol. 3190, f. 124). Le roi, à la nouvelle de sa fuite, multiplia les ordres à Matignon pour empêcher le passage de ce capitaine en Angleterre (Lettre du 27 août; f. fr., vol. 3254, f. 25. — Lettre du 31 août; ibid., f. 30). Malgré la vigilance de Matignon, Mongoumery passa en Angleterre (Lettre du roi à Matignon, du 22 septembre; f. fr., vol. 3254, f. 41).

2. François de Ségur-Pardaillan, frère cadet de celui qui fut tué à la porte du Louvre.

3. Jean de la Fin, seigneur de Beauvoir-la-Nocle.

4. ... *du faubourg Saint-Germain,* qui n'était alors relié à la rive droite de la Seine que par le pont Saint-Michel.

5. La porte de Nesle, ouverte au pied de la tour de Nesle, faisait face au Louvre.

6. Laurent de Maugiron.

mais le portier n'ayant pas pris les clefs qu'il faloit, cependant qu'il retournoit quérir les autres, ils voyent embarquer Suisses et François, et mesmes le roi par impatience leur fit tirer par quelques uns quelques arquebusades. Cela leur apprit leur chemin, dans lequel ils eurent bien tost aux fesses le duc de Guise jusques à Montfort[1]; et là il leur découpla en relais Saint-Léger, mais ce fut en vain. Cavagnes estoit caché chez un de ses amis, Briquemaut chez l'ambassadeur d'Angleterre, qui fut contraint de l'envoyer aux prisons.

Au retour des poursuivans le peuple travailloit à tuer ses voisins. Tous ceux qui ont descrit ceste journée, et par dessus tous ce grand sénateur[2] de Thou, n'ont point de honte de dire de leur ville mesme[3] que les capitaines et dixainiers excitoyent leurs bourgeois à une triste et horrible face partout; si bien que par le bruit, les reniements de ceux qui se ren-

1. Montfort-l'Amaury.
2. *Président* de Thou, l'historien.
3. D'Aubigné observe ici que de Thou et les autres historiens sont obligés par la vérité d'avouer les instructions sanguinaires que les officiers de la ville avaient données aux habitants. Ces mots *n'ont point de honte* sembleraient accuser de Thou d'avoir atténué l'horreur du massacre de la Saint-Barthélemy. L'insinuation serait d'une injustice flagrante. De Thou blâme le massacre en termes mesurés, dignes d'un grand historien, mais énergiques. Il appliquait à cette journée néfaste ces vers de Stace (*Silvae,* lib. V, carmen II, v. 88) :

>Excidat illa dies aevo, nec postera credant
>Saecula : nos certe taceamus, et obruta multa
>Nocte tegi propriae patiamur crimina gentis.

Ces vers ont été rendus ainsi par le traducteur de de Thou :

>Des crimes de ce jour périsse la mémoire,
>Que les siècles futurs refusent de les croire :
>De notre nation taisons ces noirs forfaits,
>Et qu'une épaisse nuit les couvre pour jamais.

controyent au meurtre et à la proye on ne s'entendoit point par les rues; l'air résonnoit des hurlements des mourants ou de ceux qu'on despouilloit à la mort; les corps destranchez tomboyent des fenestres; les portes cochères et autres estoyent bouchées de corps achevez ou languissans; le milieu des rues de ceux qu'on trainoit non sur le pavé, mais sur le sang qui cerchoit la rivière; on ne pouvoit nombrer la multitude des morts, hommes, femmes et enfans, quelques uns sortans du ventre des mères[1]. Je n'ai voulu en ces dernières lignes faire office que de traducteur.

Chappes[2], renommé au Parlement, y mourut, ayant passé quatre vingt ans. Lomenie[3], esteint aux prisons. Sa mort commandée par Lansac, et sa terre de Versailles cause de ce commandement, pource qu'elle estoit trop voisine de la maison du maréchal de Rets. La damoiselle d'Yverni[4], docte et aumosnière, niepce du cardinal Brissonnet[5], se sauvoit en religieuse; mais, cognue par ses mulles de velours cramoisi, la vie lui estant promise, si elle vouloit renoncer sa religion, à

---

1. Voir le saisissant tableau de François Dubois d'Amiens, dit Sylvius, conservé au musée Arland, à Lausanne. M. Bordier l'a fait lithographier dans *La Saint-Barthélemy*, 1879, in-4°.

2. Anne de Terrière, seigneur de Chappes, l'un des plus célèbres avocats du Parlement.

3. Jean de Loménie, seigneur de Versailles, secrétaire du roi, fut assassiné à l'instigation du comte de Retz, qui désirait joindre la terre de Versailles à son domaine de Saint-Cloud (*Mémoires de l'estat de France sous Charles IX*, t. I, f. 314 v°).

4. Madelaine Briçonnet, veuve de Thibaut de Longueil, seigneur d'Yverni.

5. Guillaume Briçonnet, évêque de Saint-Malo, de Nimes, archevêque de Reims, de Narbonne, cardinal en 1495, mort le 4 décembre 1514.

son refus fut poignardée et jettée en l'eau; et comme la rivière la souslevoit, on courut de tous costez l'assommer à coups de bastons et de pierres. Pierre Ramus[1], excellent docteur, tiré de son estude, est précipité par la fenestre. Son corps et les boyaux, qui lui sortoyent par les playes, furent fouettez le long des rues par les petits escholiers, ameutez à cela par son envieux Charpentier[2]. Lambin[3], lecteur royal, catholique biguot, mourut de l'horreur de ce faict. Villemor[4], maistre des requestes, fils du cardinal Bertrandi[5], pillé et tué.

Le conseillier Rouillard[6], décelé chez un prestre par une chambrière[7], fut poignardé par Croiset[8], entre

---

1. Pierre La Ramée, dit *Ramus*, grammairien et philosophe, auteur de nombreux ouvrages de scolastique, de philosophie et de mathématique, était né en 1515. Il fut massacré le 26 août. M. Waddington a écrit sa vie, 1855, in-8°.

2. Jacques Charpentier, né en 1524, doyen de l'Université en 1568 et médecin de Charles IX. Il est expressément accusé par de Thou d'avoir armé le bras des assassins de Ramus. Cependant Guillaume de Bonheim, écrivain contemporain, cité par Freytag (*Apparatus litterarius*, p. 511), assure que Charpentier fut non seulement étranger au meurtre de Ramus, mais qu'il montra la plus vive douleur en apprenant la mort de ce grand professeur.

3. Denis Lambin de Montreuil, professeur royal en éloquence.

4. Guillaume Bertrand, seigneur de Villemor, d'une famille toulousaine, fils du chancelier Bertrand.

5. Jean de Bertrand, d'abord président au parlement de Toulouse, puis archevêque de Sens, garde des sceaux et cardinal, mort ambassadeur à Venise le 4 décembre 1560.

6. Jacques Rouillard, conseiller au Parlement et chanoine de Notre-Dame, fut assassiné par un sieur Thomas (*Journal de L'Estoile*, 1837, p. 26).

7. Les *Mémoires de l'estat de France sous Charles IX* accusent le président Christophe de Thou d'avoir été l'instigateur du meurtre de Rouillard. Cette accusation n'a aucun fondement.

8. Un orfèvre nommé Crucé. D'Aubigné a traduit *Crucetus* par

quatre cents hommes assommez de la main de cestui-là, qui après le massacre se fit hermite, et qui voloit et menoit esgorger les passans en son hermitage ; ne pouvant se souler de sang depuis la curée de ce jour, jusques à celui de son gibet. Salcede[1], quoi qu'aliéné des réformés, pour ses querelles avec le cardinal de Lorraine[2], passa le pas.

Il y eut peine à empescher l'orage de tomber sur ceux de Montmoranci, le mareschal de Cossé et Biron. Le premier eschappa par l'absence du chef de la maison[3], et l'autre[4] pour avoir fait pointer deux coulevrines à la porte de l'arcenal, lors mesmement qu'une fille de la roine[5], qui depuis espousa Larchant[6], faisoit presser par divers commandements et menaces Biron de lui mettre entre les mains le petit La Force, sauvé, comme nous avons dit. Ce capitaine avoit fait une response de Gascon, disant : « Je l'envoyeroye bien entre les mains de sa parente pour en avoir soin,

---

Croiset. Tout ce récit est emprunté à de Thou, qui vit « bien des fois depuis, mais toujours avec horreur, ce Crucé, homme d'une physionomie vraiment patibulaire. » *Hist. univ.,* liv. LII.

1. Pierre de Salcède, Espagnol de nation, gouverneur de Vic dans le pays messin.

2. Allusion à la petite guerre entre Pierre de Salcède et le cardinal de Lorraine, dite *Guerre cardinale.* Voyez le t. II, p. 219, note 2.

3. Voyez plus haut, chap. III.

4. *L'autre* désigne Biron et non Cossé.

5. Sa demi-sœur, Diane de Vivonne, fille de François de Vivonne, seigneur de la Châteigneraye, et de Philippe de Beaupoil, dame de la Force. Diane était dame d'honneur de la reine Élisabeth d'Autriche.

6. Elle était déjà fiancée à Nicolas de Gremonville, seigneur de Larchant, capitaine des gardes de Charles IX.

mais non entre les mains de son héritière, qui en avoit trop de soin hier matin[1]. »

Une autre fille[2], nommée Royan[3], ayant sçeu qu'un sien parent et un autre gentilhomme de la religion, qu'elle avoit aimé naguères, estoyent cachez dans son logis, sauta sur un courtaut en homme, amena les tueurs et, les leur ayant mis entre mains, s'en vint vanter à la roine sa maitresse.

Saint-Romain[4], Briquemaut le jeune[5] et quelques autres furent sauvez par leurs hostes, et Saint-Mesmes, ainé[6], par le sien, pour les collations qu'ils faisoyent ensemble.

Monnins, que Fervaques[7] vouloit sauver, fut poignardé en sa garde. Il est certain que ceux de Guise après leur course[8] en sauvèrent plusieurs. On a trouvé des buts différents à ceste courtoisie, mais quelle qu'en puisse estre la cause, l'effect demeure tousjours.

Le soir de la seconde journée, le roi, troublé en son

---

1. Le *Réveille-matin des François* (*Archives curieuses*, t. VII, p. 184) raconte que le capitaine Larchant, qui devait épouser Mlle de La Chasteigneraye, fut l'instigateur du massacre des La Force pour que sa femme héritât d'eux. La réponse de Biron, si elle est authentique, justifierait cette accusation (*Mémoires du duc de la Force*, t. I, p. 25).

2. Cet alinéa manque à l'édition de 1618.

3. La seigneurie de Royan appartenait à la maison de La Trémoille (*Généal. de La Trémoille*, publiée par le duc de La Trémoille, *passim*).

4. Jean de Saint-Chaumont, seigneur de Saint-Romain.

5. François de Briquemaut avait trois fils, qui tous appartenaient à la Réforme. D'Aubigné désigne certainement un des trois.

6. René de l'Hôpital, seigneur de Sainte-Mesme.

7. Guillaume de Hautemer, seigneur de Fervaques.

8. En revenant de la poursuite de Frontenay, de Mongonmery. du vidame de Chartres, etc. Voir plus haut.

esprit et malgré ses principaux conseilliers, fit à son de trompe défendre la tuerie[1] sur peine de la corde, mais la défense fut inutile. Encor en cest humeur il fit despescher lettres patentes par toutes les provinces pour se nettoyer de l'horreur du faict, le rejetant sur la maison de Guise, sur leur querelle avec l'amiral, et sur la crainte que les réformés se voulussent venger de sa blesseure ; disant qu'ils avoyent esmeu les Parisiens à tuer ceux qui gardoyent l'amiral par son commandement ; qu'il n'avoit peu arrester ceste fureur, qu'on prist garde à empescher pareils accidents par toutes les villes du royaume, sur peine de s'en prendre à la vie des gouverneurs ; que, quant à lui, il estoit r'allié avec le roi de Navarre et le prince de Condé, ses proches ; résolu d'encourir mesme fortune qu'eux et de vanger la mort de l'amiral son cousin. Ces lettres envoyées non seulement dans le royaume, mais en Angleterre, en Allemagne et aux cantons des Suisses[2], signées de la mesme main de laquelle ce prince giboyoit de la fenestre du Louvre aux corps passans[3].

1. Dès le 24 au soir, le roi rendit des ordonnances dans ce sens et les renouvela le 25 et le 26. Voir l'extrait des registres du bureau de la ville de Paris dans les *Arch. curieuses* (t. VII, p. 217, 218 et suiv.).

2. Ces lettres, datées du dimanche 24 août, furent envoyées au gouverneur de Bourgogne, au s. de Prie, lieutenant général en Touraine, et au s. de Montpezat, sénéchal de Poitiers. Elles ont été reproduites dans les *Mémoires de l'estat de France sous Charles IX* (t. I, f. 296 et suiv.).

3. La question de savoir si Charles IX tira lui-même sur les huguenots fugitifs fait l'objet d'une polémique qui n'est pas encore épuisée. Divers mémoires publiés dans le *Bulletin de la Soc. de l'hist. du prot. français* (t. V, p. 332 ; t. VI, p. 118 ; t. VII, p. 182 ; t. X, p. 5, 105 et 199) et M. Bordier (*la Saint-Barthélemy*, p. 42)

Durant ces escrits, les meurtres et pilleries ne cessèrent point. Le président La Place[1], ayant payé rançon au capitaine Miquel[2], fut garanti quelques jours par le baron de Senesay[3], nouvellement grand prévost ; et puis par lui mesmes mené, quelques raisons qu'il alléguast, jusques où Pezou[4], compagnon de Croiset, le fit abbatre de son mulet, à coups de poignards ; l'estat donné au président Neulli[5], qui avoit mesnagé ceste mort, pour espérance d'en estre héritier.

Le dimanche[6], toute la ville se reschauffa pour aller voir une espine qui fleurissoit au cemetière Saint-Inno-

---

ont adopté l'affirmative. MM. Gandy (*Revue des questions historiques*, oct. 1866, p. 328), Baguenault de Puchesse (*Ibid.*, juillet 1880, p. 268), Loiseleur (*Trois énigmes hist.*, p. 108) et d'autres écrivains ont essayé de prouver que l'accusation n'était pas fondée.

1. Pierre de la Place, premier président de la cour des aides, pendant les premiers jours du massacre, avait acheté la vie en payant une rançon au capitaine Michel. Il est l'auteur d'une paraphrase sur le titre *De actionibus, exceptionibus et interdictis* des Institutes de Justinien, et des *Commentaires de l'estat de la Religion et République sous les rois Henri II, François II et Charles IX*, 1565, in-8°, plusieurs fois réimprimés. Les *Mémoires de l'estat de France sous Charles IX* contiennent (t. I, p. 300) un récit détaillé de sa mort.

2. Arquebusier du roi, d'après les *Mémoires de l'estat de France sous Charles IX*.

3. Nicolas de Baufremont, baron de Séneçai, grand prévôt de l'Hôtel à la place d'Innocent Tripied de Monterud.

4. Pezou était boucher. Voir un trait horrible de ce personnage dans le *Réveille-matin des François* (*Arch. curieuses*, t. VII, p. 197).

5. Étienne de Neuilly.

6. Ce fut le lundi, au milieu du jour, que le récit de ce prétendu prodige se répandit dans la ville, d'après le *Réveille-matin des François* (*Arch. curieuses*, de Cimber et Danjou, t. VII, p. 193). Claude Haton, L'Estoile et tous les historiens ont copié cette relation.

cent. Les confrairies y alloyent le tambour batant, crians que ce jour-là l'église refleurissoit par la mort de tant d'hérétiques. Les autres disoyent que ceste fleur avoit paru dans le champ des innocens meurtris et non pas des meurtriers, signe que l'église qui estoit affligée, revivroit[1]. Nous laissons là ces doubteuses interprétations pour, en poursuivant les effects de la journée, dire que Nançay[2] eut charge d'envoyer quérir les enfans de l'amiral[3] et d'Andelot; les deux plus grands, asçavoir François de Colligni[4] et Guy de Laval[5], estans sauvez. Ils emmenèrent le reste en un coche. Les gardes, passans à la veue de Montfaucon, la rivière entre deux, appellèrent ces enfans, pour leur monstrer leur père ou oncle qui estoit encores pendu. Tous baissèrent la face en bas avec larmes, hormis celui qui porte aujourd'hui le nom de d'Andelot[6], qui le voulut contempler sans esmotion.

Je n'ai pas estimé que l'histoire m'obligeast à vous compter par le menu les noms particuliers de près de trois mille personnes esteinctes[7], en diverses

---

1. Le récit de la floraison de l'aubépine du cimetière des Innocents a paru pour la première fois dans le *Discours sur les rébellions* de François de Belleforest. Paris, 1572, in-8°. Pierre Mathieu a pris la peine d'expliquer le phénomène par des causes toutes naturelles (*Hist. de France*, t. I, p. 346, in-fol.). Jacques Charpentier, dit de Thou, a publié un écrit sur le même sujet.

2. Gaspard de la Châtre, comte de Nançai.

3. L'ordre lui en fut donné le lundi matin, d'après les *Mémoires de l'estat de France sous Charles IX*.

4. Fils aîné de l'amiral.

5. Fils aîné de d'Andelot, frère de l'amiral.

6. Charles de Coligny, marquis d'Andelot, sixième fils de l'amiral.

7. La Popelinière parle de vingt mille morts, de Thou de trente

manières en ceste estrange journée. Il y a des livres publiés qui ont pris un tel soin et ausquels je vous renvoye. Je dirai seulement, pour choses très remarquables entre celles qui le sont assez, que l'on vit trainer des enfans en maillot par d'autres enfans de dix ans; d'autres qui jouoyent à la barbe de ceux qui les emportoyent tuer, et ce jeu payé d'un coup de dague à travers le corps. Un oncle tua deux petites niepces qui s'estoyent cachées soubs le lict, pensans qu'on les voulust fouëtter. Une tante des filles du ministre Serpon, aidée de son mari, tourmenta trois sepmaines avec fouëts et fers chaux deux de leurs niepces[1]; mais, ne pouvans par torments faire renoncer leur religion, ils les jettèrent à minuict dehors. Je ne puis vous rendre compte de ce que devint l'aisnée. L'autre, aagée de neuf ans, trouvée esvanouye soubs un balet, fut emportée en l'hospital. Et là, estant revenue de son esvanouissement et puis d'une grande maladie, les gardes, ayans recogneu à ses prières sa religion, pensans par torments et par la faim lui oster, comme elles disoyent, son opiniastreté, lui ostèrent la vie.

Voici encores un acte qui ne peut estre garenti qu'autant que la bouche des tueurs vaut. C'est qu'en

---

mille, Sully de soixante-dix mille. Il faut bien rabattre de ces chiffres et de celui donné par d'Aubigné. L'auteur du *Martyrologe des Calvinistes*, imprimé en 1582, n'a pu aboutir qu'à recouvrer les noms de 786 victimes. Voir dans les *Arch. curieuses*, t. VII, la Dissertation sur la journée de la Saint-Barthélemy, par l'abbé de Caveirac.

1. Var. de l'édit. de 1618 : « ... *niepces* qui s'en estoient fuies durant le massacre en leur maison ; *mais ne pouvans...* » Voir plan de Paris.

la valée de Misère[1] il y a une porte que nous avons veue peincte de rouge, à laquelle les principaux massacreurs, comme Tanchou[2], Pezou, Croiset et Perier, estoyent durant les trois jours, ou tous ou partie d'eux. Là, on amenoit à l'entrée de la porte les misérables, que ceux-ci recevoyent et menoyent sur des planches par où on va aux moulins, pour les précipiter entre deux pilliers du pont.

L'on dit que là y eut plus de six cents personnes esgorgées. Et les coulpables ont conté que le vendredi ils avoyent poignardé et précipité une femme, de laquelle ils avoyent voulu voir les cheveux avant la tuer, et que ses cheveux s'estoyent entortillez en une cheville, suspendans le corps en l'eau jusques aux mammelles, qui ne pût tomber pour quelques pierres qu'ils lui jettèrent, et autres corps précipitez en mesme lieu; mais que, le dimanche, son mari, amené et recogneu par aucuns d'eux, despesché en mesme place, tomba des deux bras sur le col de sa femme et l'emporta.

J'ai encores à dire deux merveilleuses manières par lesquelles eschappèrent Merlin, ministre de l'amiral, et Resnier, gentilhomme notable, comme vous le verrez ci-après. Le premier, estant sur les maisons avec Téligni et ne pouvant le suivre à cause de sa foiblesse et mauvaise veue, se laissa cheoir dans un grenier à foin entre le tas et la muraille, se trouva la teste cachée de ce qu'il avoit fait tomber sur lui. Et fut

---

1. La *vallée de Misère* était une rue de Paris que nous trouvons citée dans l'état de perception de 1572 (F. fr., vol. 11692).
2. Jean Tanchou, prévôt de Paris.

ainsi quelques jours, où il fust mort de faim, sans une poule, qui en ce temps lui vint pondre trois œufs en la main.

Certon, encor vivant lors de ceste seconde édition, tombé auprès de Merlin et couvert de paille, s'endormit et ne s'esveilla que Merlin ne fust sauvé. Ces deux eschappèrent plusieurs coups d'espée donnez dans la paille par ceux qui les cerchoyent.

Resnier[1], ayant commandé en Querci contre Vesins, qui en estoit lieutenant de roi, et ces deux ayans adjousté à la querelle générale leur particulière, pource que Vesins, un des plus rudes et furieux hommes du monde, ayant fait pendre, tuer et brusler, avoit receu mesme monnoye; et de là, la paix estant faite, ces deux chefs ne cerchoyent que moyens de se coupper la gorge.

Resnier[2], le vendredi, oyant rompre les portes de sa chambre, estoit de genoux avec son valet de chambre, qu'il avoit convié de mourir en chrestien. Le premier homme qu'il vit entrer fut Vesins[3], rouge comme feu et une espée large en la main. Il le receut en disant : « Tu en auras trop bon marché. » Là dessus

---

1. D'Aubigné a emprunté le récit qui suit à de Thou (liv. LII).

2. Jean de la Tour, s. de Reyniès, capitaine protestant, ancien gouverneur de Castres, cité dans les *Mémoires de Gaches*, 1879, p. 107.

3. Antoine de Levezon de Luzançon de Vesins avait été lieutenant de Blaise de Monluc en Guyenne. Il a souvent été confondu avec son frère, Jean de Vesins, capitaine d'ordonnance et sénéchal du Quercy en 1576. C'est à Antoine, et non pas à Jean, qu'appartient l'acte généreux qui sauva la vie à Reyniès. M. Barrère, dans son *Histoire du diocèse d'Agen* (t. II, p. 318), a consacré une notice aux deux frères d'après des documents inédits.

Vezins lui tourne l'eschine, et un sien gentilhomme commanda au valet d'apporter l'espée, bottes et manteau à son maistre. Ce qu'ayant enduré il descendit après son ennemi, en la rue, où le gentilhomme le fit monter sur un cheval de cinq cents escus. Et Vesins, suivi de quinze chevaux, sortit par la porte Saint-Michel, l'emmène à petites journées et sans parler à lui près de deux cents lieux, jusques à un billot, qui est à la porte de Resnier, où il le convia de descendre, avec ces termes : « Ne pensez pas que la courtoisie que je vous ai faite soit pour avoir vostre amitié, mais pour avoir vostre vie dignement. » La response fut : « Elle est à vous et ne se peut plus employer qu'à vous servir de second contre le plus mauvais garçon du monde. Que si vous m'en donnez moyen je mettrai telle obligation au pair de celle que je reçoi. » Et puis Vesins, changeant de propos et disant : « Seriez-vous bien si lasche que de ne vous ressentir point de la perfidie que vous avez soufferte ? » Resnier réplique : « Cela ne dérogeroit-il point à ce que je vous doibs ? » Vesins se tourna en disant : « Non, je veux tout brave, amis et ennemis. » Et envoya un gentilhomme lui offrir le cheval sur quoi il estoit venu. Le reschappé entre en sa maison, où il trouve femme et filles si abatues de pleurs qu'elles le prirent pour un fantosme, pource qu'il s'estoit sauvé de ses gens qui l'avoyent veu entre les mains de Vesins. Or il faut achever l'affaire de Paris avant que vous sachiez que valut la courtoisie de ce brave.

C'est grand cas que de si valeureuse noblesse, nul ne mourut l'espée à la main, au moins qu'on ait sçeu, que Guerci, et que d'une si grosse ville nulle maison ne se fist forcer que celle d'un advocat[1] : ce fut[2] Teverni[3], lieutenant de robbe-longue de la Connestablie. Cestui-là avec son clerc ayant usé sa pouldre et ses balles, fondu sa vaisselle pour y employer, après que les soldats eurent gaigné l'entrée de la maison, il se retira au bout de l'allée qui alloit à la salle, à la porte de laquelle il avoit mis un pillier qui faisoit que la porte ne s'ouvroit qu'à demi. Là il attendoit ceux qui vouloyent passer de costé et les tuoit. Enfin, voyant tout gaigné, après avoir baisé sa femme et ses enfants, il prend une rondache et une épée courte, et se mesle dans la salle, au milieu des massacreurs, où il fut tué.

Le roi, poursuivant sa dissimulation, estoit après à faire eslogner les Guisarts, quand la roine, Monsieur et les principaux du Conseil s'ameutèrent pour empescher cela, soit en faveur de la maison de Lorraine, soit en haine de celle de Montmoranci ; car, après qu'ils eurent monstré comment le désadveu et la feinte n'estoit plus de saison, estant assez déclaré chef et autheur, tant par les commandements qu'il avoit faits de sa bouche à gens de toutes qualitez, que pour les declarations faictes aux princes de Bourbon, ils lui firent voir que la desfaveur feincte de ceux de Guise estoit une aliénation non feincte aux bonnes volontez

---

1. Var. de l'édit. de 1618 : « ... *advocat*, qui, après avoir tué les plus mauvais garçons et repoussé tous les efforts de son cartier, ne pût estre forcé que par quelque compagnie du régiment des gardes; *ce fut Teverni...* »

2. Ce passage, jusqu'à la fin de l'alinéa, manque à l'édition de 1618.

3. Les *Mémoires de l'estat de France sous Charles IX*, t. I, f. 305 v°, disent que Taverny était lieutenant de la maréchaussée.

et un amolissement aux courages de ses serviteurs ; qu'il faloit tout rejetter sur la bonne souvenance et juste vengeance de l'entreprise de Meaux. Là-dessus, Monsieur tire des lettres prises de la cassette de Teligni, par lesquelles le duc de Montmoranci escrivoit de sa main [1], comme il disoit, qu'il offroit ses biens et vies à la vengeance de la blessure de l'amiral contre les autheurs bien connus. On en vit [2] une autre quelque temps après, par laquelle il lui conseilloit de s'oster de là, avec ces termes : « Si vous le trouvez bon, je vous irai trouver et prendre en vostre logis avec cinq cents gentilshommes, et vous conduirai seurement au lieu que vous choisirez, voire jusqu'à la Rochelle. »

Puis la roine et les autres concluoyent que, si l'affaire portoit haine, les rois ne périssoyent point par là, ouy bien par le mespris. Et ainsi ils eschauffèrent le roi, si bien que, le mardi d'après, il meine ses frères, le roi de Navarre et tous les grands pour, en son lict de justice [3], advouer tout ce qui s'estoit passé, comme faict par son dessein et commandement. Le premier président de Thou [4], qui pleuroit et souspiroit à la maison et détestoit le règne présent, loua le roi de son action, discourant sur cette sentence : Qui ne sçait dissimuler, ne sçait régner.

Pibrac [5], advocat général, demanda au roi deux choses, l'une, s'il ne lui plaisoit pas que ceste déclara-

---

1. D'Aubigné a emprunté ce fait à de Thou, liv. LII.
2. La fin de cet alinéa manque à l'édit. de 1618.
3. Le lit de justice fut tenu le 26 août, d'après le *Réveille-matin des François* (*Arch. curieuses*, t. VII, p. 203).
4. Christophe de Thou, père du grand historien.
5. Guy du Faur, seigneur de Pibrac.

tion fust enregistrée, et l'autre que, par édict public, on mit fin aux pilleries et aux meurtres. La response du roi fut qu'il commandoit le premier et qu'il adviseroit au second[1].

Morvilliers, qui avoit aussi détesté l'affaire entre ses amis, proposa qu'il faloit faire aux morts quelque sorte de procès, et cest advis, pris au pied levé, fut cause de faire mourir quelques prisonniers.

Les ecclésiastiques couronnèrent la besongne d'un jubilé[2]; et le lendemain fut un édict publié, par lequel le roi protestoit que ce qui s'estoit passé n'estoit point en haine des réformés ni à l'infraction de ses édicts, ains pour s'opposer aux entreprises de l'amiral; que chascun eust à demeurer en paix et seureté en sa maison, s'abstenans pourtant des assemblées publiques, jusques à ce qu'autrement en fust advisé[3].

Chapitre V.

Suitte de la Sainct Barthélemy.

Meaux[4] fut la premiere à contrefaire Paris. Plus de deux cents habitans furent mis prisonniers par le

---

[1]. De Thou dit que Pibrac ajouta qu'il demandait au roi de donner des ordres pour procéder à la réforme du clergé et de la magistrature. A cette demande le roi aurait répondu qu'il aviserait (liv. LII).

[2]. D'après le *Réveille-matin des François* (*Arch. curieuses,* t. VII, p. 195), le Jubilé fut publié à Paris le jeudi 28 août, et d'après La Popelinière, le 18 septembre (1581, in-fol., f. 69).

[3]. Cet édit fut publié le 18 septembre 1572.

[4]. D'Aubigné a emprunté tous ces détails aux *Mémoires de l'estat de France sous Charles IX,* t. I, f. 327.

procureur du roi[1]. De là il fait passer au grand marché, d'où les hommes s'estans sauvez par un eschappé de la ville, ils ne prennent que vingt-cinq femmes, avant lesquelles tuer, ils choisirent celles qu'ils vouloyent violer; et puis assomment tout en un monceau. Le lendemain après, les maisons pillées.

Cosset, sur les degrez de la prison, appelle par roolle tous les enfermez, que quatre ou cinq assommoyent et précipitoyent dans les fossez du chasteau. Mais enfin, ceux-ci estant lassez, la foule mena le reste dans la rivière. A quelques-uns de ceux-là, comme entr'autres à un nommé l'Amiral, qui s'estoit rompu une cuisse en sautant la muraille, on asseura la vie s'ils vouloyent changer de religion. Ce que je dis, comme j'ai fait ailleurs, pour faire une perpétuelle distinction de ceux qui ont eu ce choix, et par là sont appellez martyrs [2].

Orléans, tout rasseuré par les lettres qu'envoya le roi, promettant de venger la blesseure de l'amiral, commença[3], ayant receu le commandement par un conseillier nommé Boüilli [4], avec lequel un La Cour [5]

1. Il se nommait Louis Cosset. Voyez plus loin.
2. Les *Archives curieuses* de Cimber et Danjou reproduisent (t. VII, p. 390), d'après une pièce du temps, la formule d'abjuration que les massacreurs exigeaient des protestants pour leur laisser la vie.
3. Les massacres d'Orléans commencèrent le lendemain de la Saint-Barthélemy et durèrent plusieurs jours. M. Gustave Baguenault de Puchesse a publié dans les *Mémoires de la Société archéol. de l'Orléanais*, t. XII, de nouveaux documents sur cet événement. Le *Bulletin de la Société de l'hist. du prot. français* (t. XXI, p. 345) contient la traduction d'une relation en latin par un témoin oculaire, imprimée en Allemagne, qui ajoute quelques détails.
4. Champeaux, seigneur de Bouilly, conseiller du roi.
5. Tessier, dit La Court, chef du parti réformé à Orléans.

alla souper; et puis, lui ayant dit les nouvelles de Paris, le tua à sa table. Les escholiers voulurent tuer de leurs mains leur docteur Taillebois[1]. Les exécuteurs se sont vantez d'avoir fait mourir en ce lieu dix-huict cents hommes, cent cinquante femmes et plusieurs petits enfans. Ceux qui en parlent plus modérément en disent quatre cents au moins[2], la pluspart liez à des perches et précipitez du pont en bas. Toute la rivière de Loire suivit à l'exemple : Gergeau[3], la Charité[4], où la compagnie du duc de Nevers[5], faignant de faire monstre, fit exécution. De l'autre costé d'Orléans, Baugenci, Blois, Amboise et Tours[6]; ces trois tuèrent en petit nombre. A Saumur[7], le meurtre commença par le lieutenant, que Monsoreau[8] tua de sa main; de là coucha à Angers[9], où il despescha le Tertre au lict, malade. Le mesme alla au logis de la Rivière[10], ministre, baisa sa femme, damoiselle de bonne maison, et puis,

---

1. Taillebois, docteur régent de l'Université.
2. De Thou dit qu'à Orléans il y eut plus de mille personnes massacrées (liv. LII).
3. Gergeau, près d'Orléans.
4. Le massacre de la Charité eut lieu le 26 août.
5. Louis de Gonzague, duc de Nevers.
6. A Blois, non seulement les réformés ne furent pas maltraités, mais la ville ouvrit un refuge aux proscrits des villes voisines (Registres consul. cités par MM. Bergevin et Dupré, *Hist. de Blois*, t. I, p. 83).
7. Les *Mémoires de l'estat de France sous Charles IX* (t. I, f. 384) racontent les massacres de Saumur.
8. Charles de Chambes, comte de Montsoreau, chambellan du duc d'Anjou, est celui qui fit assassiner Bussy, l'amant de sa femme.
9. Voir le récit des *Mémoires de l'estat de France sous Charles IX* (t. I, f. 383) que d'Aubigné a suivi.
10. Jean Masson La Rivière, ministre.

ayant embrassé son mari, lui apprend qu'il avoit charge du roi de le faire mourir; ce qu'il fit, lui ayant donné loisir de faire sa prière. Les villes que nous ne nommons point sur ce fleuve sont celles où le meurtre eut moins d'esclat, comme aussi Nantes [1], pour la grand'obéïssance à la justice.

A Troye, Simphalle [2], gouverneur, fit fermer les portes [3], mettre en prison tous les soupçonnez [4]. Cinq jours après, ayant receu la défense de plus massacrer [5], il la fit publier [6], après avoir fait assommer tous les prisonniers [7]. De mesme firent ceux de Bourges [8], qui, ayant compté les enfermez pour n'en sauver aucuns, les mirent à quintaux en les tuant. Un misérable [9] s'estoit

---

1. Le duc de Montpensier avait envoyé de Paris, le 26 août 1572, aux officiers municipaux de Nantes l'ordre de tuer tous les protestants. La lettre arriva le 8 septembre à sa destination. Mais le maire et les échevins refusèrent d'y obéir (Mémoire publié dans le tome I du *Bulletin de la Société de l'hist. du protestantisme français*, p. 59).

2. Anne de Vaudray, seigneur de Saint-Phal, bailli et gouverneur de Troyes.

3. La nouvelle du massacre de la Saint-Barthélemy arriva à Troyes le 26 août au soir (*Mémoires de l'estat de France sous Charles IX*, t. I, f. 332).

4. Le 30 août 1572.

5. La déclaration du roi, du 30 août, arriva à Troyes le 3 septembre.

6. Les prisonniers furent massacrés le 4 septembre et les lettres du roi furent publiées le 5. Les *Archives curieuses* de Cimber et Danjou ont donné (t. VII, p. 287) une relation nouvelle du massacre de Troyes.

7. On conserve dans la coll. Dupuy, vol. 333, f. 66, un récit manuscrit des massacres de Troyes.

8. Les célèbres François Hotman et Hugues Doneau étaient à Bourges et furent sauvés par les écoliers.

9. Il se nommait Guillaume Palus.

jetté dans les privez, que le geollier sauva quand la faim l'eut descouvert; et trouva-on que le nombre avoit esté complet par un prestre prisonnier pour debtes.

A Lyon, Mandelot[1], gouverneur, fit commandement général par la ville que tous ceux de la religion eussent à se retirer aux prisons, pour là estre en seureté contre le peuple[2]. Quelques-uns s'y jettèrent de bonne volonté; mais de ceux qu'on y menoit, la pluspart estoient assommés dans les ruelles. Du Perrat[3], de Lyon, ayant apporté le commandement du roi pour suivre l'exemple de Paris[4], Mandelot eut horreur, voyant que toutes les prisons ne pouvoyent contenir les condamnez et voulut attendre un autre mandement. Là dessus arriva d'Auxerre[5], procureur du roi en poste, qui, ayant monstré son exprès mandement, Mandelot lui respondit : « Mon ami, ce que tu lies, soit lié. » On appelle le bourreau et ses valets. Le bourreau refuse, disant que ses mains ne travailloyent que juridiquement. On convie les soldats de la citadelle; ceux-là respondent avec injures qu'on cerchast d'autres bourreaux. Là dessus, on met l'affaire entre les mains des trois cents arquebusiers de la ville, qui exécutèrent tous leurs parents et voisins; ce que les bour-

---

1. François de Mandelot, gouverneur de Lyon. Partie de sa correspondance avec le roi pendant l'année 1572 a été publiée par M. Paulin Paris en 1830, in-8º.

2. Mandelot reçut les ordres du roi le 27 août. M. Puyroche a publié dans le *Bulletin de la Société de l'hist. du prot. français* (t. XVIII, p. 305, 353 et 401) un mémoire détaillé sur ces massacres, d'après les documents conservés aux archives de Lyon.

3. Du Peyrac, bourgeois de Lyon, chevalier de l'ordre.

4. Il arriva à Lyon le 29 août.

5. Pierre d'Auxerre, avocat du roi.

reaux et estrangers avoyent refusé. On commença par les prisons des Cordeliers, et puis par celles des Célestins, où la tuerie fut merveilleuse, les derniers ne voulans, comme les autres, laisser tuer dans le cloistre[1]. De là on court à l'archevesché, prison que Mandelot avoit choisie pour trois cents des principaux de la ville ; là, après avoir annoncé la mort, ils cerchèrent les bourses, et puis tranchèrent à morceaux les enfans au col de leurs pères, et les frères et amis embrassez, s'exhortans à porter la mort patiemment, eux pleins de péchez, pour Christ qui sans péché l'avoit soufferte pour eux.

Le gouverneur arrivé, la besongne estant faicte, fait faire information et autres protestations inutiles. Et puis le soir les tueurs, ayans beu, s'en revindrent à Rouane, prison publique ; et la grande troupe qui estoit là fut traînée en la rivière, la pluspart demi estranglez. Pourtant ils laissèrent en vie ceux qui voulurent promettre d'aller à la messe. La nuict suivante se fit la pillerie et le meurtre confus à la mode des autres villes, où les femmes et enfans ne furent point espargnez. Il se trouva en la place Sainct-Jean un si grand et horrible monceau de morts, que deux femmes grosses, qui les voulurent voir par curiosité, en avortèrent. Mandelot en voulut faire porter une grande partie par des bateaux en Esnay[2], mais les moines l'empeschèrent, et crians qu'ils estoyent indignes de la terre, le peuple, à leur suasion, les traina dans la rivière du Rhosne. Les Dalus[3] et autres

---

1. Ce massacre eut lieu le dimanche 31 août 1572.
2. Abbaye d'Ainay.
3. Darut frères, marchands de Lyon.

marchans qui traffiquoyent en Asie et en Afrique, ayans eschappé quelques jours, furent enfin poignardez. La Mente[1], estranger, et ses soldats sauvèrent deux des trois ministres et plusieurs autres[2]. On estime le nombre des morts qui se peurent marquer à huict cents[3], sans conter ceux qui furent jettez dans la rivière, laquelle, s'estant faicte toute sang et charongne, fit maudire Lyon à tous les habitans de Vienne, Sainct-Valier, Tournon, Valence, Bourg, Viviers, le Sainct-Esprit, et mesmes d'Avignon, où les Réformés estoyent le plus hays[4]. Toutes ces villes s'eschauffoyent en blasme contre les massacres, desquels pourtant ils ne sceurent s'empescher de prendre l'exemple et le commandement, mais tard, à regret, et moins que les autres. Arles, qui n'a fontaine ni puits, souffrit la soif comme d'un grand siège, à cause[5] que la rivière estoit pur sang[6].

La Mole[7] apporta en Provence le commandement du meurtre, auquel le comte de Tendes[8] ne pouvoit croire pour estre chose si horrible et du tout contraire aux dernières nouvelles qu'il avoit du roi[9]. Presque

1. Saluce, seigneur de la Mante, gouverneur de la citadelle de Lyon.
2. Les massacres de Lyon sont racontés avec beaucoup de détails dans les *Mémoires de l'estat de France sous Charles IX*, t. I, f. 358.
3. De Thou n'en compte que trois cents.
4. D'Aubigné a emprunté ce fait à La Popelinière, t. II, f. 70.
5. Ce membre de phrase, jusqu'à la fin de l'alinéa, manque à l'édition de 1618.
6. Voyez La Popelinière, t. II, p. 70.
7. Joseph-Boniface de la Mole.
8. Claude de Savoie, comte de Tende.
9. Sur l'exécution du massacre en Provence et sur les tergi-

[1572] LIVRE SIXIÈME, CHAP. V.   349

mesme response firent en Dauphiné Gordes[1], et en Auvergne Sainct-Eran[2], quoi qu'ils se soyent monstrez aux guerres violents ennemis l'espée à la main. On attribuoit ceste discrétion à l'amitié des Montmorancis, qui avoyent monstré leur favorable douceur à Sanlis et où leur crédit s'estendoit.

La rivière de Seine et ses villes[3] se sentirent de mesme fureur; et sur toutes Rouan[4], quelque bride que Carrouge[5], gouverneur, y voulust apporter. Ceux qui avoyent esté condamnez pour leurs derniers tumultes, comme nous avons dit, contraignirent par l'esmotion les menacés de gaigner les prisons, et puis là, comme ailleurs, appellez par roolle et tuez de plus six ou sept cents personnes[6], de tout sexe et aage,

---

versations du roi, voyez les anecdotes de du Vair publiées à la suite des *Mémoires de Marguerite de Valois* par M. Lalanne, p. 193.

1. Bertrand de Simiane de Gordes. La lettre que le roi lui écrivit est imprimée dans les *Archives curieuses* de Cimber et Danjou (t. VII, p. 364), en date du 14 septembre.

2. François de Montmorin Saint-Hérem, gouverneur d'Auvergne, dans une lettre à Montpezat, du 8 septembre 1572, constate la parfaite tranquillité de l'Auvergne (f. fr., vol. 3217, p. 17). L'annotateur du *Journal de L'Estoile* (édit. de 1744, t. II, p. 404) publie, sur le même sujet, une lettre de Montmorin au roi, dont l'authenticité nous parait douteuse.

3. Le *Bulletin de la Société de l'hist. du prot. français* contient quelques documents sur l'exécution du massacre de la Saint-Barthélemy en Normandie (t. VI, p. 465). — Quant à Lisieux, voyez dans la *Revue rétrospective* (t. XII, p. 142) un extrait des registres consulaires de cette ville et un recueil de pièces.

4. Les massacres de Rouen commencèrent le 17 septembre et durèrent quatre jours. Voyez les notes suivantes.

5. Tanneguy Le Veneur, comte de Carrouge, gouverneur de Rouen.

6. De Thou évalue à cinq cents le nombre des victimes, et dit qu'elles furent enterrées à la porte Cauchoise. M. Floquet dit que

estranglez et assommez, avec une piété nouvelle qui fut de donner leurs habillements tous gouttans aux povres, qui fut une horrible et sanglante charité[1]. La cour de parlement monstra, par quelques recerches, qu'elle en eust faict justice, si elle n'eust eu pour contraire l'authorité du souverain.

En Bretaigne, en Poictou, Xainctonge[2] et Angoumois, notamment à Poictiers, le peuple eschappa à mesme meurtre[3], mais avec moins de desreiglement qu'ailleurs[4].

Nous venons à Bordeaux, où Montferrant[5], gouverneur, et, avec lui, le procureur général et premier jurat, Mulet[6], firent ce qu'ils peurent pour n'y voir rien d'horrible, donnans, par leur cunctation[7], moyen de se retirer à ceux qui vouloyent prendre advis;

---

les noms d'une centaine ont été conservés (*Hist. du parl. de Normandie*, t. III, p. 127).

1. Sur les massacres de Rouen, voyez, outre les *Mémoires de l'estat de France sous Charles IX*, t. I, f. 408, l'*Hist. du parl. de Normandie* de M. Floquet, t. III, p. 126 et suiv., et une intéressante étude publiée, d'après les sources locales, par M. le vicomte d'Estaintot.

2. Voyez une lettre des consuls de Saintes au roi, en date de septembre 1572 (Orig., f. fr., vol. 15555, f. 294).

3. Var. de l'édit. de 1618 : « ... *à Poitiers,* il y eut presque partout quelque *meurtre.* »

4. A Nantes notamment, les ordres de massacre ne reçurent aucune exécution. Voyez les détails donnés par M. Vaurigaud d'après les registres consulaires de la ville (*Hist. des églises réformées de Bretagne*, t. I, p. 192).

5. Charles, baron de Montferrand.

6. Romain Mulet, procureur général au parlement de Bordeaux. On conserve dans le fonds français, vol. 15555, f. 160, une lettre originale de ce magistrat au roi, en date du 10 octobre 1572, dans laquelle il lui rend compte des événements de Bordeaux.

7. Lenteur, hésitation, *cunctatio.*

mais les Jésuites, et surtout Edmond Auger[1], preschèrent que l'espée du gouverneur tenoit au fourreau, que le Mulet estoit une beste bastarde qui n'estoit point entré en l'arche, non plus que le procureur général en l'église. Au sermon de la feste Sainct-Michel, on n'oyoit dans les chaires, sinon que l'ange de Dieu avoit fait merveilles à Paris, à Orléans et ailleurs : il faut que cest ange de Dieu exécute les hérétiques dans Bourdeaux, ou il exécutera Bourdeaux[2].

Montpezat[3], venant de la court, passe à Blayes et y fait faire le massacre. La nuit, arrivé à Bordeaux[4], il esmeut le gouverneur principalement, pour partager ensemble les estats vaquans par la mort de ceux qu'ils avoyent enrollez; et, quoi que Strosses l'en dissuadast par lettres, il appela à soi Lestonnat[5], qui avoit faict une bande de bonnets rouges avec le nom de la bande Cardinale, et, avec ce jurat, il ouvrit le chemin aux

---

1. Edmond Auger, jésuite du collège de Clermont, confesseur et prédicateur de Henri III, né en 1530, mort le 17 juin 1591.

2. Les massacres de Bordeaux sont racontés dans les *Mémoires de l'estat de France sous Charles IX*, t. I, p. 529.

3. Melchior des Prez, seigneur de Montpezat, fut expédié de Paris dans les derniers jours d'août, avec l'ordre de faire exécuter les massacres en Guyenne (Lettre de Montpezat au duc d'Anjou, en date du 27 août 1572; f. fr., vol. 15555, f. 55, orig.). La mission ne lui porta pas bonheur, car il mourut peu de jours après.

4. Montpezat arriva à Bordeaux dans les derniers jours de septembre (Lettres de Montpezat au roi et à la reine de cette date; *Archives de la Gironde*, t. VIII, p. 337; f. fr., vol. 15555, f. 137). Peu après son arrivée, il se mit en conférence avec le maire et les jurats de Bordeaux (*Archives de la Gironde*, t. III, p. 204; lettre du 3 octobre au roi).

5. Pierre Lestonac.

massacres en tuant de sa main Guilloche[1], conseillier en parlement; et puis fit assommer le premier un ministre. Le massacre dura trois jours[2]; et puis s'esprit le long de la Garonne, comme à Agen[3] et à Moissac.

Mais Toulouze le renvia[4], dont pourtant se sauvèrent plusieurs, pour ce qu'on commença à garder les portes, les réformez estans au presche, à Castanet; et de là ne retournèrent point les plus advisez[5]. Le premier président[6], sur ces asseurances, en trompa le plus qu'il pût[7]. Ils usèrent de la même ruse pour les prisons que

1. Jean Guilloche de la Loubière.
2. Les *Mémoires de l'estat de France sous Charles IX*, t. I, p. 529 et suiv., racontent les massacres de Bordeaux. De Thou a suivi ce récit et évalue le nombre des victimes à 264 (liv. LIII). D'Aubigné a copié de Thou. Gaufreteau, dans ses *Mémoires*, estime que les auteurs protestants ont exagéré le massacre et donne des détails nouveaux (*Mémoires de Gaufreteau*, in-8°, 1877, t. I, p. 170). Le procureur général Mulet, dans sa lettre au roi, du 10 octobre 1572, évalue le nombre des victimes du massacre de Bordeaux à 120 personnes (f. fr., vol. 15555, f. 160).
3. Durfort de Bajaumont se rendit à Agen au commencement d'octobre pour rendre la paix à la ville (Lettre de Bajaumont au duc d'Anjou, datée d'Agen, et du 10 octobre; orig., f. fr., vol. 15555, f. 172).
4. Les massacres de Toulouse sont racontés dans les *Mémoires de l'estat de France sous Charles IX*, t. I, p. 416 v°. — M. Roman a publié dans le *Bulletin de la Société de l'hist. du prot. français*, 15 août 1886, un récit inédit du massacre de Toulouse. — Voyez aussi le récit des *Annales de Toulouse* par Lafaille, t. II, p. 310, et surtout une dissertation contenue dans l'*Histoire du Languedoc*, t. V, p. 639.
5. Le dimanche, 31 août (*Hist. du Languedoc*).
6. Jean Daffis, premier président du parlement de Toulouse depuis 1562. Il écrivit au roi le 8 septembre pour lui rendre compte des arrestations (Orig., f. fr., vol. 15555, f. 78).
7. Une lettre des capitouls de Toulouse au roi, en date du 8 septembre 1572, énumère les mesures prises pour arrêter les principaux réformés (Orig., f. fr., vol. 15555, f. 77).

les autres, en retardant l'exécution pour les entreprises qu'ils avoyent sur quelques places leurs voisines, comme sur Castres[1], qu'ils surprirent avec quelque deffense et tuerie. En fin, un samedi matin[2], s'exécuta le massacre par les mains de plusieurs escholiers, qui assommèrent à la porte des prisons près de trois cents personnes, donnant la vie à sept ou à huict qui se voulurent desdire, mais leur faisant tuer de leurs compagnons, comme on avoit fait à Orléans, pour preuve de leur conversion. Entre ces morts estoyent cinq conseilliers[3], et sur tous l'excellent Coras[4], qui, par leurs remonstrances, haussoyent le cœur aux condamnez. Ces cinq furent pendus avec leurs robbes rouges devant le Palais[5].

Il est bien plus aisé de spécifier les villes qui eurent les mains pures, que celles qui les ensanglantèrent, pour ce qu'il n'y eut aucune province, et en chacune fort peu de villes, qui ne souillassent leur pavé. J'achèverai par Bayonne, où estant arrivé le courrier qui venoit de faire mettre en pièces les hommes, femmes et enfans de Dax, qui avoyent cerché leur seureté en

---

1. D'Aubigné se trompe avec les *Mémoires de l'estat de France sous Charles IX*. La prise de Castres par le capitaine La Croisette, lieutenant du maréchal Damville, est antérieure au massacre de la Saint-Barthélemy, ainsi que le prouve l'*Histoire du Languedoc*, t. V, p. 641. Voyez aussi les *Mémoires de Gaches*, p. 116.

2. Le massacre fut exécuté le 4 octobre 1572.

3. Les historiens précités n'en nomment que trois, Coras, Ferrières et Lacger.

4. Jean de Coras, professeur de droit, conseiller au parlement de Toulouse, chancelier de la reine de Navarre, auteur de nombreux ouvrages de droit, massacré à Toulouse le 4 octobre 1572.

5. Ils furent pendus à l'orme de la cour du palais de justice.

la prison, le vicomte de Orte[1], gouverneur de la frontière, respondit aux lettres du roi en ces termes :

« Sire, j'ai communiqué le commandement de Vostre Majesté à ses fidelles habitans et gens de guerre de la garnison. Je n'y ai trouvé que bons citoyens et braves soldats, mais pas un bourreau. C'est pourquoi eux et moi supplions très humblement vostre ditte Majesté vouloir employer en choses possibles, quelques hazardeuses qu'elles soyent, nos bras et nos vies, comme estans autant qu'elles dureront, Sire, vos très, etc.[2]. »

Cestui-ci, homme violent ès autres choses, ne la fit pas longue après ce refus[3], non plus que le comte de Tendes[4], avec soupçon pour l'un et pour l'autre d'un morceau mal digéré. Le comte de Charni[5] fit quelque chose de semblable en Bourgongne[6], car il n'y eut

---

1. Adrien d'Aspremont, vicomte d'Orthe, gouverneur de Bayonne.

2. L'authenticité de cette lettre a été justement contestée. Voy. le *Bulletin de la Société de l'hist. du prot. français*, t. I, p. 208 et 488. M. Tamizey de Larroque a prouvé qu'elle était apocryphe et a publié la vraie lettre du vicomte d'Orthe au roi après le massacre de la Saint-Barthélemy (*Revue de Gascogne*, septembre-octobre 1882, p. 453). Voyez aussi la *Revue des questions historiques*, t. II, p. 292, et les *Lettres de Catherine de Médicis*, t. II, p. 117, note.

3. D'Aubigné se trompe. Le vicomte d'Orthe mourut plusieurs années après, le 20 mars 1578, à Peyrehorade (département des Landes) (Tamizey de Larroque, *Lettres inédites du vicomte d'Orthe*, 1882, p. 13).

4. Le comte de Tende mourut à Avignon le 8 octobre 1572.

5. Léonor Chabot, comte de Charny, gouverneur de Bourgogne. L'*Histoire de la prise d'Auxerre*, par Lebeuf (1723, preuves, p. 41), contient diverses circulaires de Charny aux officiers municipaux de son gouvernement, qui prouvent les sentiments pacifiques de ce capitaine.

6. Les instructions du roi au comte de Charny, en date du 24

qu'un seul gentilhomme tué à Dijon[1], et à Mascon la prison servit de seureté[2] ; jusques au point que lettres patentes coururent par toute la France pour la seureté des réformez, avec mandement de courir sur ceux qui prendroyent les armes en quelque façon[3].

Chapitre VI.

Inquiétudes espouvantables à la cour; préparatifs du siège de la Rochelle; soulèvement de quelques réformez, envoi en Polongne; ce que devindrent les princes et quelques autres notables.

On cogneut au roi quelques tristesses non accoustumées qui s'augmentoyent par les inquiétudes de la nuict[4], à quoi on employa toutes inventions pour le pouvoir resjouir. On fit faire des vers[5], imprimer

---

et du 30 août, sont reproduites dans les *Archives curieuses* de Cimber et Danjou, t. VII, p. 133 et 343. Le mandement de Charny, défendant aux catholiques d'Auxerre de molester les réformés, daté du 5 octobre 1572, est imprimé par Calle, *le Calvinisme dans l'Yonne*, t. I, p. 306.

1. Il se nommait de Traves. La lettre du roi au procureur général de Dijon, prescrivant des mesures contre les réformés, est datée du 20 septembre et est conservée en minute dans les Ve de Colbert, vol. 7, f. 435.

2. Le *Bulletin de la Société de l'hist. du prot. français* contient quelques documents sur la non exécution du massacre de la Saint-Barthélemy en Bourgogne (t. IV, p. 164, et t. XIV, p. 340).

3. Les lettres du roi, datées des 28 et 30 août, sont imprimées par La Popelinière, t. II, p. 68.

4. Sully témoigne des remords de Charles IX (*OEconomies royales*, année 1572).

5. Un grand nombre de ces pièces de vers ont été imprimées dans les pamphlets du temps, dans les *Mémoires de l'estat de*

livres en proses à la loüange de son action[1]; on fit fondre médailles d'or et d'argent, où en la partie de devant le roi estoit peinct, assis en son throsne, avec ceste inscription : *Vertu contre les rebelles*. De l'autre costé, au lieu de *Piété et Justice*, y avoit *Piété a excité Justice*. Aux autres y avoit un hercule contre une hydre, et puis escrit *Charles neufiesme, dompteur des rebelles*[2].

Le roi Henri quatriesme avoit trois comptes en sa mémoire qu'il nous a fait plusieurs fois entre ses plus privez : un de quelque horreur où le roi Charles l'avoit mené, et cestui-là jamais en public[3], mais ouy bien les autres deux; desquels le premier se présente sur ceste matière, et j'ai force tesmoins vivans, qu'il n'a jamais fait ces discours qu'en sentant et nous monstrant ses cheveux hérissez.

Huict jours après le massacre, il vint une grande multitude de corbeaux, les uns s'appuyer, les autres croacer sur le grand pavillon du Louvre. Leur bruit fit sortir pour les voir, et les dames bigottes firent part

---

France sous Charles IX, et dans le t. VII des *Archives curieuses*. Un plus grand nombre est resté inédit et est conservé dans le recueil de Rasse des Nœuds (f. fr., vol. 22560 à 22565), dans les volumes 741 et 853 de la collection Moreau et ailleurs.

1. Plusieurs de ces pièces sont citées et quelquefois reproduites dans les *Mémoires et journaux de Pierre de l'Estoile*, édit. Michaud et Poujoulat, p. 27. Voyez aussi la note précédente.

2. Le dessin de ces médailles fut présenté au roi le 3 septembre 1572 par Favier, général des monnaies. Il est décrit, d'après une pièce du temps, dans les *Archives curieuses* de Cimber et Danjou, t. VII, p. 355.

3. Il s'agit probablement d'une scène de débauches qui est racontée dans les *Mémoires et journaux de L'Estoile*, édit. Michaud et Poujoulat, p. 28.

au roi de leur espouvantement. La mesme nuict, le roi, deux heures après estre couché, saute en place, fit lever ceux de sa chambre et envoya querre son beau-frère, entr'autres, pour ouyr en l'air un bruit de grand esclat et un concert de voix criantes, gémissantes et hurlantes, et, parmi, d'autres voix furieuses, menaçantes et blasphémantes, le tout pareil à ce qu'on oyoit la nuict des massacres. Tels sons furent si distincts et articulez que le roi, croyant un désordre nouveau sur ceux de Montmoranci, fit appeller des gardes pour courir en la ville et empescher le meurtre. Mais ceux-là ayans r'apporté que la ville estoit en paix et l'air seul en trouble, lui demeura troublé, principalement pource que ce bruit de sept jours fut continué toujours à mesme heure. L'autre conte se trouvera en la mort du cardinal. Je n'eusse osé vous présenter cestui-ci s'il fust venu d'une autre main et si les auditeurs n'eussent été vivans et possédans des principales charges en la maison du vivant.

Trois choses autrement qu'en vision chargeoyent la pensée du roi : ce que son beau-frère et le prince de Condé n'avoyent point encores abjuré; la réputation qu'il faloit r'acoustrer vers les estrangers, et principalement en Polongne, pour les raisons que nous verrons ci-après; et, en troisiesme lieu, que quelques réformez eschappez avoyent gaigné la Rochelle, Sanserre, les Sévènes et quelques autres lieux de retraictes. Les autres s'estoyent sauvez en Angleterre, à Heidelberg, chés les Suisses et à Genève, où la roine Élizabeth[1],

1. La reine d'Angleterre, à la première nouvelle du massacre, protesta auprès de Catherine de Médicis. Sa lettre autographe est conservée dans le f. fr., vol. 3320, p. 61.

le comte palatin[1] et les seigneurs des autres lieux les avoyent receus avec grand honneur et hospitalité ; le second fils de l'amiral, Odet[2], s'estoit sauvé ; et d'ailleurs ceux que la crainte de la mort présente avoit fait signer une forme d'abjuration faicte à Paris, se desroboyent la pluspart à la première occasion pour joindre leurs frères.

Pour remédier au premier de ces points, le roi envoye quérir les capitaines de ses gardes[3], et cest esprit troublé se fit apporter ses armes pour aller achever tout le reste qui s'estoit sauvé, en commençant par le prince de Condé. Mais la roine Élisabeth[4], avec un visage tout difformé de pleurs, qu'elle avoit jetté jour et nuict depuis les mauvaises journées, se vint jetter à genoux devant son espoux, qui n'avoit encores que le haussecou et le corcelet, et le désarma par ses prières. Le prince de Condé, adverti de tout ceci, appelé par le roi qui lui proposa de trois choses l'une : la messe, la mort ou la Bastille, respondit :

---

1. Frédéric III, comte palatin. Le 31 août le roi lui envoya Jean Galéas Fregose, et lui écrivit une lettre de justification qui est conservée dans le fonds latin, vol. 4687, A, f. 27. La *Revue rétrospective* a publié (t. V, p. 363) une série de pièces sur cette mission. Gaspard de Schomberg fut aussi chargé de justifier le roi auprès des princes luthériens ou calvinistes d'Allemagne. La mission donna lieu à de longues correspondances dont les unes sont en partie imprimées dans les *Mémoires de l'estat de France sous Charles IX*, dans La Popelinière, dans le t. I du *Journal de L'Estoile* de 1744, et en partie restées manuscrites, f. fr., vol. 23405, 23515 et 23519.

2. Odet de Coligny, mort jeune et sans alliance.

3. Le 9 septembre 1572, d'après le *Réveille-matin des François* (*Archives curieuses* de Cimber et Danjou, t. VII, p. 197).

4. Élisabeth d'Autriche, femme de Charles IX.

« Dieu ne permette point, mon roi et mon seigneur, que je choisisse le premier; des autres deux, soit à vostre discrétion que Dieu vueille modérer par sa Providence[1]. » Le roi, esmeu de sa response, le renvoya[2]. Peu de jours après, il arriva que des Rosiers[3], ministre d'Orléans, ayant renié sa religion pour sauver sa vie, fut présenté au roi pour s'en servir vers le roi de Navarre, Catherine sa sœur, le prince et la princesse de Condé. Cestui-ci, ayant discouru des marques de la vraye église et sur d'autres points, donna à ses disciples sinon altération d'opinion, au moins une plus honneste couverture pour changer, comme nous avons ouy dire depuis à la princesse, en secret. Le prince de Condé ne se paya pas de ce premier discours, voulut voir des Rosiers en secret[4], où, l'ayant trouvé tel qu'en public, lui mit sa condamnation sur la teste et s'exempta de la Bastille préparée[5]. Depuis, des Rosiers, accompagné du jésuite Maldonat[6], fut despesché en divers lieux pour faire de mesme; mais le duc de

---

1. D'Aubigné a emprunté le récit de ce fait au *Réveille-matin des François* (*Arch. curieuses*, t. VII, p. 197). De Thou l'avait aussi accepté (liv. LIII).

2. On trouve dans le *Report of the royal commission*, t. III, p. 185, une lettre datée du 8 septembre, qui contient de curieux détails sur l'attitude du prince de Condé au lendemain de la Saint-Barthélemy.

3. Hugue Sureau du Rosier, ministre protestant de l'église de Paris.

4. Leur conférence est racontée dans de Thou (liv. LIII, p. 631).

5. Le 3 octobre 1572, Condé adressa son amende honorable au pape. Cette pièce est imprimée avec la réponse du pape par La Popelinière, t. III, f. 82. On conserve dans le vol. 16958 du f. fr. un recueil de pièces sur l'abjuration de Condé.

6. Jean Maldonado, jésuite portugais.

Montpensier l'ayant envoyé à Sedan[1] pour la duchesse de Boüillon[2], sa fille, quand il se vit en lieu de liberté il s'enfuit à Heidelberg[3], fit imprimer un livre contre sa lascheté, par lequel il demande principalement pardon au prince de Condé de l'avoir précipité[4].

Pour preuve que le roi de Navarre avoit changé[5], on lui fait faire un édict qu'il envoya aux terres de son obéyssance, afin d'abolir la religion réformée, establir la romaine, restituer tous les biens des ecclésiastiques, interdire aux réformez tous les estats de marque, r'envoyant pour tout le peuple une forme d'abjuration[6].

Touchant le second poinct, la roine mère, tousjours curieuse des horoscopes et divinations, avoit appris de ses mauvais docteurs qu'elle devoit voir tous ses enfants rois. Sur cest espoir et désir, elle avoit mesnagé pour le dernier ce que nous avons dit avec la roine Élizabeth, et puis une conqueste d'Alger, un

1. Le 4 novembre 1572.
2. Françoise de Bourbon.
3. Le 19 décembre 1572.
4. Ce livre a pour titre : *Confession et recognoissance de Hugues Sureau, dit du Rosier, touchant sa chute en la papauté, et les horribles scandales par lui commis...* Bâle, 1574, in-12. Il a été réimprimé dans le t. II des *Mémoires de l'estat de France sous Charles IX*.
5. Le roi de Navarre signa une amende honorable et l'envoya au pape le 3 octobre, avec une lettre de recommandation du cardinal de Bourbon. Le pape lui répondit le 1er novembre 1572. Ces pièces ont été imprimées par La Popelinière, t. III, f. 81 et suiv. Une lettre de Ferrals, ambassadeur de France à Rome, en date du 10 octobre 1572, mentionne l'heureuse impression du pape à la réception de l'amende honorable du roi de Navarre (Orig., f. fr., vol. 16040, f. 204).
6. Cet édit fut publié le 16 octobre 1572. Il a été imprimé, 1572, petit in-8º, et réimprimé par La Popelinière, t. III, f. 84.

eschange de la Sardagne avec le roi d'Espagne; tout cela s'en alla en fumée. Comme nous verrons encores que l'évesque de Dax[1], ambassadeur vers Selim, l'avoit esbranlé à vouloir faire en Afrique la frontière des François; mais les Muphtis s'y estans opposez sur l'intérest de leur religion, le Grand Seigneur manda au roi par son ambassadeur que, sans penser à choses distinctes par la mer, il avoit la Flandre à sa main, répétition du sien juste, prétention et facile conqueste, ce que la paix qu'il avoit avec les réformez lui rendoit infaillible, et qu'en faveur de ce dessein il envoyeroit deux cents galères à la coste d'Espagne; cela receu peu de jours après la Sainct-Barthélemi[2].

Il y eut plus d'efficace aux desseins de Polongne pour Monsieur, où l'évesque de Valence[3], suggesteur et conducteur de l'entreprise, avoit, sur la maladie

---

1. François de Noailles, évêque de Dax, frère cadet de Antoine de Noailles, successivement ambassadeur en Angleterre, à Venise et à Constantinople. Il occupait ce dernier poste en 1572. Il mourut à Bayonne, le 19 septembre 1585. Sa correspondance diplomatique pendant son ambassade en Angleterre a été publiée plus ou moins complètement par l'abbé de Vertot (1763, 5 vol. in-18). Une autre partie a été éditée, en 1865, par M. Tamizey de Larroque.

2. Voyez les principaux recueils de la correspondance de François de Noailles pendant son ambassade à Constantinople (f. fr., vol. 3164, 3165, 6908, 7091, 7159, 7160, 10774, 16170, 17842, 20152, 21009, et coll. Dupuy, vol. 521).

3. Jean de Monluc, frère de Blaise de Monluc, dominicain, aumônier de Marguerite d'Augoulême, diplomate, évêque de Valence, mort le 13 avril 1579. La relation de sa mission en Pologne a été écrite par Jean Choisnin, son secrétaire, et reproduite dans toutes les grandes collections de mémoires sur l'histoire de France. M. Tamizey de Larroque lui a consacré une notice biographique.

incurable du roi, fait despescher Balagni[1], son fils naturel, avec un équipage d'un homme de bonne maison qui veut voir le pays, pour cognoistre ce qui estoit et semer les bruits qu'il faloit. Ayant pris cognoissance des principaux, jetté des opinions favorables pour Monsieur, et le roi Sigismond[2] estánt mort[3], Balagni s'en revint[4]. Son père fut despesché pour travailler au mesme affaire le jour de devant les nopces. Ayant dit, au partir, à l'oreille du comte de la Rochefoucaut[5] qu'ils prinssent garde à leurs vies, il marcha si lentement que les nouvelles du massacre le prirent à Verdun[6], pour le mauvais dessein qu'on avoit sur sa vie ; mais le roi et la roine en escrivirent de si bonne ancre qu'on le laissa poursuivre. De plusieurs doctes qu'il avoit espéré mener, il ne pût avoir que Basin[7],

1. Jean de Balagny, bâtard de Jean de Monluc, évêque de Valence, né vers 1545, devint gouverneur de Cambrai, maréchal de France et mourut en 1603.
2. Sigismond Auguste, roi de Pologne.
3. Il mourut le 7 juillet 1572, à l'âge de cinquante-deux ans. Dans les premiers jours de septembre, le roi, averti de sa mort, posa officiellement la candidature du duc d'Anjou (Lettre du roi à l'évêque de Dax, du 6 septembre, cop., f. fr., vol. 21009, f. 271).
4. Il revint en France sur la fin de juillet.
5. François, comte de la Rochefoucault, une des victimes de la Saint-Barthélemy. De Thou dit que la communication fut faite à Charles de la Rochefoucault, comte de Barbezieux, gouverneur de Champagne ; mais nous croyons que le grand historien commet une erreur.
6. L'évêque de Valence fut emprisonné à Verdun, sur l'ordre d'un des officiers de l'évêque de Verdun, et écrivit à la reine mère, le 1er septembre 1572, une lettre de justification (Orig., Vᶜ de Colbert, vol. 7, f. 429).
7. Bazin, gentilhomme polaque, fut envoyé en Pologne par Jean de Monluc, évêque de Valence, vers le commencement d'octobre 1572.

advocat de Blois. Arrivé en Polongne et ayant donné ses lettres aux principaux qui traictoyent de l'élection du duc d'Anjou, la première besongne qu'il eut à faire fut de laver ce prince pour la Sainct-Barthélemi ; pour cela ne pouvant nier la chose, il l'adoucit par les occasions, faisant un récit bien exprès de la mort de Gondrin[1], des cruautés du baron des Adrets[2], de la prise de Nismes et de ceux qui furent jettez dans le puits[3], des capitaines poignardez à Ortès par commandement de la roine de Navarre, sans conter aucunes de ses actions, ni comme militaires ni en représailles. Il adjousta à cela la démolition des temples et des tombeaux ; et puis il remonstroit le faict de la Sainct-Barthélemi fait par le peuple eschappé au roi, qui n'avoit puis après osé en refuser l'adveu, quoi qu'à son grand regret[4].

Contre tout cela il y eut un livre imprimé soubs le nom de Zacharie Furnester[5], qui, chantant autrement,

1. Blaise de Pardaillan, seigneur de la Mothe-Gondrin (t. I, p. 198, et t. II, p. 50).

2. François de Beaumont, baron des Adrets (t. II, p. 49).

3. Entre autres Bernard d'Elbene, évêque de Nimes. Il fut sauvé par le dévouement de son grand vicaire, qui se mit à sa place.

4. Le discours de l'évêque de Valence, contenant l'apologie du massacre de la Saint-Barthélemy, a été imprimé en 1575 et forme un petit volume in-12. Il a été reproduit dans le t. II des *Mémoires de l'estat de France sous Charles IX* (t. I, f. 594). D'après une copie contenue dans la coll. Moreau, vol. 741, f. 203, ce discours fut prononcé le 28 octobre 1572.

5. La réponse de Zacharie Furnester à l'évêque de Valence a été composée par Hugues Doneau, protestant français réfugié en Allemagne. Elle a été imprimée en 1573 et 1574 et reproduite dans le tome II des *Mémoires de l'estat de France sous Charles IX*.

faillit à gaster les affaires. Cujas[1] et Pibrac[2] furent employez à récriminer[3]; le dernier, plus propre à cela, entreprenoit à bon escient de rendre les réformez criminels de conjuration. Il en fit un livre plein d'éloquence[4], auquel respondit plus simplement et probablement[5] un Pierre Burin[6].

En Suisse fut despesché Bellièvre[7] pour donner aux

---

1. Jacques Cujas, professeur de droit à Toulouse, à Cahors, à Bourges, à Valence, auteur de nombreux écrits sur des matières de droit, qui occupent onze volumes in-fol. et qui ont été réimprimés en 1834-1843. Il mourut à Bourges, le 4 octobre 1590.

2. Guy du Faur, seigneur de Pibrac, magistrat et poète, né à Toulouse, en 1529, mort à Paris, le 27 mai 1584. Il fut successivement conseiller au parlement de Toulouse, représentant (1562) de la France au concile de Trente, avocat général au parlement de Paris (1565), conseiller d'État (1570), chancelier du duc d'Anjou, qu'il suivit en Pologne (1573).

3. La réponse de Cujas à Hugues Doneau porte pour titre : *Pro Johanne Monlucio praescriptio adversus libellum Zachariae Furnesteri*, en vers, 1574, in-8°. Elle fut traduite en français et imprimée à Paris, en 1575.

4. L'apologie de la Saint-Barthélemy, par Pibrac, porte pour titre, avec la date du 1er novembre 1572 : *Epistola ad Stanislaum Elvidium...*, 1573, et a été traduite et réimprimée plusieurs fois. Voyez le P. Lelong, n° 18148. Elle se retrouve dans les *Mémoires de l'estat de France sous Charles IX* (t. II, p. 11).

5. *Probablement*, d'une manière probante.

6. *Réponse à une épitre commençant : Seigneur Helvide...*, où est traité des massacres faits en France, en 1572, par *Pierre Burin*, à *Guillaume Papon*. 1er janvier 1573, in-8°. Il y eut aussi une autre réponse anonyme, écrite au nom d'Elvidius. Ces deux pièces, qui ont d'abord paru en latin en Allemagne, se retrouvent dans l'édition de Marot, publiée à Leipsick, en 1672.

7. Pompone de Bellièvre, homme d'État, né à Lyon, en 1529, suivit en Pologne (1573) Henri III, qui le créa surintendant des finances (1575) et l'envoya en Angleterre demander la liberté de Marie Stuart. Soupçonné d'intelligence avec le duc de Guise, il fut disgracié (1588). Henri IV le nomma chancelier (1599), mais

compères meilleure opinion qu'ils n'avoyent[1], accompagné d'un Charpentier[2], autres fois docteur à Genève. Cestui-ci, obligé de la vie et espérant des grandeurs promises, suivit les mesmes accusations de Pibrac avec plus d'expressitude[3], courut l'Allemagne. Contre ces choses escrivit un Wolsgang Prisbrach[4] et Portus[5], crétin[6], que Charpentier appeloit à tesmoin[7]. On voulut employer Balduin[8] à mesme effect, pource qu'il

lui ôta les sceaux (1604). Il mourut le 5 septembre 1607. Partie de sa correspondance pendant sa mission en Pologne est conservée dans le vol. 15870 du f. fr.

1. Bellièvre présenta l'apologie du massacre de la Saint-Barthélemy aux députés des treize cantons réunis à Bâle, le 8 décembre 1572. Cette pièce, conservée dans la coll. Dupuy, vol. 569, f. 79, a été imprimée dans les *Mémoires de Villeroy*.

2. Pierre Charpentier, jurisconsulte toulousain, d'abord professeur de droit à Genève, puis en France, espion aux gages de la reine mère, mourut en mai 1612.

3. *Lettre de Pierre Carpentier adressée à François Portus, par laquelle il montre......*, publiée en 1572, avec la date du 15 septembre, en français et en latin, et reproduite dans le t. I des *Mémoires de l'estat de France sous Charles IX*.

4. Le parti réformé répondit à la harangue de Pompone de Bellièvre en Suisse, sous le nom de Wolfang Prisbach de Cracovie : *Responsio ad orationem Pomponii Bellevrei habitam in Concilio Helvetiorum*, 1573, 1575. Cette réponse, traduite en français, est imprimée dans le t. II, p. 28, des *Mémoires de l'estat de France sous Charles IX*.

5. François Portus, professeur de grec à Genève.

6. Il y a certainement ici une de ces fautes d'impression qui ne sont pas rares dans les deux éditions de l'*Histoire universelle*. Il faut lire *crétois* et non *crétin*. En effet, dans sa réponse à Carpentier, Portus se dit *Candiot*.

7. *La réponse de François Portus, Candiot, aux lettres diffamatoires de Pierre Carpentier, avocat, pour l'innocence des fidèles serviteurs de Dieu......*, 1572 et 1573, in-8°, pamphlet d'abord imprimé en français, puis en latin, reproduit en français dans les *Mémoires de l'estat de France sous Charles IX*.

8. François Baudouin, né à Arras le 1er janvier 1520, embrassa

avoit eu dispute avec les ministres de Genève; il s'excusa sur la mesme chose pour monstrer que les advis seroyent inutiles; et ce fut lui-mesme qui remarqua le plus de faussetez en l'escrit de Charpentier[1].

On fit trouver à la cérémonie des chevaliers de Sainct-Michel[2] tous les chevalliers tels quels, tant pour monstrer leur nombre que pour présenter à leur veuë une requeste, par laquelle la noblesse demandoit l'extirpation de la nouvelle religion, avec obligation d'y employer la vie et les moyens. Tout d'une main on procède à l'invention de Morvilliers par un arrest de la cour contre l'amiral, par lequel il est déclaré coupable d'une grande liste de crimes[3]; son corps, s'il peut estre trouvé, condamné à tout ce qu'il avoit jà souffert; toutes les marques de son honneur destruictes par les mains des bourreaux; Chastillon à estre rasée et jamais réédifiée; les arbres de haute fustaye coupez à moitié, les ruines couvertes de sel, une colonne dressée où l'arrest seroit écrit en airin; ses enfans déclarez vilains, incapables de posséder ni biens ni

---

la réforme en Allemagne, revint en France, professa le droit à Bourges, à Strasbourg, à Heidelberg, à Douai, à Besançon et à Angers, fut nommé conseiller d'État, grâce au duc d'Anjou, et mourut en 1573. Il a laissé des ouvrages de controverse, un livre de l'*Institution de l'histoire,* et des traités sur le droit civil, réunis dans le tome I de la *Jurisprudence* de Heineccius.

1. Baudouin écrivit *Erreurs notables de la lettre de Carpentier,* 1572, in-8°, pamphlet réimprimé dans le t. I des *Mémoires de l'estat de France sous Charles IX.*

2. Cette procession est racontée par de Thou (liv. LIII).

3. L'arrêt de mise en accusation de Coligny est du 29 août; l'arrêt de condamnation des 27 et 29 octobre. Ils sont publiés dans les *Mémoires de l'estat de France sous Charles IX,* t. I, p. 563, et dans La Popelinière, t. II, f. 69.

honneur. En outre, le mesme arrest ordonna des processions solennelles du jour de Sainct-Barthélemi en mémoire du faict. Et, pour sceller cest arrest par quelque chose d'exprès, fut produit Briquemaut[1], aagé de septante ans, et Cavagnes, pour ouyr leur sentence à la chapelle. A la clause des enfans, ce vieillard s'escria et voulut promettre des services particuliers au roi pour allonger sa vie. Cavagnes, qui se fortifioit par sentences des psaumes, releva Briquemaut en la gloire de ses actions, et, l'ayant rendu honteux de sa peur, les deux furent trainez sur des claies, et le peuple les poursuivit et couvrit de fanges et d'opprobres[2].

Si tost qu'ils eurent été pendus, sans avoir esgard à leurs qualitez, on leur osta premièrement leurs chemises et parties honteuses, pour les faire en tout compagnons de l'amiral, de qui lors fut présentée et exécutée l'effigie de paille, sans y oublier un curedent en la bouche. Le roi, qui voulut voir ce plaisir des fenestres de la maison de ville, contraignit le roi de Navarre d'y estre présent.

Voilà deux des peines du roi adoucies ; voici comment on procéda pour oster aux réformez leurs refuges et principalement la Rochelle.

1. Briquemaut avait été arrêté dans l'hôtel de l'ambassadeur d'Angleterre, où il s'était réfugié (*Relation de Giov. Michiel*, 1572, p. 45).
2. Briquemaut et Cavagnes furent condamnés à mort par le Parlement et pendus les 27 et 29 octobre. Ces arrêts sont imprimés dans les *Mémoires de l'estat de France sous Charles IX*, t. I, f. 566. Une lettre de Gassot à Villars, en date du 31 octobre, raconte avec détails leur supplice (f. fr., vol. 3347, f. 67).

Chapitre VII[1].

Traictez de paix et quelques hostilitez.

De Xainctonge et de Poictou, avoyent porté dans la Rochelle ou confirmé les nouvelles du massacre quelques cinquante gentilshommes. Autant de ministres, et quelques huict à neuf cents soldats[2] les suivirent. Les Rochelois, en leur perplexité, demandoyent à Strosse conseil. Il leur avoit desjà par deux fois respondu ambiguement, quand un controolleur de la roine de Navarre leur apporta lettres du roi[3] contre l'admiral; qu'il avoit voulu tuer, lui, ses frères et le roi de Navarre; qu'il vouloit que les édicts fussent entretenus, qu'ils reçeussent Biron pour gouverneur et qu'il leur permettoit le presche dans la ville, quoique deffendu ailleurs. Ils respondirent qu'ils feroyent tout ce qu'on voudroit, pourveu que les forces de mer et l'armée de terre, qui les ruinoit, s'esloignassent[4]. Cependant, sous main ils firent imprimer un escrit qu'on attribuoit aux réfugiés, par lequel ils disoyent que le faict infâme et vilain commis à Paris ne leur pouvoit laisser croire que le roi eust trempé en telles

---

1. Le numéro et l'en-tête du chapitre manquent à l'édition de 1618.
2. De Thou dit qu'il arriva à la Rochelle 1,500 soldats (t. IV, liv. LIII, p. 647).
3. Ces lettres sont datées du 30 août 1572.
4. Les originaux des lettres de la ville de la Rochelle au roi, en date des 10 septembre et 29 septembre 1572, contenant de grandes protestations de déyouement, sont conservés dans le vol. 15555 du f. fr., f. 84 et 135.

meschancetez, qu'il n'avoit point violé la foi qu'il ne fust prisonnier des Guisarts, qu'on ne leur envoyoit rien qui ne fust sorti de mesme boutique, et que de ces puantes bouches sortoient le froid et le chaud; qu'ils sont prests d'employer leurs vies pour la délivrance de leur roi. Biron[1], receu des députez de la Rochelle à Sainct-Jean, devant lesquels, les larmes aux yeux, il rendit grâces à Dieu de n'avoir point trempé en la journée sanglante. Il leur remonstre la force qui leur venoit sur les bras avec leurs foiblesses : « Qu'ils chassent les nouveaux venus, et, pour marque d'obéyssance, seulement le reçoivent avec quelques uns des siens, pour quelques heures, en la ville. Le roi se contentera de cela, disoit-il, et les desseins qui sont tous prests estans rompus, vous ferez vos affaires à loisir. »

Les députez rapportèrent cela, et, le bruit estans que Biron estoit sorti à peine[2] de Paris pour avoir sauvé quantité de Réformez[3], la matière mise en délibération, les plus riches de la maison de ville et presque tous les officiers de la justice se bandoyent à cest accord, quoi que le peuple voulust autrement. Sur ce bransle, trois choses relevèrent les Rochelois : la première, le massacre de Bourdeaux[4], que Strosse avoit voulu

---

1. Les négociations de Biron avec les Rochelois pendant les mois de septembre et d'octobre 1572, avant le siège, sont racontées dans une série de pièces publiées par les *Mémoires de l'estat de France sous Charles IX*, t. II.

2. *A peine*, avec peine, à grand'peine.

3. Biron avait sauvé la vie du jeune Caumont La Force à l'Arsenal (*Mémoires du duc de la Force*, t. I, chap. ı).

4. Voyez ci-dessus, p. 350.

retarder[1]. En ceste considération, une lettre[2] mal à propos du baron de la Garde[3], odieux aux Rochelois pour les massacres de Merindol et Cabrières[4]; ceste lettre faisant mention qu'il estoit là pour les ruiner, s'ils n'obéïssoyent point à Biron. La troisiesme nouvelle apportoit de Montauban que, ceux de Castres ayans receu La Croisette, leur voisin et ami, comme ils pensoyent, ils avoient aussi tost esté volez et massacrez[5], et qu'ils prinssent garde à eux. A ces nouvelles, ils célébrèrent, au lieu de Biron, le jusne[6], font huict compagnies de leurs estrangers, chacun en prenant pour les nourrir, et donnent leurs gens de cheval à Sainct-Estienne[7].

1. C'est-à-dire que Strozzi aurait voulu retarder et probablement empêcher le massacre de Bordeaux.
2. Elle est datée du 31 août 1572.
3. Strozzi et le baron de la Garde étaient à Brouage et avaient reçu, peu de jours après le massacre du 24 août, l'ordre de se rendre maîtres de la Rochelle. Voyez Arcère, t. I, p. 403.
4. Merindol et Cabrières, villages du Comtat, étaient habités par des hérétiques vaudois, que le parlement de Provence, par arrêt du 18 novembre 1540, avait condamnés. L'exécution de l'arrêt, longtemps retardée, fut enfin commencée le 1er janvier 1545 par les barons d'Oppède et de la Garde et poursuivie avec une barbarie épouvantable. Théodore de Bèze, dans le livre premier de l'*Hist. ecclésiastique*, a fait le récit de ces massacres.
5. Voyez plus haut, p. 353.
6. Cette phrase n'est pas plus claire dans l'édition de 1616 que dans celle de 1626. La première porte : « A ces nouvelles, *ils receurent* au lieu de Biron le jeune. » Arcère aide à comprendre d'Aubigné en nous apprenant que le consistoire ordonna *un jeûne général* pour assurer le succès de la défense (*Hist. de la Rochelle*, t. I, f. 406).
7. Gilles de la Lande, seigneur de Saint-Estienne, gentilhomme poitevin, fils du seigneur de Vieillevigne, capitaine huguenot, fit longtemps la guerre en Poitou sous le commandement

Les Rochelois, cependant, ne laissèrent pas de recevoir lettres[1] de Biron, estant à Surgères, par lesquelles il promettoit de faire eslongner les navires. Autres lettres du roi de Navarre comme gouverneur[2], du roi[3], de la roine[4], de Monsieur[5], pleines de courtoisies, et par courriers redoublez. Ils firent response à Oüarti[6], qui leur demandoit des avitaillements, et, de mesmes raisons, ils payèrent lui et le baron de la Garde. La response à toutes ces dépesches fut à demander l'eslongnement des navires, et que le trouble qu'on mettoit en ceste ville l'empeschoit de pouvoir traicter.

Encore on despescha[7] Le Vijan[8], qu'on estimoit avoir crédit parmi eux, mais quand ils sçeurent que sa commission estoit de faire recevoir Biron gouverneur en la ville, ils rompirent tous propos avec lui; et lui s'en

de La Noue, devint gouverneur de Fontenay et de Tonnay-Charente et mourut vers 1596 (Haag).

1. Ces lettres, datées du 26 septembre 1572, sont imprimées dans les *Mémoires de l'estat de France sous Charles IX*, t. I, f. 521.

2. La lettre du roi de Navarre est datée du 10 septembre 1572.

3. D'après La Popelinière, le roi envoya trois lettres aux Rochelois. La première, apportée par d'Audevars, maître d'hôtel de la reine de Navarre, est datée du 30 août 1572, la seconde du 8 septembre et la troisième du 14 septembre (liv. XXXI, p. 104).

4. Elle est datée du 19 septembre 1572.

5. La lettre du duc d'Anjou est datée du 19 septembre 1572. Toutes ces pièces sont imprimées dans les *Mémoires de l'estat de France sous Charles IX*, t. I, f. 515 et suiv.

6. Philippe de Warty, chevalier de l'ordre.

7. Il fut envoyé par le roi le 12 octobre (Arcère, t. I, p. 415).

8. François du Fou, seigneur du Vigean et de la Grousselière, gouverneur de la ville et château de Lusignan (P. Ans., t. VIII, p. 704).

retourna[1] à Sigoignes[2], où de là, à quelques jours, Guimenières[3], lieutenant de Sainct-Estienne, le chargea ; là il fut blessé[4], deux de ses hommes tuez et son bagage pris. Guimenières incontinent mis prisonnier, il y eut diverses opinions en la ville. Quelques uns des plus gros, qui vouloyent traicter avec Vijan, exaggéroyent ce faict ; le peuple, qui se résolvoit à la guerre, vouloit que ce fut un juste butin[5].

Ceste brouillerie fit perdre aux Rochelois Sainct-Estienne et Guimenières, et avec eux quelques braves gentilshommes, qui se retirèrent sous l'asseurance de Biron. Et, afin que ceste manière d'asseurance portast plus de coup, on[6] despesche deux édicts[7], l'un dessus l'autre, pleins de faveur et assurance à tous ceux qui se voudroyent retirer. A cela, plusieurs espousèrent

1. Le 23 octobre 1572 (*Hist. de la Rochelle*, t. I, p. 415).

2. Sigogne, village auprès de la Jarrie, à trois lieues de la Rochelle.

3. Bejarry, s. de la Guemenière, frère cadet du s. de la Roche-Louherie, prit une part importante aux guerres civiles du règne de Charles IX. Comme La Noue, il y perdit un bras et se fit faire un bras de fer (*Journal de Le Riche*, 1846, p. 122, note).

4. En retournant vers Biron, du Vigean s'était arrêté à Sigogne. La nuit, les portes de la maison furent brisées, deux de ses compagnons blessés, lui-même laissé pour mort. Les agresseurs étaient des cavaliers de Guimenière, qui étaient postés à Bourgneuf (Delayant, *Hist. de la Rochelle*, t. I, p. 247 et 248).

5. La concision de d'Aubigné rend ce récit incompréhensible, mais Arcère nous l'explique. Guemenière, accusé de trahison, fut mis en prison. Saint-Estienne prit parti pour lui. Il s'ensuivit une querelle, à la suite de laquelle Saint-Estienne et Guemenière se retirèrent (Arcère, t. I, p. 416).

6. *On* désigne ici le roi.

7. Ces deux édits, datés, l'un, du 8 octobre, et, l'autre, du 28, sont imprimés dans les *Mémoires de l'estat de France sous Charles IX*, t. I, f. 549 et 577.

leurs maisons, prenant pour raison envers leurs compagnons, premièrement, la nécessité où ils estoyent surpris, et puis qu'ils espéroyent faire mieux pour leur parti de solliciter les grands et se joindre à eux que de s'enfermer en une ville parmi un peuple estonné, plus propre à offenser ceux de dedans que ceux de dehors, comme il paroissoit[1] en la condamnation d'une action de guerre, de laquelle l'exemple estoit frais.

Là-dessus despesches en Angleterre[2], au vidasme[3] et au comte de Montgommeri[4] par Pardillan[5] et le ministre du Moulin, tous deux choisis pour leur fidélité; La Place[6] renvoyé encores et trois autres. Ceste despesche sçeuë par quelque mauvais citoyen, Biron receut

1. Ce membre de phrase, jusqu'à la fin de l'alinéa, manque à l'édition de 1618.
2. Le 22 octobre, le capitaine Languillier, au nom des habitants de la Rochelle, écrivit à lord Cecil pour demander du secours à la reine Élisabeth (*Bulletin de la Société du prot. français*, t. III, p. 143).
3. Jean de Ferrière, vidame de Chartres.
4. D'après Arcère (t. I, p. 417, note), il s'agit ici d'un membre de la maison de Pardaillan-Berbezé de Panjas, dont parle le Père Anselme (t. V, p. 192). Nous croyons que, sous cette épithète *le jeune Pardaillan,* d'Aubigné désigne plutôt François de Ségur-Pardaillan, qu'il avait déjà désigné ainsi dans son récit du massacre de la Saint-Barthélemy.
5. Claude du Moulin, ministre de Fontenay-le-Comte depuis 1560, renommé pour sa science, s'était réfugié à la Rochelle. De retour à Fontenay, après la paix de 1573, il fut arrêté, s'évada, fut repris et pendu avec le capitaine Bizot en 1574 (Haag). Il ne faut pas confondre Claude du Moulin avec Pierre du Moulin, ministre réformé à Sedan, dont le *Bulletin de la Société de l'hist. du prot. français* a publié une intéressante autobiographie (t. VII, p. 170).
6. Jean de la Place, notable de la Rochelle.

commandement de faire la guerre, si on le refusoit encores une fois. De plus, pour haster les affaires, il arriva que Paul Emille[1], voulant recognoistre le hâvre de la Rochelle, accompagné d'autres Italiens et de quelques ingénieux[2], vint avec deux galères à Chef-de-Bois[3], où il en laissa une à l'anchre, et lui, dans la fiasque[4], vint à la portée du canon, envoyant quelques lettres chargées de négociations, pour sous ceste couleur faire sa visite. Ses messagers retenus trop long temps, il voulut regaigner l'autre, mais un vent de sud oüest l'empesche, et, sur le soir, douze vaisseaux, qui alloyent en Ré sous la charge des Essarts[5] pour saisir l'isle, accostèrent premièrement sans bruit la galère; et, là dessus estans découvert, crient liberté aux forsats, qui abandonnent les rames, quoi qu'on les tuast. Paul Emille ne laissa pas de se bien défendre, mais ses principaux tuez et lui blessé en deux lieux, il fut amené avec sa galère prisonnier, les forsats congédiez, et l'autre se sauva[6].

Environ ce temps, Monts en Hainaut rendu, comme nous dirons, La Nouë, qui estoit dedans, ne sachant à

1. Paul-Émile de Fiesque, gentilhomme génois, neveu du comte de Fiesque.
2. Ceux qui accompagnaient Paul-Émile, comme le dit de Thou (liv. LIII, p. 654), étaient Pierre-Paul Tosinghi, officier florentin, gouverneur de Saint-Jean-d'Angély, le Génois Gregeto Giustiniani et Ramelli de Pesaro, célèbre ingénieur.
3. Chef-de-Bois, cap à deux milles de la Rochelle. Plus loin d'Aubigné l'appelle *Chef de Baye*.
4. *Fiasque*, petit canot allongé.
5. Le seigneur des Essarts-Montalembert, capitaine de gens de pied du parti réformé.
6. Le coup de main des Rochelois sur l'île de Ré eut lieu le 8 novembre 1572 (Arcère, t. I, p. 422).

qui se vouër, fut courtoisement receu du duc de Longueville[1], par lui mené à Paris et veu secrettement chez Gondi[2]. Là, le roi, après avoir haut loüé sa probité, sa valeur et sa modestie aux affaires générales, le pria de s'employer à son service, surtout travaillant à sauver les Rochelois, lui promettant leur donner cause de contentement, et, attendant plus grande preuve de sa bonne volonté, il donna, pour l'amour de lui, main-levée aux biens de Teligni, son beau-frère. La Noue ne put tant s'excuser que le roi ne lui fist entendre sa résolution, qui estoit de lui enjoindre à entreprendre le voyage, à la charge qu'il ne seroit obligé à rien indigne de son honneur. On lui donne l'abbé de Gaidagne[3] pour compagnon, espie ou conseillier. On les arresta[4] à Tadon[5], où les députez[6] de la ville, ayans entendu l'exposition de son voyage, lui dirent qu'ils pensoyent trouver La Noue, mais qu'ils ne le voyoyent point, que celui à qui ils parloyent avoit beau lui sembler de visage, qu'ils ne le cognoissoyent point pour La Noue. De là à deux jours, ils le renvoyent avec reproche. La Noue leur

1. Léonor d'Orléans, duc de Longueville.
2. Albert de Gondy, comte, puis duc de Retz.
3. Jean-Baptiste Gadagne, dit l'abbé de Gadagne, bourgeois lyonnais d'origine florentine, agent de Catherine de Médicis, espion et négociateur (*Lettres de Henri IV*, t. I, p. 292).
4. La lettre des habitants de la Rochelle à La Noue, par laquelle ils lui refusent l'entrée de la ville, mais l'engagent à venir à Tadon, est datée du 15 novembre 1572 (Copie; f. fr., vol. 15555, f. 215).
5. Tadon, faubourg de la Rochelle ou petit village situé près de la ville à la porte Saint-Nicolas. La Noue et Gadagne y arrivèrent le 19 décembre 1572 (Arcère, t. I, p. 427).
6. C'étaient La Roche-Esnard, Maizeau, de Nort et Galbert (Delayant, t. I, p. 253).

monstrant le bras perdu à leur service, eux répliquèrent : « Il nous souvient bien d'un La Noue, duquel le personnage estoit bien différent de celui que vous jouez ; c'estoit nostre grand ami, qui, par sa vertu, expérience et constance, deffendoit nos vies, se couronnoit d'honneur et n'eust pas voulu nous trahir par belles paroles, comme fait celui à qui nous parlons, semblable de visage et non de volonté. » Il fit tant par patience pourtant qu'ils le receurent dans la ville[1], où on lui proposa et conseilla de trois conditions l'une : ou s'il vouloit demeurer en son privé, ils lui offrirent logis et moyens selon leur pouvoir ; s'il vouloit estre leur général, obéissance de la noblesse et d'eux ; s'il aimoit mieux aller en Angleterre, un navire équippé. Estant retiré avec Gadaigne, et ayans consulté les dangers où il estoit, et surtout cestui-là, qu'il ne se pouvoit conduire en façon qu'il ne parust infidelle au roi ou à ce peuple, la mort lui estant plus à désirer qu'une de ces réputations ; en fin, par l'advis de Gadaigne[2], il preint la charge offerte, sans toucher à la primauté du maire, où il se gouverna de façon que, tant qu'il fut dans la Rochelle, il n'estoit blasmable que de cercher trop les périls ; et quand il en fut hors, le roi eut conten-

1. La Noue entra à la Rochelle vers le 26 novembre 1572 et prononça une harangue qui est analysée dans l'*Histoire des deux sièges de la Rochelle*, p. 33.

2. Le récit des négociations ou intrigues de Gadagne remplit les correspondances sur le siège de la Rochelle insérées dans le tome II des *Mémoires de l'estat de France sous Charles IX*. Voyez aussi les lettres de Biron contenues dans le vol. 15556 du fonds français. Une lettre de Gadagne à Villeroy, en date du 9 janvier 1573, contient un résumé de toute sa négociation avec des détails nouveaux (Autogr., coll. Godefroy, vol. 258, f. 76).

tement de sa gestion pour la paix, ce que je cotte pour chose très rare et hors du commun[1].

Chapitre VIII.

Du siège de la Rochelle jusques à la fin de l'année.

Toute espérance d'accord perdue, La Noue y ayant failli au commencement de novembre[2], l'armée ayant fait monstre[3], l'ordre du siège fut ainsi arresté : Biron, comme gouverneur de la ville, avec l'infanterie du Strosse, s'approcheroit de la ville; que le comte de Lude[4] attaqueroit Marans[5]. Le capitaine Normand[6], avec trois compagnies de gens de pied et cinquante chevaux, ayans quitté l'isle et pensans gaigner la Rochelle, Biron, qui le trouva en son chemin, le contraignit de se jeter dans la Grimaudière[7], où il n'y avoit

---

1. La Noue entra en fonction comme gouverneur de la Rochelle le 23 décembre, et le 28 prêta serment en cette même qualité (Arcère, t. I, p. 431).
2. Les lettres patentes du roi déclarant le siège ouvert contre la Rochelle sont datées, suivant certaines copies, du 5 novembre, suivant d'autres du 6 novembre 1572.
3. La revue des troupes royales destinées au siège de la Rochelle eut lieu le 4 décembre (De Thou, liv. LVII).
4. Guy de Daillon, comte du Lude, gouverneur du Poitou.
5. A vingt-quatre kil. de la Rochelle.
6. Normand, capitaine huguenot, originaire de Rouen, avait fait ses premières armes pendant le siège de Chartres en 1568. On le trouve en Saintonge jusqu'au commencement du règne de Henri III, au premier rang des lieutenants de La Noue. D'après Haag, il est probable que son vrai nom était *Bretin*.
7. La Grimaudière, château fort, à moitié chemin de Marans à la Bastille (*Mémoires de l'estat de France sous Charles IX*, t. II, p. 97 v°). Arcère l'appelle *la Gremenaudière* (t. I, p. 433).

qu'un corps de logis et de meschantes tourelles. Quelque tard qu'il fust, on le somme, et lui, se moquant et se jouant avec refus, on jette par terre la tourette de main gauche, et, le jour se couchant là-dessus, Normant, perçant par les Marests, gaigna la ville avec ses gens de pied. Virolet[1], qui ne le voulut pas suivre, fut pris et mis à rançon, laquelle ne pouvant payer, il prit parti en l'armée du roi, qui ce jour vint loger à Pilleboreau et Roncée[2], les plus près à une lieue et demie de la ville. Là, les assiégez faisoyent divers dommages à leurs ennemis, par la cognoissance des lieux et par surprises; prirent entre autres Saincte-Colombe[3]; la plus-part de ces galenteries pour donner moyen à ceux de la ville d'emmener le reste de leurs vendanges, desquelles ils serrèrent vingt-cinq mille muits de vin. Sainct-Martin, luthérien[4], arrivoit au siège avec huict cents arquebusiers fort estimez; la cavallerie de la Rochelle les rencontre en marchant; Languillier, qui y commandoit, fait donner ses coureurs dessus, qui passent sur le ventre à tout cela, en tuent quelques

---

1. Virolet, capitaine de gens de pied, lieutenant de Normand, avait refusé de suivre son capitaine pour sauver ses chevaux (Arcère, t. I, p. 433). Rentré chez lui, il fut assassiné par un capitaine catholique, son ennemi personnel (*Mémoires de l'estat de France sous Charles IX*, t. II, f. 102 v°).

2. Strozzi vint camper à Pui-Liboreau, Goas à Rompsay, villages aux portes de la Rochelle (Arcère, t. I, p. 434).

3. Jean de Montesquiou, s. de Sainte-Colomme ou Sainte-Colombe, capitaine gascon, héritier d'Antoine de Lomagne de Terride.

4. Jean de Brichanteau, seigneur de Saint-Martin-de-Nigelles, premier arquebusier du roi, mort vers 1581 (Brantôme, t. V, p. 36). Il était d'Orléans. On le nommait le Luthérien, parce qu'il avait autrefois professé la réforme (Arcère, t. I, p. 434, note).

trente, en emmènent quarante prisonniers, et mettoyent en pièces le reste, s'ils n'eussent gaigné les maisons.

De là à deux jours, ceux de la ville, allans cercher mesmes avantures, furent congnez rudement par les chevaux légers. Campet, depuis nommé Saugeon, voulant trop opiniastrer la retraicte, fut abbatu et emmené prisonnier au chasteau de Niort. Il se sauva bien à propos. L'armée se logea de ce pas dans la Fonds[1], entreprenant, pour le premier maneuvre, de coupper les sources, qui, de là, vont dans la ville[2]. Sur ceste besongne, sortent de la ville huict cents arquebusiers et soixante salades, qui attaquèrent plustost un combat qu'un escarmouche, que la nuict sépara. Ceux de dedans y laissèrent six bons hommes, en tuèrent vingt, et emmenèrent prisonniers deux capitaines en chef. Le lendemain, pour la défense des canaux, y eut un pareil combat, où en fin ils furent couppez; qui ne fut pas si grand dommage aux assiégez qu'on eust pensé, pource qu'ils estoyent desjà accoustumez à boire des puits doux[3] et mesmes par ordonnance du maire, sur le soupçon qu'on leur avoit donné des sources empoisonnées. A la mi-décembre, ceux de la ville célébrèrent le jeusne[4]. Et, sur les derniers jours de l'année[5], Biron attaqua les

---

1. Village situé à six cents pas de la Rochelle.
2. Cette escarmouche eut lieu le 13 décembre (Arcère, t. I, p. 434).
3. Des puits d'eau douce.
4. Il fut célébré le 16 et le 18 décembre 1572.
5. Ce coup de main eut lieu sur les huit heures du soir, le 24 décembre 1572 (*Mémoires de l'estat de France sous Charles IX*. t. II, f. 102 v°).

moulins à vent au-dessus de Congne[1], à coups de canon ; où furent tuez ou prisonniers quarante soldats par opiniastreté. En un de ces moulins, un soldat seul enfermé composa à la vie pour lui et toute sa troupe et fut sauvé par sa galantise.

Aux féries de Noël[2], la cavallerie de la Rochelle donna jusques à Roncée, deffit quelques gens de cheval, ramena Fleurac blessé[3], qui, rapporté, mourut en la ville.

Cependant voilà la Rochelle demi assiégée, qui nous permet d'en faire le tour, pour en présenter, comme on peut, un tableau de paroles.

La Rochelle est estendue en long sur une crouppe platte, qui descent doucement des moulins, desquels nous parlions, jusques au hâvre, lequel se fait de plusieurs ruisseaux, qui, horsmis par la teste, mouillent les fossez de la ville, rencontrant ceux qui viennent du costé des salines et de devers la Jarrie[4], dans le havre par dessous la ville, estant fermée d'une ceincture de muraille, haute et garnie de tours à la mode ancienne ; sa chaîne soustenue de deux grosses tours qui en portent le nom[5]. Dans la ville, il n'y a place pour mettre en bataille qu'une, qui est celle du chasteau.

---

1. Arcère, d'après La Popelinière, appelle ces moulins les moulins de la Brande (t. I, p. 435, note).

2. Le jour même de Noël, d'après les *Mémoires de l'estat de France sous Charles IX* (t. II, p. 103).

3. Ce capitaine se nommait Flogeac, d'après Arcère (t. I, p. 435), et était de Saintonge. A la nouvelle de sa mort, Biron poussa une singulière exclamation (*Mémoires de l'estat de France sous Charles IX*, t. II, f. 103).

4. La Jarrie, petite ville près de la Rochelle.

5. De Thou les appelle tours du Garrot (liv. LV).

Outre le hàvre, y a une grande baye de demi-lieue de large, trois quarts de lieue de long, devers Coureille; et d'une lieue, du costé qui s'estend à Chef de Baye[1]. Les fossez de la ville estoyent moyennement beaux, les remparts excellents depuis Congne jusques à Saint-Barthélemi, les murs de bonne estoffe. Les forts destachez estoyent tous aigus, petits et de peu de valeur; celui de Congne, aigu outre mesure. En sortant à la main gauche, y avoit en la contr'escarpe un petit commencement de fort, portant le nom de La Noue, et, depuis, augmenté par lui; plus bas et touchant à l'escarpe, celui de l'Évangile, non revestu, de peu de hauteur, et lors ne passant point cinquante pas de courtine. Puis il y a le bastion de la porte neufve[2], duquel les lattes[3] n'ont que trente-quatre pas. Les mottines et la marée, qui emplit deux fois le jour le fossé de ce costé, servent de deffense au reste jusques à la mer.

L'autre bande, qui est la droicte au sortir de Congne, estoit de difficile accès, pource que le mur et le fossé constituoyent une fort grande tenaille, sans remparts pourtant, et le ventre de ceste concavité, un marest, où, par la porte de Tadon, on mettoit, durant le siège mesme, paistre du bestail en seureté. A l'autre bout, qui arrive à Saint-Nicolas, y avoit une fort mauvaise fortification qu'ils appelloyent la tenaille; et puis, entre là et une des tours du hàvre, une mauvaise pièce revestue, enfondrée dans la vase de la mer, nommée le Coyon par l'ingénieux Scipion[4], celui mesmes qui, ayant for-

---

1. Chef-de-Baye ou Chef-de-Bois. Voyez ci-dessus, p. 374.
2. Probablement le bastion des Dames.
3. *Latte,* côté, *latus.*
4. Le Vénitien Scipion Vergano, du Frioul, ingénieur, avait été

tifié la ville, servit à l'assiéger. La courtine de la ville avoit de tour trois mille six cents pas bien comptez. J'ai tousjours dict en ceste description : *qui estoit*, et non pas : *qui est*, ne rendant compte que de l'estat auquel la Rochelle a soustenu les efforts que vous verrez, et non pas celui du temps auquel j'escris, estant changée par tout en une des meilleures fortifications de l'Europe.

Là dedans s'enfermèrent neuf cents ou mille soldats estrangers[1], pour le plus, seize ou dix-huict cents habitans[2], qui pouvoyent tirer une arquebusade. Les plus apparents de Poictou, qui s'y jettèrent, furent Roche-Esnard[3], Les Essarts, Champagne[4], Le Chaillou[5] et La Musse[6]. Les meilleurs capitaines estoyent Normand,

---

longtemps au service du parti réformé (De Thou). Il avait succédé à Robert Chinon, ingénieur du roi de Navarre (Haag, t. V, p. 497).

1. C'est-à-dire étrangers à la ville.

2. De Thou compte enfermés dans la Rochelle 1,300 hommes de troupes avec 2,000 habitants bien armés (t. IV, liv. LV, p. 761).

3. Le seigneur de la Roche-Esnard, gentilhomme saintongeois (Arcère, t. I, p. 422).

4. Champagné, capitaine huguenot poitevin, accompagna La Noue dans sa retraite, au mois de mars, lorsque La Noue abandonna la défense de la Rochelle. Il fut suivi par La Salle et Vadorne.

5. Chailloux était un gentilhomme du Poitou que Arcère représente comme ami de la paix (t. I, p. 471). Dégoûté de la guerre, il quitta la Rochelle le 26 mars 1573 (*Mémoires de l'estat de France sous Charles IX*, t. II, f. 174 v°).

6. Le capitaine La Musse, d'origine vendéenne, avait longtemps appartenu au parti catholique et avait embrassé la réforme par conviction et contre ses intérêts. Arcère le dépeint comme un homme d'honneur qui refusa de trahir la ville de la Rochelle (t. I, p. 450). Il fut blessé à mort, le 15 avril 1573, de trois arque-

Sauvage[1], La Salle, Vaudorne et Lis[2]. Il y avoit dans la ville, que canons que coulevrines; neuf pièces de campagne, trente-huict; et soixante ou quatre-vingt fauconneaux, que verteuls que sacres; huict vingt milliers de poudre, sans celle que les moulins faisoyent. Avec cela le peuple se résolut au siège, fortifié par la bonne réputation de leur ville, par les gentilshommes et soldats estrangers, qui alloyent cercher leur péril, par les presches éloquents de cinquante ministres, et, plus que tout, par leur nécessité. Ce fut en la mairie de Jacques Henri[3], esprit et courage ferme, assisté de Salbert[4], par l'aide duquel les disputes d'entre la noblesse et les habitans sur les commandements furent esteinctes.

A ce labeur prindrent bonne part les pasteurs, mais sur tous Odet de Nord[5].

busades, et mourut le 19 du mois (*Mémoires de l'estat de France*, t. II, f. 236 v°).

1. Sauvage fut un des huit capitaines rochelais qui, au commencement du siège, levèrent chacun une compagnie de volontaires. Il remplit pendant le siège les fonctions de sergent-major, et fut tué à la fin de mars 1573 (Haag, t. V, p. 216).

2. Le seigneur de la Rivière-Le-Lys, capitaine de gens de pied.

3. Jacques-Henri, seigneur de la Maisonneuve et de Moussidun, maire de la Rochelle, personnage élevé sous l'amiral de Coligny, d'une fermeté indomptable, mais très violent (Arcère, t. I, p. 440).

4. Salbert, bourgeois de la Rochelle, ancien maire de la ville. Arcère le représente comme dur et cupide (t. I, p. 383).

5. Odet de Nort, né à Agen en 1540, ministre réformé établi à la Rochelle depuis le commencement du règne de Charles IX, gouvernait la ville par son éloquence enflammée. Il mourut en mars 1593. M. de Richemond a publié dans le *Bulletin de la Société de l'hist. du prot. français* (15 janvier 1887) une notice biographique sur lui.

L'assiette de la ville estoit désadvantagée en ce que le terrier du dehors, comme l'on va à la Fonds, estoit naturellement plus haut que le sit de la ville. Ils avoyent pour remède les remparts de ce costé, si eslevez que La Noue les appelloit montagnes, et derrière, la grand' place de bataille du chasteau [1].

Chapitre IX.

De la prise des armes en Guyenne, haut et bas Languedoc, avec les commencements de Sancerre.

Nous vous avons promis le succès de ceste courtoisie signalée que receut Resnier. Vesins n'estoit pas encor à deux lieuës de lui qu'après avoir repeu légèrement, il despesche au vicomte de Gourdon [2], à Senevières [3] et à Giscard [4], à Tournon [5], lesquels, la nuict d'après,

---

1. Cette description du site et des fortifications de la Rochelle est empruntée à La Popelinière (1581, liv. XXXII, f. 116 v°) et à de Thou (liv. LV).
2. Antoine de Gourdon, vicomte de Gourdon et seigneur de Cenevières, chevalier de l'ordre et capitaine d'une compagnie de cinquante hommes d'armes d'ordonnance. Il est cité dans les *Faits d'armes de Geoffroy de Vivans*, 1887, in-8°, p. 9. De Thou indique ici Nicolas du Peloux, s. de Gourdon; mais l'indication de Cenevières, où Vesins adressa sa lettre, prouve qu'il s'agissait d'Antoine de Gourdon.
3. Cenevières, près de Sarlat (Dordogne), seigneurie appartenant à la maison de Gourdon et érigée en marquisat en sa faveur vers 1612.
4. Jean de Giscard, seigneur de Giscard et de la Gardelle, gentilhomme du Quercy, capitaine protestant, cité aussi dans les *Faits d'armes de Geoffroy de Vivans*.
5. Tournon d'Agenais (Lot-et-Garonne).

avec autres qu'il avoit mandez, lui font vingt-cinq bons chevaux avec cuirasse et casque et douze soldats montez avec le pétrinal. Les compagnons, s'estans embrassez, remontent à cheval au point du jour pour aller faire prendre les armes à ceux de Montauban[1]. Mais ils y trouvèrent un tel estonnement qu'assistez de quatre ou cinq des plus apparents et meilleurs de la ville, ils ne sçeurent jamais obtenir du peuple de fermer une porte et y porter une hallebarde, sur le bruit qui venoit d'arriver qu'on avoit veu auprès de Castel-Sarrazin la grand'cornette noire de Montluc, qui avoit fait de si beaux exploits, et de laquelle son maistre disoit que tous les huguenots ne l'oseroyent manier s'ils l'avoyent trouvée dans un fossé. Avec elle on avoit encor veu les enseignes des gendarmes de Fontenille[2] et Sainct-Taurins[3], et puis deux cornettes d'arquebusiers à cheval de Verduisan[4], et un autre.

Resnier, ne voulant pas estre enfermé dans ceste ville estonnée[5], regaigne la campagne et, s'en allant

1. Vers le milieu de septembre, les réformés de Montauban commencèrent à rassembler des gens armés et à fortifier leur ville (Lettre de Brassac à Monluc, du 17 septembre 1572 ; copie du temps, vol. 15555, f. 104).

2. Philippe de la Roche, baron de Fontenilles, gendre de Blaise de Monluc.

3. François de Cassagnet de Tilladet, s. de Saint-Orens.

4. Le s. de Verduzan, d'abord enseigne de la compagnie de Blaise de Monluc, puis sénéchal du Bazadois, capitaine gascon souvent cité dans les *Commentaires,* fils ou petit-fils d'Odet de Verduzan, capitaine du château et de la place de Dax en 1513 (f. fr., vol. 22379, f. 2).

5. Ce ne fut que le 6 octobre 1572 que les habitants de Montauban organisèrent leur défense. Ils nommèrent des officiers, réparèrent leurs murs et ramassèrent des vivres en vue du siège (Le Bret, *Hist. de Montauban,* t. II, p. 65, édit. de 1841).

incertain où se retirer, comme il fut au Peu-Blanc[1], d'où il lui faloit passer en bateau à la poincte Caseron, il voit venir à ses trousses Fontenille avec sa troupe, et les autres quatre derrière. La rivière et le ruisseau rendoyent le lieu si estroict que Resnier, à qui le vicomte de Gourdon déféroit pour son expérience, et comme aux périls extrêmes les plus grands font aux plus advisez, prit occasion de dire : « Mes frères et compagnons, soit pour la vie, soit pour le combat, il n'y a chemin que cestui-là. » Là dessus il donne dix hommes, pour mesler devant, à Giscart, lui promet de lui marcher sur ses talons, et, voyant les ennemis arrestez pour mettre armet en teste, il prit ce loisir pour estre le ministre de sa troupe. Achevant sa prière dévotieuse et courageuse, il fait donner Giscart si serré que ceux de Fontenille troublez voulurent laisser au gros sa part du combat. Comme ceux de Fontenille se relaissoyent[2] à la cornette noire, Giscart ne les desmesle point. Resnier, rentrant en mesme point dans le désordre avec ses quinze cuirasses et ses douze argoulets, l'espée en la main, tout cela joüa des mains avec telle mémoire de leurs nécessitez qu'ils renversent les trois troupes sur les deux d'arquebusiers à cheval, à qui on avoit crié : « Pied à terre. » Tout cela poursuivi une lieuë, les cinq cornettes prises, quatre-vingts hommes morts sur la place et cinquante gentilshommes prisonniers. Resnier retourna rendre grâces au mesme lieu où il avoit fait la prière, et puis avec son équipage nouveau mena ses prisonniers, qu'il avoit grand peine

1. Probablement le Blanc, village de l'Aveyron, et la Pointe-d'Aveyron, dans le Tarn-et-Garonne.
2. *Relaisser*, terme de chasse, s'arrêter pour reprendre haleine.

à garder, dedans Montauban[1]. Les habitans, voyans deux cents cinquante lances et cent quarante arquebusiers desfaits par trente-sept hommes, se laissèrent persuader à deffendre leurs vies, ce qu'ils[2] n'ont pas dès lors oublié.

Sur cette réputation se joignit à eux Serignac[3], frère de Terride[4], qui, ensemble, osèrent envoyer prendre l'advis des Rochelois et du haut Languedoc. Adonc confortez par l'union de ces lieux, Resnier alla prendre Villemur, sur le Tar, Caussade et Bioulle. D'elles mesmes se prirent Negrepelisse, Malause, Flognac et Belleperche[5], en Rouargue; en Lauraguez, Sainct-Paul, Briteste[6] et Peulaurens[7]; en Albigeois, Réalmont, et,

---

1. Reyniès était rentré à Montauban à la date du 16 janvier 1573. De là, à cette date, il adressa une lettre à l'amiral de Villars pour protester de ses intentions pacifiques (Orig.; f. fr., vol. 15556, f. 74).

2. Cette fin de phrase manque à l'édition de 1618.

3. Jean Geraud de Lomaigne, s. de Serignac, avait rejoint Reyniès à Montauban avant le 16 janvier 1573 (Lettre de Reyniès à Villars de cette date, citée dans l'avant-dernière note).

4. Antoine de Lomagne, baron de Terride. Voyez ci-dessus, t. II, p. 24.

5. Belleperche, abbaye sur les bords de la Garonne, près de Castelsarrazin. Sérignac y commit d'affreux massacres (*Hist. du Languedoc*, t. V, p. 315). Elle appartenait au fils de Jean d'Ebrard, s. de Saint-Suplice, qui adressa au marquis de Villars, le 18 octobre 1573, de pressantes instances pour le déterminer à la reprendre aux gens de Sérignac (Orig.; f. fr., vol. 3224, f. 42). L'abbaye fut reprise par Villars avant le 25 janvier 1573 (Lettre du duc d'Anjou de cette date; ibid., f. 57).

6. Saint-Paul-de-Damiate, Viterbe (Tarn). Les autres noms de ville cités dans ce passage sont facilement reconnaissables.

7. Puylaurens (Tarn). Sérignac s'y rendit au mois de février 1573, et y tint une sorte d'assemblée provinciale, ce qui prouve qu'elle appartenait déjà depuis quelque temps aux réformés (Lettre

bien tost après, Roche-Courbe[1] et Lombez[2]. En Foix, Mazère et le Mas d'Azille. Le vicomte de Gourdon print Soillac, en Querci; et Quadenat[3], très forte, se donna à lui. Serignac print Terride, qu'il disputoit avec son frère, et depuis en porta le nom. Rabastins fut failli, les eschelles estant courtes; ce qu'elles ne furent pas à Buzet, près Thoulouze, prise par escalade, dont les habitans furent si bons compagnons qu'ils se firent tous tuer en se défendant.

Il manquoit aux resveillez quelque ordre qui sentist le général. Pour y parvenir, leur première assemblée fut à Réalmont[4], où ils divisèrent les commandements de façon que le vicomte de Gourdon commandoit en Querci; outre Garonne, Serignac; en Lauraguez, le vicomte de Paulin[5]; en Rouargues, celui de Panat[6]; en

de Raymond de Pavie, s. de Fourquevaux, à la reine, en date du 22 février 1573; autogr., f. fr., vol. 15556, f. 393).

1. La ville de Roquecourbe (Tarn) fut prise par les réformés le 7 octobre 1572. Les *Mémoires de Gaches* donnent de grands détails sur ce fait d'armes, p. 122.

2. Il s'agit ici de Lombers (Tarn) et non de Lombez (Gers). La ville fut prise par le vicomte de Paulin le 24 décembre 1572 (*Journal de Faurin sur les guerres de Castres*, nouv. édit. par M. Charles Pradel. Montpellier, 1878, in-4°, p. 65). Le vicomte de Paulin en donna le commandement au capitaine Dupuy, de Saint-Sernin (*Mémoires de Gaches*, p. 128).

3. Souillac et Capdenac (Lot).

4. Il y eut deux réunions des réformés de l'Albigeois. La première eut lieu le 1er novembre 1572, à Peyre-Segade, faubourg de Viane, au diocèse de Castres (*Hist. du Languedoc*, t. V, p. 315). La seconde eut lieu au commencement de mai 1573 (*Ibid.*, p. 319). Les deux réunions avaient pour but l'organisation de la résistance.

5. Bertrand de Rabasteins, vicomte de Paulin (*Hist. du Languedoc*, t. V, p. 315).

6. Jean de Castelpers, vicomte de Panat (*Hist. du Languedoc*, t. V, p. 741).

Foix fut envoyé Caumont[1], auquel on adjousta ce qu'il y avoit en Bigorre; à Resnier demeura sa conqueste en partage.

Millaud arma en mesme temps que Montauban; au bas Languedoc, Nismes, Privats, et non Sainct-Privat, que les histoires de ce temps mettent en sa place. Anduze aux Sévènes et le Pouzin au Vivarez, sur le Rhosne, Aubenas, Villeneufve, Mirabel et les petites villes d'entre les montagnes mirent les enseignes au vent[2]; quoi que grand'quantité s'en fussent fuys à Genève et en Suisse[3], où ils trouvèrent Bellièvre[4] plein de remontrances, de promesses et de menaces pour les faire retourner en leurs maisons, à l'abri des derniers édicts du roi, plein encores de ces mesmes harangues envers les Suisses, lesquels ne peurent renvoyer au meurtre ces misérables et leur refuser le couvert.

Il y avoit une autre sorte de réformez qui ne vouloyent ni fuyr ni armer, que l'amour du foyer et l'horreur des guerres faisoit déclamer sur l'injustice de leurs confrères, sur le commandement d'obéir aux rois, mesme fascheux, sur tout le roi estant en aage, sur les mauvais succès des guerres passées. Là dessus monstroyent quelque doubte de la conjuration de l'amiral,

---

1. Geoffroy de Caumont (t. II, p. 214) se sauva en Guyenne, d'où il écrivit plusieurs lettres au roi, à la reine, au duc d'Anjou pour faire sa soumission (f. fr., vol. 15553, f. 267 et suiv.; vol. 15556, f. 33 et 85).

2. Voyez le chapitre XIII.

3. M. Arnaud a publié, d'après les archives de Genève, la liste des protestants dauphinois réfugiés dans cette ville (*Hist. des protestants du Dauphiné*, t. I, p. 499).

4. Pompone de Bellièvre, ambassadeur de France en Suisse.

n'oublians point les vices desjà coulez dans les armées des réformez, qui avoyent, comme on disoit, fait la première guerre en anges, la seconde en hommes, et la troisiesme en diables encharnez[1]. Ils achevoyent par le peu de moyen de se deffendre, tous les autres alléguez par bienséance, mais non pas cestui-là.

Avec le temps, tous ces pauvres gens furent amenez, par les maux qu'ils recevoyent et voyoyent, venir se rendre à la nécessité et d'elle prendre courage et dessein. Mesmement, Nismes prenoit le chemin de la soumission au commencement, quand Joyeuse[2], en l'absence de d'Anville, vouloit estre receu avec garnisons. Ils preschoyent de nuit; de mesme ceux de Vivarez à leur exemple; jusques à ce que ne voyans rien venir à bien par leur humilité, après les gardes par moitié qui se faisoyent aux places que nous avons dites, tout à la fois elles et ceux de Nismes se mirent en estat de guerre, principalement sachans la venue d'Anville[3], qui, avec les forces de Joyeuse, pouvoit faire commencement d'armée. Gremian[4], par la faveur des habitans, se saisit de Sommières[5], et bien tost

---

1. *Encharnez*, incarnés.
2. Guillaume de Joyeuse, lieutenant du maréchal Damville.
3. Le maréchal Damville, pourvu d'une commission de lieutenant général pour le roi en Languedoc, Lyonnais, Dauphiné et Provence, arriva à Beaucaire à la fin d'octobre, et en Languedoc aux environs de la Noël 1572 (*Mémoires* de Gamon et de Philippi dans le tome II des *Pièces fugitives* de d'Aubais).
4. Antoine du Pleix, dit Gremian, capitaine protestant, était de Gremian, près de Montpellier, et en avait pris le nom. Le marquis d'Aubais lui a consacré une longue notice dans ses notes sur le siège de Sommières (*Pièces fugitives*, t. III, p. 15).
5. Gremian s'empara de Sommières le 6 novembre 1572 (*Hist. du Languedoc*, t. V, p. 314). Voyez la description de Sommières

après du chasteau, en deffaisant la compagnie de Joyeuse qui tenoit la garnison[1]; cela faict à la mi-décembre. Ceux du Chelard[2], où La Motte[3] estoit en garnison, en son absence, font entrer leurs confidents par un pertuis qu'ils avoyent fait auparavant sur les murailles pour se sauver. D'Anville, avec ses nouvelles forces, essaya Usez[4] en vain, se fit recevoir dans Calvisson[5] et Sainct-Geniers[6], et puis, voyant les faux-bourgs de Nismes[7] bruslez, par où il jugea la résolu-

dans les *Mémoires de l'estat de France sous Charles IX*, t. II, f. 180. La chronique d'Étienne Giry (voyez les notes du chapitre XIII) dit que Sommières fut pris le 5 novembre, à minuit (*Pièces fugit. du marquis d'Aubais*, t. III, p. 2).

1. Le château de Sommières était commandé par le capitaine Pierre de Bourdin, baron du Pouget, viguier de Sommières. Voyez les curieux détails donnés sur cette surprise dans la chronique d'Étienne Giry.

2. Le Cheylard (Ardèche). Les réformés étaient commandés par Saint-Romain, ancien archevêque d'Aix.

3. Nicolas du Peloux, seigneur de Gourdan et de la Motte, chevalier des ordres du roi, avait reçu du maréchal Damville le commandement de la ville et de la baronnie d'Annonai en Vivarais (*Hist. du Languedoc*, t. V, p. 314). L'avocat Gamon, dans son *Mémoire sur les guerres civiles du haut Vivarais*, a donné des détails sur son administration (*Pièces fugit.* de d'Aubais, t. II, p. 8).

4. La ville d'Uzès avait été prise par les réformés de Nîmes le 21 octobre 1572 (*Hist. du Languedoc*, t. V, p. 314).

5. Cauvisson, château à une lieue de Sommières, fut assiégé par le maréchal Damville au commencement de janvier 1573. Le siège fut interrompu puis repris le mois suivant, et le château tomba aux mains du maréchal (*Hist. du Languedoc*, t. V, p. 316). Voyez aussi le récit de Pérussiis qui ajoute quelques détails (Aubais, *Pièces fugitives*, t. I, p. 143).

6. Saint-Geniez-de-Malgoires (Gard) était une seigneurie appartenant à la maison de Crussol depuis 1504. Pérussiis donne quelques détails sur la prise de Saint-Geniez par le maréchal (*Pièces fugitives*, t. I, p. 143).

7. Damville avait mis le blocus sous les murs de Nîmes aus-

tion des habitans, il choisit Sommières[1] pour passer sa cholère. Et, pource que cela est de l'année suivante, nous l'y garderons.

Quant au Daulphiné, nous nous contenterons, avant nous y enfourner, de dire que tout y vivoit sous la douceur que Gordes[2] y exerçoit, courtois par[3] ses mescontentemens. Et Monbrun[4] demeure là, caché dans les maisons de ses amis jusques à ce qu'il nous donne nouvelle matière de parler de lui.

La ligne de nostre retour au grand siège est par Sancerre[5], où plusieurs s'estoyent jettez pour éviter l'orage, et, entr'autres, quelques soldats des compagnies que nous pensions mener à Mons, en Hainaut[6]. Ceste ville receut lettres[7] du roi pour recevoir tel gouverneur qu'il plairoit à La Chastre[8] leur ordonner.

---

sitôt après son arrivée en Languedoc. Voyez les récits de Pérussiis (*Pièces fugitives*, t. I, p. 140 et suiv.).

1. Sommières fut investi par Damville le 11 février 1573 (*Hist. du Languedoc*, t. V, p. 317).

2. Bertrand de Simiane de Gordes, lieutenant de roi en Dauphiné pendant l'absence du duc de Montpensier.

3. *Par*, pour, à cause de.

4. Charles du Puy, s. de Montbrun (t. I, p. 283).

5. Sancerre, place forte du Berry, est décrite dans les *Mémoires de l'estat de France*, t. II, f. 1 et suiv.

6. D'Aubigné rappelle ici la campagne conduite, à l'instigation de Coligny, par Genlis-d'Yvoi au secours de Mons en Hainaut. Voyez ci-dessus, chap. II.

7. Les lettres du roi, datées du 3 septembre 1572, sont imprimées dans la *Relation du siège de Sancerre* par Jean de Léry, réimprimée à Bourges, 1842, in-8°, p. 39. Publiée en 1574, in-8°, cette relation avait déjà été reproduite dans le tome II des *Mémoires de l'estat de France sous Charles IX*. D'Aubigné s'en est beaucoup servi.

8. Claude de la Châtre, gouverneur de Berry.

Pour destourner ce coup, ils eurent recours à Fontaines[1], parent de leur seigneur, qui leur envoya un certain Capdaillet[2], fin, freté[3], pour traicter avec eux, sur tout de leur faire chasser les estrangers, pasteurs et autres; à quoi entendoyent quelques uns des plus riches, espérans qu'en jettant dehors ceux qui n'estoyent pas de la ville, elle demeureroit en quelque misérable paix. Mais les raisons de ces fugitifs esmeurent les meilleurs cœurs; et Capdaillet, s'en retournant[4] à son maistre, le trouva avancé jusque à Cosne[5], ramenant cinq députez[6] que la ville avoit envoyez au roi, et qui, par son conseil, n'avoient demandé que grâce et miséricorde. Il annonça donc à Fontaines comment les Sancerrois se résolvoyent à se défendre[7], mais que les plus riches et qui estoyent logez dans le chasteau lui avoyent pro-

---

1. Honorat de Beuil, comte de Fontaines, administrait le comté de Sancerre au nom de Jean de Beuil, comte de Sancerre et de Marans, son cousin et son beau-frère, alors mineur.

2. Cadaillet, seigneur de Chiron, valet de chambre et veneur du roi, ancien serviteur du feu comte de Sancerre. Il arriva le 7 octobre. « C'etoit un vray courtisan, homme choisi et fort propre pour endormir ceux qui n'avoient accoustumé d'ouir les amiellemens et recevoir de l'eau bénite de cour » (*Mémoires de l'estat de France sous Charles IX*, t. I, f. 560).

3. *Freté*, rasé.

4. Le 14 octobre 1572, il s'en retourna à la cour, et, le 29 du mois, il se rendit à Cosnes (*Mémoires de l'estat de France*, t. I, f. 560 v°).

5. Cosne, sur la Loire, à deux lieues de Sancerre. Fontaines y arriva le 29 octobre 1572.

6. Ces cinq députés sont nommés dans les *Mémoires de l'estat de France sous Charles IX*, t. I, f. 561. Ils revinrent de la cour à Sancerre le 26 octobre 1572 (*Ibid.*).

7. La Popelinière (t. II, p. 122) raconte comment les Sancerrois prirent la résolution de se défendre.

mis la porte. Pour cest effect, partit de Cosne Racan[1], frère de Fontaines, avec trente choisis[2], qui escaladèrent le derrière du chasteau[3], dedans lequel tous n'estans pas de l'entreprise, on donne l'alarme à la ville. Les capitaines La Fleur et Pasquelon accourent. Le premier donne au chasteau, l'autre par dehors de la ville à ceux qui suivoyent Racan. Celui-là fit fuir quelques uns estans encores dans le fossé et gaigner la rivière. Les habitans, amenans les femmes et les enfans de leurs traistres, s'en couvrent pour porter le feu; les paysans se jettent à la muraille pour faire un pertuis; ceux de dedans, qui n'estoyent point corrompus, advertissent que Racan se sauvoit, ce qui fit donner par tout sans marchander. Capdaillet est jetté dehors et tué par le peuple, et Fontaines, avec son frère, s'en retourne à la cour[4].

Les Sancerrois, se voyant hors du chemin de pitié[5], ne mettent plus de différence entr'eux et les estrangers, se préparent aux armes, font leur chef le bailli Jovanneau[6], qui met les habitans en forme de compa-

---

1. Louis de Beuil, s. de Racan, d'après les relations de Léry et de la Gessée. De Thou lui donne le prénom de *Charles*.
2. La liste de ces trente capitaines figure dans la *Relation* de Jean de Léry, p. 55.
3. La tentative sur le château de Sancerre eut lieu le 9 novembre 1572.
4. La prise et la reprise du château de Sancerre sont racontées avec détails dans les relations de Jean de la Gessée et de Jean de Léry (Bourges, 1842, in-8°).
5. Le 3 septembre 1572, le roi adressa aux gens de Sancerre l'ordre de recevoir le s. de la Chastre ou son lieutenant comme gouverneur (*Relation du siège de Sancerre* par Léry).
6. André Johanneau avait été bailli de la ville de Sancerre pendant les troubles précédents (*Relation du siège de Sancerre*,

gnies. Et les estrangers, au nombre de trois cents, se départent par brigades pour les gardes. Ils donnent aussi quelque ordre parmi les paysans retirez, qui se servoyent principalement de frondes, d'où vint que les assiégeans les nommèrent les arquebuses[1] de Sancerre. Ils composèrent aussi un conseil[2], où sur tout ils se trouvèrent très bien de Béroalde[3], autres fois lecteur en Hébrieu, à Orléans. Cestui-là accompagna de courage ses conseils. Cinq ou six des plus gros quitèrent, de qui La Chastre print les advis, et, sur tout ceux-là descouvrirent le peu de bleds qu'il y avoit en la ville, pource qu'ils avoyent fait conscience de piller leurs voisins. Et ainsi commença le parti réformé à faire la guerre, duquel nous trouvons encores tous ses princes révoltez et armez contr'eux, presque tous ses chefs morts ou cachez, n'ayant aucune espérance au dehors, et au dedans aucune teste d'authorité.

p. 145). Plus loin, au chap. xii, d'Aubigné en fait un portrait peu flatteur.

1. Les *Mémoires de l'estat de France* disent les *pistoles* de Sancerre (t. II, f. 11 v°).

2. Ce conseil se composait de quatorze habitants et de onze réfugiés choisis parmi les notables.

3. Mathieu Beroalde, théologien et historien, né à Saint-Denis, était, en 1558, précepteur de d'Aubigné et appartenait à la réforme. Après le siège de Sancerre il se retira à Sedan, puis à Genève. Il y mourut vers 1576. Nicéron (*Mémoires*, t. XXXIV, p. 221) a énuméré ses écrits qui appartiennent tous à la controverse et à l'histoire ecclésiastique. Il eut pour fils François Beroalde de Verville, l'auteur du fameux *Moyen de parvenir*. D'Aubigné parle souvent de lui dans ses *Mémoires*. Voyez l'édition Lalanne, p. 5 et suiv., et les notes.

TABLE DES CHAPITRES

Livre Cinquième.

Chapitres		Pages
I.	Amorces des troisiesmes guerres.	1
II.	Commencement de la guerre en divers endroits.	6
III.	Le combat de la Levée	14
IV.	Passage de Loire par Andelot; union au Prince; progrès en Poictou, Angoumois et Xainctonge, jusques au siege de Ponts.	20
V.	Levée de Languedoc et d'autour; acheminement des troupes; deffaicte de Mouvans et prise de Pons	26
VI.	Monsieur à l'armée. L'escarmouche de Jazeneüil. Charge aux Ances. Sièges et prises de Saint-Florent et de Mirebeau. Veuë des armées à Loudun	34
VII.	Siège et combats de Sancerre. Entreprise sur Dieppes et sur Escilles. Charges de Montgommeri et de Bressaut. Petis combats en s'acheminant à Jarnac	40
VIII.	Bataille de Jarnac.	48
IX.	Des r'alliemens et suite de la bataille	55
X.	De la venue des estrangers; leur desmarche; empeschement; rencontres et prise de la Charité.	61
XI.	Conjonction des armées. Despesche en Béarn. Rencontre de Roche-L'Abeille	68

XII.	Siège de Nyort secouru par Pluviaut; prise de Chasteleraud, de plusieurs bicocques et de Lusignan.	75
XIII.	De ce qui se faisoit au loin des grandes armées sur le point du siège de Poictiers	82
XIV.	Du voyage de Montgommeri	90
XV.	Siège de Poictiers	100
XVI.	Lèvement du siège de Chastelleraud et de Poictiers, et quelques autres accidents	109
XVII.	Bataille de Montcontour.	119
XVIII.	Poursuite et fruicts de la victoire de Monsieur.	128
XIX.	Siège de Sainct-Jean-d'Angeli.	135
XX.	Reprise des affaires de Berri et d'Auvergne	145
XXI.	Prises de Nismes et trape de Bourges	152
XXII.	Voyage des Princes	156
XXIII.	De la suite du voyage des princes et passage du Rhosne	165
XXIV.	Du combat d'Arnay-le-Duc et ses circonstances.	173
XXV.	De Xainctonge et Poictou. Divers sièges et combats.	178
XXVI.	Du combat qui a esté appellé bataille de Lusson.	188
XXVII.	Suite de la guerre en Xainctonge jusques à la paix.	196
XXVIII.	Liaison des afaires de France avec celles des voisins.	205
XXIX.	Des guerres d'Orient	214
XXX.	Du Midi	226
XXXI.	De l'Occident	244
XXXII.	Des pays septentrionnaux	249
XXXIII.	De la paix	268

LIVRE SIXIÈME.

(Livre I du tome II des éditions de 1616 et de 1626.)

I.	Estat de la France après la paix des troisiesmes guerres	273
II.	Menées de la cour et affaires de Flandres jusques au vingt-quatriesme d'aoust	284
III.	Acheminements aux nopces et à leur suite	296
IV.	De ce qui se fit à Paris le vingt-quatriesme d'aoust et jours suivants	313

V.	Suitte de la Sainct Barthélemy	342
VI.	Inquiétudes espouvantables à la cour; préparatifs du siège de la Rochelle; soulèvement de quelques réformez; envoi en Polongne; ce que devindrent les princes et quelques autres notables	355
VII.	Traictez de paix et quelques hostilitez	367
VIII.	Du siège de la Rochelle jusques à la fin de l'année	377
IX.	De la prise des armes en Guyenne, haut et bas Languedoc, avec les commencements de Sancerre	384

Nogent-le-Rotrou, imprimerie DAUPELEY-GOUVERNEUR.

www.ingramcontent.com/pod-product-compliance
Lightning Source LLC
Chambersburg PA
CBHW071907230426
43671CB00010B/1508